JOSEP FONTANA

HISTORIA Y PROYECTO SOCIAL

JOSEP FONTANA

HISTORIA
Y PROYECTO SOCIAL

Jornadas de debate del
Institut Universitari d'Història
Jaume Vicens Vives

CRÍTICA
BARCELONA

UNIVERSITAT
POMPEU FABRA

Diseño de la cubierta: punt groc comunicació
Fotografía de la cubierta: © Xavier Bertral
Fotocomposición: punt groc

CRÍTICA, S.L., Diagonal, 662-664, 08034 Barcelona
e-mail: editorial@ed-critica.es
http:// www.ed.critica.es

ISBN: 84-8432-527-X
Depósito legal: B. 14.819-2004
Impreso en España
2004.–A&M Gràfic, Santa Perpètua de la Mogoda (Barcelona)

ÍNDICE

NOTA DE PRESENTACIÓN

JAUME TORRAS ELIAS

Los días 25 y 26 de junio de 2002 se celebraron en el Institut Universitari d'Història Jaume Vicens Vives, de la Universitat Pompeu Fabra, las Jornadas de Debate[1] *articuladas por las ponencias que se publican en este volumen. Terminaba por aquellas fechas el curso académico en el que se jubiló Josep Fontana, fundador del Institut que había dirigido hasta pocos meses antes. Se jubilaba... muy relativamente. Desde luego no como historiador y hombre comprometido con la reivindicación del conocimiento histórico como medio para comprender mejor el presente. En realidad tampoco se jubilaba como profesor universitario, puesto que desde entonces, ya catedrático emérito, sigue dando apoyo y consejo con la generosidad de siempre a quienes acuden a su despacho, entre los libros de la biblioteca del Institut* —sus libros, literalmente—, *o a quienes asisten a sus clases de doctorado.*

Fontana no se retiraba, pues, al final de aquel curso. Pero la circunstancia administrativa parecía una buena ocasión para hacer de las Jornadas un modesto homenaje intelectual a su persona y a su obra, y así lo entendimos muchos. Las Jornadas se organizaron desde la Universitat Pompeu Fabra y allí tuvieron lugar las sesiones, pero hay que decir que en su estructuración y en su desarrollo intervinieron también personas con variada vinculación académica o profesional. Se decidió centrar las sesiones en temas y problemas historiográficos en los que la obra de Josep Fontana ha tenido incidencia destacable, o en aspectos del trabajo de historiador a los que él ha prestado especial atención. No costaba mucho encontrar tales asuntos. Lo difícil era seleccionar los que pudieran tratarse con cierta profundidad en un encuentro necesariamente breve. En este punto, la certeza de que en un futuro cercano se irían presentando ocasiones semejantes aliviaba la responsabilidad de la elección.

La definición del programa fue más fácil gracias a la iniciativa del edi-

1. Las Jornadas contaron con una subvención de la Universitat Pompeu Fabra y con sendas aportaciones del Ministerio de Educación y Ciencia (PGC, Acción Especial, Ref. BHA2001-4967-E) y del Departament d'Universitats, Recerca i Societat de la Informació (Ref. 2002ARCS00130).

tor Gonzalo Pontón de poner en marcha la publicación de la Obra *de Josep Fontana con un primer volumen que reeditaba* La quiebra de la monarquía absoluta, 1814-1820 *(la presentación, por cierto, coincidió en tiempo y lugar con las Jornadas). La aparición de la primera edición de esta obra en 1971 había representado, según opinón que muchos compartimos, toda una revolución en la historiografía en lengua castellana. Las sucesivas reediciones (cinco hasta 1987) prueban que el impacto provocó una onda expansiva que se dejó sentir mucho más allá de lo previsible. En* La quiebra, *Fontana hacía un replanteamiento de la crisis del Antiguo Régimen en términos que ningún historiador podía ignorar o soslayar. Y, como se vio en las Jornadas de junio de 2002, tanto las hipótesis como las conclusiones han conservado hasta ahora su capacidad para movilizar a los investigadores.*

El título anuncia una monografía sobre los problemas de la hacienda absolutista, y no engaña. Salvo que La quiebra *contiene mucho más, y sobre todo su contenido es muy diferente de aquello a lo que los lectores de la edición de 1971 estábamos acostumbrados. Para empezar, arranca con una comparación de la trayectoria política del imperio español con la de varios estados europeos que sitúa a la hacienda en el centro del análisis, sin por ello convertirla en* primum movens. *Esto ya era excepcional en una historiografía ensimismada. La obra añade a este enfoque la exploración erudita e imaginativa de las sucesivas conexiones temáticas que van surgiendo al hilo de la exposición del naufragio de la hacienda en los años que siguieron a la guerra de la Independencia: la relación con las colonias americanas que entonces se emancipaban; el afloramiento y agravamiento de tensiones sociales antes amortiguadas dentro del marco imperial; el creciente rechazo a un sistema político que estaba perdiendo los medios con que antes podía aislar y neutralizar todo proyecto alternativo; la incompetencia patética del gobierno, etc. En* La quiebra *se combinan, en una poderosa argumentación unitaria, datos e informaciones de muy diversa procedencia y entidad, que configuran un tipo de narrativa que no tenía precedentes en nuestra historiografía.*

Durante las Jornadas se discutieron las cuestiones centrales que el libro puso encima de la mesa de trabajo de los historiadores en 1971, y sobre todo se prestó atención a su posterior desarrollo historiográfico. Las ponencias de Francisco Comín (La metamorfosis de la Hacienda liberal), *Antonio-Miguel Bernal* (De colonias a repúblicas) y *Ramón Villares* (El pasado que cambia. Reflexiones a propósito de la revolución liberal española) *centraron los debates sobre la crisis del Antiguo Régimen. En general, tanto los ponentes como los participantes en los debates tendieron a entender la «crisis del Antiguo Régimen» más bien como lo que el mismo Fontana había llamado «la construcción del nuevo (régimen)». Otras dos ponencias pusieron a debate aspectos distintos de la historiografía españo-*

la en las últimas décadas: la de Julián Casanova (El secano español revisitado), *que analizaba la evolución reciente de los estudios de historia social, y la de Pedro Ruiz Torres* (La historiografía de la «cuestión agraria» en España). *Ésta, por su objeto y por su enfoque, prolongó de hecho el debate planteado en las sesiones anteriores, en particular el correspondiente a la ponencia de Villares: la «cuestión agraria», en efecto, se entendió casi siempre como triste herencia de una revolución incompleta o fallida en los orígenes del estado liberal.*

La ponenecia redactada por Ramón López Facal (Enseñar la historia de la gente) *corresponde a un tipo de preocupación que siempre ha estado presente en la programación de las actividades del Institut, esto es, el lugar y la función de la historia en el sistema educativo, en general, y, en particular, en la enseñanza secundaria. Y ha sido así porque siempre fue una prioridad para Josep Fontana, quien repetidamente se ha ocupado de los problemas de contenido y de método que hay que afrontar para, como escribía en 1975 (en noviembre), «conseguir que la enseñanza de la historia se convierta en instrumento de reflexión crítica que ayude al estudiante a comprender mejor la sociedad en que vive».*[2] *La ponencia, crudamente polémica, suscitó una discusión muy viva. Fue, sin duda, el colofón adecuado para unas* Jornadas de Debate *que reunieron en torno a Josep Fontana a personas que, como él, no están dispuestas a sacudir el polvo de la historiografía más rancia para, actualizándola en sus formas, hacerla útil a los de siempre. Ni aceptan tampoco que el cambio en la producción y la transmisión del conocimiento histórico, que sin duda reclaman los tiempos, consista en pasteurizarlo y reducirlo a materia prima de amables e inocuos entretenimientos para el tiempo libre.*

Posiblemente los debates no llevaron a ninguna conclusión firme. Ocurre con frecuencia, especialmente en los mejores debates. Pero sirvieron para poner de relieve que algo sí compartían todos los asistentes. No la admiración, aunque ésta fuera, creo, un sentimiento extendido. En lo que es seguro que había unanimidad era en la gratitud hacia Josep Fontana por el reto y estímulo que encarnan su obra y su compromiso con la proyección civil del conocimiento histórico.

2. Josep Fontana, «Para una renovación de la enseñanza de la Historia», *Cuadernos de Pedagogía*, 11 (noviembre de 1975), pp. 10-13 (cita en p. 13).

EL PASADO QUE CAMBIA. REFLEXIONES A PROPÓSITO DE LA REVOLUCIÓN LIBERAL ESPAÑOLA*

Ramón Villares

I.

La revolución liberal es, con la Segunda República y la guerra civil, el tema central de la historiografía contemporaneísta desde hace más de cuarenta años. La intensidad de estudios sobre la materia y la calidad de los enfoques o la naturaleza de las polémicas suscitadas han sufrido intermitencias y han experimentado variaciones notables, cuando no algún efecto derivado de la «ley de rendimientos decrecientes». Pero más allá de modas historiográficas más o menos pasajeras y de bloqueos conceptuales o analíticos, lo cierto es que este problema ha cautivado y sigue cautivando a una buena parte del pensamiento social de la sociedad española actual. Tema recurrente y además controvertido, que ha concitado en casos como el de la desamortización una cierta «hipnosis colectiva», pero que también ha originado algunos debates de interés sobre la naturaleza social y política de la España contemporánea, su modelo de desarrollo e incluso su evolución política, durante mucho tiempo arrumbada en el cómodo cajón del excepcionalismo hispano, como si de un *Sonderwegg* ibérico se tratase.

Esta constatación exige una reflexión inmediata. Cabe preguntarse por qué ha tenido lugar esta concentración de esfuerzos en este período

* Este texto es una reproducción de la intervención oral desarrollada en el curso *Jornades de Debat* celebradas en la Universitat Pompeu Fabra, bajo la coordinación del profesor J. Torras, director del Institut Universitari d'Història Jaume Vicens Vives, en junio de 2002. Dado que se trataba de una sesión de debate, se ha mantenido su formato de exposición oral, con algunos añadidos más bibliográficos que de contenidos. Sin embargo, he cambiado el título para hacerlo más congruente con el contenido. Agradezco a Jaume Torras y a Gonzalo Pontón su invitación a participar en aquellas jornadas y les pido disculpas por mi renuencia a poner por escrito estas reflexiones. Es posible que los lectores me den la razón, pero tampoco quiero escudarme en ellos para justificar las limitaciones del texto (a pesar de las mejoras sugeridas por L. Fernández Prieto), del que soy único responsable.

histórico, qué resultados más notables se han obtenido y cuál es la perspectiva que podemos vislumbrar a partir de ahora o, dicho de otro modo, qué tipo de preguntas nos vamos a hacer a propósito de la revolución liberal. El asunto central de esta reflexión es tratar de constatar en qué medida ha cambiado nuestra visión de la revolución liberal. Pero no se trata de un afán revisionista ni de una evaluación crítica de resultados de investigación. De lo que se trata es de examinar el sentido que pueda tener hoy, después de treinta años de pesquisas sobre este período histórico, y fijar una nueva forma de entender la revolución liberal, quizás tan deudora del contexto en que vivimos como lo fueron las obras de hace veinte o treinta años. Pero, sólo aclarando el sentido de éstas, podemos orillar algunos de los peligros que acechan a aquéllas.

Dado que no sólo han sido muchas las investigaciones centradas en esta temática, sino que también han abundado los balances y las reflexiones de carácter global sobre los resultados historiográficos, evitaré en lo posible repeticiones innecesarias, para concentrarme en los que, a mi juicio, son los aspectos más relevantes y novedosos de la mirada actual sobre la naturaleza, relevancia y fecundidad interpretativa de la revolución liberal de la España de la primera mitad del siglo XIX. Seré por ello más bien parco en remisiones bibliográficas y citas de autoridad.

Las razones de este interés colectivo por la revolución liberal son, desde luego, variadas y complejas. Pero una de las más sólidas estriba en la capacidad que tiene de explicación genética de la sociedad española contemporánea o, dicho de otro modo, en ser el «proceso fundacional de la España contemporánea».[1] Esta concepción de la época como un período de ruptura fue bastante común entre muchos autores liberales de la primera mitad del siglo XIX, como bien señaló en su día J. S. Pérez Garzón. Un protagonista coetáneo, Alcalá-Galiano, cuando en 1839 se ve en la necesidad de analizar la *Índole de la revolución de 1808*, concluye que a pesar de haberse tratado de una revolución «chiquita» en comparación con la francesa, sus mudanzas habían sido tan profundas que habían dejado «el Estado como molido». Posteriormente, a partir de la tradición regeneracionista, esta visión positiva se vio sustituida por un enfoque mucho más pesimista. Los problemas (generalmente, los «males») de España se hacían depender de las limitaciones del proceso revolucionario español, fuese su constitución agraria, la tentación pretorianista o el clientelismo político. La imagen acuñada por los intelectuales de raíz regeneracionista que desemboca en la época republicana fue, por tanto, bastante crítica con la obra de los liberales. Luego, el franquismo echó el resto en lo que a «difamación del pasado liberal» se refiere.

1. J. Millán, «Liberalismo y reforma agraria en los orígenes de la España contemporánea», *Brocar*, 24 (2000).

La renovación historiográfica iniciada en los años sesenta, con alguna notable excepción anterior como la de Vicens y, en lo que a la revolución liberal se refiere, el Artola de los *Afrancesados* (1953) y de los *Orígenes* (1959), concentró gran parte de su interés en el estudio del proceso revolucionario iniciado en Cádiz. Y aquí nos encontramos ya con el programa de investigación de Josep Fontana, nucleado en gran medida en torno al problema de construcción de un «nuevo régimen», en oposición al anterior, generalmente conocido como «antiguo régimen». En el conjunto de sus aportaciones historiográficas para entender el proceso de construcción de la España liberal se encuentran tres temas centrales, dos temáticos y uno de carácter más metodológico. Los dos primeros serían los referentes a la quiebra de la monarquía absoluta (con los problemas hacendísticos en posición relevante) y, en segundo lugar, la naturaleza social de la revolución (bien se defina como una revolución burguesa o bien se vincule estrechamente a la por él denominada reforma agraria liberal). Pero más allá de estas dos líneas de investigación, hay en Fontana una voluntad de hallar un modelo analítico del proceso de transición del feudalismo al capitalismo, que le ha permitido situar el caso español en el contexto europeo y preguntarse cuáles han sido las vías seguidas por la revolución española, fuese «prusiana» o «campesina» en el plano social, o «británica» o «francesa» en el modelo de industrialización.

El empleo sistemático de herramientas conceptuales propias del materialismo histórico ha sido, por ello, una de sus principales aportaciones a la historiografía española del último tercio del siglo XX. Y aunque los resultados de su investigación han ido mudando con el paso del tiempo, hay un núcleo central de la misma que se ha mantenido de forma sólida. Me refiero a su posición crítica respecto de la forma de efectuarse esta revolución liberal, sobre todo desde el punto de vista social. Si hubiera que escoger un pasaje de su obra que defina la posición de Fontana en lo que respecta a la revolución liberal, habría que acudir a un texto de 1972, incluido en el volumen *Cambio económico y actitudes políticas*[2], en el que sostiene una de las tesis luego más repetidas (tanto por él como por otros): «En España, la liquidación del Antiguo Régimen se efectuó mediante una alianza entre la burguesía liberal y la aristocracia latifundista, con la propia monarquía como árbitro, sin que hubiese un proceso paralelo de revolución campesina».[2]

Es claro que en esta conclusión fontaniana se encuentran algunos de los puntos centrales de la interpretación canónica de la revolución liberal de los años setenta y ochenta. La política de alianzas o pactos inter-

2. J. Fontana, *Cambio...*, 1973, Ariel, p. 161.

clasistas, la marginación del mundo rural y la posición «tancrediana» de la monarquía son imágenes bien acuñadas en esta visión historiográfica. En su estela fue formada más de una generación de historiadores (entre los que me encuentro), que buscaron afanosamente la confirmación de estos supuestos con sus pesquisas regionales o locales. Los resultados, como se reconoce en los diversos *status questionis* ya realizados, han sido más que fecundos. Pero han pasado treinta años y no estaría de más reflexionar sobre las razones que explican en qué medida y por qué estamos cambiando nuestra visión de la revolución liberal. Por qué podemos pasar del fracaso o de la negación de la revolución a aceptar, como sugiere I. Burdiel, que «murió de éxito»[3] o a que en cuanto a la reforma agraria, la revolución «hizo los deberes».[4]

De estas cuestiones es de las que me voy a ocupar en esta breve intervención, comenzado por efectuar un pequeño recorrido por los problemas centrales del período. El punto de arranque es el propio magisterio de Fontana sobre esta materia, cuya obra investigadora sentó las bases de una tradición interpretativa muy sólida sobre la crisis del Antiguo Régimen y sobre las características de la sociedad liberal. Que muchas de las ideas evocadas aquí se separen o discrepen, de forma explícita o tácita, de las posiciones de Fontana no hace sino reforzar la importancia de su obra en la historiografía española. Porque en realidad no se trata del análisis de la obra de un autor, sino de toda una generación de historiadores que, a menudo, debe echar la vista atrás para ver las huellas de sus propios pasos.

II.

La valoración de la revolución liberal debe comenzar por reconocer la herencia recibida, esto es, dar cuenta de lo que sabemos sobre el proceso y fijar algunas de sus ideas-fuerza. Como ya se ha señalado, son buenas y útiles varias síntesis que han aparecido en los años noventa sobre esta cuestión. La más completa es quizás la de Irene Castells, dirigida a un lector externo,[5] pero la más novedosa en su interpretación fue la de P. Ruiz Torres escrita casi hace diez años,[6] a la que siguieron otros textos, en

3. I. Burdiel, «Morir de éxito, el péndulo liberal y la revolución española del siglo XIX», *Historia y política*, 1 (1999).

4. I. Pujol, *et al.*, *El pozo de todos los males. Sobre el atraso en la agricultura española contemporánea*, Barcelona, Crítica, 2000.

5. I. Castells, «La rivoluzione liberale spagnola nel recente dibattito storiografico», *Studi Storici*, 36 (1995).

6. P. Ruiz Torres, «Del Antiguo al Nuevo Régimen: carácter de la transformación»,

general de procedencia valenciana, caracterizados por su capacidad para revisar la naturaleza de la revolución liberal y apuntar nuevas interpretaciones sobre la misma, como más adelante se verá,[7] a los que habría que agregar la obra, de intenciones claramente revisionistas, de J. Cruz sobre los «notables de Madrid», pero que termina con una reflexión general sobre la revolución liberal española.[8] Los principales resultados, que por otra parte también contienen los temas de mayor controversia, que han aportado estas décadas de investigación sobre la revolución liberal se podrían resumir en tres grandes apartados.

El primero es el más preciso conocimiento que hoy se tiene de la estructura de la sociedad anterior a la revolución. Aunque parezca una obviedad, ha sido una consecuencia del acercamiento regional a la cuestión el haber insistido de forma sistemática en la diversidad de situaciones anteriores a 1808, bien sea en las formas de cesión de la tierra, en la existencia de «cuerpos políticos» o bien en la naturaleza del régimen señorial. No existe una sociedad homogénea en el Antiguo Régimen, ni espacial ni socialmente. Porque además de esta diversidad regional, está la cuestión de cómo definir las relaciones sociales anteriores a la revolución, más allá de la cómoda fórmula de contraponer antiguo y nuevo régimen. Los historiadores del derecho fijaron la cuestión de modo bastante apodíctico al oponer sociedad feudal (o «tardofeudal») a capitalista, guiados por la mutación jurídica que la revolución liberal impuso en las relaciones sociales. Recordemos aquel polémico texto de B. Clavero[9] que fijaba con precisión en 1835-1837 la partida de nacimiento de la sociedad burguesa. Sin embargo, han resultado de mayor utilidad aportes como el de M. Artola, al señalar la existencia de «relaciones capitalistas» en la sociedad rural de la España del Antiguo Régimen y destapar lo que este autor entendía como el conflicto fundamental, el de los arrendatarios-foreros contra los propietarios o titulares de dominios, frente a la imagen más propia de la historia institucional de contraponer señores y vasallos.[10] Posición algo heterodoxa en los años setenta (quizás por el «marxismo decorativo» que le advirtió Clavero) que, sin embargo, hoy goza de una

---

en VV. AA., *Antiguo Régimen y liberalismo. Homenaje a Miguel Artola, I. Visiones generales*, Madrid, Alianza, 1994.

7. I. Burdiel, *op. cit.*; I. Millán, «Liberalismo y reforma agraria en los orígenes de la España contemporánea»; I. Castells y M. C. Romero, «Espacios de poder durante la revolución liberal española: las patrias de los liberales», en A. Gil Novales, ed., *La revolución liberal*, Madrid, Ediciones del Orto, 2001.

8. J. Cruz, *Los notables de Madrid. Las bases sociales de la revolución liberal española*, Madrid, Alianza, 2000.

9. B. Clavero, «Para un concepto de revolución burguesa», *Sistema*, 13 (1976).

10. M. Artola, *Antiguo Régimen y revolución liberal, Barcelona,* Ariel, 1978.

aceptación más general.[11] Valorar adecuadamente las mudanzas revolucionarias depende en gran medida del mejor conocimiento de la sociedad anterior.

La segunda idea-fuerza es el discernimiento del carácter de la revolución liberal, especialmente en su ámbito social y político. Superado el debate sobre la existencia o no de una revolución burguesa en España, menos fecundo de lo que se prometía,[12] la cuestión se centró en el análisis del componente social concreto de la revolución. ¿Se trataba de una solución pactada, al estilo de una «Revolución Francesa al revés» o, más bien, de una continuidad de élites reformistas ya plenamente instaladas bajo la monarquía ilustrada de finales del siglo XVIII? Volveremos sobre esta cuestión. Pero, como adelanto, valga decir que en la dimensión social de la revolución han aparecido otros convidados, especialmente los campesinos acomodados, que antaño se situaban claramente al margen de ella. Por otra parte, la existencia de franjas de «notables»[13] o de grupos sociales que «combinaban elementos de privilegio y de relaciones de mercado»[14] replantea seriamente el grado de ruptura social de la revolución, a la vez que convierte este proceso en algo más complejo que una simple confrontación entre «bloque feudal» y «bloque burgués».

Y la tercera cuestión tiene que ver con las consecuencias o el impacto atribuido al proceso revolucionario. Aquí es donde se ha fijado con mayor nitidez la tesis más común, según la cual la continuidad habría predominado sobre la ruptura. Pero se trataba en todo caso de una continuidad matizada. El reformismo borbónico en la organización de la administración (centralización, gobierno colegiado, organización comisarial) apenas era valorado mientras que, en los aspectos económicos y sociales, la continuidad era claramente proclamada. El resumen podría constituirlo la conocida tesis artoliana del «paso del Rubicón» de la aristocracia española, sin apenas merma de sus posiciones desde la época ilustrada a la sociedad liberal. En consecuencia, el impacto de la revolución sobre la sociedad española del siglo XIX habría sido débil, derivando de ello muchas otras conclusiones en torno al fracaso de la revolución in-

11. P. Ruiz Torres, «Del Antiguo al Nuevo Régimen...», *op. cit.*; A. Morales, «La transformación del Antiguo Régimen: Ilustración y liberalismo», en VV. AA., *Las bases políticas, económicas y sociales de un régimen en transformación (1759-1834)*, tomo XXX de la *Historia de España* de R. Menéndez Pidal, Madrid, Espasa-Calpe, 1998.

12. J. S. Pérez Garzón, «La revolución burguesa en España: los inicios de un debate científico, 1966-1979», en M. Tuñón de Lara, *et. al.*, *Historiografía española contemporánea*, Madrid, Siglo XXI, 1980; J. Álvarez Junco, «A vueltas con la revolución burguesa», *Zona abierta*, 36/37 (1986).

13. J. Cruz, *Los notables de Madrid...*, *op. cit.*

14. J. Millán, «Una reconsideración del carlismo», *Ayer*, 29 (1998).

dustrial o a la calificación de la España del siglo XIX como una sociedad «dual», según la conocida fórmula acuñada por N. Sánchez-Albornoz. Esta posición crítica sobre las consecuencias sociales y económicas del proceso (sobre todo, en lo que se refería a la distribución de la tierra y a las relaciones sociales agrarias) alentaba la negación de la revolución o, al menos, de que hubiera habido cambios significativos en la primera mitad del siglo XIX español.

III.

Retomemos el hilo inicial, para afrontar un balance crítico del camino recorrido y, sobre todo, de la situación en la que nos encontramos. La revolución liberal es un ejemplo muy adecuado para comprobar, para decirlo de forma elegante, lo mucho que cambia el pasado, a veces sin que seamos conscientes de ello. De forma sumaria, se pueden contraponer las preferencias o las obsesiones historiográficas de hace veinte o treinta años con las que parecen predominantes en nuestra sociedad actual. ¿Qué preocupaba a la sociedad española de los años sesenta y setenta? Básicamente, encontrar una salida a la dictadura franquista y construir un régimen de carácter democrático que hiciese viables algunas de las tareas pendientes de la época republicana: reforma agraria, justicia social, democracia política, autonomía de las nacionalidades. Y desde el punto de vista general, defensa de una alternativa de ruptura frente al franquismo.

La historiografía tradujo estas posiciones políticas con un enfoque del proceso revolucionario liberal que tenía mucho de metáfora de la transición a la democracia. Se subrayaba por ello el carácter de clase de la revolución, con la impotencia de la burguesía para llevar a cabo sus objetivos y su necesidad de pactar con los sectores sociales del Antiguo Régimen, que le llevaba a oponerse al campesinado, como un trasunto de lo que acontecería luego (en la transición democrática) con las demandas de la clase obrera. Se desencadenó una catarata de investigaciones sobre la cuestión agraria, con la desamortización en primer término (sin duda, facilitada por la existencia de fuentes cómodas y organizadas), para explicar las razones históricas del fracaso de la reforma agraria. Y todo ello aderezado por una cuestión esencial que englobaba todo lo demás, que era explicar la posición subordinada de España en el contexto europeo occidental. La solución a este enigma no podía estar sino en el atraso de España, entrevisto ya por los románticos foráneos y acentuado por los regeneracionistas autóctonos. El mensaje de fondo era un poco *gattopardesco*. El problema de España, como el de Italia, eran las permanencias, las reformas fallidas, el fracaso de la revolución industrial y de la democracia política, la incapacidad de sus élites para adaptarse a las necesidades históricas del momento. La tendencia historiográfica dominante bebía, además, de las fuentes de la tradición republicana no sólo en la cultura política, sino en el modo de entender el problema de la constitución histórica de la España contemporánea.

Desde los años noventa y por razones tan complejas que no viene al caso tratar aquí, nuestras preocupaciones son bien diferentes, desde la calidad de la democracia política hasta la capacidad de integración social del Estado de bienestar o nuevos movimientos sociales. Pero las fracturas sociales se ven de distinto modo. Se ha desvanecido el carácter casi mesiánico de algunos actores sociales, como los «débiles» o los «oprimidos». Los problemas relacionados con las clases sociales han perdido el vigor que tenían hace treinta años. Y, en cambio, ha regresado a un primer plano la cuestión de la nación, esto es, el debate sobre la organización política y territorial de España. Los lenguajes de clase han sido sustituidos, en parte, por las identidades nacionales y los conflictos de orden territorial. Si a todo esto añadimos la quiebra que han sufrido las «grandes narrativas», por no decir las «grandes teorías», tenemos listo el terreno para examinar, a propósito de la revolución liberal, en qué medida ha mudado nuestra visión de la misma o, como antes decía, de qué modo ha cambiado el pasado.

En las páginas que siguen se hace un breve elenco de estas nuevas caras de la revolución liberal, fruto de interrogantes o de reflexiones que están directamente conectadas con otro contexto histórico y, sobre todo, con otras experiencias colectivas. La relación entre estas experiencias y los enfoques que la corporación de historiadores vuelca sobre el pasado no es, como es bien sabido, directa ni inmediata. Pero resulta claro que existe una interrelación entre unas y otros, que se traducen en una reescritura del pasado o, al menos, en nuevas visiones del pasado, sin que caigamos en un vulgar presentismo. Porque una cosa es advertir las relaciones existentes entre cada época histórica y su visión del pasado y otra muy distinta sostener la volubilidad de la historiografía. Lo que suele suceder es que estas reescrituras del pasado no son reconocidas como tales, quizás debido a la situación acomplejada que la historiografía mantiene respecto de otras ciencias sociales, al aceptar de forma pacífica su supuesta incapacidad para explicar, con las herramientas que le son propias, los problemas de la sociedad en la que vive.

IV.

Como ejemplo de estas nuevas miradas sobre la revolución liberal, que obviamente contienen algún grado de subjetividad (o de ignorancia) en su elección por mi parte, señalaré cuatro. La primera tiene que ver con la cuestión agraria y su eficacia en la reforma del entramado institucional. La segunda, con la dimensión campesina o plebeya de la revolución, que se contrapone al carácter burgués o elitista. La tercera es aquella que tiene que ver con la cuestión de la organización del Estado y la creación de la nación liberal, que es el ámbito donde se situaba el principal «pozo de ignorancias» sobre la cuestión a principios de los noventa.[15] Y una cuarta mirada echará un rápido vistazo sobre la revolución como hecho cultural, especialmente en su relación con la religión.

a)

Uno de los pecados originales de la transición del Antiguo Régimen a la sociedad liberal era que se trataba de una revolución fracasada o, al menos, incompleta. Y en este diagnóstico entraban, como argumento central, los resultados de la política agraria de los liberales que se habían quedado a medio camino en la realización de las modificaciones institucionales necesarias para establecer un capitalismo agrario, a pesar de reconocer la importancia como la abolición de los señoríos y diezmos o la desamortización de bienes vinculados o amortizados. Es cierto que gran parte de estos resultados estaban fundados en el análisis del proceso desamortizador, sesgado por algunos tópicos recurrentes que el propio Fontana denunció en su aproximación a la desamortización de Mendizábal.[16] La atribución al sector agrario de una culpabilidad en el bajo desarrollo económico de España fue casi sistemática hasta los años ochenta y todavía sigue presente en algunos autores actuales, como ya he examinado en otro lugar.[17]

Sin embargo, la posición crítica respecto de esta interpretación negativa de la revolución liberal en materia agraria, que tuvo sus exponentes en textos alejados de la historiografía (como J. M. Naredo o J. Martínez Alier), está encontrando eco en historiadores agrarios actuales, que comienzan a replantearse de forma drástica esta cuestión. Veamos, a título de ejemplo, lo que dice R. Garrabou en un texto reciente: «ni las relaciones sociales, ni las principales instituciones que articulaban el sector agrario actuaron de barreras que dificultaran la mejora productiva, ni mucho menos fueron los factores fundamentales que permiten explicar el menor crecimiento agrario español con respecto a otros países eu-

15. F. Tomás y Valiente, «Lo que no sabemos acerca del Estado liberal (1808-1868), en VV. AA., *Antiguo Régimen y liberalismo. Homenaje a Miguel Artola, I. Visiones generales*, Madrid, Alianza, 1994.

16. J. Fontana, «La desamortización de Mendizábal y sus antecedentes», en R. Garrabou y A. García Sanz, eds., *Historia agraria de la España contemporánea, I. Cambio social y nuevas formas de propiedad (1800-1850)*, Barcelona, Crítica, 1985.

17. R. Villares, «Historia agraria de la España contemporánea. Interpretaciones y tendencias», en J. L. de la Granja, A. Reig y R. Miralles, eds., *Tuñón de Lara y la historiografía española,* Madrid, Siglo XXI, 1999.

ropeos».[18] En sustancia, lo que sostiene este autor y los demás participantes en este libro es que no puede achacarse un posible atraso económico de la España liberal a las políticas agrarias de sus gobiernos, porque estos «redefinieron» los derechos de propiedad y «abolieron el viejo marco institucional». La conclusión es que no existe «ninguna anomalía» en términos comparativos con las políticas agrarias practicadas por otros países europeos.

Aunque este diagnóstico pueda parecer extremadamente pendular y susceptible de matices o críticas, lo cierto es que su propia verbalización pone de relieve lo mucho que se ha modificado nuestra visión historiográfica del pasado liberal. Y, además, tiene la ventaja de que debilita la excepcionalidad de la España del siglo XIX, la libera de la tentación de compararla con modelos considerados perfectos (sean británicos, franceses o prusianos) y restituye una visión positiva del proceso. Dicho en términos joverianos, combate la «difamación del pasado», sin que ello suponga una aceptación acrítica de la «normalidad» de la historia española del XIX, tan artificial como la anterior «anormalidad» o anomalía. En sustancia, una de las patas más sólidas de la revolución liberal, como es todo lo relativo a la cuestión agraria y las reformas institucionales, está siendo restaurada de la polilla que le había entrado desde los tiempos del regeneracionismo costiano.

b)

El segundo punto anunciado se refiere a la dimensión social de la revolución, nunca considerada plenamente burguesa (incluso se discutió su nombre, por Álvarez Junco),[19] pero tampoco nunca considerada popular, campesina o plebeya. La posición más sólida era aquella que explicaba las limitaciones del proceso revolucionario en virtud de su carácter moderado y de la enajenación que había sufrido de apoyo popular. En cierto modo, la tesis del pacto o de la «alianza» entre burguesía y aristocracia. ¿Qué se aduce ahora? Que la presencia del campesinado y, en especial, del sector de «propietarios-hacendados» (incluida aquí una parte de la pequeña nobleza provincial, opuesta a la alta nobleza) es mucho más relevante en el proceso revolucionario de lo que se suponía y que la consecución de la llamada «propiedad perfecta» es menos clara de lo que los textos coetáneos sugerían.

La dicotomía entre propiedad «perfecta» e «imperfecta» se solía des-

18. J. Pujol, *et. al.*, *El pozo de todos los males sobre el atraso en la agricultura española contemporánea*, Barcelona, Crítica, 2002.

19. A. Álvarez Junco, «A vueltas con la revolución burguesa», *Zona abierta*, 36/37 (1986).

pachar con la solución de que censos enfitéuticos y otras figuras jurídicas análogas eran unas reliquias o «supervivencias feudales» y que, por tanto, sería cuestión de tiempo su homologación con la solución ideal de la propiedad «perfecta». Una autora que lleva tiempo analizando estas cuestiones ha llegado a concluir que esta mitificación de la propiedad «perfecta» no es sino «el cuento de la revolución liberal».[20] En efecto, los censos y otras formas de propiedad no «perfecta» no sólo gozaron de buena salud durante todo el siglo XIX, sino que bloquearon o moldearon el propio proceso de codificación civil, desde el Proyecto de 1851 hasta la misma fase final rematada en 1889. De hecho, fue el aseguramiento de la propiedad (a través de la legislación hipotecaria, entre otras medidas) y no su perfección jurídica lo que más cautivó a los legisladores civilistas liberales.

Al carácter más campesinista de la revolución liberal o, dicho más ampliamente, de la agricultura española contemporánea, hay que añadir el replanteamiento de la posición de la nobleza terrateniente, cuya centralidad se matiza a favor de la importancia adquirida por los grandes arrendatarios o figuras intermedias. Los estudios realizados sobre el caso de Valencia han sido contundentes en este sentido. Otra cuestión es calibrar el carácter popular o «bullanguero» de la revolución, asunto que «está lejos de estar aclarado»,[21] pero que las investigaciones de A. M. García Rovira o de M. C. Romeo sobre la movilización popular y la capacidad de reapropiarse del lenguaje del liberalismo han traído a primer plano. Y, finalmente, sigue un poco en la penumbra la posición política del mundo rural, especialmente del campesinado, en relación con el carlismo. Algunas preguntas siguen siendo pertinentes, en torno a la «lealtad de otros siglos» que parece caracterizar a los campesinos españoles, pero también en este punto la relación entre carlismo y campesinado dista de ser algo mecánico y directo.[22] Los interrogantes son mayores que las respuestas. Pero una cosa parece clara: el carácter social de la revolución liberal se ha hecho, historiográficamente, mucho más plural y matizado, menos «burgués» o «aristocrático» y mucho más «campesino» o «notable».

c)

Un tercer punto decisivo, pero que se ha marginado con frecuencia en los análisis de la revolución liberal, es el asunto de la organización del territorio y la creación de la administración liberal, centro de nuestras ignorancias sobre la época, en la autorizada opinión de F. Tomás y Valien-

20. R. Congost, *Els darrers senyors de Cervià de Ter. Investigacions sobre el caràcter mutant de la propietat (segles XVII-XX)*, Girona, CGG Edicions, 2000.
21. I. Castells, «La rivoluzione liberale spagnola...», *op. cit.*
22. J. Millán, «Una reconsideración del carlismo», *Ayer*, 29 (1998).

te. Convendría destacar, en este aspecto, al menos tres puntos de debate. El primero es el reconocimiento de la «fuerza de las pasiones locales» en la construcción de la revolución liberal. Fuerza antaño poco subrayada y que hogaño reaparece, desde la reivindicación del juntismo hasta el estudio del clientelismo electoral o la consideración del sistema liberal como un pacto entre poderes centrales y poderes locales. De hecho, la «revuelta de las provincias» [23] es una tendencia sistemática en todo el proceso político iniciado en Cádiz que se manifiesta con especial contundencia en 1836, cuando «las ciudades y los pueblos ocuparon una posición central» en el desarrollo del ideario liberal.[24] Que la fuerza de pueblos y ciudades era enorme lo demuestra el hecho de que en las propias Cortes de Cádiz tiene lugar, además de una crisis de la monarquía, una «revolución de la nación», que se coloca por encima de los derechos del individuo.[25] La explicación de esta obsesión está en la necesidad de «domesticar» a los pueblos que se erigían en «depositarios» de la soberanía popular. La tensión entre «la igualdad de derecho a la representación» y el «autogobierno de los pueblos» es uno de los hechos capitales de la época, cuyo desenlace favorece con frecuencia a los poderes locales, sobre el curso seguido por el municipalismo. La solución a esta tensión tuvo muchas manifestaciones, desde el trato dispensado a los comunales hasta el sistema tributario o la propia organización de la representación política. En todos estos ámbitos encontramos ese pacto entre élites locales y poder central que, para algunos autores, es una de las soluciones aportadas por la propia revolución liberal: «lo que se resolvió en la época liberal fue el viejo conflicto entre élites locales y poder central».[26]

Esto nos lleva al segundo punto de debate en torno a la construcción del liberalismo español, en el que se ha privilegiado con frecuencia la visión «descendente» frente a la «ascendente». Una perspectiva estatalista del proceso se quedaría en el examen de la legislación liberal y en los objetivos proclamados por sus autores, sean legisladores o gobernantes. Pero un examen más detenido del asunto nos permitiría asumir la observación del diputado jienense Sánchez Silva, quien a mediados del siglo XIX sentenciaba que «el que sale de Madrid no puede menos de fijárse en

23. I. Castells y M. C. Romero, «Espacios de poder durante la revolución liberal española: las patrias de los liberales, en A. Gil Novales, ed., *La revolución liberal*, Madrid, Ediciones del Orto, 2001.

24. I. Burdiel, «Morir de éxito: el péndulo liberal y la revolución española del siglo XIX», *Historia y Pólitica*, 1 (1995).

25. J. M. Portillo, «Crisis de la monarquía», en P. Fernández Albadalejo, ed., *Los Borbones. Dinastía y memoria de la nación en la España del siglo XVIII*, Madrid, Marcial Pons, 2000.

26. J. Cruz, *Los notables de Madrid…*, *op. cit.*

la diferente aplicación que se hace de las leyes en España», porque las «medidas que se adoptan en los pueblos en nada se parecen a lo que la ley dispone ni a lo que pasa en Madrid».[27] El ejemplo de los bienes comunales encajaría perfectamente en este diagnóstico, dada la gran diversidad de soluciones que admitió una misma legislación de «desamortización general». En suma, que la perspectiva «ascendente» en la interpretación de la historia del liberalismo está lejos de haber agotado sus posibilidades, constituyendo un oportuno contraste con la consideración simplemente jurídico-legal del proceso revolucionario liberal, como ya he señalado en otro lugar.[28]

En esta apertura de nuevos interrogantes sobre la naturaleza política de la revolución liberal, la fuerza de lo local se advierte también en el modelo de administración creado por los revolucionarios. Más allá del debate sobre la debilidad o fortaleza del proceso de nacionalización en la España del siglo XIX, conviene subrayar sobre todo los obstáculos que impidieron el proceso. Y uno de los más sólidos ha sido el modelo tributario forjado por los liberales moderados, desde los años cuarenta. El sistema tributario, basado en la ausencia de una eficaz estadística administrativa y en la difusión de un sistema de cupos tributarios distribuidos por «derramas» provinciales, tuvo efectos políticos y sociales decisivos. El más importante: fomentó una alianza entre élites locales y poder central que se concretó en una «deriva social» a su favor,[29] e influyó en aspectos tan esenciales como la progresiva desigualdad de los impuestos o su uso explícito para fortalecer sistemas políticos clientelares. Además, la gestión local del sistema tributario impuesto por los liberales favoreció la «solidaridad de los contribuyentes» y debilitó la posición del Estado. El problema planteado por el liberalismo fue que predominó una cultura política administrativa sobre la constitucional o, para decirlo con palabras de M. Colmeiro, que la «centralización administrativa» tuvo éxito frente a una débil «centralización política».

d)

La cuarta mirada sobre la revolución liberal antes anunciada se halla apenas atendida, a pesar de su enorme relevancia. Me refiero a su dimensión cultural, en el sentido de apreciar qué tipo de prácticas políticas y qué valores, individuales y colectivos, afirmó el liberalismo español. Solía des-

27. R. Vallejo Pousada, *Reforma tributaria y fiscalidad sobre la agricultura en la España liberal, 1845-1900*, Zaragoza, Prensas Universitarias, 2001.

28. R. Villares, «La construcción de la España liberal: sobre las "virtudes de la vida ascendente", en *IV Congrés Internacional d'Història Local de Catalunya*, L'Avenç, 1999.

29. R. Vallejo Pousada, *Reforma tributaria*, *op. cit.*

pacharse esto con algunas referencias a sus fuentes ideológicas, propias o foráneas, sin concederle mucha importancia al asunto de las relaciones entre el Estado y la Iglesia o las relaciones entre proyecto político liberal y confesión religiosa. Aunque para los progresistas y demócratas del siglo XIX (especialmente los del Sexenio Revolucionario) ésta fue una cuestión nuclear de su acción política, se suele olvidar el peso que la religión alcanzó en la propia definición de la nación en las Cortes de Cádiz, donde se produce la transición de una «monarquía católica a una nación católica», como asevera uno de sus principales estudiosos actuales.[30]

Una nación católica que está por encima de una nación liberal, proceso que es la matriz originaria de gran parte de los problemas políticos y culturales de la España del siglo XIX, tanto en lo que se refiere a su proceso de nacionalización como a la debilidad de sus virtudes cívicas. De hecho, el modelo de ciudadanía diseñado en Cádiz depende más de los derechos de la nación que de los del individuo. Y no es español ni el esclavo ni el que no pertenece a ninguna «parroquia», requisito primario para la participación en la vida política. Aunque no todo depende del proceso gaditano, es evidente que la percepción de la revolución liberal como un proceso cultural permite explicar algunos de los problemas políticos de la España liberal, en la línea avanzada entre otros por el autor de *Mater dolorosa*.[31] En cualquier caso, éste es sólo un ejemplo de la pertinencia de establecer nuevas miradas sobre algunas zonas de sombra de la revolución liberal.

V.

Voy a terminar con un breve balance que resuma las principales cuestiones suscitadas en esta intervención. Las conclusiones a que hace casi diez años llegaba P. Ruiz Torres respecto del «carácter de la transformación» del proceso revolucionario se han confirmado claramente en el doble sentido de apreciar una clara heterogeneidad en la sociedad española de finales del siglo XVIII y en la de defender la existencia de una revolución social y política a partir de 1808, cuyas limitaciones (su condición de «burgués-aristocrática») no invalidan su eficacia.[32] En esta misma dirección apuntan otros textos posteriores, de los que el de I. Burdiel me parece el más explícito, que afronta claramente la revisión del fracaso de la revolución liberal, cuya principal limitación habría sido la de

30. J. M. Portillo, *La Nazione catolica. Cadice, 1812: una constituzione per la Spagna*, Macerata, Piero Lacaita Editore, 1998.
31. A. Álvarez Junco, *Mater dolorosa*, Madrid, Taurus, 2001.
32. P. Ruiz Torres, «Del Antiguo al Nuevo Régimen...», *op. cit.*

«morir de éxito».[33] Sus conclusiones reafirman tres aspectos que he querido subrayar en esta intervención. Por una parte, que la ruptura revolucionaria estuvo presa de su moderación social, de modo que en su éxito está la penitencia; en segundo lugar, que hay una enorme fuerza de los poderes locales en la fase revolucionaria: «las ciudades y los pueblos ocuparon una posición central como ámbito de desarrollo del ideario y de los intereses liberales»; y, en tercer lugar, que el régimen liberal tuvo un carácter mucho más plebeyo o popular de lo que fueron procesos análogos en Francia, Inglaterra o Alemania: «exactamente lo contrario de lo que un día llegó a creerse».

Cualquiera que sea el grado de acuerdo con estas posiciones interpretativas, el hecho claro es que la visión actual del pasado liberal ha cambiado de forma drástica durante los últimos treinta años. Las razones de esta mudanza tienen que ver con el efecto acumulativo del conocimiento histórico, pero también con su capacidad para desarrollar una reescritura del pasado. Y, sobre todo, con la capacidad para ver cosas distintas, donde antes se reputaban homogéneas. Por ejemplo, en la diversidad de soluciones dadas regionalmente a las mismas disposiciones legales (sea en la desamortización de comunales o en los resultados de la abolición de los señoríos) o en la negación del Antiguo Régimen como una «masa de granito» homogénea y pétrea. Frente a la contraposición entre «propiedad territorial feudal» y propiedad burguesa «perfecta», emergen muchos matices como el de la existencia de propietarios plenos, con «relaciones capitalistas» o «de mercado» en el Antiguo Régimen y, a la vez, una enormidad de ejemplos que contradicen la existencia de la llamada propiedad «perfecta», sean los censos enfitéuticos o los propios bienes comunales. El ejemplo seguido por la codificación civil es más ilustrativo de lo que parece, tanto en su fracaso de 1851 como en su éxito de 1889.[34] Y algo parecido se podría decir de la vieja discusión entre la continuidad o ruptura, antaño concebidas como expresión de la confirmación o refutación de teorías generales sobre la transición (de modos de producción o de formaciones sociales), discusión que hoy está repleta de matices y de soluciones parciales.

Desde luego, este pequeño repaso a algunos de los problemas suscitados por la revolución liberal no agota ni mucho menos todas las posibilidades de análisis. Quedan en el tintero asuntos igualmente decisivos, como el de las resistencias al proceso revolucionario, que suelen ser las más difíciles de apreciar para el ojo del historiador, mucho más habituado a los cambios que a las permanencias. Pero de lo señalado hasta aquí

33. I. Burdiel, «Morir de éxito...», *op. cit.*

34. A. Iglesia, «El código civil (español) y el (llamado) Derecho (foral) gallego», en Carlos Petit, coord., *Derecho privado y revolución burguesa*, Madrid, Marcial Pons, 1990.

se puede obtener la conclusión de que no por haber cambiado su percepción historiográfica deja la revolución liberal de ser el proceso genético de la España contemporánea. Al revés, los matices y los cambios de perspectiva o de enfoque sobre la revolución han permitido pasar de su condena moral, en razón de su debilidad o fracaso relativo, a su comprensión en términos que no por ser más plurales han dejado de ser menos críticos. Lo cual, en el fondo, es también la metáfora de cómo era entendida la España contemporánea hace treinta años y cómo lo es actualmente. Porque el pasado cambia con más rapidez de lo que solemos suponer. Llegar a esta conclusión parece fácil, y ciertamente lo es, porque gran parte de los textos y las posiciones historiográficas que se han traído a colación es deudora de la obra de Josep Fontana, quien nos ha enseñado a concebir y a pensar el trabajo del historiador como una actividad estrechamente vinculada a proyectos de transformación de la sociedad en que vivimos. Y esto sólo está reservado a aquellos autores que devienen clásicos y son capaces de forjar espacios de discusión para que el camino se pueda hacer sobre sus hombros.

BIBLIOGRAFÍA

Álvarez Junco, J., «A vueltas con la revolución burguesa», *Zona abierta*, 36/37 (1986).

Álvarez Junco, A., *Mater dolorosa*, Madrid, Taurus, 2001.

Artola, M., *Antiguo Régimen y revolución liberal*, Barcelona, Ariel, 1978.

Burdiel, I., «Morir de éxito: el péndulo liberal y la revolución española del siglo XIX», *Historia y Política*, 1 (1999).

Clavero, B., «Para un concepto de revolución burguesa», *Sistema*, 13 (1976).

Castells, I., «La rivoluzione liberale spagnola nel recente dibattito storiografico», *Studi Storici*, 36 (1995).

—, y M. C. Romero, «Espacios de poder durante la revolución liberal española: las patrias de los liberales», en A. Gil Novales, ed., *La revolución liberal*, Madrid, Ediciones del Orto, 2001.

Congost, R., *Els darrers senyors de Cervià de Ter. Investigacions sobre el caràcter mutant de la propietat (segles XVII-XX)*, Girona, CGG Edicions, 2000.

Cruz, J., *Los notables de Madrid. Las bases sociales de la revolución liberal española*, Madrid, Alianza Editorial, 2000.

Fontana, J., *Cambio económico y actitudes políticas en la España del siglo XIX*, Barcelona, Ariel, 1973.

—, *La quiebra de la monarquía absoluta, 1814-1820*, Barcelona, Ariel 1973 (nueva edición ampliada en editorial Crítica, 2002).

—, *La revolución liberal. Política y hacienda, 1833-1845*, Madrid, Instituto de Estudios Fiscales, 1977, 2001².

Fontana, Josep, «La desamortización de Mendizábal y sus antecedentes», en R. Garrabou y A. García Sanz, eds., *Historia agraria de la España contemporánea, I. Cambio social y nuevas formas de propiedad (1800-1850)*, Barcelona, Crítica, 1985.

—, «Campesinos, burgueses y revoluciones», *Noticiario de Historia Agraria*, 14 (1997).

Iglesia, A., «El código civil (español) y el (llamado) Derecho (foral) gallego», en Carlos Petit, coord., *Derecho privado y revolución burguesa*, Madrid, Marcial Pons, 1990.

Millán, J., «Una reconsideración del carlismo», *Ayer*, 29 (1998).

—, «Liberalismo y reforma agraria en los orígenes de la España contemporánea», *Brocar*, 24 (2000).

Morales, A., «La transformación del Antiguo Régimen: Ilustración y liberalismo», en VV.AA., *Las bases políticas, económicas y sociales de un régimen en transformación (1759-1834)*, tomo XXX de la *Historia de España* de R. Menéndez Pidal, Madrid, Espasa-Calpe, 1998.

Pérez Garzón, J. S., «La revolución burguesa en España: los inicios de un debate científico, 1966-1979», en M. Tuñón de Lara, *et al.*, *Historiografía española contemporánea*, Madrid, Siglo XXI, 1980.

Portillo, J. M., *La Nazione cattolica. Cadice 1812: una costituzione per la Spagna*, Macerata, Piero Lacaita Editore, 1998.

—, «Crisis de la monarquía», en P. Fernández Albadalejo, ed., *Los Borbones. Dinastía y memoria de nación en la España del siglo XVIII*, Madrid, Marcial Pons, 2000.

Pujol, J., *et al.*, *El pozo de todos los males. Sobre el atraso en la agricultura española contemporánea*, Barcelona, Crítica, 2002.

Ruiz Torres, P., «Del Antiguo al Nuevo Régimen: carácter de la transformación», en AA.VV., *Antiguo Régimen y liberalismo. Homenaje a Miguel Artola, I. Visiones generales*, Madrid, Alianza, 1994.

Tomás y Valiente, F., «Lo que no sabemos acerca del Estado liberal (1808-1868), en VV.AA., *Antiguo Régimen y liberalismo. Homenaje a Miguel Artola, I. Visiones generales*, Madrid, Alianza, 1994.

Vallejo Pousada, R., *Reforma tributaria y fiscalidad sobre la agricultura en la España liberal, 1845-1900*, Zaragoza, Prensas Universitarias, 2001.

Villares, R., «La historia agraria de la España contemporánea. Interpretaciones y tendencias», en J. L. de la Granja, A. Reig y R. Miralles, eds., *Tuñón de Lara y la historiografía española*, Madrid, Siglo XXI, 1999.

—, «La construcción de la España liberal: sobre las "virtudes de la vida ascendente", en *IV Congrés Internacional d'Història Local de Catalunya*, L'Avenç, 1999.

LA METAMORFOSIS DE LA HACIENDA (1808-1874)

FRANCISCO COMÍN
Universidad de Alcalá[1]

INTRODUCCIÓN

Para mi participación en estas jornadas en homenaje a Josep Fontana, se me ha pedido que escriba un estado de la cuestión sobre los avances de la investigación en torno a la Hacienda pública, posteriores a la década de 1970, que es cuando aparecieron los tres libros básicos de Josep Fontana que analizan las relaciones entre Hacienda, Estado y revolución liberal en la primera mitad del siglo XIX. El desarrollo del conocimiento —y no sólo de la Hacienda— gracias a estas obras ha sido inmenso y ya ha influido decisivamente sobre varias generaciones de historiadores.[2]

Es para mí una enorme satisfacción acometer esta tarea, porque esas grandiosas obras de Fontana marcaron mi futuro profesional, pues influyeron de manera determinante en mi dedicación a la Historia de la Hacienda. Las leí cuando fueron publicadas, siendo yo, todavía, estudiante de licenciatura y de doctorado en Ciencias Económicas. El estudio de la Historia de la Hacienda era visto entonces —y lo sigue siendo ahora— como lo más parecido a una tortura, dada su lógica aridez. Pues bien, los libros de Fontana son la excepción que confirman esa regla. A mí me lla-

1. Agradezco los comentarios realizados por Rafael Vallejo a una versión previa, así como las sugerencias de Jaume Torras, Luis Alonso Álvarez, Ricardo Robledo, Albert Carreras, Carles Sudrià y Pere Pascual.

2. Las influencias son profundas y, en muchos casos, superficiales pero significativas, como prueban, por ejemplo, los títulos de libros y artículos: C. García Sanz, «La agonía de la Mesta y el hundimiento de las exportaciones laneras: un capítulo de la crisis económica del Antiguo Régimen en España», *Agricultura y Sociedad*, 6, reed. en García Sanz y Garrabou, eds. (1985), pp.174-216; C. Marichal, *La bancarrota del virreinato. Nueva España y las finanzas del Imperio Español, 1780-1810*, México, Fondo de Cultura Económica y Colegio de México, 1999; y R. Robledo, «La quiebra de la Universidad tradicional: Hacienda y política, 1790-1845», todavía en prensa y que replica los títulos de los libros de J. Fontana.

maron la atención porque estaban magistralmente escritos, porque se entendían muy bien, porque explicaban con claridad los hechos y porque tenían unos planteamientos metodológicos que me parecían —y me siguen pareciendo— muy acertados. De hecho, a mí me influyó mucho la lectura de esos tres libros de Fontana, particularmente en la metodología implícita en los mismos, como ya reconocí en la introducción a mi tesis doctoral.[3]

En realidad, yo podría acabar mi intervención rápidamente, diciendo que la revisión historiográfica que se me ha pedido ya ha sido realizada por el propio Fontana; me bastaría, en efecto, con remitir a los breves, pero contundentes, prólogos que él mismo ha redactado para las reediciones de sus tres libros aquí analizados.[4] Pero no lo haré. Yo iré más lejos, porque quiero resaltar en este trabajo la enorme influencia que han tenido esas obras, algo que, con su modestia habitual, Fontana no hace en esos prólogos. Para ello, trataré de demostrar que las muchas aportaciones posteriores, sobre la Hacienda pública de finales del siglo XVIII y primera mitad del XIX, giran en torno a los problemas planteados por Fontana, y han tratado —explícita o tácitamente— de demostrar o refutar sus hipótesis. Los historiadores no han permanecido impasibles frente a la obra de Fontana, lo que es la mejor prueba de su enorme valía. Estas buenas cosechas de estudios sobre la Hacienda pública fueron el fruto de la siembra realizada por Fontana, cuyas obras atrajeron e inspiraron a muchos investigadores hacia su período de especialización (la crisis del Antiguo Régimen) y esta temática (la Hacienda pública). Aunque parezca una paradoja, esta avalancha de publicaciones (en la bibliografía se recogen más de 200 obras aparecidas tras 1977) apenas ha cambiado las sólidas interpretaciones de Fontana, que siguen plenamente vigentes treinta años después. Al contrario, las investigaciones recientes han apuntalado, completado y confirmado aquellas hipótesis. De ahí el acierto de su reedición.[5] Nuestro autor, empero, no se durmió en los laureles, pues no ha dejado de publicar sobre la Hacienda de aquel período de lucha entre la reacción y la revolución. Al contrario, entre las publicaciones que han ido completando y puliendo aquellas interpretaciones de la dé-

3. Véase F. Comín, *Hacienda y Economía en la España contemporánea 1800-1936*, Madrid, Instituto de Estudios Fiscales, 1988, p. 18.

4. Véase J. Fontana, «Prólogo a la reedición de *Hacienda y Estado, 1823-1833*, Madrid, Instituto de Estudios Fiscales, 2001, pp. 9-15; *ibid.*, «Prólogo a la reedición de *La revolución liberal. Política y Hacienda, 1833-1845*, Madrid, Instituto de Estudios Fiscales, 2001, pp. 9-14; *ibid.*, «La quiebra del Imperio español, 1700-1824», Introducción General a la reedición de *La quiebra de la monarquía absoluta,* Barcelona, Crítica, pp. 11-46, 2002.

5. Quiero aquí agradecer, públicamente, a Juan José Rubio (director del Instituto de Estudios Fiscales) y a Gonzalo Pontón (director de Crítica) la reedición de los tres libros básicos de Fontana referentes a la Hacienda de la primera mitad del siglo XIX.

cada de los setenta destacan, como veremos, las propias investigaciones de Fontana posteriores a 1977.[6]

La estructura de este panorama es la siguiente. Me centraré, en la primera sección, en examinar la metodología y las principales tesis de Fontana relacionadas con la Hacienda durante las últimas décadas del siglo XVIII y en la primera mitad del siglo XIX.[7] Como prácticamente toda la investigación posterior ha girado en torno a la obra de Fontana, después contrastaré cómo las investigaciones posteriores han afectado a las interpretaciones de Fontana sobre las transformaciones de los ingresos, los gastos y la deuda del Estado, en las secciones segunda, tercera y cuarta, respectivamente. En este repaso, señalaré los aspectos de la obra de Fontana corroborados por la investigación posterior, que han sido la mayoría; asimismo, analizaré las facetas, las materias y los períodos en que la obra de Fontana ha sido perfilada —más que corregida— por las investigaciones más recientes. En la sección quinta, examinaré las aportaciones que han completado las tesis de Fontana en otras facetas y áreas de la intervención pública, como son: el fraude fiscal, la obra de los ministros de Hacienda, las haciendas coloniales, las haciendas municipales, la beneficencia y la empresa pública. En estas áreas la influencia de los libros de Fontana también fue determinante.

1. Una nueva metodología para la interpretación de la quiebra del Antiguo Régimen y de la revolución liberal

Estos libros de Fontana sobre la Hacienda surgieron de un proyecto investigador muy bien definido que, por su magnitud, hubo que trocear para el análisis detenido y para su presentación en público. Primero apareció *La quiebra de la monarquía absoluta* (1971) que estudiaba la primera restauración absolutista de Fernando VII, entre 1814 y 1820; después, se publicó *Hacienda y Estado* (1973), que analizaba la segunda etapa absolutista, entre 1823 y 1833; y, luego, siguió *La revolución liberal*

6. Ya adelanto que haré frecuentes citas de mis investigaciones, porque he publicado algunas obras sobre la Hacienda pública del siglo XIX, muy influidas por los libros de Fontana. En mis investigaciones he tratado, con más intención que fortuna, de: 1) aplicar al estudio de la Hacienda la metodología de Fontana; 2) constrastar sus hipótesis con nuevos datos históricos, fundamentalmente, cuantitativos; 3) prolongar sus estudios en el tiempo (de 1845 a la actualidad); y, 4) ampliarlos en los temas (gastos, seguridad social, entes locales, empresa pública).

7. Pero, incluso acotando tanto el objeto de estudio como hago en este trabajo, el intento de censar todas las aportaciones de Fontana al estricto campo de la Historia de la Hacienda es tarea imposible, pues son muchas y todas relevantes.

(1977), libro dedicado a examinar los años de consolidación del régimen liberal, desde la muerte de Fernando VII, en 1833, hasta la aprobación de la reforma tributaria de 1845. Es decir, que la secuencia temporal partió de la «crisis del Antiguo Régimen» para llegar a la «construcción del nuevo»; es decir, del régimen liberal. Esta metamorfosis de la Hacienda fue, naturalmente, paralela a la del Estado; por eso, Hacienda, Estado y Política son las claves de esta obra de Fontana. A esta trilogía se añadió, finalmente, un cuarto libro, titulado *Guerra y Hacienda* (1986), escrito en colaboración con Garrabou, donde Fontana estudiaba la Hacienda central durante la guerra de la Independencia (1808-1814). Aunque en *Hacienda y Estado* se hacen sobradas referencias al Trienio liberal, este período (1820-1823) es el único que, lamentablemente, no cuenta con un libro de Fontana.[8]

De hecho, como él mismo ha reconocido, el objetivo final de Fontana no era el conocimiento de la Hacienda en sí misma, sino su utilización para estudiar la crisis del Antiguo Régimen y su consecuencia lógica e histórica: el nacimiento del régimen liberal en España. Desde luego, al leerlos, no me parecieron libros de Hacienda; es decir, no eran sólo libros de Hacienda. El análisis combinaba con acierto los aspectos fiscales con los sociales, los políticos y los económicos. Sin ese enfoque pluridisciplinar no puede entenderse un asunto tan complicado como es la acción del Estado.[9] Otro aspecto crucial, para mí, de la metodología de Fontana es que ponía el punto de mira, más que en las leyes, decretos y órdenes, en el análisis de su formación, de su aplicación y de los efectos que tenían sobre la realidad económica y política.[10] Esto de mirar a la realidad más que a las leyes era la estrategia de investigación más sensata, en un país tradicionalmente catalogado como el de las «dos Españas»: la oficial y la real; división que en pocos campos era tan evidente como en el de la Hacienda. Hubo otras cuestiones de método que, al leer aquellos libros, cua-

8. Aunque me centraré en el período comprendido entre el estallido de la guerra de la Independencia y la áprobación de la reforma tributaria de 1845, quiero dejar claro que la obra de Fontana como hacendista no se agota en esta época; se prolonga en el siglo XVIII, con su análisis de la Hacienda durante el despotismo ilustrado (término contradictorio, como él mismo señaló) con su excelente artículo titulado «El alimento del Estado», y al período posterior a la reforma de 1845, con un magnífico libro *La Hacienda en la Historia de España (1700-1931),* que ofrece una impresionante perspectiva a largo plazo.

9. J. Fontana en «La crisis del Antiguo Régimen», *Papeles de Economía Española*, 20 (1984), pp. 49-61, confesó que se había dedicado al estudio de la Hacienda porque era el camino ideal para «percibir el complejo entramado de los problemas económicos, políticos y sociales».

10. Esto volvería a decirlo para un período más reciente, véase J. Fontana y J. Nadal, «España, 1914-1970», en C. M. Cipolla, ed., *Historia Económica de Europa*, vol. 6: *Economías contemporáneas*, Barcelona, Ariel, 1980, pp. 95-163.

draban con mi incipiente formación de economista: la objetividad con la que analizaba una época y unos ministros absolutistas que habían sido despreciados —y lo seguirían siendo— por los historiadores liberales y de izquierdas. Resalta el hecho de que a Fontana no se le nublase la mente estudiando un régimen absoluto, arbitrario y reaccionario, ni a unos ministros absolutistas que hacían lo que podían para cumplir con la misión de todo ministro de Hacienda, que es conseguir financiar los gastos. Al contrario, Fontana estaba haciendo lo que yo entendía como Hacienda positiva; es decir, examinando técnicamente los problemas y los personajes sin mezclar en el análisis juicios de valor sobre aquel régimen absoluto y lo que significaba. En aquellos libros, la metodología de Fontana tenía —y sigue teniendo, naturalmente— otro elemento iluminador: la comparación internacional; había que mirar a Europa para ver los motivos por los que la Hacienda española se estaba retrasando en el establecimiento de unas instituciones fiscales de tipo liberal, e, indirectamente, para saber por qué España se estaba convirtiendo, a pasos acelerados, en una potencia internacional de enésimo orden; porque el poder militar, en definitiva, dependía de los ingresos impositivos que el Estado pudiese recaudar. Y toda esta ambiciosa estrategia interpretativa tenía los pies en el suelo, pues Fontana hacía gala de un arraigado empirismo; de una eficiente utilización crítica de las fuentes históricas, en cuyo hallazgo también demostraba una consumada pericia.

La tesis fundamental de Fontana he tratado de resumirla en el título de este artículo: la larva de la Hacienda del Antiguo Régimen se transformó en la mariposa de la Hacienda liberal; es decir, hubo una metamorfosis en las apariencias legales (como sucedió con el Estado), pero una continuidad en las prácticas fiscales y recaudatorias, en la gestión de la deuda y del gasto del Estado. En efecto, una gran aportación de Fontana fue demostrar que los cambios de la reforma tributaria de 1845 fueron meramente formales. La transformación radical en las leyes tributarias es lo que, hasta entonces, había llamado la atención de los historiadores de la Hacienda; ése era el gran avance de la reforma de 1845. Pero, en el fondo, apuntaba Fontana, no hubo apenas cambios en la realidad, porque las prácticas recaudatorias continuaron siendo las mismas que antes de la reforma. Además, en contra de lo que se afirmaba, en los años previos a la reforma de 1845 el sistema fiscal vigente ya no era «el tradicional» establecido en el siglo XVI; ni siquiera era el mismo sistema fiscal previo a 1808; nuestro autor demostró, por el contrario, que la metamorfosis de la Hacienda fue gradual desde 1808, pues el sistema tributario había cambiado desde esta fecha, tanto por las reformas absolutistas y liberales como por los cambios en las prácticas recaudatorias. Esta tesis está explícitamente enunciada por Fontana para el Gobierno central, básicamente en los ingresos, pero también en la deuda y el gasto.

Mi opinión es que esta teoría de la metamorfosis puede extenderse también a los restantes ámbitos del sector público español. Las aportaciones posteriores muestran, en efecto, que esa misma metamorfosis ocurrida en los tributos y gastos del Estado tuvo lugar en otros campos de la acción pública, como las haciendas municipales, la beneficencia o la empresa pública.

La decisiva influencia de Fontana sobre los historiadores de la Hacienda derivó de que ofreció un nuevo enfoque para el estudio de la reforma tributaria —y de otras políticas públicas, como la desamortización— considerándola como una pieza más de un proceso político general, que fue la revolución liberal. Esto suponía abrir dos nuevas perspectivas para la investigación. Por un lado, la revolución liberal pasaba a interpretarse como un proceso largo y temporalmente reversible —por las dos reacciones absolutistas hasta 1833—, que empezó con la guerra de la Independencia y que acabó con el Sexenio democrático; precisamente, ese largo proceso hizo que las medidas revolucionarias fueran perdiendo fuerza, porque a los grupos revolucionarios se fueron uniendo los nobles que fueron moderando las reformas.[11] Las medidas desamortizadoras, o de disolución de los señoríos de 1836-1837, eran claramente favorables a los antiguos señores feudales y lesivas para los campesinos, frente a las aprobadas en las Cortes de Cádiz.[12] Otro tanto sucedió con la reforma tributaria; del ideal revolucionario inicial de la contribución única en Cádiz, se pasó a una reforma muy pragmática en 1845. Por otro, se interpretaba que la revolución liberal desencadenó un profundo cambio en la «constitución económica» del país, afectando a las reglas de juego de los agentes económicos y a toda la política económica del Gobierno. Desde esta nueva óptica, la desamortización, la disolución de señoríos, la abolición de la Mesta, la reforma tributaria, la abolición de los gremios y la libertad de industria, la privatización de las reales fábricas, la reforma municipal, las leyes de beneficencia... fueron las piezas de dicha revolución liberal, cuyas reformas alcanzaron la máxima radicalidad (siempre relativa en el caso español) en las Cortes de Cádiz; pero aquellas se fueron suavizando en el Trienio y, no digamos ya, desde la guerra carlista; pues bien, aún se limarían más en la década moderada. La conformación

11. Precisamente, la implicación de los liberales españoles con la ideas ilustradas y el hecho de que la crisis de la Hacienda se iniciase ya en el siglo XVIII hacen que el enfoque temporal haya que alargarlo aún más, ya que los estudios de Fontana se inician con las reformas borbónicas de aquel siglo.

12. Como ha demostrado posteriormente A. García Sanz, «Introducción. Crisis de la agricultura tradicional y revolución liberal (1800-1850)», en A. García Sanz y R. Garrabou, eds., *Historia agraria de la España contemporánea*, vol. I: *Cambio social y nuevas formas de propiedad (1800-1850)*, Barcelona, Crítica, 1985.

del Estado, entre 1845 y 1854, según el modelo moderado provocó las revoluciones progresistas de 1854 y 1868, que trataron de completar y profundizar las medidas económicas de la revolución liberal, además de acabar con los intentos autoritarios y de excesiva injerencia de las Cortes en el proceso político.[13]

Otra aportación muy fructífera de la obra de Fontana fue establecer la decisiva relación existente entre la pobreza de la Hacienda y caída del correspondiente régimen político; la Hacienda es «el alimento del Estado» y, si no hay recaudación, el régimen acaba desapareciendo. Con la pérdida de las colonias, la Hacienda absolutista quedó condenada a morir de inanición. Esto está maravillosamente demostrado para la quiebra de la monarquía absoluta en el libro del mismo nombre.[14] En la década de los ochenta, Fontana[15] explicó la génesis de dicha quiebra, que ya venía del siglo XVIII poniendo de manifiesto cómo el modelo de las políticas del despotismo ilustrado (que estudiaba para el caso francés y el austríaco) era aplicable a la España de la segunda mitad del siglo XVIII. En efecto, subyacente a la retórica reformista (Fontana encuentra una contradicción irresoluble entre los términos «ilustrado» y «despotismo») había, en realidad, una preocupación fundamentalmente recaudatoria para atender a los crecientes gastos de defensa; en la metrópoli, los intentos de corregir la impotencia financiera del Estado tuvieron poco éxito, como muestra la evolución de la recaudación frente a la de otros países europeos, como Inglaterra o Francia. La incapacidad de reformar la Hacienda llevó a los «ilustrados» a buscar ingresos en América, mediante los decretos de libre comercio y a establecer repartimientos forzosos y de nuevas alcabalas, que condujeron, finalmente, a las revueltas fiscales de finales del siglo XVIII y comienzos del XIX, que están detrás de la decisión de las oligarquías criollas de luchar por la emancipación de España. Estos trabajos de Fontana abrieron una polémica referente a la política fiscal de los ilustrados (que veremos en la

13. Sobre esta idea trabajaron, posteriormente, P. Tedde, «Cambio institucional y cambio económico en la España del siglo XIX», *Revista de Historia Económica*, 3 (1994), pp. 525-538; y F. Comín, «Los economistas clásicos y los políticos liberales entre los problemas de la economía española (1808-1874)», en E. Fuentes Quintana, dir., 2000a, pp. 621-703.

14. Es una tesis tremendamente sugerente, que puede aplicarse a la Restauración —véase F. Comín, *Hacienda y Economía en la España Contemporánea (1800-1936)*, Madrid, Instituto de Estudios Fiscales, 1988; y M. Martorell, *El santo temor al déficit. Política y Hacienda en la Restauración*, Madrid, Alianza, 2000—, y al franquismo —véanse E. Fuentes Quintana, *Las reformas tributarias en España, Teoría, historia y propuestas*, Barcelona, Crítica, 1990; y F. Comín, *Historia del Sector Público. I. Europa*, Barcelona, Crítica, 1996.

15. J. Fontana, «El alimento del Estado: Política y Hacienda en el "despotismo ilustrado", *Hacienda Pública Española,* 1987, pp. 108-109, pp. 157-158.

sección 5.2) y al papel de las colonias como fuente de ingresos para la Hacienda metropolitana (sección 5.3).

El punto de partida de esta tesis, por tanto, es el profundo efecto que la pérdida de las colonias tuvo sobre los ingresos de la Hacienda central. Gracias a los ingresos de su imperio americano, España había financiado unos gastos de gran potencia militar sin realizar una reforma tributaria en la metrópoli; privada del «alimento» que suponían los caudales de Indias, la Hacienda entró en quiebra. En efecto, comparando el período 1814-1819 con los años inmediatamente previos a la guerra de la Independencia, Fontana comprobó una enorme caída de los ingresos totales de la Hacienda de la metrópoli,[16] provocada por la emancipación de las colonias, a través de tres vías: primera, la desaparición de las remesas de Indias; segunda, la ausencia de ingresos por las emisiones de deuda pública, que no podían hacerse al carecer la Hacienda de las remesas de los metales americanos que avalaban esas emisiones y al estar la cotización de los títulos públicos muy depreciada, y, tercera, la notable caída de la renta de aduanas, originada por el descenso del comercio con América y también del comercio de tránsito con Europa. Adicionalmente, la pérdida de las colonias ocasionó una deflación monetaria, pues el déficit comercial con Europa exigía la salida de numerario, que ya no era compensado por las llegadas americanas. Para entender la quiebra de la Hacienda española, Fontana vio que era imprescindible analizar las relaciones de la metrópoli con las colonias; es decir, la Hacienda del imperio.[17]

En la nueva situación, los ministros de Hacienda tuvieron que volver la vista a la península y recurrir a los impuestos sobre el interior.[18] Y aquí demuestra Fontana dos cosas: una, la estolidez de la mayoría de los ministros de Hacienda absolutistas; entre las contadas excepciones, destacaban Martín de Garay y López Ballesteros; dos, la insalvable contradicción en que se encontraron estos ministros, pues para aumentar los ingresos de la Hacienda tenían que ampliar las bases tributarias, y ello exigía lesionar los privilegios de los estamentos noble y eclesiástico. No hay que extrañarse de que los proyectos de estos ministros (y de hacendistas de la talla

16. J. Cuenca discutió la magnitud de la caída de los ingresos en «Ingresos netos del Estado español (1788-1820)», *Hacienda Pública Española*, 69 (1981), pp. 183-208; pero F. Comín, en *Las cuentas de la hacienda preliberal en España (1801-1855)*, Madrid, Banco de España, 1990, mostró que dicha caída fue tan aguda como sostiene J. Fontana.

17. Esto está claramente expuesto en J. Fontana (1991b), «La crisis colonial en la crisis del Antiguo Régimen español», en H. Bonilla, ed., *El sistema colonial en la América española*, Barcelona, Crítica, 1991.

18. Lo mismo que la burguesía catalana hubo de volver la vista al mercado interior y, al comprobar que estaba estancado por la estructura social del Antiguo Régimen, cambiar su actitud política.

de Pinilla) fracasaran, ante la oposición de dichos grupos y también de los campesinos, que carecían de numerario para pagar los nuevos impuestos. Las aportaciones en los libros de Fontana sobre las vicisitudes y la obra de estos ministros se extienden a las propuestas de los grandes hacendistas del período, entre los que destacan, sin duda alguna, Joseph López Juana Pinilla y su sucesor en el empeño, que fue Santillán. Los ministros absolutistas no lograron aumentar suficientemente los ingresos de la Hacienda, pues los privilegiados optaron por la pobreza del Estado antes que permitir una reforma tributaria que tocase sus privilegios fiscales o de la propiedad, oponiéndose también a la desamortización. Pero esos ministros no fracasaron a largo plazo, porque algunas de sus propuestas y, sobre todo, las prácticas recaudatorias, acabaron por ser incorporadas por los liberales y, de forma definitiva, en la reforma de 1845.

La consecuencia fue, por tanto, que los últimos gobiernos absolutistas vivieron en la más absoluta miseria; el gasto del Estado disminuyó, y no se atendieron los compromisos imprescindibles. No se pudieron mantener las colonias —cuya defensa se había basado hasta 1811, como veremos, en los recursos extraídos de las mismas— ni, desde luego, recuperarlas, a pesar de los planes elaborados para ello; la pobreza fiscal facilitó las invasiones extranjeras, en 1808 y 1823, y la imposición desde el exterior del monarca absoluto; finalmente, la dificultad de allegar fondos por parte de los primeros gobiernos isabelinos alargó la guerra carlista. Es decir, que el Estado absolutista ni siquiera era capaz de defender al país; valga decir, al régimen legalmente establecido; el Estado liberal, tampoco. Y ésa era la principal función de aquel tipo de Estado. La otra era mantener al monarca; pero la miseria del Estado forzó también a restringir sus gastos.

La presión de los gastos y la ausencia de una reforma tributaria obligó, en definitiva, a recurrir a la deuda pública. Y aquí radica otra de las tesis básicas de Fontana. Habiendo estudiado la denominada revolución financiera de Inglaterra y Holanda en el siglo XVIII, Fontana sabía que, para conseguir créditos baratos y amplios, la Hacienda debía de pagar puntualmente sus compromisos y alejarse de los hábitos financieros de los monarcas absolutos, consistentes en el repudio de la deuda y el impago de sus intereses; para financiarse barato, por el contrario, el Estado tenía que atender religiosamente las cargas de la deuda. Pues bien, Fontana demostró que la gestión de la deuda en la primera mitad del siglo XIX no pudo haber sido peor, debido a la insolvencia del Estado. Los absolutistas no pudieron emitir deuda exterior, porque habían repudiado la existente previamente, a pesar de que su volumen era pequeño. Al mercado interior tampoco podían acudir por el desastroso experimento de los vales reales, que alejaron de la deuda pública a los comerciantes y financieros españoles. Además, los gobiernos absolutistas dejaron de pagar los intereses de la deuda interior y, en esas condiciones, no podían recurrir a nuevas emisiones. Bien es cierto que, en la segunda restauración de Fernando VII, se consiguió algún empréstito, pero pequeño y a muy alto precio. Además, en esta fase se produjo un «corte de cuentas» que supuso el repudio de grandes cantidades de atrasos debidos por el Tesoro. Los liberales de 1830 heredaron un impresionante volumen de deuda que no repudiaron formalmente, pues reconocieron todas las emitidas previamente. El endeudamiento del Estado aumentó todavía más en esa década por la financiación de la guerra carlista, realizada con unas anticipaciones de fondos que eran —inevitablemente, dadas las circunstancias— muy caras.

Aquel volumen de deuda no lo podía soportar ningún presupuesto durante mucho tiempo, por la sencilla razón de que entraba en funcionamiento el proceso de autoalimentación del déficit; es decir, el déficit surgía sencillamente por las cargas financieras y, por tanto, había que emitir más deuda —en el caso de que se pudiese— para pagar los intereses y la amortización de la existente; en caso contrario, no se pagaban los intereses.[19] Por esa razón los liberales trataron de reducir la deuda en circulación, pero de manera ortodoxa. El problema fue que los gobiernos liberales heredaron «una situación financiera que les costó medio siglo remontar», como señaló Fontana. Y, en efecto, fracasó el arreglo de Toreno. Entonces Mendizábal recurrió a la desamortización eclesiástica como un medio de reducir el endeudamiento público; pero, a pesar de que se amortizó una cantidad apreciable, las expectativas no se cumplieron y el volumen de la deuda siguió creciendo. Además, su estructura estaba muy decantada hacia la deuda flotante, que había crecido por la simple acumulación de los intereses impagados y de los atrasos en el gasto, así como por los contratos de anticipaciones de fondos utilizados para financiar la guerra. Alejandro Mon consolidó esos contratos en 1844, a costa de aumentar el volumen de deuda en circulación. Con lo cual, el problema siguió existiendo. Bravo Murillo, en 1851, realizó un arreglo que aclaró la situación de la deuda, pero con un alto precio para la financiación futura de la Hacienda y del sector privado y, por tanto, sobre el crecimiento económico; de hecho, Fontana llamó a este arreglo un «repudio encubierto». Cuando acaba el período analizado en este artículo, la deuda era un problema aún sin resolver.

19. Fontana mostró cómo el volumen de deuda aumentó de 2.000 millones de reales en 1788 a 14.000 millones en 1820; esta cantidad implicaba unas cargas financieras anuales de 560 millones, cuando los ingresos del Estado rondaban los 700 millones.

2. La lenta y vacilante transformación de la tributación

Si conocemos las finanzas de la guerra de la Independencia es gracias a otro gran libro de Fontana.[20] Es difícil resumir sus principales aportaciones porque son muchas. En este libro se muestra cómo los sucesivos gobiernos de la Junta Central, de la Regencia y de las Cortes trataron de recomponer la maltrecha Hacienda, implantando contribuciones extraordinarias —es decir transitorias— y reformando o aboliendo los antiguos tributos; la inestabilidad política y la rápida rotación de los responsables de la Hacienda provocaron que se aprobaran excesivas medidas fiscales, que la mayor parte de las veces fueron precipitadas y sólo contribuyeron a aumentar la confusión.[21] La mejor prueba de la impotencia para aplicar las ideas de los reformadores queda patente en que, aunque la Junta Central suprimió las «alcabalas, cientos y millones» por el decreto de 7 de agosto de 1809, su aplicación se retrasó hasta que, en 1813, se aprobó la contribución directa, para sustituir a las rentas provinciales, que entonces sí quedaron suprimidas.[22] En efecto, el *desideratum* de los liberales gaditanos (el mismo que el de los revolucionarios franceses) era el mito de la única contribución. Este impuesto exigía la existencia del régimen político y legal burgués; ésa es la razón por la que los ministros ilustrados habían fracasado y la contribución directa sólo pudo implantarse tras el inicio de la guerra de la Independencia.[23] Tampoco en esta ocasión hubo éxito, pues la contribución directa fracasó estrepitosamente en su aplicación. Bien es cierto que no tuvo tiempo de madurar, pues Fernando VII anuló el nuevo tributo en 1814. Pero Fonta-

20. Se trata de J. Fontana y R. Garrabou, *Guerra y Hacienda. La Hacienda del Gobierno central en los años de la Guerra de la Independencia*, Alicante, Instituto Juan Gil-Albert, 1986, en el que las partes de Hacienda son obra de J. Fontana. Así que, puesto que sólo me refiero a ésta, lo citaré como J. Fontana.

21. *Ibid.*, pp. 49-55.

22. Con esta propuesta, la Junta Central recogió una «vieja esperanza ilustrada»: la derogación de las rentas provinciales y su sustitución por la «única contribución», que se suponía más sencilla y eficaz de recaudar, al tiempo que soportable por los españoles, como revelaba la «consulta al país» de 1809; Fontana, «La supervivencia del mito de la única contribución», *Hacienda Pública Española,* 17 (1972), pp. 111-119.

23. Como ha señalado F. López Castellano, *Liberalismo económico y reforma fiscal. La contribución directa de 1813*, Granada, Universidad de Granada, 1995; y *El pensamiento hacendístico liberal en las Cortes de Cádiz*, Madrid, Instituto de Estudios Fiscales, 1999. Los patriotas de Cádiz no eran muy revolucionarios, pues muchos nobles y clérigos se habían alineado junto a los auténticos; esto explica la moderación —y las contradicciones— de las reformas de Cádiz, así como la influencia que en ellas tuvieron las ideas de los ilustrados; todo ello está perfectamente explicado en J. Fontana, *La crisis del Antiguo Régimen, 1808-1833*, Barcelona, Crítica, 1979.

na[24] demostró que, antes de ello, el tercio de dicha contribución anticipado a 1813 no había logrado cobrarse en la práctica. La idea de la única contribución la habían heredado los liberales de la tradición ilustrada del siglo XVIII; pero el fracaso de la contribución directa y el exilio de los liberales —forzado por el absolutismo de Fernando VII y gracias al cual aprendieron las nuevas tendencias hacendísticas de Inglaterra y Francia— llevaron a éstos a desprenderse del mito de la única contribución y a modificar sus planteamientos fiscales.[25] Hasta algunos absolutistas —como Martín de Garay— se dieron cuenta de que con una sola contribución no podía alcanzarse la suficiencia, como ya había demostrado el caso francés desde 1790.

En aquel páramo de mediocres ministros de Hacienda del absolutismo, cuando no estólidos, sobresale la figura de Martín de Garay, que acertó a transformar la legislación impositiva, aun dentro de los estrechos márgenes que le permitió el absolutismo. Garay elaboró su reforma fiscal basándose en la alternativa más radical del Informe de la Junta de Hacienda, que se inspiraba en los proyectos tributarios de las Cortes de Cádiz, y de algunos planes de Hacienda previos, como los de Duaso y Pinilla.[26] Asimismo, Fontana puso de manifiesto cómo Garay

24. J. Fontana, *Guerra y Hacienda*, *op. cit.*

25. Esta evolución de los hacendistas liberales es personificada por J. Fontana (*ibid.*, pp. 41-47) en Toreno que, habiendo sido defensor de la contribución directa, la calificó en 1837, en su obra *Historia del levantamiento, guerra y revolución de España,* de «plan especulativo», asegurando que los economistas —y citaba a Smith y Say— y los «gobiernos y hombres prácticos» preferían «una combinación proporcional y bien ajustada de varios impuestos». Otros hacendistas corroboran esta idea de Fontana, pues aquella misma evolución también ocurrió con Canga Argüelles, cuyos planteamientos cambiaron entre Cádiz y el Trienio; véase F. Comín, «Canga Argüelles: un planteamiento realista de la Hacienda liberal», en E. Fuentes Quintana, dir., *Economía y economistas españoles*, vol. 3: *La Ilustración*, Barcelona, Galaxia Gutenberg y Círculo de Lectores.

26. En efecto, en un folleto anónimo titulado *Vicios de la contribución directa...*, que fue atribuido por J. Fontana —«El "Censo de frutos y manufacturas" de 1799: un análisis crítico», *Moneda y Crédito*, 101 (1967)— a Duaso, se proponían tributos parecidos a los aprobados en la reforma de Garay; lo mismo ocurría con un proyecto de José López Juana Pinilla (de 1816). Véase J. Fontana, *Hacienda y Estado en la crisis final del Antiguo Régimen español*, 1823-1833, Madrid, Instituto de Estudios Fiscales, 1973, reed. en 2001, pp. 166-167, quien dice que la contribución general fue asimilada por los contribuyentes a la contribución directa de las Cortes. Según M. Artola —*La Hacienda del siglo XIX. Progresistas y moderados,* Madrid, Alianza, 1986, pp. 56-58—, Garay se inspiró tanto en la contribución extraordinaria de guerra (la idea del «impuesto proporcional sobre la renta»), como en la contribución directa de las Cortes (una contribución de cupo a repartir entre los pueblos). Las ideas de J. Fontana al respecto han sido corroboradas por F. López Castellano, «Estudio introductorio» a la reedición de José Duaso y Lastre, *Vicios de la contribución directa decretada por las Cortes extraordinarias en septiembre de 1813*, Zaragoza, Institución Fernando el Católico, 2001, pp. VII-LXXIII.

contó con la colaboración de asesores como Antonio Barata y Luis López Ballesteros. Todo esto muestra la continuidad en las cuestiones de Hacienda en esta época, algo revelado por Fontana, y confirmado posteriormente.[27]

La reforma de los ingresos de Garay (aprobada por el decreto de 30 de mayo de 1817) se centró en la creación de la contribución general de 250 millones de reales (a repartir, sin distinción de estamentos, entre los pueblos de todo el territorio nacional, a excepción de las provincias exentas) y de los Derechos de puertas (sobre los artículos entrados en las capitales de provincia y puertos habilitados). También estableció Garay un subsidio eclesiástico, que sólo sirvió para enervar al clero, pues su cuantía era muy reducida; la Iglesia también se opuso a la desamortización propuesta para arreglar la deuda. Estos nuevos gravámenes sustituían a las rentas provinciales y sus equivalentes en la Corona de Aragón, que quedaban extinguidas.[28] Fontana señaló que esta reforma se diferenció de la de las Cortes de Cádiz de 1813 en que ya no pretendía basarse en una contribución única, pues además de establecerse también una indirecta (los derechos de puertas), se mantuvieron las rentas estancadas y otras rentas antiguas, como las generales, la contribución de aguardientes y licores, y un rosario de gravámenes pequeños, incluidos los que se gestionaban al margen de la Dirección general de Rentas; las contribuciones que se suprimían aportaban menos ingresos que las que se introducían, por lo que la reforma de Garay representaba un ligero aumento de la carga fiscal.[29] Es decir, que Garay se deshizo del mito de la única contribución; la suya era una reforma ecléctica y más conservadora que las propuestas previamente por los ilustrados y liberales; también era mucho más pragmática.

Los frutos de la reforma tributaria de Garay fueron más a largo plazo, por su influencia en las ulteriores reformas fiscales, que a corto plazo, pues no logró que sus tributos se recaudasen con generalidad.[30] Nos

27. En F. Comín y R. Vallejo, *Alejandro Mon y Menéndez (1801-1882). Pensamiento y Reforma de la Hacienda*, Madrid, Instituto de Estudios Fiscales, 2002.

28. M. Artola, *La Hacienda del siglo XIX. Proguesistas y moderados,* Madrid, Alianza, 1986, incluye también entre las suprimidas las rentas siguientes: frutos civiles, paja y utensilios y subsidio eclesiástico.

29. Véase J. Fontana, *La quiebra de la monarquía absoluta*, Barcelona, Ariel, 1971, pp. 164-265.

30. Sin embargo, bien que mal, la reforma tuvo que acabar imponiéndose, gracias a los sucesores de Garay, como muestra el hecho de que Canga Argüelles, primer ministro de Hacienda del Trienio, dejase durante el Primer Año Económico que siguieran recaudándose los tributos de Garay, para asegurar la recaudación; véase F. Comín, *Las cuentas de la Hacienda preliberal en España (1811-1855),* Madrid, Banco de España, 1990. Otra prueba radica en la formación de los cuadernos de riqueza, como muestran los trabajos de Gutiérrez Bringas, «Los Cuadernos Generales de Riqueza (1818-1820): la localización

explicó perfectamente Fontana que Garay cesó en el Ministerio de Hacienda por la hostilidad que despertó en los estamentos privilegiados —como el clero y los terratenientes— la intención de crear una estadística fiscal y de realizar una tímida desamortización; al estamento militar tampoco le gustó la intención del ministro de recortar su presupuesto. También influyó en la caída de Garay el fracaso recaudatorio de su reforma, que no solucionó las penurias de la Hacienda ni, por tanto, la supervivencia del régimen absoluto; dicho fiasco también vino provocado por el descontento que originó la sesgada recaudación de sus tributos —pues a pesar de la generalidad establecida legalmente para la contribución, siguió habiendo un único estamento pechero— y por la reticencia de los campesinos que tenían que pagarla en metálico, lo que implicaba, de hecho, un incremento de la carga fiscal real, por la caída de los precios agrarios; este descontento contra la deficiente aplicación de sus nuevos tributos fue esgrimido por los consejeros de Estado en contra de Garay.[31]

En la segunda restauración de Fernando VII, el nuevo ministro de Hacienda López Ballesteros se vio agobiado por la penuria que sufría la Hacienda, y trató de reformar los tributos; pero apenas consiguió nada, también por la oposición del Consejo de Estado, que representaba los intereses estamentales. Fontana analizó cómo la España absolutista eligió la miseria financiera —y el atraso económico— frente al cambio político y social y al mayor poder económico y militar que hubiesen acompañado a una reforma tributaria. El sistema tributario aprobado por López Ballesteros era el único posible en aquellas circunstancias; como no aportó muchos ingresos, el ministro se centró en mejorar la gestión de los mismos, y estableció un sistema de cobranza (que difería de la normativa legal) que seguía vigente en 1845. En efecto, una de las gran-

---

de una fuente histórica en España», *Noticiario de Historia Agraria,* 7 (1994), pp. 155-179; y «La Estadística del Reino de Martín de Garay en la provincia de Ávila, 1818-1820», *Cuadernos Abulenses,* 24 (1995), pp. 11-42.

31. Véase J. Fontana, *ibid.*, p. 309. Para M. Artola, *La Hacienda del siglo XIX. Progresistas y moderados*, Madrid, Alianza, 1986, pp. 62 y 79, el rechazo provino fundamentalmente de las clases privilegiadas y de los terratenientes absentistas a los que la contribución general de Garay convertía en contribuyentes. Pero las resistencias de los campesinos ante las nuevas contribuciones están más que probadas, en los períodos absolutistas y en los liberales. Para los tumultos antifiscales y las ocultaciones en las averiguaciones sobre las bases fiscales para implantar nuevas contribuciones, en 1975 (ante la reforma de Lerena) y en 1812 (ante el intento de establecimiento de la primera contribución extraordinaria de guerra), véase P. Saavedra, «Las resistencias a la reforma de Lerena en Galicia», *Hacienda Pública Española,* 1 (1994), pp. 135-144; y A. Fernández González «Las estrategias antifiscales en las sociedades tradicionales. Galicia, 1700-1840», *Hacienda Pública Española*, 1 (1994), pp. 123-124.

des aportaciones de Fontana[32] fue demostrar que esas prácticas recaudatorias fueron mantenidas por el sistema tributario de Mon-Santillán.[33]

Los gobiernos progresistas de la regencia de María Cristina —sobre todo con Juan Alvárez y Mendizábal como ministro de Hacienda— tuvieron la preocupación fundamental de obtener financiación para abastecer a los ejércitos isabelinos apelando al crédito (mediante los contratos de anticipación de fondos con capitalistas nacionales y el Banco de San Fernando y los pagarés del Tesoro), con tributos extraordinarios (el anticipo de 200 millones y la contribución extraordinaria de guerra), y la realización de activos (la venta de los bienes nacionales con la desamortización eclesiástica).[34] A esas urgencias de conseguir fondos para financiar la guerra se unió la rápida rotación de los ministros de Hacienda; un impedimento para llevar a la práctica una reforma de los impuestos, a pesar de que se propusieron diferentes proyectos.

Otro obstáculo que impedía la reforma tributaria desde 1830 era la vigencia del diezmo; su abolición era complicada porque parte del mismo iba a parar a la Hacienda del Estado, a pesar de que su recaudación venía disminuyendo desde comienzos de siglo.[35] De hecho, Fonta-

32. J. Fontana, *La Revolución Liberal (Política y Hacienda, 1833-1845)*, Madrid, Instituto de Estudios Fiscales, 1977 (reed. en 2001).

33. Recientemente, Fontana («Prólogo» a la reedición de *Hacienda y Estado, 1823-1833,* Madrid, Instituto de Estudios Fiscales, 2001, pp. 9-15) ha recalcado la importancia de la Instrucción de 6 de junio de 1828, en la cual el Ministerio de Hacienda consideraba ya como normal cobrar conjuntamente las «contribuciones de cuota fija» que se recaudaban por medio del reparto por los ayuntamientos de unos «cupos» a los contribuyentes; éste es el antecedente de las prácticas recaudatorias de la contribución territorial de 1845. Para la reforma de López Ballesteros en el campo de la administración tributaria y del delito fiscal, véanse R. Vallejo, «La reforma de la Hacienda de López Ballesteros y el origen de la regulación del delito fiscal en la España contemporánea», *Anuario de Historia del Derecho Español, tomo LXVII, Homenaje al Profesor D. Francisco Tomás y Valiente,* 2 (1997), pp. 1.789-1.809; y J. Zafra, «La Hacienda del Estado Liberal y la economía española (1808-1868)», *Seminario de Historia Económica*, Soria, Fundación Duques de Soria, 1999.

34. Cuya finalidad era múltiple, según J. Fontana, *La Revolución Liberal*..., *op. cit.*: aportar recursos rápidos para la guerra; quitar poder fiscal a la Iglesia; amortizar la deuda; ganar adeptos al régimen isabelino, y expandir el mercado de la tierra, privatizando las propiedades institucionales para fomentar el crecimiento económico.

35. Las ideas revolucionarias sobre las nuevas resistencias al diezmo sólo se difundieron después de 1808; como consecuencia, el cumplimiento decayó entre aquella fecha y 1838, por lo que la recaudación disminuyó al 50 por 100; véase M. D. Muñoz Dueñas, «Diezmos de la Hacienda Real. La administración de exentos en Córdoba (1976-1820)», en M. Artola y L. M. Bilbao, eds., *Estudios de Hacienda: de Ensenada a Mon*, Madrid, Instituto de Estudios Fiscales, Monografía, 31, 1984, pp. 421-440; y «Las resistencias al diezmo», *Hacienda Pública Española*, 1 (1994), pp. 55-166. El descenso de los tributos ligados al diezmo, que teóricamente eran proporcionales a las cosechas, no derivó, por tanto, de una caída en la producción agraria, sino del menor cumplimiento en el pago por parte

na[36] señaló que los liberales del Trienio ya habían visto esta cuestión claramente; por ello, dejaron el «medio diezmo» y suprimieron la otra mitad con el fin de que los campesinos retuvieran algún excedente para que pudieran pagar la nueva contribución territorial.[37] En la revolución liberal de los años treinta, la cuestión estaba más clara para los ministros progresistas y los hacendistas conocedores de la historia previa: había que abolir todo el diezmo; el problema era encontrar una financiación alternativa para el clero, al que también se había desposeído con la desamortización. Por ello, a pesar de que fue abolido en julio de 1837, por Mendizábal, hubo que esperar hasta 1841 para su supresión definitiva, porque sólo entonces se aprobó la contribución de culto y clero, aplicada desde 1842, para financiar las actividades de la Iglesia.[38]

Uno de los mayores aciertos metodológicos de Fontana fue estudiar conjuntamente la revolución liberal y la reforma de la Hacienda; era algo obvio, pero él fue el primero en estudiarlo sistemáticamente. Decía nuestro autor que la reforma tributaria de 1845 había que verla «como una

---

de los campesinos. La erosión del rendimiento del diezmo radicaba tanto en la defraudación de los campesinos, originada, como sostenían los contemporáneos, por una mentalidad menos religiosa de los mismos, como —y esto lo ha sugerido J. Fontana, *La Revolución Liberal...*, *op. cit.*, pp. 312-313— por la disminución de los precios de los cereales ocurrida en las décadas de 1810 y 1820, que obligó a los campesinos una parte superior de sus cosechas para pagar los tributos, lo que reducía las disponibilidades para satisfacer el diezmo y otras rentas señoriales. La caída en los rendimientos del diezmo ha sido confirmada por E. Canales, «Diezmos y revolución burguesa en España», en A. García Sanz y R Garrabou, eds., *Historia agraria de la España contemporánea*, vol. I: *Cambio social y nuevas formas de propiedad (1800-1850)*, Barcelona, Crítica, 1985; A. Fernández González, «La supresión del diezmo y el establecimiento de la contribución territorial. La fiscalidad agraria directa en la España del siglo XIX», *Hacienda Pública Española*, 1 (1996), pp. 41-52; y R. Robledo, «La quiebra de la Universidad tradicional: Hacienda y política, 1790-1845», 2002, inédito. La producción agraria aumentó en la primera mitad del siglo XIX; E. Llopis («La crisis del Antiguo Régimen y la Revolución liberal (1790-1840)», en F. Comín, M. Hernández y E. Llopis, eds., *Historia económica de España, siglos X-XX*, Barcelona, Crítica, 2002, pp. 165-202) y A. García Sanz («Introducción. Crisis de la agricultura...», *op. cit.*, pp. 78-85) sostienen que el crecimiento agrario se inició tras la guerra de la Independencia.

36. J. Fontana, *Hacienda y Estado...*, *op. cit.*

37. Establecida gracias al plan de Canga Argüelles, como señaló F. Comín, «Canga Argüelles...», *op. cit.* Para las ideas de este hacendista, véase P. Fonseca, *Un hacendista asturiano: José Canga Argüelles*, Oviedo, Real Instituto de Estudios Asturianos, 1995.

38. Véase J. Fontana, *La Revolución Liberal...*, *op. cit.* Esto ha sido confirmado por M. Artola (*La hacienda del siglo XIX. Progresistas y moderados*, Madrid, Alianza, 1986, pp. 188-190) y F. Comín y R. Vallejo, *Alejandro Mon y Menéndez...*, *op. cit.*), quienes muestran que, en 1840, Santillán tenía esta idea muy clara mientras que Mon no tanto. Aun así quedó pendiente el problema de los partícipes legos en el diezmo. Para las relaciones entre el diezmo y el presupuesto de culto y clero, véase W. Callahan, Church, *Politics and Society in Spain, 1750-1874*, Cambridge, Massachusetts, Harvard University Press, 1984.

medida más de la revolución liberal»; la reforma tributaria de Alejandro Mon tuvo una mayor moderación que los planes tributarios previos de los liberales; lo mismo que había sucedido con las leyes desamortizadoras y de disolución de señoríos desde 1812 hasta 1836, que habían tenido un cariz relativamente más revolucionario en las Cortes de Cádiz y del Trienio Constitucional, que en la solución definitiva de Mendizábal.[39] Los modelos tributarios de los moderados y los progresistas se separaron a partir de los años 1830, en lo referente a las ideas. Pero en la práctica las diferencias no fueron apreciables. Piénsese que si la reforma tributaria de Mon y Menéndez fue conservadora, lo fue más por su aplicación que por el contenido de la ley, que era formalmente impecable y respetaba los principios tributarios clásicos y constitucionales. El problema radicó en que el reparto de los tributos no se ajustó a la legalidad de la ley de mayo de 1845: ni en la contribución territorial, ni en la industrial, ni en la de consumos. Esta gran idea de Fontana se ha mostrado muy fértil, pues se ha desarrollado mucho posteriormente.[40] Vallejo ha demostrado fehacientemente que la ley de reforma tributaria salió de las Cortes muy distinta a como la habían planteado el ministro Mon y el director general de rentas Santillán; en particular, salió muy cambiada la contribución de inmuebles, cultivo y ganadería, debido a la presión de los terratenientes y ganaderos en las Cortes. Los moderados decidieron no elaborar un catastro, y la contribución territorial se siguió cobrando como se repartían antes las contribuciones agrupadas en torno a las rentas provinciales.[41] El asesor Santillán y el ministro Mon tenían la idea de aplicar la teoría de los economistas clásicos para gravar la renta de la tierra; lo que finalmente se aprobó, por el contrario, fue un tributo que gravaba también los rendimientos del cultivo; luego, en la práctica de la recaudación, el tributo acabaría desplazándose totalmente hacia los arrendatarios. Además, tras 1845 hubo una auténtica contrarreforma fiscal, que favoreció a los

39. Véase J. Fontana, *La Revolución Liberal...*, *op. cit.*, pp. 257-329.

40. Empezando con mis propios trabajos (F. Comín, *Hacienda y Economía…*, *op. cit.*, y *Las cuentas de la Hacienda…*, *op. cit.*) sobre la evolución de la recaudación tras la reforma de 1845 y su comparación con el período previo, siguiendo por los trabajos sobre el catastro y el fraude en los distintos impuestos (al que dedicaremos una sección posteriormente), y acabando con el gran trabajo de Vallejo, *Reforma tributaria y fiscalidad sobre la agricultura en la España liberal, 1845-1900*, Zaragoza, Prensas Universitarias de Zaragoza, 2001, y el estudio de Comín y Vallejo (*Alejandro Mon y Menéndez…*, *op. cit.*) sobre la obra de Alejandro Mon.

41. En F. Comín (*Hacienda y Economía...*, *op. cit.*, *y Las cuentas de la Hacienda...*, *op. cit.*) se han evaluado las equivalencias entre los tributos antiguos y los nuevos refundidos, que no fueron sólo legales, sino también recaudatorias, pues la estructura de la recaudación apenas cambió. Véase también M. Artola, *La Hacienda del siglo XIX...*, *op. cit.*, y R. Vallejo, *Reforma tributaria y fiscalidad soble la agricultura en la España liberal, 1845-1900*, Zaragoza, Prensas Universitarias de Zaragoza, 2001.

terratenientes (se rebajó el cupo de la contribución territorial) pero también a los industriales y comerciantes, pues se cambió la conformación de la contribución industrial (desapareció la tarifa variable) y su sistema de cobro (su reparto se dejó en manos de los gremios). Los estudios sobre el fraude, como luego veremos, han demostrado la discrepancia que había entre las normas legales —incluso a finales del siglo XIX— y las prácticas recaudatorias, en las que seguían predominando los arrendamientos y los encabezamientos de los pueblos, en particular en la contribución de consumos. La evolución posterior del sistema tributario muestra que los progresistas carecían de un modelo fiscal alternativo al de 1845; la supresión de los consumos —por las juntas revolucionarias en 1854 y 1868— implicó la desestructuración del sistema tributario que trajo consigo un gran aumento del déficit, pues no se encontró un impuesto sustitutivo; la mala experiencia de la reforma tributaria de Figuerola fue una prueba más del voluntarismo fiscal, que no tenía en cuenta las realidades del país.[42]

Todas esas interpretaciones de Fontana sobre el sistema tributario han resistido la prueba de las cifras. Mi propia investigación se vio muy influida por aquéllas. Una de las primeras tareas que me impuse al comenzar mi tesis doctoral fue reconstruir las estadísticas presupuestarias del Estado entre 1808 y la actualidad. Una vez tuve las series, mi intención era contrastar las teorías existentes sobre el comportamiento del Estado a través de los presupuestos. Y las más atrayentes para la primera mitad del siglo XIX eran, sin duda alguna, las de Fontana; tenían una ventaja estas hipótesis, y es que eran contrastables; es decir, científicas. Las cifras que yo recopilé —que eran más amplias, temporal e institucionalmente, que las de Fontana— confirmaron punto por punto sus hipótesis. Muy esquemáticamente comprobé que los ingresos de la Hacienda central cayeron notablemente después de la guerra de la Independencia y que tardaron mucho tiempo en recuperarse; comprobé también que la evolución de los ingresos ordinarios de la Hacienda en España fue mu-

42. La principal diferencia de los progresistas con respecto a los moderados era su mayor empeño en conseguir una mayor equidad del sistema tributario y que éste distorsionara menos la asignación de recursos a través del mercado; de ahí que suprimieran los estancos (el de la sal) y los consumos, y su intención de acotar las prácticas fraudulentas en las recaudación de los tributos. El mejor ejemplo de un modelo fiscal alternativo al moderado fue el de Figuerola, que incluía un plan para combatir el fraude fiscal; para las reformas tributarias de este ministro y las razones de su fracaso, véanse J. Martín Niño, «La abolición del Diezmo y sistema tributario de 1845», en M. Artola y L. M. Bilbao, eds., *Estudios de Hacienda: de Ensenada a Mon*, Madrid, Instituto de Estudios Fiscales, Monografía, 31, 1984, pp. 373-386; A. Costas Comesaña, *Apogeo del liberalismo en «La Gloriosa». La reforma económica en el Sexenio liberal (1868-1874)*, Madrid, Siglo XXI, 1988; E. Fuentes Quintana, *Las refomas tributarias en España…*, *op. cit.*; R. Vallejo, *Reforma tributaria y fiscalidad…*, *op. cit.*, y Comín y Martorell (2003).

cho peor que la de Inglaterra, como había señalado Fontana. Los cambios en la estructura de los ingresos del Estado ocasionados por la emancipación de las colonias también fueron contrastados positivamente. Mis cifras confirmaban, asimismo, la continuidad de la estructura tributaria, en la que seguían teniendo una gran importancia las rentas provinciales, las de aduanas y los estancos; sólo las remesas de América se desplomaron; asimismo corroboré la importancia que adquirieron en la recaudación los nuevos tributos reformados durante el mandato de López Ballesteros, que se mantuvo durante la década de 1830, y después de 1845. Como vamos a ver, mis cifras apenas se separaban de las aportadas previamente por Fontana, aunque yo alargué la contrastación de sus hipótesis más allá de 1820.

En *La quiebra*, Fontana mostraba que tras la guerra de la Independencia la disminución de los ingresos totales del Estado había tenido su origen en: *a*) la desaparición de las remesas de América, que, justo antes de 1808, representaban el 11 por 100; *b*) los menores rendimientos de los tributos interiores y, sobre todo, de los arancelarios; y *c*) la ausencia de emisiones de deuda pública, que en 1803-1807 habían representado el 30 por 100 de los ingresos totales. En consecuencia, entre los ingresos de la Hacienda del período 1813-1819 ya no aparecían las remesas de América; las rentas provinciales y los estancos habían reducido su participación en los ingresos totales (que habían caído fuertemente), mientras que conservaban su porcentaje las aduanas. Buscando compensar el debilitamiento de las rentas permanentes, en el período 1813-1819, resurgieron los ingresos por contribuciones extraordinarias —término que entonces quería decir tributos transitorios— y aparecieron nuevos impuestos. Aunque teóricamente destacaron los tributos de Martín de Garay, la pobre recaudación de los derechos de puertas y la contribución general apenas dejó huella en las cifras de recaudación hasta 1819.

La comparación entre los ingresos ordinarios en 1813-1819 y en 1834-1839, períodos para los que disponemos de cifras homogéneas, confirma la relevancia adquirida por las nuevas contribuciones introducidas o reformadas en el mandato de López Ballesteros, así como la importancia adquirida por los ingresos procedentes de la desamortización;[43] en los años treinta, entre ambas partidas aportaron el 19 por 100 de los ingresos del Estado. Por otro lado, durante la guerra carlista, los giros sobre las co-

43. Las nuevas rentas eran, fundamentalmente, las contribuciones de lo que Fontana (*Hacienda y Estado*..., *op cit.*; y *La Revolución Liberal*..., *op. cit.*) denominó el «sistema de López Ballesteros» (el derecho de puertas, la contribución de paja y utensilios, la de frutos civiles, la de aguardientes y licores), junto a las rentas y ventas de bienes nacionales, desde la desamortización de Mendizábal, y la contribución extraordinaria de los liberales para financiar la guerra carlista.

lonias representaron el 10 por 100 de los ingresos del Estado; lo que indica, como veremos, que temporalmente se habían recuperado las rentas de América; esto es algo que no pudo ver Fontana en *La quiebra* porque sus datos no llegaban hasta esta década. Además se había producido una simplificación en la práctica tributaria, pues en 1834-1839 la concentración de la recaudación en unos pocos ramos era superior; las contribuciones extraordinarias y de guerra y las rentas procedentes de la Iglesia conservaban en este último período la magnitud relativa de 1813-1819. Por su parte, las rentas provinciales y los monopolios doblaron su importancia relativa desde 1813-1819, porque mejoró su recaudación y gestión, aunque sólo fuera porque la practicada en los años 1810 era lamentable; y, finalmente, la recaudación de aduanas cayó ligeramente entre esos períodos, tanto por efecto del contrabando, como por el arancel de 1820 y el aprobado por López Ballesteros, muy prohibicionistas ambos.

Finalmente también ha sido confirmada otra hipótesis básica de Fontana[44] que sostiene que la estructura recaudatoria apenas cambió con la reforma de Alejandro Mon. En efecto, si se comparan las cifras de la recaudación previa y posterior a la reforma de 1845, según las equivalencias marcadas por la refundición legal de los tributos, se advierte una indiscutible similitud;[45] esto revela el pragmatismo de Mon y de su principal asesor Santillán, que apostaron por la continuidad en la realidad de la tributación. Su estrategia consistió en refundir los antiguos tributos, dando a las refundiciones nuevos nombres, nuevas formas legales y una justificación teórica constitucional; pero mantuvieron las prácticas recaudatorias, muy bien descritas por Fontana.[46] Esto facilitó, sin duda, la aceptación de la reforma tributaria por las clases dirigentes y la generalización de los nuevos impuestos a todos los ciudadanos y a casi todos los territorios.[47]

44. J. Fontana, *La Revolución Liberal…*, *op. cit.*

45. Esta hipótesis de J. Fontana (*La Revolución Liberal..., op. cit.)* está confirmada en F. Comín (*Hacienda y Economía en la España contemporánea..., op. cit.*, y «Martín de Garay: una reforma tributaria posibilista», en *Actas de las II Jornadas de Historia del Pensamiento Económico Español*, Universidad de Zaragoza, 1991), donde pueden hallarse las equivalencias legales y cuantitativas entre los viejos y los nuevos tributos. Véase también F. Comín y R. Vallejo, *Alejandro Mon y Menéndez... op. cit.*

46. J. Fontana, *La Revolución Liberal...*, *op. cit.*

47. Para el fracaso de la unidad fiscal de los territorios, véanse M. Artola, *La Hacienda del siglo XIX..., op. cit.*; E. Fernández de Pinedo, «Los ingresos de la Hacienda Real en Cataluña (1717-1779)», en M. Artola y L. M. Bilbao, eds., *Estudios de Hacienda: de Ensenada a Mon*, Madrid, Instituto de Estudios Fiscales, Monografía, 31, 1984, pp. 193-216; *ibid.*, «Haciendas forales y revolución burguesa: las Haciendas vascas en la primera mitad del siglo XIX», *Hacienda Pública Española*, 108-109 (1978), pp. 197-220; *ibid.*, *Haciendas forales y Hacienda Real*, Bilbao, Universidad del País Vasco, 1990; *ibid.*, «Gasto público y reformas fiscales: las Haciendas forales vascas», *Hacienda Pública Española*, 1 (1991), pp. 93-100; E. Alonso Olea, *El Concierto Económico (1878-1937). Orígenes y formación de un*

3. La pobreza de la Hacienda y el incumplimiento de las funciones del Estado

Si algo queda claro de la obra de Fontana es la miseria presupuestaria del Estado absolutista y las penurias de la Hacienda durante las primeras etapas del Estado liberal. Esto es una constatación maravillosamente documentada con material de archivos en *La quiebra*, en *Hacienda y Estado* y en *La revolución liberal*. Los trabajos posteriores no han hecho más que confirmar esas estrecheces presupuestarias. Una prueba de la sensatez reinante en esas obras es que nos advertían de que, a veces, el saldo presupuesto puede resultar engañoso; así, el modesto superávit de las cuentas de la Hacienda central entre 1814 y 1819 no significaba que la situación fuese holgada; al contrario, Fontana lo interpretó como la mejor muestra de la impotencia financiera del Estado absolutista, que limitó sus gastos a la escasa recaudación de tesorería —dada la imposibilidad de endeudarse— a costa de que casi todos los ministerios «incumplieran sus obligaciones».[48] Dada la dificultad de los ministros absolutistas para mejorar la recaudación, no les quedó más remedio que reducir los gastos.[49] Esto lo hicieron más eficientemente los dos ministros más capaces del absolutismo decadente, que son los más detenidamente estudiados por Fontana.[50] Por un lado, aunque los desembolsos habían caído desde 1814, en el presupuesto de gastos para 1817-1818, Garay consiguió rebajar algo el gasto total, gracias a la reducción del correspondiente a las secretarías de Estado y Guerra; por el contrario, aumentaron los de Marina y los de la deuda.[51] Por otro lado, otra de las tesis mantenidas por Fontana es que,

---

Derecho histórico, Instituto Vasco de Administración Pública, 1993; y A. Macías, «Canarias, 1800-1870: Fiscalidad y revolución burguesa», *Hacienda Pública Española*, 108-109 (1987), pp. 327-342.

48. Véase J. Fontana, *La quiebra...*, *op. cit.*, p. 314. Para una estimación posterior del saldo presupuestario, véase F. Comín, *Las Cuentas de la Hacienda...*, *op. cit.*, pp. 35-39.

49. Esto es lo que actualmente se llama presupuestación de control, aplicada también durante el ocaso de la Restauración y, fundamentalmente, durante el franquismo, regímenes que igualmente se resistieron a hacer una reforma tributaria; para la Restauración, véanse F. Comín, *Hacienda y Economía...*, *op. cit.*, y M. Martorell, *El santo temor al déficit...*, *op. cit.*; para el franquismo, véanse R. Gunther, *Public Policy in a No-Party State. Spanish Planning and Budgeting in the Twilight of the Franquist Era*, Berkeley, University of California Press, 1980; y F. Comín, *Historia de la Hacienda pública, II. España (1808-1995)*, Barcelona, Crítica, 1996.

50. J. Fontana, *La quiebra...*, *op. cit.*, y *Hacienda y Estado...*, *op. cit.*

51. Estas consideraciones sobre Garay son el resumen de un trabajo inédito de F. Comín, «Martín de Garay...», *op. cit.* Véase también E. Fernández Clemente, «Martín de Garay: la primera reforma fiscal española», *Cuadernos Aragoneses de Economía*, 6 (1982), pp. 179-189.

una vez fracasada su reforma tributaria para incrementar los ingresos, López Ballesteros concentró todo su esfuerzo en controlar el gasto, para ajustarlo a los ingresos disponibles. Esto llevó al ministro a elaborar un presupuesto de ingresos y gastos («el primer auténtico presupuesto», según Fontana) y a establecer los criterios administrativos para controlar el cumplimiento del mismo; así se redujo el déficit hasta 1829.[52]

Sobre la estructura del gasto del Estado, Fontana ha escrito menos, pero de sus libros y de sus artículos posteriores[53] se deduce que las funciones del Estado absolutista eran fundamentalmente financiar las guerras y, naturalmente, atender a los gastos del monarca, en una época en la que el patrimonio real y el de la Hacienda se confundían, en la que muchos «oficios» estaban enajenados a particulares, y en la que apenas había una raquítica administración del Estado. Como las guerras se financiaban con empréstitos, un gasto fundamental acabó siendo el servicio de la deuda;[54] estos gastos financieros se multiplicaron también por la irresponsabilidad fiscal de los ministros de Hacienda absolutistas y liberales, como veremos. Profundizando en estas ideas, se advierte que la metamorfosis en el gasto del Estado (del absolutista al liberal) fue paralela, aunque menos evidente para los hacendistas, que la de los ingresos. La estructura del gasto público —ya puede llamarse así en la época liberal— cambió lentamente y, además, mantuvo algunas partidas que parecían incompatibles con la Hacienda liberal —porque no estaban en la agenda de gastos de los economistas clásicos y de Adam Smith—, como los destinados a la deuda y al clero.

Estudiando las cifras, en efecto, se distinguen dos modelos de gasto durante la primera mitad del siglo XIX. El primero es el correspondiente

52. Véase J. Fontana, *Hacienda y Estado…*, *op. cit.*, pp. 173-187. M. Artola (*La Hacienda del siglo XIX…*, *op. cit.*, pp. 128-137) es de la opinión contraria, al considerar una definición más legal que económica del término «presupuesto». Una opinión parecida mantendría M. Beltrán (*Ideologías y gasto público en España (1814-1860)*, Madrid, Instituto de Estudios Fiscales, 1977), quien también considera que para que pueda hablarse de presupuesto, la previsión de ingresos y gastos habría tenido que aprobarse en las Cortes. De adoptar esta definición «legalista», nos quedaríamos sin poder analizar un número importante de los «presupuestos» realizados en el siglo XIX; desde luego todos los del período absolutista que, como se sabe, sus cuentas de ingresos y gastos no se aprobaban por ningún parlamento moderno. Para una crítica de esta posición y la confirmación de la idea de Fontana, véanse F. Comín *Hacienda y Economía…*, *op. cit*; F. Comín y R. Vallejo, *Alejandro Mon y Menéndez…*, *op. cit.*

53. En particular J. Fontana, «El alimento del Estado...», *op. cit.*

54. Para una comparación entre España y Gran Bretaña de la política fiscal y la financiación de las guerras, véase R. Pieper, «Contiendas imperiales y política fiscal: España y Gran Bretaña en el siglo XVIII», en E. Sánchez, L. Jáuregui y A. Ibarra, eds., *Finanzas y política en el mundo iberoamericano. Del Antiguo Régimen a las Naciones independientes, 1745-1850*, México, UNAM, 2001, pp. 63-76.

al Estado absoluto, reaccionario o arbitrario, que mantenía una estructura del gasto similar al «Absolutismo ilustrado» del siglo XVIII, con una abrumadora preeminencia de la función bélica, con una notable relevancia de la función «alimenticia», consistente en recaudar rentas y pagar deudas de los empréstitos previos, y, finalmente, con la función básica de entretenimiento de la Casa Real.[55] Este modelo de gasto se mantuvo vigente hasta la década de 1840, tanto en las fases absolutistas como en las constitucionales, pues las continuas guerras impidieron a los gobiernos liberales deshacerse de los compromisos presupuestarios en atenciones bélicas y en cargas de la deuda.

Durante la guerra de la Independencia se multiplicaron, lógicamente, los gastos bélicos. Otra de las aportaciones fundamentales de Fontana ha sido la estimación del coste presupuestario de la misma, desde el bando patriota. La Hacienda central ingresó unos 1.500 millones de reales entre 1809 y 1814; pues bien, 600 millones procedieron de América y se gastaron totalmente en el distrito de Cádiz. Como no se cuentan en aquella cifra los préstamos británicos, la Hacienda de Cádiz tuvo que gastar mucho más; además, si se añadieran los ingresos de las tesorerías provinciales, seguramente triplicarían esos 1.500 millones recaudados por la Tesorería general. Eso sin contar los cuantiosos suministros en especie adquiridos por los ejércitos sobre el terreno, que pesaron sobre los campesinos y los municipios. Tampoco se incluyen en esa estimación de los costes de la guerra, las pérdidas de «cosechas, árboles y ganado», que fueron soportadas por los campesinos; ésta es otra razón por la que se resistieron a pagar las contribuciones nacionales.[56] Los liberales de Cádiz sólo pudieron,

55. Véanse J. A. Barbier y H. S. Klein, «Las prioridades de un Monarca ilustrado: El gasto público bajo el reinado de Carlos III», *Revista de Historia Económica*, 3 (1985), pp. 473-495; J. Fontana, «El alimento del Estado...», *op. cit.*; J. M. Delgado «Política fiscal i assignació de recursos en la Monarquía borbónica», *Manuscrits*, 4-5 (1987), pp. 25-40; y E. Fernández de Pinedo, «Coyuntura y Política Económica», en M. Tuñón de Lara, ed., Centralismo, *Ilustración y Agonía del Antiguo Régimen (1715-1833)*, Barcelona, Labor, 1980, pp. 11-173, quienes sostienen la dedicación fundamentalmente bélica del gasto. Por el contrario, P. Tedde mantiene que el absolutismo ilustrado también dedicó fondos a fomentar el crecimiento económico: «Política financiera y política comercial en el reinado de Carlos III», en *Actas del Congreso Internacional sobre Carlos III y la Ilustración*, Madrid, Ministerio de Cultura, 1989, vol. 2, pp. 139-217. En una posición intermedia se halla V. Llombart, «La política económica de Carlos III. ¿Fiscalismo, cosmética o estímulo al crecimiento?», *Revista de Historia Económica*, 1 (1994), pp. 11-42. Para las finanzas públicas al final del Antiguo Régimen, véase R. Herr, *Rural Change and Royal Finances in Spain at the end of the Old Regime*, Berkeley, University of California Press, 1989.

56. En mayo de 1813 se procedió a un reconocimiento de los suministros hechos por los pueblos, que apenas tuvo resultados, pues la contribución directa sólo admitía los justificantes de los suministros realizados con posterioridad a septiembre de 1813; J. Fontana, *Guerra y Hacienda...*, *op. cit.*, pp. 97-101.

por tanto, atender a las obligaciones urgentes del conflicto. Posteriormente, incluso en los períodos en los que no hubo guerras, las funciones bélicas y financieras acapararon el grueso del presupuesto del Estado antes de 1845.

Para todo el período de 1801-1840, la suma del 58 por 100 de los gastos bélicos con el 30 por 100 de los gastos financieros y de gestión fiscal indica que las restantes funciones del Estado únicamente disponían, como promedio, del 12 por 100 de los recursos totales. Dentro de este estrecho margen, las principales variaciones entre las situaciones absolutistas y las liberales fueron el aumento de los gastos del Ministerio de la Gobernación y el descenso de la Casa Real. Algo común a los períodos liberales y absolutistas fue que, desde las postrimerías del siglo XVIII, la escasez de fondos obligó a que algunos de los compromisos públicos del Estado tuvieran que ser desatendidos. En efecto, a pesar del mantenimiento de los porcentajes, el descenso del gasto total indica que en el ocaso del Antiguo Régimen no se destinaron a los ministerios de Guerra y Marina los suficientes recursos para mantener las colonias continentales americanas ni para defender al país de las invasiones extranjeras de 1808 y 1823; ni siquiera se pudieron evitar los golpes de Estado y las sublevaciones —como los de 1814 y 1820— ni tampoco conseguir la rápida finalización de la guerra civil iniciada en 1833, cuya larga duración es la mejor prueba de la indigencia de la Hacienda del naciente régimen liberal. El Estado español del primer tercio del siglo XIX —ya fuera bajo los absolutistas, ya bajo los liberales— no podía siquiera desempeñar dignamente una función pública básica como era la Defensa y Policía, por no hablar de la Justicia, que «dejaba mucho que desear».[57] Esa incapacidad del Estado para mantener el orden interno y el control de sus fronteras —y, por supuesto, para asegurar la defensa de las colonias— tenía secuelas sobre la propia Hacienda:[58] por un lado, el generalizado contrabando existente lastraba la recaudación de la renta de aduanas, porque disminuía el comercio exterior legal, en el comercio de tránsito entre Europa y América y en las importaciones de la península; por otro, las estrechas

57. El trabajo de J. Fontana, *La Hacienda en la Historia de España (1700-1931)*, Madrid, Instituto de Estudios Fiscales, 1980, demuestra fehacientemente estas cuestiones. El desempeño de la justicia y de la policía sufrió, con todo, un gran cambio con el Estado liberal (que se hizo con el monopolio de la coacción), lo que se reflejó en las partidas presupuestarias. Véase F. Comín, *Hacienda y Economía...*, *op. cit.*

58. Las consecuencias del contrabando para la industria nacional han sido sintetizadas en L. Prados de la Escosura, *De imperio a nación. Crecimiento y atraso económico en España (1780-1930)*, Madrid, Alianza, 1988; E. Llopis, «La crisis del Antiguo Régimen...», *op. cit.*; y P. Pascual y C. Sudrià, «El difícil arranque de la industrialización, 1840-1880», en F. Comín, M. Hernández y E Llopis, eds., *Historia Económica de España, siglos XX-XX,* Barcelona, Crítica, 2002, pp. 203-241.

dotaciones de los resguardos impidieron también que la recaudación de los estancos —como el tabaco y la sal, que eran los más rentables— administrados por la Hacienda fuese mayor. Los gastos de Guerra disminuyeron en el siglo XIX menos que los de Marina; estos últimos en el siglo XIX fueron pequeños, frente a su importancia en el XVIII, denunciando la incapacidad del Estado español no ya para financiar algunos delirantes planes de reconquistar América, sino para mantener un rango decoroso de potencia mundial de segundo orden; esa impotencia militar llevó a los últimos absolutistas al conformismo y a los liberales hacia el aislamiento internacional, no sólo económico sino también político.[59]

Si los gobiernos absolutistas se veían obligados a descuidar sus obligaciones tradicionales (salvo las consignaciones de la Casa Real), cómo no iban a postergar las nuevas funciones que comenzaban a desarrollar los estados liberales en Europa; estas tareas fueron asumidas por los gabinetes constitucionales, que impulsaron, bien que moderadamente, esos gastos en infraestructuras, en policía, en justicia y en educación. La promoción del crecimiento económico no era la principal preocupación de los gobernantes del Antiguo Régimen español, como evidencian las cifras de los desembolsos de Tesorería; ni siquiera de los monarcas ilustrados del siglo XVIII, aunque algo se gastó con Carlos IV en la Junta de Comercio;[60] hay que mencionar, asimismo, que los ministros más capaces del último absolutismo (en realidad en esa categoría sólo entran Garay y López Ballesteros, si se incluye a su equipo) ya destinaron algún fondo a esos menesteres de fomento.[61] Pero eran cantidades tan reducidas que no permiten sostener con seriedad que el crecimiento económico fuese una preocupación —y menos aún prioritaria— del absolutismo.[62]

Esos pequeños cambios ya anunciaban, empero, una metamorfosis del gasto público, que sólo podría completarse una vez finalizada la guerra carlista; es decir, una vez que el Estado liberal se impuso definitivamente sobre las veleidades absolutistas. El modelo de gasto correspondiente al Estado liberal se consolidó, en efecto, en España a partir de la

59. Para los quiméricos planes de reconquistar América, véase J. Fontana (*Hacienda y Estado..., op. cit.*; *La Revolución Liberal..., op. cit.*; «La quiebra del Imperio español, 1700-1824», Introducción General a la reedición de *La quiebra de la monarquía absoluta,* Barcelona, Crítica, 2002, pp. 11-46) y C. Malamud («La percepción de Rentas de Indias a finales del Antiguo Régimen: La Comisión de Reemplazos», Memoria al instituto de Estudios Fiscales, 1985, inédito).

60. Véase P. Tedde, «*Política financiera y política comercial...*», *op. cit.*

61. J. Fontana, *La quiebra..., op. cit.*; y *Hacienda y Estado..., op. cit.* Lo que indica una cierta transformación, incluso para la mentalidad absolutista.

62. Como ya señalaron J. A., Barbier y H. S. Klein, «Las prioridades de un Monarca ilustrado...», *op. cit.*; J. Fontana, «El alimento del Estado...», *op. cit.*; y F. Comín, *Las cuentas de la Hacienda..., op. cit.*

década de 1840. Los cambios en su estructura, con respecto al precedente, fueron los siguientes. En primer lugar, descendió el gasto relativo destinado a Defensa y a la Casa Real; éste tuvo un declive continuado, que ya venía del ocaso del absolutismo, aunque fueron los progresistas los que más alardearon de minar los cimientos económicos de la reina; el porcentaje del gasto en Defensa cayó por el fin de las guerras, pero su volumen aumentó y se hizo más estable, convirtiéndose ésta en una función permanente y orientada hacia el interior. En segundo lugar, los gastos alimentarios en administración tributaria y en atenciones de la deuda descendieron ligeramente, manteniéndose a un nivel inferior y más estable. Y, en tercer lugar, se desarrollaron nuevas funciones emprendidas por los Ministerios de Gracia y Justicia y de Gobernación; en ellos se dotaban las funciones que adquirieron nueva importancia en el Estado liberal, que eran la financiación del orden público, de la justicia y del clero, así como el fomento de determinadas actividades económicas y sociales.[63]

4. Las secuelas de una gestión irresponsable de la deuda pública

El volumen de la deuda pública hipotecó todas las operaciones de la política fiscal del siglo XIX, incluida la conversión de Fernández Villaverde de 1900. Era un lastre que se arrastraba desde finales del siglo XVIII, pero que fue gravemente empeorado entre 1808 y 1841, tanto por el crecimiento de su volumen como por la proliferación de una gran variedad de títulos (con altos rendimientos efectivos), organismos, prestamistas, contratistas y, sobre todo, planes que trataron de solucionar aquella lacra, pero que, en el mejor de los casos, no lo lograron y, en el peor, lo embrollaron aún más. Aunque consiguieran algo a corto plazo, estos planes caían en saco roto, ante la irresponsabilidad de los ministros de Hacienda, tanto absolutistas como liberales, que degradaba el «crédito» del Estado; es decir, la cotización de los títulos y, por tanto, el descuento con el que tenía que emitirse la nueva deuda. Al conocimiento de los avatares de la deuda pública y al descubrimiento de esa persistencia de la irresponsabilidad fiscal contribuyó decisivamente Fontana; y sus principales aportaciones en este campo también han sido corroboradas y complementadas por las investigaciones posteriores a 1977, entre las que destacan las realizadas por él mismo.[64]

63. Véase F. Comín, *Hacienda y Economía...*, *op. cit.*, y *Las cuentas de la Hacienda...*, *op. cit.*; y F. Comín y R. Vallejo (1996).

64. Y también por otros autores, como M. Artola, *La Hacienda del siglo XIX...*, *op. cit.*; F. Comín, *Historia de la Hacienda Pública...*, *op. cit.*; y F. Comín y R. Vallejo (2002b).

Es muy interesante, en este punto, la tesis de Fontana[65] sobre las relaciones entre deuda, Hacienda, poder político y crecimiento económico, que actualiza sus ideas originales, ya expuestas en *La quiebra*. El hecho de ser solvente en el pago de los intereses y amortizaciones permitió a otros países europeos (que habían realizado la revolución financiera, como Holanda e Inglaterra) financiarse en las bolsas de valores a tipos de interés bajos y ampliar el volumen del endeudamiento; esto les permitió «apalancar» sus recursos impositivos para ampliar su potencia militar. La solvencia de un Estado procedía tanto de condiciones políticas (el régimen parlamentario que vacunaba a la gestión de la deuda de las arbitrariedades —bancarrotas y repudios— del monarca absoluto, que era una garantía para el pago de intereses, y que ampliaba las bases fiscales al acabar con los privilegios fiscales) como sociales (unas clases medias con capacidad de ahorro), económicas (un cierto crecimiento económico y del comercio exterior que aumentase las bases tributarias, por el aumento del comercio interior y exterior) y fiscales (la existencia de un sistema fiscal —y de la gestión directa del mismo— con la elasticidad suficiente para aprovechar el aumento de las bases tributarias y aportar recursos suficientes para financiar los gastos, entre ellos el servicio de la deuda). Esa mayor recaudación no exigía la introducción de tributos modernos, sino la mejor gestión (por el Estado) de los tradicionales, en particular las aduanas y los consumos.[66]

En España sucedió lo contrario que en Inglaterra. La irresponsabilidad de los absolutistas y la pobreza de la Hacienda, demostradas por Fontana,[67] llevaron a los constantes incumplimientos con los pagos de los intereses y a los arreglos de la deuda, que desembocaron en la pérdida del crédito y en un aumento de los tipos de interés efectivos de la deuda.

65. J. Fontana, «Deuda pública, evolución de la Hacienda y crecimiento económico», *Hacienda Pública Española*, 101-106 (1991); y «La Hacienda pública en el siglo XIX», en vías de publicación en *Papeles de Economía Española*, 2002.

66. Esto queda claro en la abundante bibliografía internacional que cita Fontana (1971, 1973, 1977 y 1991a), y también en obras aparecidas posteriormente como O'Brien y Hunt (1993) y Comín (1996a), que acentúan que las posibilidades de las Haciendas de acudir a las emisiones baratas en las bolsas aumentan con la mayor recaudación, posibilitada por la reforma tributaria, la mejora en la gestión y el crecimiento económico. El caso británico muestra que fueron los *custom duties* y los *excises* los principales ingresos; durante el siglo XVIII los ministros de Hacienda fracasaron en aumentar la tributación directa. A finales de siglo, en 1799, Pitt consiguió introducir el *icome tax*, que para imponerse en la práctica tuvo que ser reformado de manera conservadora al poco tiempo por Addington; en cualquier caso, era un impuesto temporal para financiar las guerras; y recaudó muchos fondos hasta que, acabadas las guerras napoleónicas, fue abolido en 1815; en 1842, lo repuso Peel también de manera provisional; aunque ya no fue abolido, durante el siglo XIX, el *icome tax* fue un impuesto muy marginal en cuanto a la recaudación, cuyas fuentes fundamentales seguían siendo las aduanas y los consumos. Véase Comín (1996a).

67. J. Fontana, «Deuda pública, evolución de la Hacienda...», *op. cit.*; y (1991a).

Las dificultades de financiación de la Hacienda española —por la pérdida de las colonias y las resistencias a la reforma tributaria— fueron la causa de la rápida decadencia de España como potencia mundial en el siglo XIX. La insolvencia de la Hacienda también repercutió negativamente sobre el crecimiento económico español. La dificultad de financiarse en el exterior llevó a la Hacienda, a finales del siglo XVIII, a colocar los vales reales entre los comerciantes, industriales y ahorradores que se vieron entrampados, sin poder recuperar sus fondos, a no ser con graves pérdidas, y sin recibir retribución alguna, pues los tipos de interés dejaron de pagarse. Las pérdidas de esos capitales por el repudio del Estado llevó a la quiebra a muchos capitalistas; y los que sobrevivieron aprendieron a negociar directamente con la Hacienda, mediante los contratos de anticipaciones de fondos, durante la guerra carlista, que requerían la afectación de alguna renta del Estado a la devolución del préstamo; es decir, prestaban a corto plazo, con altos intereses y con la garantía de alguna renta del Estado. Por otro lado, los altos tipos de interés de los contratos de anticipaciones de fondos posteriores a 1833, primero, y los altos rendimientos efectivos de la deuda hasta 1883, después, que eran muy superiores a los rendimientos en la industria y el comercio, desviaron muchos capitales hacia la financiación del Estado. En cualquier caso, la insolvencia de la Hacienda presionaba sobre el mercado de crédito haciendo que los tipos de interés fuesen en España más altos que en otros países de Europa, siendo ese mayor coste del crédito un factor que reducía la competitividad de la industria española. El efecto expulsión de la inversión privada por la deuda pública funcionó durante esta época, en la que había patrones monetarios bimetálicos, incluso en la fase de alta inversión extranjera posterior a 1855.[68] Repasemos, brevemente, esa triste historia de la deuda pública, cuya metamorfosis —de la gestión irresponsable de los absolutistas a la gestión técnica ateniéndose a las condiciones de las bolsas— fue aún más duradera que la de los impuestos.[69]

Durante la guerra de la Independencia, ya se hicieron planes para sanear el crédito público, el más sensato de los cuales correspondió a Canga Argüelles, que fue el primer liberal que ligó la amortización de la deuda con la venta de los bienes de las manos muertas; desde entonces, la desamortización estuvo presente en todos los intentos —tanto absolutistas como liberales— de solucionar el inmenso problema de la deuda. Esta afirmación es otra de las grandes aportaciones de Fontana[70] que ha sido

68. Como posteriormente demostró F. Comín, *Hacienda y Economía..., op. cit.*; e *Historia de la Hacienda Pública..., op. cit.*

69. Como ya señaló J. Fontana, *La quiebra..., op. cit.*; *Hacienda y Estado..., op. cit.*; y *La Revolución Liberal..., op. cit.*

70. J. Fontana, *Guerra y Hacienda..., op. cit.*

confirmada posteriormente. Los monarcas absolutistas —en esta época, Fernando VII— no reconocían los empréstitos anteriores; el repudio se hizo en 1823, con los emitidos por las Cortes del Trienio Constitucional. Los liberales, por el contrario, siempre reconocieron los empréstitos previos, incluidos los absolutistas. Esto indica que, al menos en los principios, hubo una diferencia radical. Pero —otra vez estamos en las mismas— no sucedió lo mismo en la gestión práctica de la deuda, pues los liberales tuvieron serios problemas para reducir su volumen y sus cargas financieras. Por eso no les quedó más remedio que continuar con algunas prácticas heterodoxas de los absolutistas, como no pagar los intereses vencidos o satisfacerlos con otros títulos de la deuda. También los liberales recurrieron a los arreglos de la deuda: primero, fue Toreno; luego, Alejandro Mon; después, Juan Bravo Murillo, y, finalmente, García Barzanallana. Bueno, finalmente en este período, porque los arreglos continuaron posteriormente, con los de Salaverría, Camacho y Fernández Villaverde.[71]

En este asunto de la deuda, Fontana, por tanto, también explicó la continuidad en los planes de crédito y en las prácticas de la gestión entre los ministros absolutistas más sensatos y los liberales. En síntesis, su análisis es el siguiente. Martín de Garay trató de hacer una liquidación general de los pasivos del Estado, inspirada en la realizada por las Cortes de Cádiz en 1813, pero con dos diferencias que indicaban el menor compromiso de los absolutistas con los acreedores del Estado: una, el arreglo de Garay aplazaba el pago de los intereses devengados antes de 1815; y, dos, una parte de los réditos se pagarían con papel, que serviría para satisfacer las contribuciones y comprar las fincas que el Estado habría de desamortizar. El plan de Garay fue aprobado por el Decreto sobre Crédito público en agosto de 1818, con retraso y muy cambiado. De ahí que su aplicación no solucionase el problema de la deuda, por la insuficiencia de los fondos destinados a la amortización de títulos (ya que las tierras desamortizables se redujeron por la presión del Consejo de Estado) y al pago de los intereses (la recaudación de los tributos afectados al mismo fue muy reducida). En cualquier caso, el arreglo de Garay sí que redujo los intereses que la Hacienda tenía que pagar en metálico —que era lo que más escaseaba— y disminuyó el volumen de la deuda, pero no liquidó los atrasos por suministros de guerra, que se pretendieron cobrar desde 1815, y que Garay quería compensar con los atrasos por contribuciones de aquellos años.[72]

71. Véase J. Fontana, *Hacienda y Estado...*, *op. cit.*, pp. 193-235. Para la deuda de este período véanse M. Artola, *La Hacienda del siglo* XIX..., *op. cit.*, pp. 138-159 y 215-222; y F. Comín, *Historia de la Hacienda Pública...*, *op. cit.*

72. Véase J. Fontana (*La quiebra...*, *op.cit.*) y la información adicional que suministra M. Artola (*La Hacienda del siglo* XIX..., *op. cit.*). La relación entre la desamortización y los arreglos de la deuda ya viene del siglo XVIII; como señaló R. Herr (*Rural Change and Royal Finances...*, *op. cit.*), la consolidación de los valores reales desde 1798, gracias a los fondos obtenidos por la desamortización, había contribuido a solucionar temporalmente

Los ajustes de la deuda de la segunda restauración absolutista fueron más drásticos que en la primera; porque la situación era aún más desesperada. Además del repudio de las deudas del Trienio ya mencionado, la conversión de la deuda y el corte de cuentas de los atrasos previos (realizados por López Ballesteros en 1825 y 1828, respectivamente) menguaron notablemente el volumen de deuda «reconocida». La cosa no quedó ahí, porque incluso dejaron de pagarse los intereses de la consolidada, por no haber fondos en la Caja de Amortización; esta especie de *sinking fund* y el Gran Libro de la Deuda fueron dos estrategias fracasadas, porque se quedaron en la superficie del problema y porque no se siguieron los principios de los mismos. Los «intereses vencidos» se abonaron con unos nuevos «títulos al portador» emitidos con este propósito. Otra práctica heterodoxa —para los principios de los liberales— de la época de López Ballesteros consistió en que la poca deuda que se amortizó se hizo mediante operaciones de mercado abierto, aprovechando que las cotizaciones de la misma estaban por los suelos. La irresponsabilidad de los absolutistas hacia la deuda interior queda perfectamente cuantificada: sin que se hubiese amortizado ortodoxamente una cantidad significativa, la deuda interior «reconocida» disminuyó de unos 13.000 millones de reales a 5.000 millones de reales, entre 1820 y 1834. Pero esa disminución no pasaba de ser una ficción, porque los liberales tuvieron que hacer frente, en este último año, a todos esos pasivos, los reconocidos y los repudiados por el absolutismo.

López Ballesteros no podía acudir ni al mercado interior ni a las bolsas internacionales para obtener financiación; el recurso a los prestamistas internacionales (Guebhard) aportó unos magros fondos que salieron carísimos; además, la Caja de Amortización tampoco pudo amortizar dicho empréstito Guebhard, con lo que acabó convirtiéndose en deuda perpetua al 5 por 100, inscrita, eso sí, en el Gran Libro de la Deuda. Fontana[73] también desmitificó la presumible importancia del empréstito Aguado y el fraude que supusieron las operaciones y conversiones de este hombre de negocios. Sus lamentables operaciones financieras en París acabaron cerrando a España la financiación exterior. Las necesidades de financiación y la imposibilidad de conseguir créditos en el mercado explican la resurrección del Banco de San Carlos, bajo el nuevo nombre de San Fernando, creado en 1829, como último recurso disponible para contribuir a la financiación del Tesoro.[74]

---

el problema de la deuda flotante. Para toda esta cuestión de los valores reales y el Banco de San Carlos, véase P. Tedde, *El Banco de San Carlos*, Madrid, Alianza y Banco de España, 1988.

73. J. Fontana, *Hacienda y Estado...*, *op. cit.*, pp. 121-171.

74. En este punto son fundamentales las brillantes aportaciones de P. Tedde, *El Banco de San Carlos*, *op. cit.*, y *El Banco de San Fernando (1829-1856)*, Madrid, Alianza y

Sobre el papel, los liberales trataron de ser más cuidadosos con la deuda del Estado; por motivos doctrinales, pero también porque sabían que era el requisito para poder acceder al crédito, sobre todo al exterior; además sabían que recurriendo a la financiación exterior no quitaban capitales a la industria. Como señaló Fontana,[75] así había ocurrido durante el Trienio[76] y volvió a suceder con Toreno; cuando este ministro emitió un empréstito (negociado en el exterior por Ardoin) para conseguir liquidez, tuvo que plantear al mismo tiempo, en 1834, una conversión de la deuda y una consolidación de los intereses atrasados. Para el empréstito se emitieron 700 millones de deuda activa, pero el metálico ingresado en la Tesorería general no llegó a los 300 millones. Por el arreglo de Toreno se convirtieron más de 4.500 millones de reales de títulos y se consolidaron unos 900 millones de intereses impagados desde 1821, con la emisión de 1.991 millones de deuda activa al 5 por 100; 955 millones de deuda pasiva, y 912 millones de deuda diferida. Como apuntó Fontana,[77] el arreglo del conde de Toreno no solucionó el problema de la deuda. Al contrario, remató al moribundo crédito público español, porque después del sacrificio exigido a los tenedores de los títulos públicos, la Hacienda española —tan delicada era su situación— sólo fue capaz de continuar pagando los réditos de la deuda activa durante algo más de un año; en efecto, el servicio de la deuda estuvo suspendido desde 1836 hasta 1845, con la excepción del consolidado al 3 por 100, creado en 1841.[78]

En aquellas condiciones era impensable emitir deuda; además, los anticipos de los grandes capitalistas y del Banco de San Fernando, sobre ser carísimos, no eran suficientes para financiar la guerra carlista. Sólo quedaba recurrir a medidas extraordinarias, como la desamortización y las nuevas conversiones, orientadas a conseguir fondos y a la reducción de deuda. Estas medidas fueron tomadas por Juan Álvarez Mendizábal (en 1836 y 1837) y, a medio plazo, consiguieron amortizar unos 4.000 millones de reales. Los tenedores aceptaron las condiciones del ministro de Hacienda porque la cotización de los títulos viejos en el mercado era muy baja; y probablemente también porque sabían que en caso de que ganasen los carlistas sus títulos aún valdrían menos. La desamortización de

Banco de España, para explicar las relaciones entre la Hacienda y el Banco durante este período.

75. J. Fontana, *Hacienda y Estado...*, *op. cit.*

76. Para la relación entre desamortización, deuda pública y crecimiento económico durante el Trienio, véase M. González de Molina, *Desamortización, deuda pública y crecimiento económico, Andalucía, 1820-1823*, Madrid, Instituto de Estudios Fiscales, 1985.

77. J. Fontana (1985b).

78. Para todas estas cuestiones consúltense las detalladas descripciones de M. Artola, *La Hacienda del siglo* XIX..., *op. cit.*, pp. 165-170.

Mendizábal contribuyó a reducir el endeudamiento público porque, para pagar la compra de los bienes nacionales, pudieron utilizarse los títulos (viejos y nuevos) de la Deuda consolidada al 4 y 5 por 100. Fontana[79] señaló que, a pesar de las esperanzas puestas en esta medida, la desamortización eclesiástica no podía solucionar el problema del crédito. El caso es que, sobre la base de los datos del catastro de Ensenada, se había sobrevalorado el precio de las tierras de la Iglesia (por los contemporáneos y por algunos historiadores) y se creía que con su nacionalización y venta posterior se podría amortizar la deuda. Pero esto era una quimera (de hecho, Mendizábal sólo quería reducir el volumen de deuda, pero no amortizarla totalmente) porque las tierras de la Iglesia se tasaron en una cifra (2.500 millones de reales) que era muy inferior al volumen de deuda en circulación (unos 10.000 millones de reales). Lógicamente, Mendizábal subordinó el objetivo de la amortización de la misma a los objetivos políticos y militares; consecuentemente, las tierras se vendieron muy deprisa y esto condicionó unos precios de remate de las fincas que, aunque superaron ampliamente las tasaciones en unos 2.000 millones de reales, fueron menores que si las tierras se hubieran sacado al mercado más lentamente.[80] Se había criticado también el hecho de que, para el pago de los bienes desamortizados, Mendizábal admitiera los títulos de la deuda por su valor nominal (en realidad un tercio de los títulos se admitían a tipos situados entre el 50 y el 66 por 100), cuando estaban muy depreciados; pero aquello cuadraba perfectamente con la idea de los liberales —desde Canga Argüelles— de que la amortización de la deuda había de hacerse siempre por el nominal; consideraban que comprarla en el mercado equivalía a un repudio, lo que implicaría una caída del «crédito público».

En cualquier caso, aquella amortización de la deuda consolidada —posibilitada por la desamortización eclesiástica— fue acompañada por un gran crecimiento de la deuda flotante, compuesta por los contratos de anticipación de fondos, los pagarés de suministro al ejército y las múltiples letras y pagarés de tesorería emitidos por el propio Tesoro y por el Banco

79. J. Fontana, *La Revolución Liberal...*, *op. cit.*

80. Los precios de remate no fueron mayores por las «irregularidades» en el proceso de venta, como ha demostrado J. Donézar, «Las irregularidades en la desamortización del siglo XIX», *Hacienda Pública Española*, 1 (1994), pp. 167-176. Se recaudaron 500 millones en metálico y 4.000 millones en títulos de la deuda. No quiero extenderme en esta cuestión; sólo diré que, en el estudio de las repercusiones hacendísticas de la desamortización, los planteamientos y la cifras de J. Fontana (*La Revolución Liberal...*, *op. cit.*, y «La desamortización de Mendizábal...», *op. cit.*) han acabado prevaleciendo; la mejor prueba es que uno de los mayores expertos en la desamortización los siguió literal y cuantitativamente; véase G. Rueda, *La desamortización de Mendizábal y Espartero en España*, Madrid, Cátedra, 1986, pp. 89-91; y *La desamortización en España: un balance (1766-1924)*, Madrid, Arco Libros, 1997.

de San Fernando.[81] Dentro de la deuda flotante se incluían las obligaciones pendientes de pago de la Hacienda en concepto de sueldos, anticipaciones, letras e intereses no pagados y por contratos de suministros, que naturalmente no devengaban intereses; es decir, se trataba de adelantos forzosos que los proveedores, prestamistas y asalariados del Estado le concedían y que sólo se materializaban en títulos de la deuda cuando esos atrasos se «consolidaban», operación que se hizo en 1841. Hubo que esperar a que Alejando Mon realizase una consolidación de esa deuda flotante, en 1844, para que el Tesoro pudiese salir del apuro de no tener fondos disponibles para atender sus obligaciones más perentorias, por estar hipotecados al pago de los contratistas. La conversión de Mon alargó el vencimiento de las deudas, redujo los intereses y aumentó el capital, para compensar los altos rendimientos que cobraban los contratos de anticipaciones de fondos; de esta manera desembarazó las rentas ordinarias del Estado, que estaban afectadas al pago de aquellos contratos de anticipación; junto a la celebración de un contrato de Tesorería con el Banco de San Fernando, esto permitió, además, que el Estado pudiese atender a sus compromisos y que Mon pudiese emprender la reforma tributaria.[82] Aunque Mon también previó el arreglo general de la deuda, éste no fue realizado hasta 1851 por Bravo Murillo, lo que clarificó la situación de la deuda, acabando con la multiplicidad de títulos y de atrasos, y aseguró el pago desde entonces de los intereses y amortizaciones.[83]

Los juicios sobre los arreglos de la deuda pública de Bravo Murillo fueron muy negativos, incluidos los de Fontana (1985a).[84] Las investigaciones posteriores han confirmado que la reacción de los acreedores internacionales fue virulenta. España fue colocada «en la tablilla de insolventes» y las bolsas más importantes, como Londres y París, cerraron su cotización a los valores españoles. Los adversos efectos del arreglo de Bravo Murillo para la financiación del Estado y del sector privado son evidentes, al encarecer el mercado interior de fondos prestables, y al inhibir la entrada de los capitales extranjeros. Fontana[85] sostiene que los costes a largo plazo del arreglo de Bravo Murillo fueron muy altos, y que hubiese sido más barato para el Tesoro y, sobre todo, para la economía

81. Cuya importancia puede verse en F. Comín, *Las cuentas de la Hacienda...*, *op. cit.*; y P. Tedde, *El Banco de San Fernando...*, *op. cit.*

82. Véase F. Comín y R. Vallejo, *Alejandro Mon y Menéndez...*, *op. cit.*, pp 229-265.

83. *Ibid.*, pp. 507-515.

84. Según J. Fontana, en «La desamortización de Mendizábal y sus antecedentes», en A. García Sanz y R. Garrabou, eds., *Historia agraria de la España contemporánea*, vol. I: *Cambio social y nuevas formas de propiedad (1800-1850)*, Barcelona, Crítica, 1985, pp. 219-244, un contemporáneo calificó aquel arreglo como «casi una broma hecha a los acreedores», pero se trató de una broma de «dudoso gusto», que fue muy protestada.

85. *Ibid.*

española que el Estado hubiese cumplido fielmente sus obligaciones. Esto es cierto, pero, como ha demostrado el propio Fontana, era imposible, dada la herencia recibida y el contexto político, económico y tributario. A la altura de 1851, la situación de la deuda era tan dramática que sólo podía solventarse con soluciones drásticas. En mi opinión, y éste es uno de los pocos puntos de discrepancia que tengo con Fontana, a Bravo Murillo no le quedaba más remedio que «arreglar» las cuentas de la deuda, dado que la contrarreforma tributaria y la mala gestión de los tributos, posteriores a 1845, impidieron conseguir el equilibrio presupuestario y, por supuesto, el superávit que hubiera sido preciso para amortizar la deuda, dado que los «recursos atípicos», como las remesas americanas y la desamortización, o se habían agotado o no aportaban recursos suficientes, porque los moderados —Alejandro Mon en 1844— paralizaron la venta de bienes nacionales. De todas maneras, aunque la reforma de 1845 hubiese equilibrado el presupuesto del Estado, el volumen de la deuda era inmanejable; de hecho, Mon tenía previsto arreglar la deuda, pero no tuvo ocasión.[86]

En efecto, tanto Mon en 1844 como Bravo Murillo en 1851 reconocieron que los recursos del Estado no eran suficientes para atender aquel volumen de deudas y con aquellos cortos vencimientos. O se arreglaba la deuda —ya que un repudio abierto era descartado por los liberales— o, en breve tiempo, el presupuesto quedaría colapsado, y los tenedores de la deuda no podrían cobrar sus intereses. No hay más que leer los discursos de Mon y de Bravo Murillo en el Congreso para darse cuenta de lo dramático de la situación. No se podía atender a todos los compromisos de la deuda. Una bancarrota abierta era mala solución para el Estado pero también para los acreedores; siempre era preferible un pacto.[87] Mon lo había conseguido con los contratistas del Estado en 1844; pero Bravo no logró el acuerdo con los acreedores extranjeros en 1851. No quedaba más salida que convertir la deuda.

El volumen de deuda viva del Estado español ascendía, en los tiempos de la desamortización de Mendizábal y de Espartero, a unos «10 a 12.000 millones de reales»;[88] tomando la media de esas cifras el endeudamiento

86. Luego se vería que las desamortizaciones posteriores (la civil de Madoz, la del subsuelo del gobierno revolucionario de 1868, las ventas de las minas públicas, la cesión de los monopolios bancarios) tampoco consiguieron solucionar el problema de la deuda, por lo que fue necesario seguir recurriendo a los arreglos hasta el de Fernández Villaverde de 1900, pasando previamente por el de Camacho en 1882.

87. Como señalaba Mon, el Estado tenía que hacer lo mismo que cualquier empresario privado agobiado por las deudas: negociar con ellos cuánto y cuándo podía pagar; los acreedores habrían de comprender que era mejor recuperar algo que perderlo todo, si quebraba la empresa.

88. Según J. Fontana, «La desamortización de Mendizábal...», *op. cit.*, pp. 232-233.

público era de unos 2.750 millones de pesetas. A pesar del arreglo de Bravo Murillo, en la fase 1850-1854, la deuda en circulación era un 38 por 100 mayor que entonces. El volumen de la deuda había crecido, pero se pagaron los intereses —que el arreglo había reducido—, se liquidaron los atrasos y se simplificó el panorama. Esto revela que la conversión de Bravo Murillo no fue tan drástica como se ha sostenido. Se limitó a convertir deuda amortizable en deuda perpetua, consolidar los cupones vencidos, así como los atrasos por material y personal, que fue lo que hizo aumentar el volumen de deuda. La pérdida para los tenedores provino de la privación de su condición de amortizable, que hubiera exigido como compensación una elevación del tipo de interés nominal, que Bravo Murillo no concedió. Sin embargo, en contra de lo que comúnmente se sostiene, los tenedores extranjeros de la deuda no protestaron por la disminución del nominal (porque, en realidad, sólo se redujo el nominal del 2,2 por 100 de la deuda en circulación) ni por la rebaja del interés de la deuda previamente reconocida (se rebajó el interés al 33 por 100 de la misma). Las quejas sólo podían dirigirse —como así sucedió— contra las siguientes decisiones de Bravo Murillo: primera, la reducción a la mitad de los cupones vencidos y no satisfechos, que Bravo Murillo reconocía y consolidaba; segunda, la condición de deuda diferida que adquiría una parte de la nueva deuda, lo que privaba a los tenedores de percibir intereses durante algunos años; y, tercera, los escasos fondos presupuestarios que Bravo Murillo proyectó destinar anualmente a la amortización de la deuda amortizable (que no cobraba intereses). Este ministro de Hacienda pensó que los tenedores internacionales habían de aceptar una materialización parcial del riesgo que habían asumido al comprar valores públicos españoles que, precisamente por su alto riesgo, pagaban mayores intereses, se suscribían con abismales descuentos y se negociaban prácticamente regalados en los mercados secundarios. Puesto que Bravo Murillo ofrecía consolidar la deuda flotante y la seguridad en el cobro de intereses y del principal, es lógico que pensase que podía pedir, a cambio, algún sacrificio a los tenedores. El ministro de Hacienda conocía, como todo el mundo, los movimientos especulativos surgidos con motivo de la conversión y después de ella.[89]

El arreglo de la deuda de Juan Bravo Murillo redujo las cargas financieras inicialmente, al rebajar los intereses que había que pagar en

89. De hecho, la campaña internacional contra la reforma de la deuda de Bravo Murillo —o, mejor dicho, a favor de una revisión de la misma— tuvo su origen en un movimiento especulativo de unos cuantos capitalistas que adquirieron la mayor parte de las deudas amortizable y diferida, recién creadas en 1851, a los bajos precios en que quedaron tras el arreglo, y luego presionaron al gobierno español para que cumpliese los compromisos previos a la conversión de 1851. Véase F. Comín, *Historia de la Hacienda pública...*, *op. cit.*

algunas deudas; pero fue una mejoría provisional, porque ese arreglo no sanó la quebrantada salud de la Hacienda. El déficit presupuestario siguió vigente y obligó al Estado a endeudarse. Las difíciles circunstancias políticas junto a la abolición del impuesto de consumos aumentaron el déficit en los períodos progresistas, y sus ministros recurrieron a los grandes financieros internacionales, que exigían altos rendimientos y compensaciones indirectas, en forma de legislación o contratos favorables con la Administración. Además, tras 1851, la Hacienda se tuvo que financiar a precios mayores, pues el arreglo de Bravo Murillo indujo el cierre de las principales bolsas extranjeras a la negociación de los valores españoles, y empeoró la imagen de mal pagador que tenía la Hacienda española. El Banco de San Fernando, con Santillán como gobernador, negó créditos al Tesoro y, en revancha, Bravo Murillo creó la Caja General de Depósitos, que supuso un auxilio eventual y que mantuvo artificialmente bajos los costes financieros del Estado; esa ficción se esfumó a partir de 1864, cuando comenzó a liquidarse la Caja, y quedaron al descubierto los efectos negativos que el recurso a ella tuvo para el presupuesto; particularmente en 1869 cuando Figuerola la cerró definitivamente.[90]

La operación de García Barzanallana, en 1867, rectificó el arreglo de Bravo Murillo, pues atendió las largas reclamaciones de los tenedores extranjeros y convirtió la deuda diferida, la amortizable y los cupones vencidos en deuda consolidada al 3 por 100. Este ministro cedió a aquellas presiones porque pensó que la operación podría servir para abastecer las arcas vacías del Tesoro; y aprovechó, en efecto, la conversión para levantar efectivo de los tenedores, ya que imponía un trueque de títulos viejos por nuevos que exigía el desembolso a metálico de una parte del montante convertido. Los tenedores estuvieron dispuestos a aceptar una disminución del nominal poseído y a renunciar a la amortización de sus títulos con tal de asegurar el cobro de un rédito periódico. García de Barzanallana también convirtió el valor de los cupones impagados de la deuda consolidada al 3 por 100 a un tipo del 55 por 100; es decir, que los tenedores extranjeros sí que admitieron que se les redujese la capitalización de aquéllos, con tal de conseguir deuda consolidada a cambio.[91] Naturalmente, esta conversión tampoco arregló los problemas y la herencia de la deuda siguió pesando sobre los ministros más allá del período que aquí estoy considerando.

90. L. Gonzalo, *El Tesoro Público y la Caja General de Depósitos, 1852-1868*, Madrid, Instituto de Estudios Fiscales, 1981. Comín y Martorell (2003).

91. Véanse F. Comín, *Hacienda y Economía...*, *op. cit.*; e *Historia de la Hacienda pública...*, *op. cit.*; también F. Comín y R. Vallejo (2002b).

5. Los avances complementarios: el fraude, los ministros, las colonias, las haciendas locales, la beneficencia y las empresas públicas

En las dos últimas décadas se han desarrollado otros estudios que complementan la visión aportada por Fontana sobre la transición desde la Hacienda absolutista a la liberal. Me refiero a algunos aspectos no desarrollados —pero sí sugeridos— por Fontana y a otras formas de intervención pública en las que él no tuvo tiempo de profundizar. Me centraré en los siguientes: 1) la historia del fraude fiscal; 2) la obra de los ministros de hacienda y sus asesores; 3) las relaciones de las haciendas coloniales con la metrópoli; 4) las penurias de las haciendas locales; 5) la transformación de la beneficencia; y 6) la privatización y cierre de las reales fábricas.

5.1. La corrupción y el fraude fiscal

Una de las grandes aportaciones de Fontana,[92] como hemos visto, consistió en mostrar que, a pesar de que el sistema impositivo de 1845 atendía a los principios tributarios liberales, la práctica recaudatoria distorsionaba esos principios. Esto abrió una línea de investigación muy fructífera que ha demostrado que el amplio fraude —concentrado en las rentas altas— hacía que la carga tributaria se distribuyese con una apreciable desigualdad, muy alejada de la equidad proporcional declarada en la Constitución y en la reforma tributaria de 1845. La generalización del fraude procedió de que, como mostró Fontana, se conservaron las prácticas recaudatorias previas, así como los comportamientos sociales —y las actitudes ideológicas de los grupos privilegiados— del Antiguo Régimen, que predominaban entre los miembros del Partido Moderado.

Estas ideas me llevaron a investigar y a promover la historia de fraude fiscal. Para ello conté con la colaboración de un excelente equipo (Zafra, Pan-Montojo, Pro y Vallejo). De hecho, Zafra y yo mismo organizamos un curso sobre fraude, cuyas ponencias fueron publicadas en *Hacienda Pública Española*. En ese curso, el propio Fontana[93] mostró que algunas prácticas que hoy consideraríamos corruptas, en el siglo XVIII no lo eran, por la confusión reinante entre los intereses públicos y privados. La corrupción encubrió la incapacidad de los estados absolutos europeos para controlar a sus súbditos y territorios; la intermediación de agen-

92. J. Fontana, *La Revolución Liberal...*, *op. cit.*

93. J. Fontana, «Las reglas del juego. Algunas reflexiones históricas sobre la corrupción», *Hacienda Pública Española*, 1 (1994), pp. 25-30;

tes privados, como los arrendatarios de las rentas y de las oligarquías municipales, fue imprescindible para gobernar —y hacer tributar— los territorios. La corrupción fiscal iba más allá de la simple ocultación y evasión de impuestos. Las actitudes clientelares y el nepotismo, la venalidad, y el oficio como beneficio, constituyen algunas de las manifestaciones de aquella corrupción que entonces no eran perseguidas, ni judicial ni socialmente.[94] Sólo se perseguían los fraudes a los estancos y a las rentas de aduanas. Tras la revolución liberal, hubo un cambio legal que produjo modificaciones de forma —la administración pública recuperó todos los oficios—, pero las prácticas fraudulentas continuaron. De hecho, sólo el contrabando —en los monopolios y en las aduanas— era legalmente considerado como fraude.[95] Pero pervivieron muchas prácticas fraudulentas y corruptas tras la revolución liberal; el fraude —o cuando menos la elusión fiscal— era perfectamente tolerado y estaba en la base misma del sistema tributario instaurado por la ley de 1845, que dejó abierta la puerta para las irregularidades y para la evasión fiscal.

Para empezar por algún sitio, los problemas de corrupción fiscal en los municipios españoles no desaparecieron con la revolución liberal, y los ayuntamientos siguieron gestionando importantes rentas, como la territorial y los consumos.[96] En la contribución de inmuebles, cultivo y ga-

94. Véanse J. Fontana, *ibid.*, y B. Yun, «Corrupción, fraude, eficacia hacendística y economía en la España del siglo XVII», *Hacienda Pública Española*, 1 (1994), pp. 47-60.

95. Como sucedió con la ley para represión de contrabando y la defraudación de 25 de abril de 1924, estudiada por J. Zafra, «Algunas vertientes del fraude fiscal en la primera mitad del siglo XIX», *Hacienda Pública Española*, 1 (1994), pp. 145-153. Para el contrabando véase L. Prados de la Escosura, «Comercio exterior y cambio económico en España (1972-1849)», en J. Fontana, ed., *La economía española al final del Antiguo Régimen*, vol. 3: *Comercio y colonias*, Madrid, Alianza y Banco de España, 1982. Para la defraudación de la renta de aduanas, véase J. M. Serrano Sanz, «La Renta de Aduanas en España (1849-1935)», *Hacienda Pública Española*, 1 (1991), pp. 107-119; para el problema del contrabando en las aduanas en Navarra, véanse M. García Zúñiga, «Comercio y contrabando en Navarra durante el feudalismo desarrollado», *Hacienda Pública Española*, 1 (1994), pp. 79-88; y J. de la Torre, «El fraude en la transición a una nueva fiscalidad: Navarra, 1808-1811», *Hacienda Pública Española*, 1 (1994), pp. 89-100. Para el contrabando y los fraudes en el estanco del tabaco, véanse F. Comín, «Martín de Garay...», *op. cit.*; F. Comín y P. Martín Aceña, *Historia de Tabacalera y del estanco de tabaco*, Madrid, Tabapres, 1999; J. M. Rodríguez Gordillo, «El fraude en el estanco del tabaco, siglos XVI-XVIII, *Hacienda Pública Española*, 1 (1994), pp. 61-78; y L. Alonso Álvarez, «Notas sobre el contrabando de tabaco en España, 1800-1935», *Hacienda Pública Española*, 1 (1994), pp. 231-251.

96. Véanse C. García, *La crisis de las Haciendas locales: de la reforma administrativa a la reforma fiscal (1743-1845)*, Valladolid, Junta de Castilla y León, 1996; S. Salort, *La Hacienda local en la España Contemporánea. La Hacienda municipal de Alacant (1800-1845*), Alicante, Institut Juan Gil-Albert, 1998; y J. Casas i Roca, «Ayuntamientos y Hacienda Central (1802-1868). Marco jurídico y referencias a un caso concreto (San Cugat del Vallés)», *Hacienda Pública Española*, 1 (1994), pp. 115-122.

nadería, la cuestión más conflictiva era el reparto (por provincias y por municipios) del cupo global; ante la imposibilidad de llegar a un acuerdo, las Cortes delegaron en el Gobierno para la distribución del cupo. De manera que aquél negociaba con los representantes políticos de las oligarquías locales los cupos a pagar, cuyo reparto y recaudación, además, se cedió a las diputaciones y los ayuntamientos, dando pie a todo tipo de arbitrariedades y de injusticias; el reparto de la territorial era un arma política en manos de los caciques; la opción por los amillaramientos, frente al catastro, impidió conocer la riqueza imponible y convirtió los registros agrarios en algo totalmente ficticio; los ayuntamientos estaban interesados en engañar colectivamente a la Hacienda, para reducir el cupo municipal y provincial; de hecho, el líquido imponible lo calculaban capitalizando el cupo asignado al tipo impositivo máximo establecido por la ley; así, casi todos los municipios pagaban el tipo impositivo máximo y no se les podía exigir más cupo, ni siquiera por «reclamaciones de agravio». Esta forma de recaudación hizo que la proporcionalidad del tributo, definida en la ley de 1845, fuese un espejismo.[97]

Por su parte, la presión de los empresarios llevó a la supresión del derecho proporcional de la contribución industrial en 1847; desde este año, la administración de Hacienda negociaba un cupo global con los gremios industriales y comerciales (restablecidos para esta finalidad tributaria), que éstos repartían y recaudaban entre sus asociados. No hay que extrañarse de la amplia evasión fiscal en esta contribución, que se reflejaba en la estadística oficial, que no recogía siquiera el número de agremiados ni las máquinas e instalaciones; esto ya lo señaló Figuerola para Barcelona.[98] El fraude en la contribución de consumos y puertas fue grande, con independencia de su forma de recaudación; en las capitales, enseguida dejó de cobrarse por administración directa —y se arrendó— por los altos costes de recaudación y la corrupción generalizada. Por el mismo motivo, en los pueblos, los consumos se cobraban por encabezamiento, cuyo cupo se negociaba también con las oligarquías locales. Los municipios defraudaban

97. Para la elusión en la contribución de inmuebles, véanse M. Artola, *La Hacienda del siglo XIX...*, *op. cit.*; F. Comín, *Hacienda y Economía...*, *op. cit*; R. Vallejo, *Reforma tributaria y fiscalidad...*, *op. cit.*; y J. Pro, «El poder de la tierra: una lectura social del fraude en la contribución de inmuebles, cultivo y ganadería (1845-1936)», *Hacienda Pública Española*, 1 (1994), pp. 189-202. Para la historia de los amillaramientos y del catastro, véanse J. Pro, *Estado, geometría y propiedad. Los orígenes del catastro en España (1715-1941)*, Madrid, Ministerio de Economía y Hacienda, 1992; y A. Segura i Mas, ed., *El Catastro en España, Vol. I, 1714-1906*, Madrid, Centro de Gestión Catastral y Cooperación Tributaria, 1988.

98. Para el fraude en la contribución, véanse, F. Comín, *Las cuentas de la Hacienda...*, *op. cit.*, *Hacienda y Economía...*, *op. cit.*; y R. Vallejo, *Reforma tributaria y fiscalidad...*, *op. cit.*

a la Hacienda central —y a los consumidores— quedándose con la diferencia entre lo encabezado y lo recaudado; además, para rebajar el cupo los municipios mentían sobre el número de los vecinos del pueblo. En los fielatos, el fraude se llamaba «matute», y era un arma selectiva que reforzaba las redes clientelares. En los arriendos, el fraude a la Hacienda procedía de las «conspiraciones» en las subastas, y en los sobornos para favorecer a determinados individuos en la puja. Si el cupo se cobraba mediante los puestos de venta exclusiva, el ayuntamiento controlaba los precios pero se permitía el fraude en la calidad de los productos; si se cobraba por reparto entre los vecinos, la corrupción derivaba de la arbitrariedad de los repartos, como en la contribución territorial. La represión desigual del fraude en los consumos acentuaba la regresividad legal del impuesto de consumos.[99] Las irregularidades también fueron de bulto en la gestión y las ventas de las propiedades del Estado, como los bienes nacionales o las minas.[100] Estas prácticas persistieron durante el siglo XIX.

5.2. *La vida y obra de los ministros de Hacienda*

En el conocimiento de los hacendistas estudiados por Fontana también se ha avanzado considerablemente. Destacan los estudios de Hernández Andreu,[101] Rafael Anes[102] y Fuentes Quintana[103] sobre el pensamiento tributario de los ilustrados, y de Lluch[104] sobre las ideas cameralistas. Los trabajos de López Castellanos[105] sobre los liberales de las

99. Véase J. L. Pan-Montojo, «Lógica legal y lógica social de la contribución de consumos y los derechos de puertas», *Hacienda Pública Española*, 1 (1994), pp. 217-230.

100. Para la irregularidades cometidas durante el proceso desamortizador, véase J. Donézar, «Las irregularidades en la desamortización...», *op. cit.* Para los fraudes en la minería del estado, véase R. Dobado, «La minería estatal española, 1748-1873», en F. Comín y P. Martín Aceña, eds., *Historia de la empresa pública en España*, Madrid, Espasa-Calpe, 1991, pp. 89-137; y «Algunas consideraciones acerca del Estado y la minería en España», *Hacienda Pública Española*, 1 (1994), pp. 177-188.

101. J. Hernández Andreu, «Reformismo tributario ilustrado: Floridablanca, Vicente Alcalá Galiano y los Frutos Civiles», en E. Fuentes Quintana, dir., *Economía y economistas españoles*, Barcelona, Galaxia Gutenberg y Círculo de Lectores, 2000.

102. R. Anes, «De las ideas de Jovellanos sobre la economía y la actividad económica», en E. Fuentes Quintana, dir., *Economía y economistas españoles*, vol. 3, *La Ilustración*, Barcelona, Galaxia Gutenberg y Círculo de Lectores, 2000, pp. 315-330.

103. E. Fuentes Quintana, (2002a).

104. E. Lluch, «El cameralismo en España», en E. Fuentes Quintana, dir., *Economía y economistas españoles*, vol. 3: *La Ilustración*, Barcelona, Galaxia Gutenberg y Círculo de Lectores, 2000, pp. 721-728.

105. F. López Castellano, *El pensamiento hacendístico liberal en las Cortes de Cádiz*, Madrid, Instituto de Estudios Fiscales, 1999.

Cortes de Cádiz y los hacendistas aragoneses del período avalan las tesis de Fontana. Está inédita la tesis de Valles[106] (2002) sobre Vicente Alcalá Galiano. Por otro lado, las investigaciones sobre Martín de Garay, realizadas por Fernández Clemente[107] y Comín[108] confirman las aportaciones de Fontana sobre el hacendista; las líneas que le dedica Artola[109] emiten un juicio más positivo que el de Fontana sobre la labor de este ministro.

La tarea de recuperación de textos de los hacendistas del período realizada por Fontana quedó plasmada en la edición —y comentario— de una serie de ellos en *Hacienda Pública Española.*[110] Esta labor de divulgación de textos inéditos sería completada en Fontana,[111] con la publicación de su libro *La crisis del Antiguo Régimen.*

En Fontana[112] puede hallarse una confirmación de sus tesis iniciales sobre López Ballesteros, que, siendo buena persona, no fue un buen ministro de Hacienda, a pesar de que permaneció largo tiempo en el cargo; por el contrario, cometió algunos errores y sólo le salva su esfuerzo por poner orden en la administración de la Hacienda. En 1824, el gobierno absolutista aprobó la reforma de López Ballesteros —frente a las propuestas más sensatas de Pinilla— que «apenas reformaba nada»: 1) restablecía las rentas provinciales y sus equivalentes, que en las capitales de provincias y en los puertos y las ciudades importantes se pagarían con el Derecho de puertas establecido por Garay; 2) restauraba las rentas estancadas, a las que se añadía el estanco del bacalao; y 3) creaba dos subsidios, uno eclesiástico y otro de comercio. A pesar de haber combatido el plan de Pinilla (que proponía sustituir las rentas provinciales por una «contribución provincial» que «los pueblos pagarían con un recargo sobre los puestos públicos y con un reparto basado en un amillaramiento de las utilidades de todos lo vecinos»), López Ballesteros no sólo le conservó en el ministerio, sino que le ascendió a director general de rentas. En otro trabajo, Fontana[113] sostiene que fueron Pinilla y Góngora quienes «desenvolvieron» los planes de Ballesteros, y que fue Pinilla quien

106. J. M. Valles, «Vicente Alcalá Galiano (1757-1810). Pensamiento económico y reformismo fiscal en la España de la Ilustración», Universidad Nacional de Educación a Distancia, 2001.

107. E. Fernández Clemente, «Martín de Garay...», *op. cit.*

108. F. Comín, «Martín de Garay...», *op. cit.*

109. M. Artola, *La Hacienda del siglo XIX...*, *op. cit.*

110. Véase J. Fontana, «Selección de textos para la Historia de la Hacienda española del siglo XIX», *Hacienda Pública Española*, 27 (1974).

111. J. Fontana, 1979.

112. J. Fontana, «López Ballesteros y la reforma de la Hacienda: algunas reconsideraciones», *Hacienda Pública Española*, 2 (1994), pp. 57-61.

113. J. Fontana, «José López Juana Pinilla», en E. Fuentes Quintana, dir., (2002b).

redactó la *Instrucción general para la dirección, administración, recaudación y cuenta de la Real Hacienda* de 1828, que introdujo ciertas transformaciones y los nuevos procedimientos de cobro de algunas contribuciones tradicionales. Todo ello conformaría el llamado sistema López Ballesteros, que fue un legado recaudatorio que, como hemos visto, sobrevivió a la reforma de 1845.[114] En 1824, por lo demás, Ballesteros también había fracasado en conseguir un empréstito internacional. Si Ballesteros aguantó tanto tiempo como ministro fue porque no era fácil encontrar un sustituto, dado que los buenos hacendistas, como Pinilla, propugnaban reformas tributarias incompatibles con el régimen. Fontana[115] confirma, finalmente, el lamentable estado de la Hacienda del país en la segunda mitad de la década de 1820, que llevó a la caída del sistema político. Concluye diciendo que «tal vez podría decirse en favor de Ballesteros que, al debilitar el régimen con su mala gestión, hizo inevitable la liquidación del absolutismo. Pero es poco probable que fuese esto lo que se proponía».[116]

Sobre la obra de Pinilla y sus influencias en los ministros de Hacienda y en los hacendistas del período, el mayor experto sigue siendo Fontana,[117] quien señala que Pinilla fue el maestro de Santillán en el terreno de la Hacienda. Analiza la vida y obra de aquel hacendista que «fue una figura clave en la modernización de la Hacienda española en la primera mitad del siglo XIX». Asimismo, Fontana[118] realizó la reedición —publicada por la Fundación FIES— y el estudio introductorio a la memoria de Santillán sobre las reformas tributarias. Sobre la obra y realizaciones de Santillán pueden verse los trabajos de Comín,[119] Vallejo,[120] Artola[121] y

114. M. Artola, *La Hacienda del siglo XIX..., op. cit.*, presenta un juicio negativo sobre López Ballesteros.

115. J. Fontana, «López Ballesteros y la reforma de la Hacienda»..., *op. cit.*

116. Sobre López Ballesteros, véanse R. Vallejo (1997), «La reforma de la Hacienda de López Ballesteros..., *op. cit.*; y E. González López, *Luis López Ballesteros (1752-1853). Ministro de Hacienda de Fernando VII*, La Coruña, Fundación Barrié de la Maza, 1987.

117. J. Fontana, «José López Juana Pinilla, una gran figura de la Hacienda española del siglo XIX», *Hacienda Pública Española*, 38 (1976), pp. 93-100; y «José López Juana Pinilla», en E. Fuentes Quintana (2002b).

118. J. Fontana, «Introducción» a Ramón Santillán, *Memoria histórica de las reformas hechas en el sistema general de impuestos de España (1888)*, reedición de Fundación FIES, Madrid, 1997, pp. 5-18.

119. F. Comín, *Hacienda y Economía..., op. cit.*

120. R. Vallejo, «Ramón Santillán González», en E. Fuentes Quintana, dir., *Economía y economistas españoles*, vol. 4: *La Economía Clásica*, Barcelona, Galaxia Gutenberg y Círculo de Lectores, 2000, pp. 711-724; y *Reforma tributaria y fiscalidad..., op. cit.*

121. M. Artola, «Epílogo. Ramón Santillán (1791-1863)», en R. Santillán, *Memorias (1808-1856)*, Madrid, Tecnos y Banco de España, 1996, pp. 465-498.

Tedde.[122] Las ideas de Fontana sobre las aportaciones de Santillán son corroboradas por Comín y Vallejo,[123] pero Artola[124] le concede un menor protagonismo en la reforma de 1845. Finalmente, los trabajos sobre los hacendistas clásicos españoles más relevantes son los siguientes: sobre Flórez Estrada, el de Almenar,[125] sobre Canga Argüelles, los de Fonseca[126] y Comín.[127]

5.3. Las haciendas coloniales

La crisis del Antiguo Régimen fue, en realidad, la del imperio español. Las recientes aportaciones permiten sostener que la bancarrota de las haciendas coloniales precedió a la quiebra de la Hacienda de la metrópoli, y que las crecientes presiones fiscales sobre las colonias abonaron el campo para las guerras de independencia colonial. Ya hemos visto que el problema se planteó porque la monarquía hispánica se había acostumbrado a vivir de las remesas americanas —durante toda la edad moderna— y del comercio con las Indias, lo que le había permitido retrasar unas reformas políticas y hacendísticas que se habían realizado en otros países. No entraré aquí en la polémica sobre los efectos macroeconómicos de la pérdida de las colonias continentales americanas, pero sí en sus efectos sobre la Hacienda.[128] La importancia de éstos ha sido confirmada tanto por los estudios sobre la Hacienda central española —ya lo hemos visto— como por los estudios sobre las haciendas coloniales, que analizo en esta sección. Con la pérdida de las colonias, España pasó de ser un

122. P. Tedde, «Prólogo» a *Santillán (1865),* pp. I-XVII, 1982.

123. F. Comín y R. Vallejo, «A propósito de Fabián Estapé y Josep Fontana: los estudios sobre la reforma tributaria de 1845», *Cuadernos de Información Económica*, 167 (2002c), pp. 225-232.

124. M. Artola, *La Hacienda del siglo XIX..., op. cit.*

125. S. Almenar, «Álvaro Flórez Estrada y la economía política clásica», en E. Fuentes Quintana, dir., *Economía y economistas españoles*, vol. 4: *La economía clásica*, Barcelona, Galaxia Gutenberg y Círculo de Lectores, 2000, pp. 7-92.

126. P. Fonseca, *Un hacendista asturiano..., op. cit.*

127. F. Comín, «Canga Argüelles...», *op. cit.*

128. Estos efectos son analizados por J. Fontana en *La quiebra* y, posteriormente, fueron minimizados por L. Prados de la Escosura, *De imperio a nación..., op. cit.*, y «La pérdida del imperio y sus consecuencias económicas para España», en L. Prados de la Escosura y S. Amaral, eds., *La independencia americana: consecuencias económicas*, Madrid, Alianza, 1993, pp. 253-299; J. Fontana, en «La quiebra del imperio español...», *op. cit.*, insiste en las secuelas que tuvo para algunas regiones (como Andalucía), mientras que otras se recuperaron bien tras la emancipación americana (como Cataluña). Para las relaciones entre Hacienda y economía en este período es interesante el trabajo inédito de J. Zafra, «La Hacienda del Estado liberal y la economía española, 1808-1868».

amplio imperio a ser una pequeña nación. Las decisiones de ingresos y gastos de la Hacienda del Estado imperial se tomaban en la metrópoli; las distintas cajas y tesorerías pagaban con sus ingresos los gastos de las diferentes regiones, y las tesorerías con excedentes los transferían a las demás; principalmente a la de Madrid, pero también a otras colonias. Así, las cajas de Nueva España y de Perú, principalmente, financiaban con sus «situados» los gastos militares de las demás colonias y los déficit de la Hacienda de la metrópoli.

Siguiendo la estela de Fontana, Marichal plantea el estudio de la Hacienda imperial como un todo, del que, por ahora, sólo vamos conociendo las piezas pero no el conjunto. El estudio de las aportaciones de las colonias a la Tesorería de la metrópoli y al mantenimiento de las posesiones ultramarinas —incluidas las Filipinas, cuya defensa se financiaba desde Nueva España, gracias al galeón de Manila— ha avanzado muchísimo en las dos últimas décadas. Se ha puesto de relieve la importancia de las aportaciones coloniales y, particularmente, del virreinato de Nueva España a las finanzas del imperio entre 1765 y 1810. Si a las remesas de las tesorerías americanas a la metrópoli se añade la parte correspondiente a la renta de aduanas recaudada directamente del comercio con América, entonces la contribución de las colonias a la financiación de la Hacienda española rondaría el 25 por 100 de los ingresos, a finales del siglo XVIII; contribución que sería más alta si se incluyese la hoja de tabaco enviada desde Cuba y, después, desde Filipinas. Tras los trabajos de Klein,[129] sabemos que las reformas tributarias borbónicas (que introdujeron nuevos impuestos y estancos y que mejoraron la administración tributaria y la política de la minería de la plata) permitieron un apreciable incremento de la recaudación de recursos procedentes de la población novohispana, entre 1765 y 1785; también sabemos que los decretos de libre comercio tenían una finalidad básicamente recaudatoria.[130] La aportación de Marichal[131] consiste en mostrar que esas reformas económicas, aunque aumentaron la recaudación a corto plazo, no tuvieron éxito a largo plazo; en efecto, los recursos impositivos del virreinato de Nueva España alcanzaron un techo hacia 1790; después, a pesar de mantenerse esa alta presión fiscal, aquéllos fueron insuficientes para financiar los crecientes gas-

129. H. Klein, «Recent Trends in the Study of Spanish American Colonial Public Finance», *Latin America Research Review*, 23 (1988), pp. 35-62; «Historia fiscal colonial. Resultados y perspectivas», *Historia Mexicana*, 2 (1992), pp. 261-308; *Las finanzas americanas del Imperio español*, 1690-1809, México, Instituto Mora y UNAM, 1995.

130. Véase J. Fontana, «En torno al comercio libre», en A. M. Bernal, coord., *El comercio libre entre España y América latina, 1765-1824*, Madrid, Fundación Banco Exterior, 1987.

131. C. Marichal, *La bancarrota del virreinato...*, *op. cit.*

tos militares del imperio, lo que obligó a recurrir al endeudamiento, en la metrópoli y en Nueva España. La presión para conseguir más ingresos por parte de la metrópoli obligó al virreinato de Nueva España a realizar una serie de préstamos, donativos forzosos (impuestos sobre la población) y voluntarios de la Iglesia, así como otras prestaciones desde 1780; esto implicó que esta colonia acumulase un amplio endeudamiento, a causa de la creciente subordinación de la administración fiscal virreinal a las exigencias de la metrópoli; los fondos obtenidos con los empréstitos no se destinaron a cubrir gastos internos de Nueva España, sino externos. Esto hizo que este virreinato acabara muy endeudado a la altura de 1810, hasta el punto de que Marichal habla de que se hallaba en un estado de «bancarrota». Y, a pesar de ese esfuerzo fiscal de las colonias, resultó que la monarquía española era incapaz de asegurar la defensa de aquellos territorios y de mantener la estabilidad social; eso llevó a los propietarios criollos de Nueva España a promover la independencia nacional.[132]

La importancia de Nueva España en la financiación del imperio es difícil de exagerar pues, desde 1788, un 75 por 100 de las remesas llegadas a la península procedían de ese virreinato, que también contribuía a la defensa de las colonias, incluidas las Filipinas, con fondos que no pasaban por la metrópoli. Marichal[133] explica que la aparente solvencia financiera (la ausencia de déficit y de endeudamiento) de la Hacienda de la metrópoli durante el reinado de Carlos III se debió a las crecientes remesas de las colonias. Lo que es más cierto aún si se incluyen las aportaciones directas de las colonias para la financiación; por ejemplo, de la armada en el Caribe durante la guerra con Inglaterra (1779-1783). Durante el reinado de Carlos IV, los grandes gastos de la Hacienda española desde 1793 (por las guerras contra la Convención francesa y contra Inglaterra) obligaron a incrementar aún más los tributos en las colonias y a incurrir en un fuerte endeudamiento, asumido en una parte importante por las haciendas coloniales. Asimismo, la plata americana llegada en 1802, tras la paz de Amiens, permitió evitar la bancarrota de la Hacienda española. Marichal[134] mostró que las colonias siguieron financiando las guerras incluso después de 1804 (nueva guerra contra Gran Bretaña) a través de grandes consorcios financieros internacionales, sin enviar fondos directa-

132. Véase J. Fontana, «La crisis colonial en la crisis del Antiguo Régimen español, en H. Bonilla, ed., *El sistema colonial en la América española*, Barcelona, Crítica, 1991; J. Fontana («Del Antiguo Régimen a las naciones independientes», en E. Sánchez, L. Jáuregui y A. Ibarra, eds., *op. cit.*, pp. 255-260; y «La quiebra del Imperio español...», *op. cit.*) profundiza en este planteamiento y ofrece una excelente bibliografía actualizada de estas cuestiones.

133. C. Marichal, *La bancarrota del virreinato..., op. cit.*

134. C. Marichal, «Beneficios y costes fiscales del colonialismo. Las remesas americanas a España, 1760-1914», *Revista de Historia Económica*, 3 (1997), pp. 475-505.

mente a la metrópoli. Desde 1808, a raíz de la invasión napoleónica se instrumentó (hasta 1811) una fuerte campaña de obtención de fondos en las colonias para apoyar la resistencia de los patriotas; los buques de la armada volvieron a traer metales directamente de América, alcanzando los 30 millones de pesos entre 1808 y 1811; las colonias americanas financiaron a la Junta Central y a las Cortes de Cádiz con recursos que suponían entre un 56 y un 75 por 100 de sus ingresos en 1809 y 1810 (lo que avala la estimación de Fontana de que el 60 por 100 de los ingresos de la Hacienda central provino de América, en 1809-1811); sin esos fondos, la Hacienda del gobierno español hubiera colapsado.[135] En definitiva, fue la maquinaria fiscal colonial la que permitió a España mantener las guerras con las dos mayores potencias europeas en el último cuarto del siglo XVIII y la primera década del siglo XIX.

Pero la historia de la financiación colonial no acaba ahí, pues una vez

135. Véase C. Marichal, «Beneficios y costes fiscales...»; *La bancarrota del virreinato...*, y «Beneficios y costos fiscales del colonialismo: las remesas americanas a España, 1760-1814», en E. Sánchez, L. Jáuregui y A. Ibarra, eds., *op. cit.*, pp. 29-62; C. Marichal y M. Souto, «Silver and Situados: New Spain and the Financing of the Spanish Empire in the Caribbean in the Eighteenth Century», *Hispanic Historical Review*, 4 (1944), pp. 587-613; y L. Bauzon, *Deficit Government, México and the Philippine Situado*, Tokio, The Centre for East Asian Cultural Studies, 1981. Para el conocimiento de la Hacienda del virreinato de Nueva España, entre 1786 y 1821, son fundamentales las contribuciones de L. Jáuregui (*La Real Hacienda de Nueva España. Su administración de la época de los Intendentes (1786-1821)*, México, UNAM, 1999; y «Del intendente al comisario: la herencia novohispana en la administración fiscal mexicana», en E. Sánchez, L. Jáuregui y A. Ibarra, eds., *op. cit.*, pp. 223-255) y las recogidas en L. Jáuregui y J. A. Serrano, coords., *Las finanzas públicas en los siglos XVII-XIX*, México, Instituto Mora, 1998. Para las reformas realizadas entre 1751 y 1758, véase E. Sánchez Santiró, «La Hacienda reformada: la centralización de la renta de alcabalas en Nueva España (1754-1781)», en E. Sánchez, L. Jáuregui y A. Ibarra, eds., *op. cit.*, pp. 143-178. Para las finanzas americanas del imperio español, véanse H. Klein («Recent Trends...», *op. cit.*; *Historia fiscal colonial...*, *op. cit*; *Las finanzas americanas del Imperio español, 1690-1809*, México, Instituto Mora y UNAM, 1995; *The American Finances of the Spanish Empire. Royal Incomes and Expenditures in Colonial Mexico, Peru and Bolivia, 1680-1809*, Alburquerque, University of New Mexico Press, 1998; «Un comentario sobre sistemas y estructuras fiscales del imperio español», en E. Sánchez, L. Jáuregui y A. Ibarra, eds., *op. cit.*), J. A. Barbier («Peninsular Finance and Colonial Trade: The Dilemma of Carlos IV's Spain», *Journal of Latin American Studies*, 12 1 (1980), pp. 21-37), J. TePaske («The Financial Desintegration of the Royal Government of Mexico during the Epoch of Independence», en J. Rodríguez, ed., *The Independence of Mexico and the Creation of a New Nation*, University of California Press, 1989), P. Pérez Herrero («El México borbónico: ¿un éxito fracasado?», en J. Vázquez, ed., *Interpretaciones del siglo XVIII mexicano*, México, Nueva Imagen, 1992), R. Dobado y G. Marrero («Minería, crecimiento económico y costes de la independencia de México», *Revista de Historia Económica*, 3 (2001), pp. 573-612). La presión impositiva en el espacio peruano entre 1691 y 1790 ha sido analizada en el interesante trabajo, aún inédito, de C. Newland y M. Cuesta, «La presión impositiva en el espacio Peruano, 1691-1790», 2002.

perdidas las colonias continentales, la Hacienda española supo reorganizar los restos de su imperio y, cuando faltaron los situados de México, desde Madrid se transformaron los sistemas fiscales de las colonias que se mantuvieron hasta 1898. Pero, aunque las remesas de Cuba y Filipinas fueron altas en la década de 1830 para financiar la guerra contra los carlistas, estas dos colonias no podían sostener la Hacienda española ni recuperar el nivel de remesas coloniales que la Hacienda de la metrópoli ingresaba a finales del siglo XVIII. Así que los ministros de Hacienda tuvieron que enfrentarse en el siglo XIX a la triste situación de depender exclusivamente de los recursos tributarios que pudiesen recaudarse en la península. Como señaló Fontana, ésta fue una de las razones por la que los impuestos tuvieron que reformarse en España en 1845, estableciendo un sistema fiscal moderno; la otra causa fue, naturalmente, la revolución liberal. El caso es que, con el tiempo, las colonias que quedaron volvieron a proporcionar unos ingresos apreciables; muy inferiores a los recibidos antes de 1808, pero significativos para la Hacienda del Estado, como señaló Comín.[136] Pues bien, el estudio de esas haciendas coloniales y de sus aportaciones a la metrópoli cuenta con los trabajos de Sáiz[137] y Roldán[138] para Cuba, de Söneson[139] para Puerto Rico, y de Alonso,[140] Fradera[141] y Roldán[142] para Filipinas. Y si algo muestran estos trabajos es que la metamorfosis de las haciendas coloniales fue todavía más lenta, pues la reforma de 1845 no afectó a la estructura impositiva de las colonias.

Así, Sáiz[143] sostiene que la Hacienda colonial cubana siguió siendo

136. F. Comín, *Las cuentas de la Hacienda..., op. cit.*

137. C. Sáiz, «La revolución liberal y el control de la Hacienda cubana (1826-1834)», *Revista de Historia económica*, 2 (1991), pp. 341-360; «Déficit y Hacienda colonial: las desviaciones de fondos y la Hacienda de Cuba (1833-1868)», *Hacienda Pública Española*, 1 (1994), pp. 253-261; «Imperio colonial y reforma tributaria liberal: Cuba (1822-1868)», *Hacienda Pública Española*, 1 (1996), pp. 71-83; «Imperio de Ultramar y fiscalidad colonial», en S. Palazón y C. Sáiz, eds., *La ilusión de un Imperio. Las relaciones económicas hispano-cubanas*, Alicante, Universidad de Alicante, 1998, pp. 77-93.

138. I. Roldán, *La Hacienda de Cuba durante la guerra de los Diez años*, Madrid, Instituto de Estudios Fiscales, 1990.

139. B. Söneson, *La Real Hacienda en Puerto Rico. Administración, Política y grupos de presión (1815-1868)*, Madrid, Instituto de Estudios Fiscales, 1990.

140. L. Alonso Álvarez, «Notas sobre el contrabando de tabaco en España, 1800-1935, *Hacienda Pública Española*, 1 (1994), pp. 231-235; y *Las tejedoras de humo. Historia de la fábrica de tabacos de A Coruña*, Fundación Tabacalera, 2001.

141. J. M. Fradera, «La Hacienda pública en Filipinas y las Antillas y la transformación del sistema colonial español, 1782-1868» (en prensa).

142. I. Roldán, «La Hacienda pública filipina de 1800 a 1898», en M. D. Elizalde, J. M. Fradera y L. Alonso, eds., *Imperios y naciones en el Pacífico*, vol. I: *La formación de una colonia*, 2001, pp. 495-540.

143. C. Sáiz, «Imperio colonial...», *op. cit.*

fundamental para la Hacienda de la metrópoli. Entre 1830 y 1860, las remesas cubanas habían dejado de ser una de las principales fuentes de financiación de la Hacienda metropolitana, pero las cajas cubanas contribuyeron a paliar su déficit crónico, gracias al superávit de las haciendas coloniales, basado en Puerto Rico y, sobre todo, en Cuba en las crecientes rentas de aduanas. De hecho, la política española frente a las Antillas tenía dos objetivos fundamentales: garantizar un mercado reservado y asegurar una fuente de recursos impositivos. El arancel fue el instrumento articulador de este doble interés. Mucho después de la reforma de Alejandro Mon, en 1867 se aprobó la reforma fiscal en Ultramar, como consecuencia del retroceso del producto de las aduanas y del endeudamiento de la Hacienda cubana, que ya no enviaba sobrantes a la península, sino que había comenzado a recibir fondos de la misma. Era la primera vez, en el siglo XIX, que Cuba percibía ayuda de la metrópoli. La reforma fracasó, fue protestada por los criollos y contribuyó a avivar el clima de agitación social y política. Esos déficit de la Hacienda colonial y la contestación a la reforma tributaria inauguraron una nueva era en las relaciones de dominación colonial. La crisis económica, social y política —con el descontento criollo y su desbordamiento por la dinámica revolucionaria impuesta por los esclavos— cristalizaron en una guerra de independencia. Según Fradera,[144] el estanco del tabaco fue la pieza clave de la Hacienda de Filipinas desde su instauración (en la guerra contra Inglaterra de 1779-1780) hasta 1882 en que desapareció; por tanto, fue el sostén más eficaz de la presencia española. La presión de la Monarquía sobre las arcas de las haciendas coloniales —desde 1834 para el caso de Filipinas— reforzó la importancia del tabaco. Las autoridades filipinas utilizaron la hoja de tabaco para afrontar los requerimientos financieros de la metrópoli en sustitución de las tradicionales libranzas; asimismo, el tabaco se empezó a vender a los ingleses y holandeses para atraer el comercio internacional a Manila y aumentar, paralelamente, los recursos de la Hacienda colonial. Con todo, la partida de «atenciones a la península» de los presupuestos de esta colonia (envíos de hoja, remesas de numerario y pago de las obligaciones del Estado en Asia y el Pacífico) no supuso una gran cantidad con respecto al total. Estos trabajos, por tanto, confirman la tesis de Fontana de las enormes repercusiones de la pérdida de las colonias continentales americanas para la Hacienda española.

144. J. M. Fradera, «La Hacienda pública...», *op. cit.*

5.4. Las haciendas locales

En cuanto a las haciendas locales, los pocos estudios existentes nos muestran —dentro de la diversidad entre los grandes y pequeños municipios— una cierta persistencia de los rasgos del Antiguo Régimen, que eran la dependencia del Estado central y la escasa autonomía fiscal, el control real de los recursos por las oligarquías municipales, y el abultado endeudamiento local. Las reformas liberales del siglo XIX lo que hicieron fue, si acaso, acentuar el primer rasgo, y tratar de controlar, por el Gobierno central, los otros dos. En efecto, la legislación liberal implicó un control total de los ayuntamientos por el Estado, dentro de las tendencias centralistas que se impusieron definitivamente con el modelo de Estado moderado en 1845; los liberales transfirieron los ingresos locales hacía el Tesoro, agravando los problemas de las haciendas municipales. Los recursos municipales patrimoniales sufrieron profundas transformaciones (la desamortización liquidó sus propiedades territoriales), pero la tributación indirecta local apenas sufrió alteraciones en el siglo XIX. Lo que ocurrió fue que, ante la pérdida de sus ingresos tradicionales, fueron aumentando los recargos municipales sobre las contribuciones estatales, en particular sobre la territorial y los consumos; así como los recursos extraordinarios para cubrir los déficit.

La desamortización municipal empezó en la práctica mucho antes que la oficial de Madoz de 1855. La enajenación sistemática de los patrimonios municipales, en efecto, se inició durante la guerra de la Independencia y se aceleró con la guerra carlista. Con esas ventas se pagaban los suministros al ejército adelantados por particulares, y se recaudaban las cantidades precisas para pagar las contribuciones extraordinarias de guerra. Los liberales desamortizaron el grueso del patrimonio de los concejos, pero también los absolutistas recurrieron a los bienes de propios para allegar ingresos para la Hacienda central, sobre todo durante la segunda restauración de Fernando VII; en lugar de venderlas, no obstante, cedieron las tierras a censo perpetuo. Muchos municipios vendieron tierras de propios antes de la desamortización de Madoz, y aquellos concejos con mayores bienes rústicos —como los de Andalucía y Extremadura— fueron los más afectados por esta «predesamortización».[145]

145. Véase para Andalucía A. M. Bernal, «Haciendas locales y tierras de propios: funcionalidad económica de los patrimonios municipales (siglos XVI a XIX)», *Hacienda Pública Española*, 55 (1978), pp. 285-312; y para Valladolid, C. García, *La crisis de las Haciendas locales...*, *op. cit.* Para la Hacienda del Ayuntamiento de Alicante, véase S. Salort, *La Hacienda local en la España Contemporánea...*, *op. cit.* El papel de las haciendas locales durante la guerra de la Independencia ha sido estudiado por A. Otaegui (*Gue-*

Las reformas locales quedaron sujetas a las reformas tributarias del Estado, tanto en los períodos liberales como en los absolutistas. Los impuestos municipales apenas se vieron modificados antes de la reforma fiscal de 1845; si acaso se reforzó la subordinación de las haciendas locales a la del Estado, que asumió el monopolio de la fiscalidad. Los moderados mantuvieron la idea del centralismo fiscal tanto para tratar de solucionar los déficit de la Hacienda central como por su desconfianza frente a las autoridades municipales, a pesar de que los cargos de los municipios comenzaban a ser representativos. La excepción a este centralismo nos la proporciona, una vez, el Sexenio democrático, cuando desaparecieron los sistemas de recargos, que se incorporaron a los ingresos del Estado.[146] También se agravó el problema de la deuda local, que creció más tras 1814, debido a las exigencias del Estado. Como ya demostró Fontana,[147] la guerra de la Independencia afectó a las haciendas municipales reduciendo su recaudación, incrementando mucho sus gastos para el aprovisionamiento del ejército y para la reconstrucción posterior, y provocando la acumulación de atrasos (sueldos e intereses de los censos) que tardaron mucho en saldarse. La recaudación de los arbitrios cayó a la mitad, tanto por la crisis económica como porque el régimen absolutista aumentó, en 1819, las exacciones estatales sobre los fondos municipales (que habían sido establecidas en el siglo XVIII) del 17 hasta el 20 por 100 de lo recaudado por los bienes de propios en cada concejo. Los liberales de Cádiz y del Trienio, por el contrario, redujeron a un 10 por 100 esas detracciones de la Hacienda central. En la década de 1820, las dificultades de las haciendas municipales se agravaron aún más. El establecimiento del régimen liberal durante la década de 1830 no solucionó los problemas financieros de los municipios, como tampoco arregló las penurias de la Hacienda central. Aunque en el presupuesto de 1835 se previó la rebaja de las deducciones practicadas por la Hacienda estatal, éstas se mantuvieron hasta finales de los cuarenta, y los bienes de propios siguieron abonando el 20 por 100 al Estado, que se destinaba a la amortización de la deuda estatal, a costa de que la deuda local continua-

---

rra y crisis de la Hacienda local. Las ventas de bienes comunales y de propios en Gipúzcoa, 1764-1814, San Sebastián, Diputación, 1991) para Guipúzcoa, por J. de la Torre (*Los campesinos navarros ante la guerra napoleónica. Financiación bélica y desamortización civil*, Madrid, Ministerio de Agricultura, Pesca y Alimentación, 1991) para Navarra, y por E. La Parra («Guerra y caos fiscal en una ciudad no conquistada, Alicante, 1808-1813», en *Les Espagnols et Napoleon, Études Hispaniques*, 7 (1984), pp. 387-420) para Alicante.

146. Véase C. García y F. Comín, «Reforma liberal, centralismo y Haciendas municipales en el siglo XIX», *Hacienda Pública Española*, 133 (1995), pp. 81-106; y R. Vallejo, *Reforma tributaria y fiscalidad..., op. cit.*

147. J. Fontana *Guerra y Hacienda..., op. cit.*, y Fontana (1981).

se acumulándose.[148] Las leyes posteriores tampoco arreglaron las penurias de las haciendas locales, que siguieron careciendo de recursos suficientes, lo que implicó el deterioro de los servicios municipales, como la educación, las obras públicas, locales, la sanidad y la beneficencia, funciones que habían sido dejadas en sus manos por el Estado.[149]

5.5. *La metamorfosis de la beneficencia ilustrada a la liberal*

Por lo que se refiere a la beneficencia, el Estado liberal prolongó la política social de los ilustrados, pero utilizando sus instituciones para controlar los problemas surgidos con la urbanización. Tras 1808, pervivieron las antiguas instituciones caritativas, aunque se modificó su objetivo; los burgueses las usaron para asegurar los insuficientes abastecimientos urbanos, así como para prevenir y contener las revueltas que pudiesen amenazar el orden político. En la primera mitad del siglo XIX, continuaron las tendencias previas: los hospitales disminuyeron y se concentraron en las ciudades, mientras que los asilos ganaron importancia cuantitativa. Sin transformaciones en la práctica, el cambio legal introducido por los liberales consistió en traspasar el control de las instituciones de beneficencia de la Iglesia, las instituciones caritativas y los particulares a los poderes públicos: primero, a los ayuntamientos y, después, a las diputaciones provinciales. Ya la Constitución de 1812 asignó a los ayuntamientos la gestión de los hospitales, hospicios y demás centros benéficos, dejando la tutela a las diputaciones provinciales. En 1820 se establecieron las Juntas Provinciales —dependientes del Ministerio de la Gobernación— para administrar la asistencia benéfica; la primera Ley de Beneficencia, de 1822, transfirió la beneficencia particular a los ayuntamientos y estableció las maternidades, los asilos y los hospitales, así como el socorro domiciliario; preveía la creación de los órganos municipales y provinciales para su administración centralizada y la subvención parcial desde los presupuestos del Estado. Esta ley fue restaurada en 1836. Las exclaustraciones del período de la guerra carlista favorecieron la municipalización de la beneficencia, como ya había hecho la desamortización de Godoy. Posteriormente, la legislación moderada de 1849 recortó las atribuciones de los ayuntamientos y reforzó las competencias de las diputaciones provinciales; asimismo devolvió ciertos derechos a los patronatos particula-

148. Véase C. García, *La crisis de las Haciendas locales..., op. cit.*; C. García y F. Comín, «Reforma liberal, centralismo...», *op. cit.*; F. Comín, *Historia de la Hacienda pública..., op. cit.*; y J. del Moral, *Hacienda central y Haciendas locales en España, 1845-1905*, Madrid, Instituto de Estudios de Administración Local, 1984.

149. Véase J. del Moral, *ibid.*, y F. Comín, *ibid.*

res. Desde entonces, las diputaciones provinciales se hicieron con el control de las instituciones caritativas que habían sido de ámbito diocesano durante el Antiguo Régimen. Finalmente, la desamortización de 1855 golpeó duramente a las instituciones benéficas, porque enajenó sus patrimonios territoriales y las dejó dependientes de unos títulos de la deuda, que no siempre pagaban los réditos. La financiación de la asistencia social recayó sobre los presupuestos de las diputaciones provinciales y de los municipios, cuyas penurias de fondos ya hemos analizado; las subvenciones del Estado eran minúsculas. Y las cifras muestran que, precisamente desde 1855, disminuyeron los recursos propios de los centros asistenciales y también las partidas de beneficencia en los presupuestos provinciales y municipales.

Lo que ocurrió, en realidad, fue que las instalaciones del sistema asistencial del Antiguo Régimen, de origen religioso y privado, se dedicaron a suplir las carencias de los servicios municipales. En efecto, los viejos hospitales suministraron unos servicios elementales de sanidad urbana y combatieron con sus medios rudimentarios las epidemias decimonónicas. Los hospicios, por su parte, contribuyeron al control de la inmigración y al mantenimiento del orden público urbano. Las recogidas masivas de pobres en los albergues municipales pretendían la reclusión de los miserables, en una política ya iniciada por los ilustrados, a la que se añadió la prohibición de la mendicidad en las ordenanzas municipales del siglo XIX. En realidad, detrás de la idea de la «recogida» de pobres se hallaba la práctica de la «expulsión» de los inmigrados sin trabajo ni recursos de las ciudades al medio rural. La beneficencia se confundía, así, con el recién creado servicio municipal de «policía urbana» para preservar los intereses ciudadanos. Por otro lado, los «trabajos de invierno» financiados por los municipios no eran sino paliativos del paro estacional para la prevención del orden público, amenazado por los jornaleros en paro. La beneficencia domiciliaria y las ayudas alimentarias también paliaron algo los deficientes servicios sanitarios y de abastos de las ciudades; aunque no hay tiempo para analizarlos aquí, los pósitos también entraron en una crisis irreversible. Dado que los pobres eran propagadores de enfermedades, la asistencia facultativa y farmacéutica proporcionada por los servicios municipales de beneficencia tenía un carácter más preventivo que curativo. Los liberales eligieron a la familia como marco idóneo para el tratamiento de los enfermos. La hospitalidad domiciliaria pretendía suplir las deficiencias de los hospitales, que carecían de las mínimas garantías higiénicas; por lo que eran, más bien, focos de contagio catalogados, incluso, de «antesalas de la muerte». La beneficencia municipal y las obras pías docentes proporcionaron, por su parte, una rudimentaria estructura docente para las clases menesterosas de las ciudades. Los municipios liberales mantuvieron la escuela-hospicio (las antiguas obras pías docentes) de los ilustrados como un instrumento para la redención de los marginados sociales y para la moralización de las clases populares.

En conclusión, los liberales se desentendieron de las cuestiones relacionadas con la seguridad social. La caridad había de ser una cuestión particular, no institucional. Pero había unos problemas de orden público y sanitario que debían de atenderse. Así que el Estado endosó estas funciones a los municipios y les transfirió las instituciones caritativas del Antiguo Régimen; pero los liberales dejaron sin recursos a estas instituciones y a los propios municipios, por lo que estas funciones fueron desatendidas. El Estado liberal se abstuvo de cualquier intervención en los seguros sociales; prevenir los riesgos era una cuestión de los propios trabajadores que debían de ahorrar y suscribir pólizas con las compañías aseguradoras; se limitaron a promover el ahorro popular (las cajas de ahorro) y a permitir las sociedades de socorros mutuos.[150] Aunque hubo cambios institucionales frente a los ilustrados, la metamorfosis de la beneficencia no fue muy llamativa; el cambio de orientación desde la beneficencia a los seguros sociales no se iniciaría en España hasta comienzos del siglo XX.

5.6. *La liquidación de las Reales Fábricas y la pervivencia de algunas empresas públicas*

Sobre la empresa pública existen bastantes trabajos recientes para esta época y, en general, muestran también una cierta continuidad en la política de los últimos ilustrados, aunque llevada a sus últimas conse-

150. Las principales aportaciones sobre la beneficencia corresponden a P. Carasa, *El sistema hospitalario español en el siglo XIX. De la asistencia benéfica al modelo sanitario actual*, Universidad de Valladolid, 1985; y *Crisis del Antiguo Régimen y acción social en Castilla*, Valladolid, Junta de Castilla y León, 1988 ; así como a E. Maza, *Pobreza y beneficencia en la España contemporánea (1808-1936*), Barcelona, Ariel, 1991. Para el avance de los socorros mutuos, véase S. Castillo, «Las sociedades de socorros mutuos en la España contemporánea», en S. Castillo, ed., *La Historia social en España. Actualidad y perspectivas*, 1994. Para las cajas de ahorros, véanse F. Comín, «Las Cajas de Ahorros en la España Contemporánea (1835-2000)», en F. Bono y E. Fernández Clemente, dirs., *Ibercaja, una aportación al desarrollo económico y social, 1876-2001*, Zaragoza, Ibercaja, 2001, pp. 29-50; J. F. Forniés, «Interpretación básica de la historia de las Cajas de Ahorros Españolas», *Papeles de Economía Española*, 46 (1991), pp. 39-51; A. P. Martínez Soto, «Las Cajas de Ahorros españolas en el siglo XIX: entre la beneficencia y la integración en el sistema financiero», *Revista de Historia Económica*, XVIII, 3 (2000), pp. 585-626; A. P. Martínez Soto y J. Cuevas, «El papel de las Cajas de Ahorros españolas en la captación del pequeño ahorro desde una perspectiva regional, 1876-1936», Ponencia presentada al *Congreso de la Asociación de Historia Económica*, 2001; y M. Titos, «La respuesta histórica de las Cajas de Ahorros a las demandas de la sociedad española», *Papeles de Economía Española*, 46 (1991), pp. 12-37. Para una síntesis, véase F. Comín, *Historia de la Hacienda pública..., op. cit.*

cuencias. La política de privatizaciones de los liberales se vio apoyada por las guerras del período y por la penuria de la Hacienda. En efecto, el declive de las Reales Fábricas venía ya de finales del siglo XVIII, cuando entre la influyente minoría ilustrada se había difundido una opinión hostil contra ellas, durante los últimos gobiernos de Carlos III y, sobre todo, en los de Carlos IV. Adicionalmente, las crecientes dificultades de la Real Hacienda cortaron las subvenciones a las Reales Fábricas, particularmente desde 1808; al carecer éstas de capacidad de autofinanciación, su actividad decayó e incluso se paralizó en algunas, porque no había dinero para comprar la materia prima ni para pagar a los trabajadores. Las guerras del primer tercio del siglo XIX y la revolución liberal acabaron con las manufacturas reales en España; las guerras, destruyendo las fábricas; los liberales, vendiéndolas o cerrándolas. Durante el Trienio Liberal, los gobiernos sólo cerraron la Real Fábrica de Paños de Guadalajara en 1822; pero en la década de 1830, las pocas que subsistían fueron vendidas o arrendadas a empresarios privados, como la de vidrios de San Ildefonso en 1833, o la de latón de Alcaraz en 1838; otras fueron abandonadas, como las fundiciones de artillería de La Cavada y Liérganes en 1835, ante la imposibilidad de encontrar compradores.

Los liberales eran contrarios a las empresas públicas, pero no prescindieron totalmente de ellas, lo que muestra, una vez más, que su pragmatismo se impuso a sus ideas y que la metamorfosis fue lenta e incompleta. Eso sí, siempre que pudieron, cedieron su explotación a los empresarios privados, como ya habían hecho los ilustrados con ciertas Reales Fábricas en el siglo XVIII. Subsistieron algunos establecimientos de la minería pública, de las industrias militares y de los monopolios fiscales. Por lo que se refiere a las minas del Estado, la quiebra del Antiguo Régimen impidió su administración directa y se retornó a los arrendamientos. Ambas formas de gestión se alternaron en los primeros tres cuartos del siglo XIX, porque las dos mostraban inconvenientes: el escaso capital y los fraudes de los arrendatarios, por un lado, y la pobreza del Estado, por otro, impedían explotar eficaz y rentablemente los establecimientos mineros. Esas dificultades prácticas acabaron llevando a la privatización bien de la propiedad, bien de la explotación, bien de la comercialización de los productos de las minas públicas, pero tan tarde como en el Sexenio democrático.

Las empresas públicas militares, por su parte, no sólo sobrevivieron a la revolución liberal, sino que se expandieron: en 1827 se creó la Pirotecnia Militar de Sevilla; en 1844 se ordenó el restablecimiento de Trubia. Los liberales acabaron cediendo a la iniciativa privada la elaboración de algunos productos estratégicos y bélicos, como los explosivos y los buques de guerra (del programa naval de Maura de 1908 salió la Sociedad Española de Construcción Naval). Los estancos ya no podían estar justificados por el objetivo recaudatorio; por ello, los liberales sólo mantuvieron algunos por razones estratégicas (el de la pólvora) y fiscales (como desincentivar los consumos nocivos: tabacos y loterías). Con todo, aunque desde 1808 los liberales consideraron nefasto el monopolio de la sal, no lo abolieron hasta 1869, por obra del «economista» Figuerola. El tabaco presentaba, según los liberales más moderados, unos rasgos que permitían mantenerlo como un monopolio estatal sin ocasionar grandes perjuicios a la economía nacional, pues no afectaba a los salarios ni a los beneficios. Aunque los progresistas estaban en contra, dejaron su abolición para cuando «estuvieran nivelados los presupuestos». Esto quiere decir que se mantuvo; no obstante, su gestión se arrendó a una compañía privada (la Compañía Arrendataria de Tabacos), en 1887, para maximizar los ingresos de la Hacienda.

No sólo se conservaron todas esas empresas públicas, sino que, con la revolución liberal y la industrialización, surgieron nuevas funciones del Estado para suministrar determinados bienes públicos, que requerían bien una participación directa de las empresas públicas, de ámbito ministerial o local, bien una regulación de esos sectores para que esos servicios públicos fuesen gestionados por empresas privadas. En unos casos se optó por las empresas públicas, como en los montes públicos y correos (prescindiendo de su carácter de renta fiscal, que había tenido durante el Antiguo Régimen, para convertirlos en un servicio público), a los que se añadieron los telégrafos; pero otros servicios públicos se cedieron en concesión a la iniciativa privada, como el caso de los ferrocarriles, o de los servicios municipales que requerían ciertas inversiones.[151]

151. Para las Reales Fábricas véase J. Helguera, «Las Reales Fábricas», en F. Comín y P. Martín Aceña, eds., *Historia de la empresa pública en España*, Madrid, Espasa-Calpe, 1991, pp. 51-87; y «Empresas y empresarios manufactureros en la España del siglo XVIII», en F. Comín y P. Martín Aceña, eds., *La empresa en la historia de España*, Madrid, Civitas, 1995, pp. 115-140. Para la empresa pública, F. Comín y P. Martín Aceña, eds., *Historia de la empresa pública...*, *op. cit.*; y F. Comín, *Historia de la Hacienda Pública...*, *op. cit.* Para la minería pública, R. Dobado, «La minería estatal española...», *op. cit.*; «Algunas consideraciones acerca del Estado...», *op. cit.* Para los monopolios fiscales, F. Comín, «Los monopolios fiscales», *op. cit.*; L. Alonso Álvarez, *Las tejedoras de humo...*, *op. cit.*; y F. Comín y P. Martín Aceña, *Historia de Tabacalera...*, *op. cit.* Para los canales, véase J. Helguera, *El Canal de Castilla,* Valladolid, Junta de Castilla y León. Para el monopolio de explosivos, G. Tortella (1987). Para la privatización de la gestión de los arsenales, véase A. Lozano, «De empresa pública a empresa privada: la gestión de los arsenales del Estado, 1870-1936», en F. Comín y P. Martín Aceña, *La empresa...*, *op. cit.* Para los montes públicos, J. I. Jiménez blanco, «Los montes de propiedad pública», en F. Comín y P. Martín Aceña, eds., *Historia de la empresa pública...*, *op. cit.*; y J. Sanz, «La historia contemporánea de los montes públicos españoles, 1812-1930. Notas y reflexiones», en R. Garrabou y J. Sanz, eds., *Historia agraria de la España contemporánea*, vol. 2: *Expansión y crisis (1850-1900),* Barcelona, Crítica, 1985, pp. 193-228. Para los sevicios municipales, F. Antolín, «Las em-

Conclusión

Las aportaciones de Fontana a la Historia de la Hacienda española han sido muchas y fundamentales. Las obras de otros autores han aumentado esos conocimientos sin alterar, en sus aspectos básicos, sus tesis, pero completándolas en aspectos, detalles, variables e instituciones apuntados por él, y ampliando el análisis a otros períodos. El avance de los estudios en este campo durante las tres últimas décadas ha sido más que notable. Pero quien piense que Fontana ya se da por satisfecho con los conocimientos actuales está muy equivocado. Recientemente nos decía que el período 1814-1845 es el que menos aportaciones ha recibido desde comienzos de los años setenta: es en «esta larga transición de la reforma imaginada a la real donde queda más trabajo por hacer, apoyándose en los nuevos materiales que van apareciendo». Esta afirmación es cierta también, desde luego, para el período anterior a 1814 y posterior a 1845. Así que, siguiendo el ejemplo de la perseverancia, el inconformismo y la actitud siempre crítica de Fontana, tendremos que seguir aplicándonos al estudio de la historia de la Hacienda. Quedan por analizar muchos aspectos y profundizar en otros. Dicho esto, no obstante, tengo que finalizar diciendo que los fundamentos de las interpretaciones generales de la Hacienda de este período ya fueron puestos por Fontana y han sido confirmados y completados por los trabajos ulteriores, como he tratado de mostrar en este trabajo. Y esto se lo tenemos que agradecer mucho; particularmente los que más nos hemos beneficiado de sus descubrimientos.

---

presas de servicios públicos municipales», en F. Comín y P. Martín Aceña, *Historia de la empresa pública..., op. cit.*; y G. Núñez, «Servicios urbanos colectivos en España durante la segunda industrialización», en F. Comín y P. Aceña, eds., *La empresa ..., op. cit.* Para los ferrocarriles, véase A. Gómez Mendoza, *Ferrocarril, industria y mercado en la modernización de España*, Madrid, Espasa-Calpe, 1989; y F. Comín, P. Martín Aceña, M. Muñoz y J. Vidal, *150 años de Historia de los ferrocarriles españoles*, Madrid, Fundación de los Ferrocarriles Españoles y Anaya, 1998.

BIBLIOGRAFÍA

Agirreazkuenaga, J., *Vizcaya en el siglo XIX: Las finanzas públicas de un Estado emergente*, Bilbao, Universidad del País Vasco, 1987.

Almenar, S., «El desarrollo del pensamiento económico clásico en España», en E. Fuentes Quintana, dir., *Economía y economistas españoles*, vol. 4: *La economía clásica*, Barcelona, Galaxia Gutenberg y Círculo de Lectores, 2000, pp. 7-92.

—, «Álvaro Flórez Estrada y la economía política clásica», en E. Fuentes Quintana, dir., *Economía y economistas españoles,* vol. 4: *La economía clásica*, Barcelona, Galaxia Gutenberg y Círculo de Lectores, 2000, pp. 369-411.

Alonso Álvarez, L., «Notas sobre el contrabando de tabaco en España, 1800-1935», *Hacienda Pública Española*, 1 (1994), pp. 231-251.

—, *Las tejedoras de humo. Historia de la fábrica de tabacos de A Coruña*, Madrid, Fundación Tabacalera, 2001.

—, «Sobre la naturaleza de la fiscalidad imperial en las Islas Filipinas, 1565-1804: lugares comunes y evidencias empíricas», en E. Sánchez, L. Jáuregui y A. Ibarra, eds., *Finanzas y política en el mundo iberoamericano. Del Antiguo Régimen a las Naciones independientes*, 1745-1850, México, UNAM, 2001, pp. 77-114.

Alonso Olea, E., *El Concierto Económico (1878-1937). Orígenes y formación de un Derecho histórico*, Instituto Vasco de Administración Pública, 1993.

Álvarez Pantoja, M. J., «La Hacienda municipal sevillana en el Trienio Liberal», *Hacienda Pública Española*, 55 (1978), pp. 25-96.

Anes, G., «La economía española en el siglo XVIII», en E. Fuentes Quintana, *Economía y economistas españoles*, vol. 3: *La Ilustración*, Barcelona, Galaxia Gutenberg y Círculo de Lectores, 2000, pp. 91-173.

Anes, R., «De las ideas de Jovellanos sobre la economía y la actividad económica», en E. Fuentes Quintana, dir., *Economía y economistas españoles*, vol. 3: *La Ilustración,* Barcelona, Galaxia Gutenberg y Círculo de Lectores, 2000, pp. 315-330.

Antolín, F., «Las empresas de servicios públicos municipales», en F. Comín y P. Martín Aceña, dirs., *Historia de la empresa pública en España*, Madrid, Espasa-Calpe, 1991.

Artola, M., dir., *Los Ferrocarriles en España, 1844-1943*, Madrid, Banco de España, 1978.

—, *La Hacienda del Antiguo Régimen*, Madrid, Alianza, 1982.

—, *La Hacienda del siglo XIX. Progresistas y moderados*, Madrid, Alianza, 1986.

—, «Epílogo. Ramón Santillán (1791-1863)», en R. Santillán, *Memorias (1808-1856)*, Madrid, Tecnos y Banco de España, 1996, pp. 465-498.

—, «Los orígenes de la contribución sobre la renta: de Ensenada a Mon», en J.

de la Torre y M. García-Zúñiga, eds., *Hacienda y crecimiento económico. La reforma de Mon, 150 años después*, Madrid, Marcial Pons, 1998, pp. 99-108.

—, y L. M. Bilbao, eds., *Estudios de Hacienda: de Ensenada a Mon*, Madrid, Instituto de Estudios Fiscales, Monografía, 31, 1984.

—, y J. Martín Niño, «La Hacienda», en *Enciclopedia de Historia de España*, Madrid, Alianza, 1988, vol. 2, pp. 165-238.

Barbier, J. A., «Peninsular Finance and Colonial Trade: The Dilemma of Carlos IV's Spain», *Journal of Latin American Studies*, 12, 1 (1980), pp. 21-37.

—, y H. S. Klein, «Las prioridades de un Monarca ilustrado: El gasto público bajo el reinado de Carlos III», *Revista de Historia Económica*, 3 (1985), pp. 473-495.

Bauzon, L., *Deficit Government, México and the Philippine Situado, 1606-1804*, Tokio, The Centre for East Asian Cultural Studies, 1981.

Beltrán, M., *Ideologías y gasto público en España (1814-1860)*, Madrid, Instituto de Estudios Fiscales, 1977.

Bernal, A. M., «Haciendas locales y tierras de propios: funcionalidad económica de los patrimonios municipales (siglos XVI a XIX)», *Hacienda Pública Española*, 55 (1978), pp. 285-312.

Bilbao, L. M., «Haciendas Forales y Hacienda de la Monarquía: el caso vasco (siglos XIV-XVIII)», *Hacienda Pública Española*, 1 (1991), pp. 43-58.

Brines, J., «Desamortización y Deuda Pública, una doble especulación: el caso valenciano», en F. Tomás y Valiente, ed., *Desamortización y Hacienda Pública*, Madrid, Ministerio de Agricultura e Instituto de Estudios Fiscales, 1986, vol. II, pp. 605-614.

Callahan, W., *Church, Politics and Society in Spain, 1750-1874*, Cambridge, Massachusetts, Harvard University Press, 1984.

Canales, E., «Diezmos y revolución burguesa en España», en A. García Sanz y R. Garrabou, eds., *Historia agraria de la España contemporánea*, vol. I: *Conclusión social y nuevas formas de propiedad (1800-1850)*, Barcelona, Crítica, 1985.

Carasa, P., *El sistema hospitalario español en el siglo XIX. De la asistencia benéfica al modelo sanitario actual*, Universidad de Valladolid, 1985.

—, *Crisis del Antiguo Régimen y acción social en Castilla*, Valladolid, Junta de Castilla y León, 1988.

—, «Metodología del estudio del pauperismo en el contexto de la revolución burguesa española», en S. Castillo, ed., *La historia social en España. Actualidad y perspectivas*, Madrid, 1991.

Casas i Roca, J., «Ayuntamientos y Hacienda Central (1802-1868). Marco jurídico y referencias a un caso concreto (San Cugat del Vallés)», *Hacienda Pública Española*, 1 (1994), pp. 115-122.

Castillo, S., ed., *La Historia social en España. Actualidad y perspectivas*, Madrid, 1991.

—, «Las sociedades de socorros mutuos en la España contemporánea», en S. Castillo, ed., *La historia social en España. Actualidad y perspectivas*, Madrid, 1994.

—, ed., *Solidaridad desde abajo*, Madrid, Centro de Estudios Históricos y Confederación Nacional de Mutualidades de Previsión, 1994.

Castro, C. de, *La Revolución Liberal y los municipios españoles, 1812-1868*, Madrid, Alianza, 1979.

Comín, F., *Hacienda y Economía en la España contemporánea (1800-1936)*, Madrid, Instituto de Estudios Fiscales, 1988.

—, *Las cuentas de la Hacienda preliberal en España (1801-1855)*, Madrid, Banco de España, 1990.

—, «Presentación», en E. Fuentes Quintana, *Las reformas tributarias en España. Teoría, historia y propuestas*, Barcelona, Crítica, 1990, pp. VII-XXXIX.

—, «Martín de Garay: una reforma tributaria posibilista», en *Actas de las II Jornadas de Historia del Pensamiento Económico Español*, Universidad de Zaragoza, 1991.

—, «Raíces históricas del fraude fiscal en España», *Hacienda Pública Española*, 1 (1991), pp. 191-206.

—, «Los monopolios fiscales», en F. Comín y P. Martín Aceña, eds., *Historia de la empresa pública en España*, Madrid, Espasa-Calpe, 1991, pp. 139-175.

—, «Public Finance in Spain during the 19th and 20th Centuries», en F. Martín Aceña y Simpson, eds., 1995, pp. 521-560.

—, *Historia del Sector Público. I. Europa*, Barcelona, Crítica, 1996.

—, *Historia de la Hacienda pública, II. España (1808-1995)*, Barcelona, Crítica, 1996.

—, «La empresa pública en la España contemporánea: formas históricas de organización y gestión», en F. Comín y P. Martín Aceña, eds., *La empresa en la historia de España*, Madrid, Civitas, 1996.

—, «Los ministros: el elemento humano de la Hacienda española (1798-1997)», en *La Hacienda en sus ministros. Franquismo y democracia*, Zaragoza, Prensas Universitarias de Zaragoza, 1997.

—, «Canga Argüelles: un planteamiento realista de la Hacienda liberal», en E. Fuentes Quintana, dir., *Economía y economistas españoles*, vol. 3: *La ilustración*, Barcelona, Galaxia Gutemberg y Círculo de Lectores, 2000, pp. 413-439.

—, «Las Cajas de Ahorros en la España Contemporánea (1835-2000), en F. Bono y E. Fernández Clemente, dirs., *Ibercaja, una aportación al desarrollo económico y social, 1876-2001*, Zaragoza, Ibercaja, 2001, pp. 29- 50.

—, «Los economistas clásicos y los políticos liberales ante los problemas de la economía española (1808-1874)», en E. Fuentes Quintana, dir., (2002b) pp. 621-703.

—, y P. Martín Aceña, dirs., *Historia de la empresa pública en España*, Madrid, Espasa-Calpe, 1991.

—, y P. Martín Aceña, eds., *La empresa en la historia de España*, Madrid, Civitas, 1996.

—, y P. Martín Aceña, *Historia de Tabacalera y del estanco del tabaco*, Madrid, Tabapres, 1999.

—, P. Martín Aceña, M. Muñoz y J. Vidal, *150 años de Historia de los ferrocarriles españoles*, Madrid, Fundación de los Ferrocarriles Españoles y Anaya, 1998.

—, y M. Martorell, «Laureano Figueroa y el nacimiento de la peseta como unidad monetaria», en *Papeles y Memorias de la Real Academia de Ciencias Morales y Políticas,* n.º XI, 2003, pp. 32-59.

—, y R. Vallejo, «La reforma fiscal de Mon-Santillán desde una perspectiva histórica», en *Hacienda Pública Española*, 1 (1996), pp. 7-20.

—, y R. Vallejo, «El presupuesto de 1845», Madrid, Instituto de Estudios Fiscales, 2002a.

—, y R. Vallejo, *Alejandro Mon y Menéndez (1801-1882). Pensamiento y reforma de la Hacienda*, Madrid, Instituto de Estudios Fiscales, 2002b.

—, y R. Vallejo, «A propósito de Fabián Estapé y Josep Fontana: los estudios sobre la reforma tributaria de 1845», *Cuadernos de Información Económica*, 167 (2002c), pp. 225-232.

—, J. L. Pan-Montojo, J. Pro, R. Vallejo y J. Zafra, *La práctica fiscal en la España contemporánea*, Memoria al Instituto de Estudios Fiscales, 1995.

Costas Comesaña, A., *Apogeo del liberalismo en «La Gloriosa». La reforma económica en el Sexenio liberal (1868-1874)*, Madrid, Siglo XXI, 1988.

Cuenca, J., «Ingresos netos del Estado español (1788-1820)», *Hacienda Pública Española*, 69 (1981), pp. 183-208.

—, «Comercio y Hacienda en la caída del Imperio español, 1778-1826», en J. Fontana, ed., *La economía española al final del Antiguo Régimen*, vol. 3: *Comercio y colonias*, Madrid, Alianza y Banco de España, 1982, pp. 389-450.

De la Torre, J., «Endeudamiento municipal en Navarra durante la crisis del Antiguo Régimen (1808-1820)», *Estudios de Historia Social*, 34-35 (1985), pp. 83-196.

—, *Los campesinos navarros ante la guerra napoleónica. Financiación bélica y desamortización civil*, Madrid, Ministerio de Agricultura, Pesca y Alimentación, 1991.

—, «El fraude en la transición a una nueva fiscalidad: Navarra, 1808-1811», *Hacienda Pública Española*, 1 (1994), pp. 89-100.

—, y M. García-Zúñiga, eds., *Hacienda y crecimiento económico. La reforma de Mon, 150 años después*, Madrid, Marcial Pons, 1998.

Delgado, J. M. (1987), «Política fiscal i assignació de recursos en la Monarquia borbònica», *Manuscrits*, 4-5 (1987), pp. 25-40.

Del Moral, J., *Gasto Público y expansión económica en España, 1845-1865*, Madrid, Instituto de Estudios Fiscales, 1979.

Del Moral Ruiz, J., *Hacienda central y Haciendas locales en España, 1845-1905*, Madrid, Instituto de Estudios de Administración Local, 1984.

Del Río, R., *Revolución liberal, expolios y desastres de la primera guerra carlista en Navarra y en el frente norte*, Pamplona, Gobierno de Navarra, 2000.

Dobado, R., «La minería estatal española, 1748-1873», en F. Comín y P. Martín

Aceña, eds., *Historia de la empresa pública en España*, Madrid, Espasa-Calpe, 1991, pp. 89-137.

—, «Algunas consideraciones acerca del Estado y la minería en España», *Hacienda Pública Española*, 1 (1994), pp. 177-188.

—, y G. Marrero, «Minería, crecimiento económico y costes de la independencia de México», *Revista de Historia Económica*, 3 (2001), pp. 573-612.

Domínguez, R., «Crecimiento económico, crisis del Antiguo Régimen y haciendas locales. La hacienda municipal de Santander, 1754-1808», en *Fiscalitat Estatal i hisenda local (ss. XVI-XIX)*, Barcelona, Institut d'Estudis Baleàrics, 1988, pp. 268-273.

Donézar, J., «Las irregularidades en la desamortización del siglo XIX», *Hacienda Pública Española*, 1 (1994), pp. 167-176.

Fernández Clemente, E., «Martín de Garay: la primera reforma fiscal española», *Cuadernos Aragoneses de Economía*, 6 (1982), pp. 179-189.

Fernández de Pinedo, E., «Coyuntura y Política Económica», en M. Tuñón de Lara, ed., *Centralismo, Ilustración y Agonía del Antiguo Régimen (1715-1833)*, Barcelona, Labor, 1980, pp. 11-173.

—, «Los ingresos de la Hacienda Real en Cataluña (1717-1779)», en M. Artola y L. M. Bilbao, eds., *Estudios de Hacienda: de Ensenada a Mon*, Madrid, Instituto de Estudios Fiscales, Monografía, 31, 1984, pp. 193-216.

—, «Haciendas forales y revolución burguesa: las Haciendas vascas en la primera mitad del siglo XIX», *Hacienda Pública Española*, 108-109 (1987), pp. 197-220.

—, ed., *Haciendas forales y Hacienda Real*, Bilbao, Universidad del País Vasco, 1990.

—, «Gasto público y reformas fiscales: las Haciendas Forales Vascas», *Hacienda Pública Española*, 1 (1991), pp. 93-100.

Fernández González, A., «Las estrategias antifiscales en las sociedades tradicionales. Galicia, 1700-1840», *Hacienda Pública Española*, 1 (1994), pp. 123-134.

—, «La supresión del diezmo y el establecimiento de la contribución territorial. La fiscalidad agraria directa en la España del siglo XIX», *Hacienda Pública Española*, 1 (1996), pp. 41-52.

Flores Caballero, M., *Río Tinto: la fiebre minera del XIX*, Huelva, Instituto de Estudios Onubenses, 1983.

Fonseca, P., *Un hacendista asturiano: José Canga Argüelles*, Oviedo, Real Instituto de Estudios Asturianos, 1995.

Fontana, J., «El "Censo de frutos y manufacturas" de 1799: un análisis crítico», *Moneda y Crédito*, 101 (1967).

—, *La quiebra de la monarquía absoluta*, Barcelona, Ariel, 1971 (reedición en Crítica, 2002).

—, «La supervivencia del mito de la única contribución», *Hacienda Pública Española*, 17 (1972), pp. 111-119.

—, *Hacienda y Estado en la crisis final del Antiguo Régimen español, 1823-1833*, Madrid, Instituto de Estudios Fiscales, 1973 (reedición en 2001).

—, «Selección de textos para la Historia de la Hacienda española del siglo XIX», *Hacienda Pública Española*, 27 (1974).

—, «José López Juana Pinilla, una gran figura de la Hacienda española del siglo XIX», *Hacienda Pública Española*, 38 (1976), pp. 93-100.

—, *La Revolución Liberal (Política y Hacienda, 1833-1845)*, Madrid, Instituto de Estudios Fiscales, 1977 (reedición en 2001).

—, *La crisis del Antiguo Régimen, 1808-1833*, Barcelona, Crítica, 1979.

—, *La Hacienda en la Historia de España (1700-1931)*, Madrid, Instituto de Estudios Fiscales, 1980.

—, «La financiación de la Guerra de la Independencia», *Hacienda Pública Española*, 69 (1981), pp. 209-217.

—, ed., *La economía española al final del Antiguo Régimen*, vol. 3: *Comercio y colonias*, Madrid, Alianza y Banco de España, 1982.

—, «La crisis del Antiguo Régimen», *Papeles de Economía Española*, 20 (1984), pp. 49-61.

—, «La desamortización de Mendizábal y sus antecedentes», en A. García Sanz y R. Garrabou, eds., *Historia agraria de la España contemporánea*, vol. I: *Cambio social y nuevas formas de propiedad (1800-1850)*, Barcelona, Crítica, 1985a, pp. 219-244.

—, «La Deuda pública en España, 1750-1850», 1985b (inédito).

—, *Guerra y Hacienda: la Hacienda del Gobierno central en los años de la Guerra de la Independencia*, en colaboración con Ramón Garrabou, Alicante, Instituto Juan Gil-Albert, 1986.

—, «El alimento del Estado: Política y Hacienda en el "despotismo ilustrado"», *Hacienda Pública Española*, 108-109 (1987), pp. 157-168.

—, «En torno al comercio libre», en A. M. Bernal, coord., *El comercio libre entre España y América latina, 1765-1824*, Madrid, Fundación Banco Exterior, 1987.

—, «Deuda pública, evolución de la Hacienda y crecimiento económico», *Hacienda Pública Española*, 101-106 (1991a).

—, «La crisis colonial en la crisis del Antiguo Régimen español», en H. Bonilla, ed., *El sistema colonial en la América española*, Barcelona, Crítica, 1991b.

—, «Las reglas del juego. Algunas reflexiones históricas sobre la corrupción», *Hacienda Pública Española*, 1 (1994), pp. 25-30.

—, «López Ballesteros y la reforma de la Hacienda: algunas reconsideraciones», *Hacienda Pública Española*, 2 (1994), pp. 57-61.

—, «Introducción» a Ramón Santillán, *Memoria histórica de las reformas hechas en el sistema general de impuestos de España (1888)*, (reedición de Fundación FIES, Madrid), 1997, pp. 5-18.

—, «José López Juana Pinilla», en E. Fuentes Quintana, dir., 2000, pp. 706-711.

—, «Prólogo» a la reedición de *Hacienda y Estado, 1823-1833*, Madrid, Instituto de Estudios Fiscales, 2001, pp. 9-15.

—, «Prólogo» a la reedición de *La revolución liberal. Política y Hacienda, 1833-1845*, Madrid, Instituto de Estudios Fiscales, 2001, pp. 9-14.

—, «Del Antiguo Régimen a las Naciones independientes», en E. Sánchez, L. Jáuregui, y A. Ibarra, eds., *Finanzas y política en el mundo iberoamericano. Del Antiguo Régimen a las Naciones independientes, 1745-1850*, México, UNAM, 2001, pp. 255-260.
—, «La quiebra del Imperio español, 1700-1824», «Introducción general» a la reedición de *La quiebra de la monarquía absoluta*, Barcelona, Crítica, 2002, pp. 11-46.
—, «La Hacienda pública en el siglo XIX», en vías de publicación de *Papeles de Economía Española*, 2002.
—, y R. Garrabou, *Guerra y Hacienda. La Hacienda del Gobierno central en los años de la Guerra de la Independencia*, Alicante, Instituto Juan Gil-Albert, 1986.
—, y J. Nadal, «España, 1914-1970», en C. M. Cipolla, ed., *Historia Económica de Europa*, vol. 6: *Economías Contemporáneas*, Barcelona, Ariel, 1980, pp. 95-163.
Forcadell, C., «Presión Tributaria y agravios fiscales en Aragón, 1808-1845», en *Tres estudios de Historia Económica de Aragón*, Universidad de Zaragoza, 1982.
—, «El sistema fiscal aragonés: de la única contribución a los desajustes y agravios tributarios tras la guerra de la Independencia», en M. Artola y L. Bilbao, eds., *Estudios de Hacienda: De Ensenada a Mon*, Madrid, Instituto de Estudios Fiscales, Monografía, 31, 1984, pp. 231-249.
Forniés, J. F., «Interpretación básica de la historia de las Cajas de Ahorros Españolas», *Papeles de Economía Española*, 46 (1991), pp. 39-51.
Fradera, J. M., «El estanco del tabaco y la reforma de la Hacienda filipina, 1760-1860», *Hacienda Pública Española*, 1 (1996), pp. 85-98.
—, *Filipinas, la colonia más peculiar. La Hacienda pública en la definición de la política colonial*, 1762-1868, Madrid, Consejo Superior de Investigaciones Científicas, 1999.
—, «La Hacienda pública en Filipinas y las Antillas y la transformación del sistema colonial español, 1782-1868», 2002 (en prensa).
Fuentes Quintana, E., *Las reformas tributarias en España. Teoría, historia y propuestas*, Barcelona, Crítica, 1990.
—, dir., *Economía y economistas españoles*, vol. 3: *La Ilustración*, Barcelona, Galaxia Gutenberg y Círculo de Lectores, 2000a.
—, dir., *Economía y economistas españoles*, vol. 4: *La Economía clásica*, Barcelona, Galaxia Gutenberg y Círculo de Lectores, 2000b.
—, «Una aproximación al pensamiento económico de Jovellanos a través de las funciones del Estado», en Fuentes Quintana, 2002a, dir., 331-419.
García García, C., «Desarrollo y liquidación de la deuda censual: el caso de la ciudad de Valladolid (1780-1877)», en B. Yun Casalilla, ed., *Estudios sobre capitalismo agrario, crédito e industria en Castilla (siglos XIX y XX)*, Valladolid, 1991.
—, *La crisis de las Haciendas locales: de la reforma administrativa a la reforma fiscal (1743-1845)*, Valladolid, Junta de Castilla y León, 1996.

—, y F. Comín, «Reforma liberal, centralismo y Haciendas municipales en el siglo XIX», *Hacienda Pública Española*, 133 (1995), pp. 81-106.

García Sanz, A., «La agonía de la Mesta y el hundimiento de las exportaciones laneras: un capítulo de la crisis económica del Antiguo Régimen en España», *Agricultura y Sociedad*, 6 (1978) (reeditado en García Sanz y Garrabou, eds., *Historia agraria de la España contemporánea*, vol. I: *Cambio social y nuevas formas de propiedad (1800-1850)*, Barcelona, Crítica, 1985, pp. 174-216).

—, «Introducción. Crisis de la agricultura tradicional y revolución liberal (1800-1850)», en A. García Sanz y R. Garrabou, eds., *Historia agraria de la España contemporánea*, vol. I: *Cambio social y nuevas formas de propiedad (1800-1850)*, Barcelona, Crítica, 1985, pp. 7-99.

—, y R. Garrabou, eds., *Historia agraria de la España contemporánea*, vol. I: *Cambio social y nuevas formas de propiedad (1800-1850)*, Barcelona, Crítica, 1985.

García Zúñiga, M., «Comercio y contrabando en Navarra durante el feudalismo desarrollado», *Hacienda Pública Española*, 1 (1994), pp. 79-88.

—, I. Mugartegui y J. de la Torre, «Evolución de la carga tributaria en la España del setecientos», *Hacienda Pública Española*, 1 (1991), pp. 93-100.

García-Cuenca, T., «El sistema impositivo y las rentas generales o de aduanas en España en el siglo XVIII», *Hacienda Pública Española*, 1 (1991), pp. 59-74.

Garrabou, R., y J. Sanz, eds., *Historia agraria de la España contemporánea*, vol. 2: *Expansión y crisis (1850-1900)*, Barcelona, Crítica, 1985.

Gómez Mendoza, A., *Ferrocarril, industria y mercado en la modernización de España*, Madrid, Espasa-Calpe, 1989.

González de Molina, M., *Desamortización, deuda pública y crecimiento económico. Andalucía, 1820-1823*, Madrid, Instituto de Estudios Fiscales, 1985.

González López, E., *Luis López Ballesteros (1752-1853). Ministro de Hacienda de Fernando VII*, La Coruña, Fundación Barrié de la Maza, 1987.

Gonzalo González, L., *El Tesoro Público y la Caja General de Depósitos, 1852-1868*, Madrid, Instituto de Estudios Fiscales, 1981.

Gunther, R., *Public Policy in a No-Party State. Spanish Planning and Budgeting in the Twilight of the Franquist Era*, Berkeley, University of California Press, 1980.

Gutiérrez Bringas, M. A., «Los Cuadernos Generales de Riqueza (1818-1820: la localización de una fuente histórica en España», *Noticiario de Historia Agraria*, 7 (1994), pp. 155-179.

—, «La Estadística del Reino de Martín de Garay en la provincia de Ávila, 1818-1820», *Cuadernos Abulenses*, 24 (1995), pp. 11-42.

Helguera, J., *El Canal de Castilla*, Valladolid, Junta de Castilla y León, 1988.

—, «Las Reales fábricas», en F., Comín, y P. Martín Aceña, eds., *Historia de la empresa pública en España*, Madrid, Espasa-Calpe, 1991, pp. 51-87.

—, «Empresas y empresarios manufactureros en la España del siglo XVIII», en F.

Comín y P. Martín Aceña, eds., *La empresa en la historia de España*, Madrid, Civitas, 1995, pp. 115-140.

Hernández Andreu, J., «Reformismo tributario ilustrado: Floridablanca, Vicente Alcalá Galiano y los Frutos Civiles», en E. Fuentes Quintana, dir., (2000a), 569-576.

Herr, R., «El experimento de los vales reales (1780-1808)», en A. Otazu, ed., *Dinero y crédito (siglos XIV a XIX)*, Madrid, Moneda y Crédito, 1978, pp. 115-124.

—, *Rural Change and Royal Finances in Spain at the end of the Old Regime,* Berkeley, University of California Press, 1989.

Jáuregui, L., *La Real Hacienda de Nueva España. Su administración de la época de los Intendentes (1786-1821)*, México, UNAM, 1999.

—, «Del intendente al comisario: la herencia novohispana en la administración fiscal mexicana», en E. Sánchez, L. Jáuregui, y A. Ibarra, eds., *Finanzas y política en el mundo iberoamericano. Del Antiguo Régimen a las Naciones independientes, 1745-1850*, México, UNAM, 2001, pp. 223-255.

—, y J. A. Serrano, coords., *Las finanzas públicas en los siglos XVIII-XIX*, México, Instituto Mora, 1998.

Jiménez Blanco, J. I., «Los montes de propiedad pública», en F. Comín y P. Martín Aceña, eds., *Historia de la empresa pública en España*, Madrid, Espasa-Calpe, 1991, pp. 241-281.

Klein, H., «Recent Trends in the Study of Spanish American Colonial Public Finance», *Latin American Research Review*, 23, 1 (1988), pp. 35-62.

—, «Historia fiscal colonial. Resultados y perspectivas», *Historia Mexicana*, 2 (1992), pp. 261-308.

—, *Las finanzas americanas del Imperio español, 1690-1809*, México, Instituto Mora y UNAM, 1995.

Klein, H. S., *The American Finances of the Spanish Empire. Royal Incomes and Expenditures in Colonial Mexico, Peru and Bolivia, 1680-1809*, Alburquerque, University of New Mexico Press, 1998.

—, «Un comentario sobre sistemas y estructuras fiscales, el imperio español», en E. Sánchez, L. Jáuregui, y A. Ibarra, eds., *Finanzas y política en el mundo iberoamericano. Del Antiguo Régimen a las Naciones independientes, 1745-1850*, México, UNAM, 2001, pp. 139-142.

La Parra, E., «Guerra y caos fiscal en una ciudad no conquistada, Alicante, 1808-1813», en *Les Espagnols et Napoleon. Etudes Hispaniques,* 7 (1984), pp. 387-420.

Llombart, V., «La política económica de Carlos III. ¿Fiscalismo, cosmética o estímulo al crecimiento?», *Revista de Historia Económica*, 1 (1994), pp. 11-42.

—, «El pensamiento económico de la Ilustración en España (1730-1812)», en E. Fuentes Quintana, dir., *Economía y economistas españoles*, vol. 3: *La ilustración*, Barcelona, Galaxia Gutemberg y Círculo de Lectores, 2000, pp. 7-88.

Llopis, E., «La crisis del Antiguo Régimen y la Revolución liberal (1790-1840)», en F. Comín, M. Hernández y E. Llopis, eds., *Historia Económica de España, siglos X-XX*, Barcelona, Crítica, 2002, pp. 165-202.

Lluch, E., «El cameralismo en España», en E. Fuentes Quintana, dir., *Economía y economistas españoles*, vol. 3: *La ilustración*, Barcelona, Galaxia Gutemberg y Círculo de Lectores, 2000, pp. 721-728.

López Castellano, F., *Liberalismo económico y reforma fiscal. La contribución directa de 1813*, Granada, Universidad de Granada, 1995.

—, *El pensamiento hacendístico liberal en las Cortes de Cádiz*, Madrid, Instituto de Estudios Fiscales, 1999.

—, «Estudio preliminar. La Contribución directa en las Cortes de Cádiz. Ideas, análisis económico y realizaciones», en R. Martínez de Montaos y otros, *El pensamiento hacendístico liberal en las Cortes de Cádiz*, Madrid, Instituto de Estudios Fiscales, 1999, pp. IX-CCIV.

—, «Estudio introductorio» a la reedición de José Duaso y Lastre, *Vicios de la Contribución directa decretada por las Cortes extraordinarias en septiembre de 1813*, Zaragoza, Institución Fernando el Católico, 2001, pp. VII-LXXIII.

Lozano, A., «De empresa pública a empresa privada: la gestión de los arsenales del Estado, 1870-1936», en Comín y P. Martín Aceña, eds., *La empresa en la historia de España*, Madrid, Civitas, 1996, pp. 369-382.

Macías, A., «Canarias, 1800-1870: Fiscalidad y revolución burguesa», *Hacienda Pública Española*, 108-109 (1987), pp. 327-342.

Malamud, C., «La percepción de Rentas de Indias a finales del Antiguo Régimen: La Comisión de Reemplazos», Memoria al Instituto de Estudios Fiscales, 1985 (inédito).

Marichal, C., «Beneficios y costes fiscales del colonialismo. Las remesas americanas a España, 1760-1914», *Revista de Historia Económica*, 3 (1997), pp. 475-505.

—, *La bancarrota del virreinato. Nueva España y las finanzas del Imperio Español, 1780-1810*, México, Fondo de Cultura Económica y Colegio de México, 1999.

—, «Beneficios y costos fiscales del colonialismo: las remesas americanas a España, 1760-1814», en E. Sánchez, L. Jáuregui y A. Ibarra, eds., *Finanzas y política en el mundo iberoamericano. Del Antiguo Régimen a las Naciones independientes, 1745-1850*, México, UNAM, 2001, pp. 29-62.

—, y M. Souto, «Silver and Situados: New Spain and the Financing of the Spanish Empire in the Caribbean in the Eighteenth Century», *Hispanic American Historical Review*, 4 (1994), pp. 587-613.

Martín Niño, J., «La abolición del Diezmo y el sistema tributario de 1845», en M. Artola y L. M. Bilbao, eds., *Estudios de Hacienda: de Ensenada a Mon*, Madrid, Instituto de Estudios Fiscales, Monografía, 31, 1984, pp. 373-386.

Martínez Soto, A. P., «Las Cajas de Ahorros españolas en el siglo XIX: entre la beneficencia y la integración en el sistema financiero», *Revista de Historia Económica*, XVIII, 3 (2000), pp. 585-625.

—, A. P., y J. Cuevas, «El papel de las Cajas de Ahorros españolas en la captación del pequeño ahorro desde una perspectiva regional, 1876-1936», Ponencia presentada al *Congreso de la Asociación de Historia Económica*, 2001.

Martorell, M., *El santo temor al déficit. Política y Hacienda en la Restauración*, Madrid, Alianza, 2000.

Maza, E., *Pobreza y beneficencia en la España contemporánea (1808-1936)*, Barcelona, Ariel, 1991.

Merino, J. P., «La Hacienda de Carlos IV», *Hacienda Pública Española*, 69 (1981), pp. 139-182.

—, *Las cuentas de la Administración central española, 1750-1820*, Madrid, Instituto de Estudios Fiscales, 1987.

Moral, J. del, *Gasto Público y expansión económica en España, 1845-1865*, Madrid, Instituto de Estudios Fiscales, 1979.

—, *Hacienda central y haciendas locales en España, 1845-1905*, Madrid, Instituto de Estudios de Administración Local, 1984.

Mugartegui, I., *Hacienda y fiscalidad en Guipúzcoa durante el Antiguo Régimen, 1700-1814*, San Sebastián, Fundación Cultural Caja de Guipúzcoa, 1990.

—, *Estado, Provincia y Municipio. Estructura y Coyuntura de las Haciendas municipales vascas. Una visión a largo plazo (1580-1900)*, Instituto Vasco de Administración Pública, 1993.

Muñoz Dueñas, M. D., «Diezmos de la Hacienda Real. La administración de exentos en Córdoba (1796-1820)», en M. Artola y L. M. Bilbao, eds., *Estudios de Hacienda: de Ensenada a Mon*, Madrid, Instituto de Estudios Fiscales, Monografía, 31, 1984, pp. 421-440.

—, «Las resistencias al diezmo», *Hacienda Pública Española*, 1 (1994), pp. 55-166.

Newland, C., y M. Cuesta, «La presión impositiva en el espacio Peruano, 1691-1790», trabajo inédito.

Núñez, G., «Servicios urbanos colectivos en España durante la segunda industrialización», en F. Comín y P. Martín Aceña, eds., *La empresa en la historia de España*, Madrid, Civitas, 1996, pp. 399-420.

O'Brien, P. H., y P. A. Hunt, «The Rise of a Fiscal State in England, 1485-1815», *Historical Research*, 66, 160 (1993), pp. 126-176.

Otaegui, A., *Guerra y crisis de la hacienda local. Las ventas de bienes comunales y de propios en Guipúzcoa, 1764-1814*, San Sebastián, Diputación, 1991.

Otazu, A., ed., *Dinero y crédito (siglos XVI a XIX)*, Madrid, Moneda y Crédito, 1978.

Pan-Montojo, J. L., «Lógica legal y lógica social de la contribución de consumos y los derechos de puertas», *Hacienda Pública Española*, 1 (1994), pp. 217-230.

—, «La imposición indirecta en el sistema tributario de Mon-Santillán», en F. Comín y R. Vallejo, eds., «La reforma fiscal de Mon-Santillán desde una perspectiva histórica», en *Hacienda Pública Española*, 1 (1996), pp. 101-118.

Pascual, P., *Curas y frailes guerrilleros en la guerra de la Independencia*, Zaragoza, Institución Fernando el Católico, 2000.

—, y C. Sudrià, «El difícil arranque de la industrialización, 1840-1880», en F. Comín, M. Hernández y E. Llopis, eds., *Historia Económica de España, siglos X-XX*, Barcelona, Crítica, 2002, pp. 203-241.

Peña González, P., *La salud y la enfermedad en Huelva en el siglo XIX (1800-1880)*, Diputación Provincial de Huelva, 1993.

Pérez Herrero, P., «El México borbónico: ¿un éxito fracasado?», en J. Vázquez, ed., *Interpretaciones del siglo XVIII mexicano*, México, Nueva Imagen, 1992.

Pérez Picazo, M. T., «La Contribución Territorial. Propiedad y fraude fiscal», en J. de la Torre y M. García-Zúñiga, eds., *Hacienda y crecimiento económico. La reforma de Mon, 150 años después*, Madrid, Marcial Pons, 1998, pp. 119-141.

Pieper, R., «Contiendas imperiales y política fiscal: España y Gran Bretaña en el siglo XVIII», en E. Sánchez, L. Jáuregui, y A. Ibarra, eds., *Finanzas y política en el mundo iberoamericano. Del Antiguo Régimen a las Naciones independientes, 1745-1850*, México, UNAM, 2001, pp. 63-76.

Prados de la Escosura, L., «Comercio exterior y cambio económico en España, (1792-1849)», en J. Fontana, ed., *La economía española al final del Antiguo Régimen*, vol. 3: *Comercio y colonias*, Madrid, Alianza y Banco de España, 1982.

—, *De imperio a nación. Crecimiento y atraso económico en España (1780-1930)*, Madrid, Alianza, 1988.

—, «La pérdida del imperio y sus consecuencias económicas para España», en L. Prados de la Escosura y S. Amaral, eds., *La independencia americana: consecuencias económicas*, Madrid, Alianza, 1993, pp. 253-299.

Pro, J., *Estado, geometría y propiedad. Los orígenes del catastro en España (1715-1941)*, Madrid, Ministerio de Economía y Hacienda, 1992.

—, «El poder de la tierra: una lectura social del fraude en la contribución de inmuebles, cultivo y ganadería (1845-1936)», *Hacienda Pública Española*, 1 (1994), pp. 189-202.

—, «Ocultación de la riqueza rústica en España (1870-1936), acerca de la fiabilidad de las estadísticas sobre la propiedad y uso de la tierra», *Revista de Historia Económica*, 1 (1995), pp. 89-114.

—, «Las contribuciones de producto "antiguas" de 1845», *Hacienda Pública Española*, 1 (1996), pp. 119-134.

Robledo, R., «Desamortización y Hacienda Pública en algunos inventarios de grandes terratenientes del siglo XIX», en F. Tomás y Valiente, ed., *Desamortización y Hacienda Pública*, Madrid, Ministerio de Agricultura e Instituto de Estudios Fiscales, 1986, II, pp. 751-779; reproducido en A. García Sanz y R. Garrabou, eds., *Cambio social y nuevas formas de propiedad (1800-1850)*, Barcelona, Crítica, 1985.

—, «La quiebra de la Universidad tradicional: Hacienda y política, 1790-1845», 2002 (inédito).

Rodríguez, C., «Correo español. Estructura y Funcionamiento: 1700-1855», Tesis doctoral, Universidad de Valladolid, 1982.

Rodríguez Gordillo, J. M., «El fraude en el estanco del tabaco, siglos XVI-XVIII», *Hacienda Pública Española*, 1 (1994), pp. 61-78.

Roldán, I., *La Hacienda de Cuba durante la guerra de los Diez años*, Madrid, Instituto de Estudios Fiscales, 1990.

—, «La Hacienda pública filipina de 1800 a 1898», en M. D. Elizalde, J. M. Fradera y L. Alonso, eds., *Imperios y naciones en el Pacífico*, vol. I: *La formación de una colonia*, 2001, pp. 495-540.

Rueda, G., *La desamortización de Mendizábal y Espartero en España*, Madrid, Cátedra, 1986.

—, *La desamortización en España: un balance (1766-1924)*, Madrid, Arco Libros, 1997.

Ruiz Torres, P., «Fiscalidad señorial y rentas municipales en el País Valenciano a finales del Antiguo Régimen», en M. Artola y L. M. Bilbao, eds., *Estudios de Hacienda: de Ensenada a Mon*, Madrid, Instituto de Estudios Fiscales, Monografía, 31, 1984, pp. 485-508.

Saavedra, P., «Las resistencias a la reforma de Lerena en Galicia», *Hacienda Pública Española*, 1 (1994), pp. 135-144.

Sáiz, C., «La revolución liberal y el control de la Hacienda cubana (1826-1834)», *Revista de Historia Económica*, 2 (1991), pp. 341-360.

—, «Déficit y Hacienda colonial: las desviaciones de fondos y la Hacienda de Cuba (1833-1868)», *Hacienda Pública Española*, 1 (1994), pp. 253-261.

—, «Imperio colonial y reforma tributaria liberal: Cuba (1822-1868)», *Hacienda Pública Española*, 1 (1996), pp. 71-83.

—, «Imperio de Ultramar y fiscalidad colonial», en S. Palazón y C. Sáiz, eds., *La ilusión de un Imperio. Las relaciones económicas hispano-cubanas*, Alicante, Universidad de Alicante, 1998, pp. 77-93.

Salort, S., *La Hacienda local en la España Contemporánea. La Hacienda municipal de Alacant (1800-1845)*, Alicante, Institut Juan Gil-Albert, 1998.

Sánchez, E., L. Jáuregui, y A. Ibarra, eds., *Finanzas y política en el mundo iberoamericano. Del Antiguo Régimen a las Naciones independientes, 1745-1850*, México, UNAM, 2001.

Sánchez Santiró, E., «La Hacienda reformada: la centralización de la renta de alcabalas en Nueva España (1754-1781)», en E. Sánchez, L. Jáuregui, y A. Ibarra, eds., *Finanzas y Política en el mundo iberoamericano. Del Antiguo Régimen a las Naciones independientes, 1745-1850*, México, UNAM, 2001, pp. 143-178.

Sanz, J., «La historia contemporánea de los montes públicos españoles, 1812-1930. Notas y reflexiones», en R. Garrabou y S. Sanz, eds., *Historia agraria de la España contemporánea*, vol. 2: *Expansión y crisis (1850-1900)*, Barcelona, Crítica, 1985, pp. 193-228.

Segura i Mas, A., comp., *El Catastro en España, Vol. I, 1714-1906*, Madrid, Centro de Gestión Catastral y Cooperación Tributaria, 1988.

Serrano Sanz, J. M., «La Renta de Aduanas en España (1849-1935)», *Hacienda Pública Española*, 1 (1991), pp. 107-119.

—, «Notas sobre la evasión fiscal de la Renta de Aduanas», *Hacienda Pública Española*, 1 (1999), pp. 301-308.
Sönesson, B., *La Real Hacienda en Puerto Rico. Administración, Política y grupos de presión (1815-1868)*, Madrid, Instituto de Estudios Fiscales, 1990.
Tedde, P., «Prólogo» a Santillán (1865), *Memoria Histórica sobre los Bancos Nacional de San Carlos, Español de San Fernando, Isabel II, Nuevo de San Fernando y de España*, reed. Banco de España, 1982, Madrid, pp. I-XVII, 1982.
—, «El Banco de San Carlos y la Real Hacienda (1794-1828)», en M. Artola y L. M. Bilbao, eds., *Estudios de Hacienda: de Ensenada a Mon*, Madrid, Instituto de Estudios Fiscales, Monografía, 31, 1984, pp. 509-528.
—, «Crisis del Estado y Deuda Pública a comienzos del siglo XIX», *Hacienda Pública Española*, 108-109 (1987), pp. 169-197.
—, *El Banco de San Carlos*, Madrid, Alianza y Banco de España, 1988.
—, «Política financiera y política comercial en el reinado de Carlos III», en *Actas del Congreso Internacional sobre Carlos III y la Ilustración*, vol. 2, Madrid, Ministerio de Cultura, 1989, pp. 139-217.
—, «Cambio institucional y cambio económico en la España del siglo XIX», *Revista de Historia Económica*, 3 (1994), pp. 525-538.
—, *El Banco de San Fernando (1829-1856)*, Madrid, Alianza y Banco de España, 1999.
TePaske, J., «The Financial Desintegration of the Royal Government of México during the Epoch of Independence», en J. Rodríguez, ed., *The Independence of México and the Creation of a New Nation*, University of California Press, 1989.
Titos, M., «La respuesta histórica de las Cajas de Ahorros a las demandas de la sociedad española», *Papeles de Economía Española*, 46 (1991), pp. 12-37.
Tomás y Valiente, F., ed., *Desamortización y Hacienda Pública*, Madrid, Ministerio de Agricultura e Instituto de Estudios Fiscales, 1986.
Tortella, G., «La implantación de los monopolios de los explosivos en España», Hacienda Pública Española, 108-109 (1987), pp. 393-410.
—, y F. Comín, «Fiscal and monetary institutions in Spain (1600-1900)», en M. D. Bordo y R. Cortés Conde, eds., *Transferring Wealth and Power from the Old to the New World. Monetary and Fiscal Institutions in the 17th through the 19th Centuries*, Cambridge, Cambridge University Press, 2001, pp. 140-186.
Vallejo, R., «Fiscalidad y fraude fiscal en Galicia en la segunda mitad del siglo XIX», *Hacienda Pública Española*, 1 (1994), pp. 263-280.
—, «El impuesto de Consumos y la resistencia antifiscal en la España de la segunda mitad del siglo XIX: un impuesto no exclusivamente urbano», *Revista de Historia Económica*, 2 (1996), pp. 339-370.
—, «Reforma tributaria y regulación del delito fiscal en la España Contemporánea (1830-1900)», en *Hacienda Pública Española*, 1 (1996), pp. 135-150.
—, «La reforma de la Hacienda de López Ballesteros y el origen de la regulación del delito fiscal en la España contemporánea», *Anuario de Historia del De-*

recho Español, Tomo LXVII, *Homenaje al Profesor D. Francisco Tomás y Valiente*, 2 (1997), pp. 1789-1809.

—, «Actores y naturaleza de la reforma tributaria de 1845», *Revista de Economía Aplicada*, 21 (1999), pp. 5-27.

—, «Ramón Santillán González», en E. Fuentes Quintana, dir., *Economía y economistas españoles*, vol. 4: *La economía clásica*, Barcelona, Galaxia Gutemberg y Círculo de Lectores, 2000, pp. 711-724.

—, *Reforma tributaria y fiscalidad sobre la agricultura en la España liberal, 1845-1900*, Zaragoza, Prensas Universitarias de Zaragoza, 2001.

—, «Reforma y contrarreforma tributaria en 1845-1852», *Revista de Historia Económica*, 1 (2001), pp. 53-80.

—, «Restricciones en el diseño y aplicación de la reforma tributaria de 1845: un nuevo enfoque», *Hacienda Pública Española*, 1 (2001), pp. 259-278.

—Vallès, J. M., «Vicente Alcalá Galiano (1757-1810). Pensamiento económico y reformismo fiscal en la España de la Ilustración», tesis doctoral inédita, Universidad Nacional de Educación a Distancia, 2001.

White, E. N., «¿Fueron inflacionistas las finanzas estatales en el siglo XVIII? Una nueva interpretación de los vales reales», *Revista de Historia Económica*, 3 (1987), pp. 509-526.

Zafra, J., *Fiscalidad y Antiguo Régimen. Las rentas provinciales en el Reino de Granada (1746-1780)*, Madrid, Instituto de Estudios Fiscales, 1991.

—, «Algunas vertientes del fraude fiscal en la primera mitad del siglo XIX», *Hacienda Pública Española*, 1 (1994), pp. 145-153.

—, «Inercias fiscales en la reforma tributaria de 1845», *Hacienda Pública Española*, 1 (1996), pp. 23-37.

—, «La Hacienda del Estado Liberal y la economía española (1808-1868)», *Seminario de Historia Económica*, Soria, Fundación Duques de Soria, 1999.

—, «La Hacienda del Estado liberal y la economía española, 1808-1868», inédito.

Yun, B., «Corrupción, fraude, eficacia hacendística y economía en la España del siglo XVII», *Hacienda Pública Española*, 1 (1994), pp. 47-60.

DE COLONIAS A REPÚBLICAS: ESPAÑA-AMÉRICA (siglos XVIII-XIX) Reformismo, libre comercio y crecimiento económico

ANTONIO-MIGUEL BERNAL

A Josep Fontana

Aunque, de partida, pudiera parecer una declaración de principios intempestiva hay que convenir que la historia del comercio colonial español durante el siglo XVIII —y más aún, el protagonizado desde la ciudad de Cádiz— está por hacer.[1] No es que falten información y sesudos estudios sobre barcos, toneladas, mercancías, remesas, comerciantes, etc.; al contrario, la disponibilidad de trabajos publicados nos anega.[2] El problema, sin embargo, es otro: no es cuestión —o al menos, no es sólo cuestión— de reunir y manipular cansina y mecánicamente la ingente información cuantitativa disponible, que es mucha; y mucha más, la que espera todavía en archivos a ser trasvasada y agregada a la ya publicada en la desacertada confianza de que la mera acumulación de datos —más de lo mismo— sea fuente certera de conocimiento científico.

1. Ésta es, al menos, la conclusión a la que he llegado —a su vez, hipótesis de partida de nueva investigación— en mi último estudio, en prensa, sobre *Funcionalidad bancaria y negociación colonial.*

2. El lector familiarizado con el tema se sabe esto de memoria. No obstante, como mera referencia indicativa, que permite evaluar la producción generada de estudios al respecto y que da idea de la progresión casi geométrica de los títulos aparecidos en los últimos años, véase, por ejemplo, desde la recopilación inserta por J. Fontana en «Comercio colonial y crecimiento económico. Revisión e hipótesis», introducción al libro *La economía española al final del Antiguo Régimen. III Comercio y colonias*, Alianza Universidad, Madrid, 1982, a otras actualizaciones más recientes como son las de Klaus-Peter Starke, «Der Spanisch-amerikanische Kolonialhandel. Die Entwicklung der neueren Historiographie und Künftige Forschungsperspektiven», *Hamburger Ibero-Amerika Studien*, 8 (1995), o la de A. Guimerá, ed., *El reformismo borbónico,* Madrid, Alianza, 1996. Y en el último quinquenio pasado, desde la última fecha, la acumulación de títulos no ha hecho más que crecer, sin bajar el ritmo frenético de publicaciones.

Habría otras opciones de análisis. Una posible dimensión, apenas explorada, pudiera ser la perspectiva internacional y comparada;[3] como es bien sabido, en el comercio colonial español del siglo XVIII aparecen implicadas, con relativo grado de intensidad, casi todas las plazas mercantiles y financieras europeas importantes. Y en este aspecto, sí que está casi todo por hacer. Otra, no excluyente y complementaria de la anterior, pudiera ser la de una revisión en profundidad de los supuestos teóricos, políticos y económicos en los que suelen enmarcarse dichos estudios. Como advirtiera premonitoriamente Fontana, hace algunos años, en el tema del comercio colonial español del Setecientos —frente al adocenamiento reiterativo de investigaciones que apenas nada aportan aunque acumulan material innecesario—, «la fuerza y persistencia de los tópicos resulta en ocasiones asombrosa. Repetidos una y otra vez por nuevos autores en nuevos libros, cada reiteración les añade autoridad y hace más difícil que alguien se atreva a emprender su revisión, desafiando la opinión de tantos maestros indiscutidos ... Eso es lo que ha sucedido ... con el conjunto de tópicos ligados al "reformismo borbónico" ... y, muy en especial, a esa pieza central del sistema que fue la concesión del comercio libre con América, a la que se atribuye la prosperidad de las Indias y el inicio del desarrollo económico moderno en España»[4].

Para empezar, continúa Fontana, habría que adoptar el criterio temporal de una *continuidad sin ruptura* en el estudio del comercio colonial de mediados del siglo XVII hasta comienzos del XIX; hay que rechazar por inadecuadas y artificiosas las tres etapas clásicas en las que suele compartimentarse el período: crisis del XVII, recuperación-reformismo de 1717-1778 y eclosión final a partir del libre comercio. En realidad, dicha secuencia cronológica —más producto historiográfico que histórico— sólo sirve de coartada a unas premisas ideológicas y políticas hechas valer al socaire de la instauración de la dinastía borbónica en España,[5] donde el

3. Los resultados que arrojan los estudios que, relacionados con el comercio colonial español, se están dando a conocer en fechas recientes, sobre fuentes documentales de sus respectivos archivos mercantiles, sobre las plazas de Amsterdam, Marsella, Nantes, Londres, Livorno, Génova, Gibraltar, Hamburgo, etc., constituyen la mejor prueba de la visión incompleta, restrictiva y unilateral que suele hacerse de dicho comercio y de las actuaciones aseguradoras, financieras e incluso políticas que lo enmarcan.

4. J. Fontana y A. M. Bernal, coords., *El Comercio Libre entre España y América*, 1765-1824, Coloq. Puerto de Sta. María, 1985, Madrid, Fundación Banco Exterior, 1987. Presentación, de J. Fontana: «En torno al comercio libre».

5. Las argumentaciones elegíacas ya fueron copiosas durante el mismo siglo XVIII entre los historiadores e instituciones que asistieron y coadyuvaron al asentamiento y arraigo de la nueva dinastía, sin que apenas, en cambio, se hubiese tenido en cuenta la herencia subyacente de siglos precedentes y su capacidad operativa en la época de las Luces, véase E. Lluch, *Las Españas vencidas del siglo XVIII*, Barcelona, 1999, así como los estudios sobre austracistas y borbónicos del mismo Lluch, Arrieta, etc. Una aproximación

ritmo del comercio quedaría sujeto a los decretos, disposiciones y reglamentaciones legales de los políticos ilustrados, fieles ejecutores de los afanes de renovación económica atribuidos a la nueva monarquía por vía de una incipiente industrialización. Una tripleta —reformismo, libre comercio e industrialización—, en fin, que simplistamente interrelacionadas, «sigue haciendo de las suyas impidiendo comprender más cabalmente la economía española del siglo XVIII».

Otra posible vía, que es la que ahora me interesa, sería la de reconducir el estudio del comercio americano por derroteros poco explorados aún, más atento a los supuestos teóricos y al contexto internacional del que dicho comercio era parte nada desdeñable e incluso, en determinados aspectos, capital. El comercio exterior europeo, durante el Setecientos, se «americaniza» a causa de la intensificación de los intercambios de los productos coloniales al tiempo que se «internacionaliza» debido a su integración en el mercado mundial desbordando las estrechas bases de siglos precedentes gracias a la trascendencia asignada a las economías coloniales en el arranque del crecimiento sostenido de las economías occidentales en dicha centuria. Un crecimiento, eso sí, que aunque fácil de constatar es difícil de evaluar y, más aún, resulta complejo de explicar.

1. «LLAMAR A LAS COSAS POR SUS NOMBRES»: LAS INDIAS, COLONIAS AL FIN

Por mera exigencia de salud historiográfica ya va siendo hora de llamar a las cosas por sus nombres: las colonias son colonias y eso es lo que fueron las Indias americanas bajo el control de España durante trescientos treinta y tres años.

Resulta patético cuando, a estas alturas, todavía se recurre a mil y una artimañas para eludir —cuando no, implícitamente, rechazar de plano— un reconocimiento tan simple e inocuo, por otra parte, homologado por la teoría y praxis económica y asumido por la historiografía internacional. Aunque fueran algunos ilustrados dieciochescos los que en España empezaron a llamar «colonias» —sin tapujos— a las posesiones americanas, persiste en la historiografía española un cierto complejo de inferioridad, mezcla de ñoñería y resabio de una visión histórica anclada en el más rancio reacionarismo ideológico que no puede, aunque lo intente, disimular la razón última que lo engendra: a saber, que las Indias para Es-

al planteamiento historicista del problema en la historiografía del siglo XIX: B. Pellistrandi, «Los Borbones entre la historia y la opinión. Los historiadores del siglo XIX y su visión de la instauración borbónica», en P. Fernández Albaladejo, ed., *Los Borbones. Dinastía y memoria de nación en la España del siglo XVIII*, Madrid, Marcial Pons Historia, 2001.

paña fueron un don divino para propagar la fe y no una fuente de lucro y explotación de sociedades primitivas y economías atrasadas como hicieran las otras potencias coloniales.

Sorprende la cantidad de giros y eufemismos utilizados con tal de eludir el llamar colonias a las posesiones de América. Se les nombraron en el siglo XVIII como *dominios*, *regiones* e incluso *provincias de ultramar* (Ustáriz, Campillo, Ward, etc.); e incluso se acogió como aceptable (duque de Almodóvar, Marcoleta, etc.) el galicismo *establecimientos* que se había acuñado en ciertos escritos dieciochescos (Mably, Raynal, Nuix, etc.), hasta que, finalmente, cuajó, como escribe G. Céspedes, la denominación de *reinos de las Indias*, parte integrante del todo indivisible que sean los *reinos hispanos*, esencia y ser de España.[6] Aunque algunos de los escritores por vía burocrática, o de los más implicados en programas reformistas, pero en fecha algo tardía, no dudarían en hacer uso de términos y conceptos como «colonias» o «comercio colonial», ya homologados en los textos económicos, diplomáticos y mercantiles de la época, referido a las Indias y al comercio con América. Un rastreo —ni siquiera exhaustivo— en las propias fuentes documentales pone de manifiesto la premeditación e intencionalidad de la manera interesada de proceder de la historiografía española en este punto por cuanto se puede constatar que expresiones y términos referidos a las Indias en cuanto «colonias» —con todas sus consecuencias— se utilizaba ya en la jerga oficialesca americanista desde el siglo XVII, cuando la presencia de enclaves coloniales europeos era una realidad en América, aunque, eso sí, restringiendo su uso de manera casi vergonzante a los documentos reservados a la vía oficial y hurtándose, en cambio, en las declaraciones públicas.

La disgresión sobre este tema —en puridad, aparentemente menor y que cabría reducir, por su instrascendencia, a mera disquisición historiográfica— la considero, sin embargo, pertinente. No abordarlo supondría, como se ha venido haciendo hasta el presente, hurtar el debate sobre el análisis comparado de los modelos de colonialismos, y sus consecuencias, practicados por los países europeos. Un debate rehusado desde la historiografía española, o asumido a la defensiva, por intuir que en ello va en juego algo esencial de ese ámbito de la intrahistoria en la que se dice se articula la nación española. Un afán en el que los historiadores españoles no estuvieron solos por cuanto es un enfoque —¿sentimiento?— del que participaría en buena parte la propia historiografía latinoamericana. A los historiadores del otro lado del Atlántico partícipes de esa misma retórica se les hizo cuesta arriba admitir que los territorios de las Indias es-

6. Un análisis reciente puede seguirse en D. Ramos, «Los Reinos de las Nuevas Españas y su persistencia en los años de la emancipación» en la publicación colectiva de la RAE, España, *Reflexiones sobre el ser de España*, de reciente aparición.

pañolas no fueron sino «colonias» y que la llamada «madre patria» no pasaría de ser, en praxis y teoría colonial, sino mera «metrópoli». Por eso, aún con las limitaciones que la naturaleza de este texto impone, merece la pena, a mi entender, abordarlo con cierto detalle;[7] al fin y al cabo, buena parte de lo sucedido durante el siglo XVIII y lo concerniente a la independencia de las colonias y la parafernalia de las posteriores relaciones con las repúblicas americanas independientes tienen ahí su legitimación de origen, o su pecado original, según se mire.

2. El sistema colonial español: de paradigma (siglos XVI-XVII) a modelo en entredicho (siglo XVIII)

Ha sido repetido hasta la saciedad que desde el primer viaje colombino el móvil era económico y que su organización respondía a las características de *empresa mercantil* de la época. Y, desde el inicio, la empresa aparecía inmersa en los *intereses económicos internacionales*: las necesidades de las economías europeas en expansión —que buscaban eludir los efectos de estrangulamiento que en el sistema de intercambios y pagos internacionales provocaba el raquitismo de oro disponible— fueron las que, en definitiva, crearon el escenario adecuado que hiciera posible la «expansión colonial atlántica» protagonizada por Castilla e hiciera inevitable el *descubrimiento* de América.[8]

a) Un modelo eficiente. Como expusimos en el Congreso de Girona (1997)[9] lo primero a tener en cuenta es que la *experiencia colonial* iniciada por Castilla, a finales del siglo XV, resultó, históricamente, por la circunstancias que concurrieron —descubrir un nuevo mundo—, que carecía de precedentes inmediatos.[10] Como advirtiera Adam Smith la colonización americana no surge de la *necesidad* tal como hasta entonces había funcionado en los diversos intentos colonizadores previos —grie-

7. Una primera aproximación al tema ya la esbocé en A. M. Bernal, *La financiación de la Carrera de Indias (1492-1824). Dinero, moneda y crédito en el comercio colonial español*, Madrid, Tabapress-Fund. El Monte, 1993.

8. A. M. Bernal, «La explotación económica de las colonias», en tomo XVII de la *Historia de España* de Menéndez Pidal, *La época de los Descubrimientos y las conquistas (1400-1570)*, Madrid, Espasa-Calpe, 1998.

9. VI Congreso de la Asociación de Historia Económica de España, Girona, 1997. 1.ª Sesión plenaria: A. M. Bernal, *Los costes y beneficios del Imperio hispánico,* Actas reprog., Universidad de Girona, 1997.

10. Ya se recogía en los estudios preliminares de Ch. Lannoy y H. V. Linden, *Histoire de l'expansion coloniale des peuples européens*, Bruselas, 1907-1921, 3 vols.; P. Leroy, *De la colonisation chez les peuples modernes*, París, 1891^{4} (1874^{1}); sobre la teoría general, J. A. Hobson, *Imperialism: A study*, Londres, 1902.

gos, romanos, medievales—, bien fuera por razones de crisis económica generalizada, por superpoblación o por crisis social. Los imperios coloniales de la edad moderna vendrían inducidos más bien por las condiciones de *crecimiento económico* en Europa occidental y ese matiz distinto, en cuanto precedente a los que después le habrían de seguir, es el que hay que empezar por subrayar en el caso español.

El matiz que definiría durante los tres siglos largos de pervivencia al colonialismo español sería el de su «monocultivismo minero» por encima de cualquier otra consideración económica. No de una minería con finalidad industrial sino monetaria: si nos atenemos al relato de Las Casas, desde el primer momento oro, plata y, en menor medida, cobre —los metales monetarios de la época— estaban en el punto de mira de las prospecciones de los descubridores y colonos españoles. Y si de lo que se trataba era de poner en explotación las minas de oro y plata del Nuevo Mundo, base indiscutible de la oferta monetaria de la época, habría que reconocer con Humboldt que el colonialismo español habría sido en los siglos XVI y XVII, al menos, un modelo *eficiente.*

Desde el *descubrimiento* en 1492 se genera una serie de situaciones políticas y fenómenos económicos *nuevos* que hasta entonces no habían sido siquiera objeto de especulación teórica entre moralistas, políticos y, menos aún, entre los incipientes economistas, ni hispánicos ni de ningún otro país del occidente europeo. No habría, pues, antes de la experiencia española ni un *pensamiento colonialista* y, menos aún, un *sistema* o una *doctrina* previos.[11] De ahí que como expusiera W. Robertson el *sistema colonial castellano* haya que elevarlo a categoría de paradigma —«*as the principles and maxims of the spaniards in planting colonies, wich have been adopted in some mesure by every nation in Europe*»— y que la literatura posterior que se ocupara del modelo colonial lo tomara como referente de lo que

11. Como se ha puesto de manifiesto en reiterados estudios, entre ellos los de Fieldhouse, la importancia de las teorías económicas coloniales en la etapa anterior a 1660 fue mínima: los textos españoles coetáneos que, por prelación temporal, pudieron haber sido los primeros en abordar el tema son prácticamente inexistentes no tanto por desidia, desinterés o inobservancia del fenómeno que se estaba produciendo ante ellos sino, como hemos tenido ocasión de desarrollar en otro lugar, por el severo control y censura que el gobierno de Castilla ejerció desde el primer momento sobre cuantos libros o escritos se ocuparen de las Indias, no autorizando, salvo en algunos casos de contenidos muy específicos —ciencias naturales, evangelización, crónicas autorizadas— su publicación; es por ello por lo que las incipientes aportaciones sobre la formación de colonias y significado económico de los nuevos imperios se deban a escritos extranjeros, aunque teniendo el ejemplo español como referente, como sucede en Benzoni, Bodin, Bacon, R. Hakluyt, Montchretien, Lescarbot, etc. En el siglo XVII, los mercantilistas llegaron a elaborar un cierto cuerpo de doctrina, demasiado repetido y poco criticado, que los estudiosos al uso denominaron como la teoría del «pacto colonial», destacando aportaciones tan diversas como las de Colbert o Vauban junto a las de Child, Petty, Davenant, Defoe o Young.

habrían de ser los demás imperialismos europeos en la edad moderna.

Dicho modelo no sería abiertamente cuestionado hasta pasada la segunda mitad del siglo XVII, cuando se pudo constatar que ni la afluencia de metales monetarios ni la expansión colonial eran equivalentes a progreso económico. Los mercantilistas, los primeros en definir las posibilidades económicas de las colonias en cuanto productoras de materias primas y con mercados en expansión para la producción nacional manufacturera, habían hecho recaer su aporte teórico sobre el concepto de *balance de empleo positivo* (necesidad de que la cantidad de empleo exportada fuese mayor que la importada) y en consecuencia sustentar el beneficio en el establecimiento de un régimen de subordinación que tendría en el *monopolio* su expresión ideal; un monopolio que resultaría indispensable en todas las políticas coloniales hasta bien entrado el siglo XVIII, y no sólo en la española, bajo modalidades diferentes —llámese Casa de las Indias en Portugal, de la Contratación en Castilla o Compañías privilegiadas de comercio en Holanda, Inglaterra o Francia— por cuanto se contemplaba como «parte esencial en las políticas coloniales, no sólo porque ningún país deseaba compartir las riquezas de ultramar sino porque se creía que ninguna empresa que no estuviese protegida podría acometer negocios tan caros y arriesgados».[12]

b) Agotamiento del modelo: las críticas al sistema. Los síntomas inequívocos de ineficiencia aparecieron claros a mediados del siglo XVII. Pero no sería hasta finales de la centuria cuando, de parte española, se expondría de manera sistematizada la primera crítica radical en escrito de Manuel de Lira, quien fuera embajador extraordinario en Holanda para la paz de Reyswick en 1672 y, más tarde, secretario universal de Estado con Carlos II.

Su texto, sin embargo, se escribió y publicó fuera de España, en Amsterdam, donde a su vez vivía el autor y, al parecer, con intenciones de nunca más volver a la madre patria.[13] El punto de partida no puede ser más prometedor, cuando escribe: «los desórdenes de las Indias son la verda-

12. Véase Rodríguez Braun, *op. cit.* p. 21; véase E. J. Hamilton, «The role of monopoly in the overseas expansion and colonial trade of Europe before 1800», *A.E.R.*, 38, 2 (1948); W. J. Ashley, «Nacimiento del comercio exterior: advenimiento del capital y la inversión», en G. Franco de, *Historia de la economía por los grandes maestros*, Madrid, Aguilar.

13. El texto de Manuel de Lira estaba concebido al estilo de las Memorias dirigidas al soberano por altos funcionarios que tanto proliferarían en los siglos XVII y XVIII con pretensiones reformistas y de las que en su inmensa mayoría no vieron la luz pública y aún hoy, algunas de ellas, de indudable interés, permanecen inéditas. No ocurrió así en este caso por cuanto el texto de Lira apareció en francés inserto en el libro titulado *Memoires et considerations sur le commerce et les finances d'Espagne*, impreso en Amsterdam en 1761 y, finalmente, traducido y editado en español por Sempere, quien lo inserta en su *Biblioteca española...*, en 1821.

dera causa de los nuestros», aunque casi de inmediato rectifica: «los desórdenes de las Indias son más bien efecto de los nuestros». El problema no podía formularse de mejor manera: para bien o para mal; en este caso, para mal, según Lira. Metrópoli y colonias, España y las Indias se lo estaban jugando todo a la misma carta, iban en el mismo barco. Las causas de los errores que se cometen, dice, son múltiples (monocultivismo minero de los metales preciosos, fallo de la autoridad real, incompetencia de los políticos reducidos a meros burócratas, errónea política comercial, etc.) y las soluciones, sin embargo, las reduce todas a dos: una, imitar a los holandeses en su práctica política y de comercio —incluso recomienda que a los ministros, y al propio Soberano, les vendría bien ir a Holanda «a tener su noviciado» como gestores y responsables de la «cosa pública»—; dos, establecer la *libertad de comercio*, dando fin al monopolio hasta entonces practicado, sin que valga como argumento en contra, como se ha dicho, que con ella peligraría la fe católica en las Indias al permitirse la presencia de comerciantes herejes y judíos; la libertad de comercio no es «cosa de fe».

El reto de la propuesta reformadora que hace Lira al rey era grande, «aun a riesgo de que se le tache de traidor» o se le descalifique por sospechoso de herejía, pues iba directamente a socavar los firmes cimientos religiosos sobre los que se hacía descansar la legitimación de la conquista americana. Por vez primera, de forma directa y abierta, el sistema colonial era puesto en entredicho en su integridad por un español: las causas de los males a reformar no eran sólo económicas —comercio y fiscalidad— sino también políticas y sociales pues, como termina Lira, mala cosa es en tales asuntos gobernar con «la coacción (*del poder*) y la inseguridad (*de las conciencias*)».

Aunque en el desdichado reinado de Carlos II, con los «preilustrados», se asentaron las bases —reforma monetaria, creación de la junta de comercio y moneda, licencias generalizadas de cerramientos de tierras, ensayos tempraneros de manufacturas reales, reversión de rentas enajenadas por la corona, etc.— de algunas de las actuaciones que se consagrarían como «reformas» bajo la siguiente dinastía de los Borbones, lo cierto es que la cuestión colonial, como en el dogma inmaculado, hizo el tránsito del XVII al XVIII sin romperlo ni mancharlo. Por eso, a mi entender, resulta mera retórica, aunque no exenta de intencionalidad, el enfatizar un antes y después de 1700. Con un ejemplo baste: la parafernalia historiográfica montada sobre un traslado institucional como fuera el de la Casa de la Contratación y el Consulado de Sevilla a Cádiz, y que se anota en el haber del reformismo borbónico como si de un gran logro se tratase en la cuestión colonial siendo, como fue, un traslado sin consecuencias salvo, claro está, para la pequeña historia local de las ciudades afectadas. La principal decisión operativa, en términos del comercio colonial, sobre el traslado incluso se habría ya tomado en el siglo

XVII[14] —véase Veitia— al hacerse efectiva en Cádiz desde 1680 la ubicación de la cabecera de flotas y galeones sentándose las bases del emporio mercantil y financiero que llegara a ser la capital de la Bahía. El Decreto de 8 de mayo de 1717 vino a dar sanción legal, y no a la inversa, a lo que la práctica había impuesto *de facto* un cuarto de siglo antes.

c) El modelo español, anacrónico y obsoleto. Junto al traslado de la Casa, las medidas complementarias adoptadas por el pretendido reformismo —Real Factoría de Indias, Real Proyecto de 1720 y los sucesivos Reglamentos de las primeras décadas del siglo XVIII,[15] etc.— quedaban a años luz de los derroteros emprendidos por las potencias coloniales europeas. Pequeños cambios fueron aquellos, en verdad, para afrontar las profundas transformaciones que se venían produciendo en el comercio internacional, de modo general, y más aún en el comercio americano. Se había llegado a un fin de etapa, algo que no acabaron de comprender en su justo término los mercantilistas españoles en sus afanes de reproducir durante casi todo el siglo XVIII un modelo que había quedado periclitado. Es cierto que los teóricos mercantilistas europeos persistieron en sus propuestas de fomento de la economía de circulación bajo la dirección de los estados. Sin embargo, los cambios que con rapidez inusitada se iban introduciendo a nivel internacional exigían otras pautas de comportamiento en la explotación colonial.

Las razones del cambio son en extremo complejas. En primer lugar, institucionales y fiscales: en los nuevos enclaves y asentamientos coloniales de europeos —ingleses, holandeses y franceses— en América, desde el último tercio del siglo XVII en adelante, los lazos eran menos estrechos, más independientes, entre metrópoli y colonias que los existentes en el ámbito colonial español; y, a su vez, las nuevas colonias eran consideradas fuente de ingreso por negociación mercantil y no por el aporte fiscal directo a la Hacienda metropolitana, que era prácticamente nulo. De mediados del XVII al XVIII los instrumentos del comercio y navegación co-

14. Entre otros, es muy significativo el «Memorial de D. Andrés de Alcázar... dado a S. M. sobre el comercio, año de 1697»; como se enfatizaba, por el mismo tiempo, en una «Representación del comercio de Cádiz... al Consejo de Indias» importan los derechos fiscales sobre flotas y galeones en Sevilla el 9,84 por 100 del total frente al 90,16 por 100 de lo recaudado en Cádiz.

15. Que lo realizado en las primeras décadas, en praxis comercial colonial, fue más de lo mismo sin alteraciones sustantivas, lo analizo más en detalle en A. M. Bernal, «La Real Factoría de Indias. Coste/beneficio en el comercio del hierro vasco por la corona», en Homenaje al doctor Jordi Nadal, *La industrialització i el desenvolupament econòmic d'Espanya*, Barcelona, Universidad de Barcelona, 1999, 2 vols.; *ibid.*, «Borbones por Austrias: cambio de dinastía y papel de la corona en el comercio colonial», en J. Fernández, M.ª A. Bel y J. M. Delgado, *El cambio dinástico y sus repercusiones en la España del siglo XVIII*, Homenaje al Dr. L. Coronas, Universidad de Jaén, 2001.

nocieron transformaciones profundas —descenso en los fletes, seguros y créditos— y los productos coloniales desplazaron poco a poco en interés, en los mercados internacionales, a los metales monetarios a medida que se perfeccionaron los instrumentos crediticios y medios de pago bancarios.

El resultado habría de ser el auge creciente de un nuevo modelo de colonización con el *sistema de plantaciones* —con los flujos migratorios de blancos bajo la modalidad de mano de obra servil (los *engagés* de los franceses en la Martinica, Guadalupe, etc., o los *hite indentured servants* de los ingleses en Jamaica, etc.) y la masificación de la esclavitud de negros africanos— y con nuevas formas de interrelación entre comercio, finanzas y manufacturas. Se intensifica la asociación de mercaderes y plantadores, al estilo del modelo británico, al tiempo que Londres opera como centro financiero de la actividad comercial; la letra cambiaria, tan largamente ausente del comercio colonial español en las centurias precedentes, se convierte en el principal instrumento crediticio y de pago, mientras que los banqueros prestan y adelantan sobre las operaciones con América (algo que, en principio, estaba vedado en el comercio colonial español aunque lo practicasen), aseguran, hipotecan y, finalmente, realizan fuertes inversiones en las islas de plantaciones. Entre los franceses, el protagonismo dinamizador lo capitalizan armadores y capitanes de buques, con unos nexos en el mundo financiero similares al inglés. Son unas relaciones entre finanzas y comercio colonial que marcarán la centuria del XVIII y van a subsistir hasta la crisis de 1792-1815 de la que saldrá la «nueva banca» del siglo XIX, al margen del comercio colonial, de la que los Rothschild serán el modelo por excelencia.

Con los nuevos establecimientos europeos y el auge de los productos coloniales, el comercio americano se internacionaliza y se integra con rapidez en el mercado mundial. Muchos economistas e historiadores han visto en ese auge la base del crecimiento económico occidental hasta el triunfo de la revolución industrial, a la que coadyuva. En Inglaterra, las tasas de crecimiento del comercio exportador con las colonias entre 1680-1740 se duplica, pasan del 1 por 100 al 1,9 por 100 a partir de 1750 mientras las importaciones se cuadruplican en valor entre 1700-1772, con una flota mercante que no descendió nunca del medio millar de barcos; algunos productos coloniales son verdaderos motores de la economía: entre azúcar, tabaco y café el volumen del comercio se aproxima a los cinco millones de libras a lo que habría que sumar el valor del algodón americano importado. Para Francia, las cifras y productos son similares, hasta el punto de no ser exageración cuando se escribe en el *Nuevo sistema* de Campillo-Ward que a los franceses proporcionaba un sólo producto, el azúcar, de sus colonias antillanas de Martinica y Barbados «más beneficio ... que todas las islas, provincias, reinos e imperios de la América a España». Las importaciones coloniales pasaron del 13,4 por 100 en 1716 al 37,4 por 100 en 1787, mientras las exportaciones se duplican y se estima que alrededor de unos tres millones de franceses vivían del comercio, por empleos directos e indirectos, con las Antillas representando su tráfico un tercio del volumen total de importaciones-exportaciones.

Una cosa era, sin embargo, como escribe P. Butel, exportar oro y plata desde las colonias y, otra, tabaco, azúcar, algodón, etc., a gran escala. En el primer caso, se trataría de explotar la mano de obra de los nativos (indios) o importada (esclavos negros) en la búsqueda de un excedente neto bajo la forma de metales preciosos; en los cultivos tropicales, en cambio, se procede al empleo intensivo de mano de obra importada (esclavos) pero en el marco de grandes empresas que se vinculan a otras actividades metropolitanas que generan empleo en las manufacturas que, a su vez, se reexportan a las colonias. En el primer caso, la economía colonial del oro-plata no indujo proceso industrializador alguno; en el segundo, en los puertos coloniales y su traspaís sí lo generarían. El proceso, no obstante, lo esquematizó de forma harto simple la historiografía económica al interrelacionar de manera mecánica las vinculaciones y los efectos producidos entre demanda colonial, acumulación primitiva de capital e industrialización. Lo veremos más adelante.

Lo que nos interesa, por ahora, dejar sentado es que pese a las evidencias constatadas sobre los beneficios del comercio colonial para sus metrópolis, sus costes tampoco eran nada insignificantes, por lo que en la propia Inglaterra, pese a lo zigzagueante del pensamiento de Adam Smith en este punto, se abriría camino la idea de que frente al mercantilismo estatal era mejor la libertad de mercados exteriores. Tanto en Inglaterra como en Francia la base del negocio era, como entre los españoles, las especulaciones en función del diferencial de precios metropolitanos/coloniales; pero, en su caso, había además los beneficios netos de explotación de las plantaciones, del negocio reexportador de materias primas y coloniales y de las manufacturas que aseguraban los «beneficios privados» aunque no tanto los del Estado, pues ninguno de los países europeos mantuvo una política fiscal similar a la castellana sobre sus colonias y apenas obtenían ingresos por dicho concepto, mientras que era elevado el coste que suponía la defensa de las colonias (sesenta años de guerras coloniales en el Atlántico se contabilizan en el siglo XVIII). Por ello, primero en Inglaterra, poco a poco cuajó la idea en escritores, políticos, panfletistas, economistas e historiadores de que el imperio salía demasiado caro y que mejor que colonias era preferible el libre comercio.[16]

16. C. Rodríguez Braun, *La cuestión colonial y la economía clásica*, Madrid, Alianza Universidad, 1989.

d) El enroque hispano. A mediados del siglo XVIII, la conjunción de ataques y críticas a los modelos, doctrinas y sistemas coloniales del mercantilismo librados por fisiócratas, enciclopedistas y primeros economistas académicos[17] era una realidad y pusieron en cuestión los posibles beneficios del monopolio estatal en régimen colonial. Al aplicar Adam Smith su teoría de la *división del trabajo* a la producción y comercio coloniales, el valor económico de las colonias para Europa quedaba simplificado a proporcionarle materias primas y ampliar los mercados a sus manufacturas, ventajas que se lograban independientemente del tipo de sistema, monopolio o libre comercio, puesto en práctica por las metrópolis, si bien a mayor grado de monopolio correspondería un mayor coste que disminuía los beneficios adicionales y marginales que se pudieran obtener a través del comercio libre.[18]

Las cuestiones y problemas planteados desde la incipiente economía política y de la crítica histórica de la Ilustración europea, en términos generales, se dejaron sentir en la muy abundante bibliografía que hay disponible en el siglo XVIII sobre el colonialismo español. Por razón de la trascendencia que tuvieran destacan, en la segunda mitad de la centuria, dos obras principales: la del abate francés Raynal y la del rector de la Universidad de Edimburgo, Robertson. Aunque con escasa diferencia temporal en sus publicaciones, la primera en aparecer fue la de G. Th. F. Raynal, libro que tuvo un éxito editorial sin precedente, con varias ediciones

17. En contraposición con la producción bibliográfica anterior, la publicación de estudios sobre las colonias en el siglo XVIII es abrumadora, contándose por millares los títulos disponibles en los distintos países europeos que tenían un imperio colonial por entonces: véase para el caso inglés la obra de Higgs sobre bibliografía de los años 1751-1775, o para el caso español la sistematización efectuada por Delgado Barrado. Desde la teoría, habrían de ser los estudios de Tucker, Anderson, Raynal, etc., los que prepararon, finalmente, la crítica sistemática al modelo mercantilista sustentado en el «monopolio comercial» y sus implicaciones en la economía productiva que llevaría a cabo A. Smith.

18. Adam Smith en la *Riqueza de las naciones* (1776) se ocuparía de manera reiterada por la cuestión de los imperios y economías coloniales: tras reconocer que el Descubrimiento de América era el acontecimiento más importante que registra la historia de la humanidad, aborda la cuestión del comercio exterior en relación con las economías coloniales en el cap. 7.º del Lib. IV, reitera su idea sobre la escasa utilidad de las colonias en el Lib. V, aportaciones que a su vez fueron objeto de diversos debates interpretativos desde fecha muy temprana, así en Brougham, *op. cit.*, J. S. Nicholson, *A project of empire*, 1909; E. A. Benians, *Adam Smith's project of an empire*, C.H.J., 1925, etc., que de un modo u otro vinieron a reafirmar la visión ambivalente de un Smith anticolonialista pero del que también en su obra se pueden rastrear argumentos sólidamente fundados en pro de los imperios coloniales y cuya influencia luego podrá detectarse, sobre todo, en los enfoques de la historiografía anglosajona que se ocuparía ya desde el siglo XVIII sobre los temas del Imperio y colonias españolas.

en poco tiempo tras la primera de 1770, a causa de su difusión en Europa e incluso en las colonias americanas.[19]

Con influencia directa probada incluso en el pensamiento económico de Adam Smith, la obra de Raynal, que no se limitaba en exclusiva al imperio colonial español, supuso un revulsivo en la opinión oficial de España sobre América.[20] Nunca como hasta entonces se habría explicitado de manera tan directa y negativa lo que las Indias habían supuesto como soporte económico a la hegemonía española, y algo más: declaraba que a diferencia de los otros imperialismos europeos, España lejos de subordinar las colonias a la metrópoli, para desarrollar su agricultura, industria, navegación, etc., lo que hizo fue subordinar la metrópoli a las colonias por la riqueza de metales monetarios e ingresos fiscales; carente de cualquier política económica, dice Raynal, la monarquía hispana no tenía otro interés que la plata y oro de América de los que al final todos los europeos se lucraron, incluso los enemigos. Una praxis económica depravada, carente de cualquier contenido de política económica digna de tal nombre, terminaría por llevar a España a la *decadencia*, quedando desde entonces el país sumido en un indisimulado *resentimiento antieuropeo*, ensimismado en glorias pasadas del imperio: «*l'Espagne remplie d'une veneration stupide et superstitieuse pour les siécles de ses conquétes, rejetoit avec dédain tout ce qui n'avoit pay été pratiqué dans ces temps brillans*».

No obstante, sería la obra de W. Robertson,[21] publicada en 1777, la que se convertiría en la primera historia de América propiamente dicha, en términos académicos. Su autor, historiador de profesión que ya se ha-

19. Guillaume Thomas François Raynal, *Histoire philosophique et politique des établissements et du commerce de Europeens dans les deux Indes*, París, 1770[1], si bien, al ser prohibida en Francia, se puso entera a la venta en Amsterdam; la prohibición provocó un éxito de venta no sólo en Francia y Holanda sino en todos los países europeos por lo que se vuelve de nuevo a editar en La Haya en 1774, aumentada, otra nueva edición en Copenhague en 7 vols. con nuevos añadidos, nueva edición en Ginebra en 1775 y más en el mismo año en Amsterdam y aún otra, corregida y aumentada, en París el 3.er Año de la Era republicana, en 10 vols. que es, al parecer, la edición más completa que se conoce. Sobre las vicisitudes de esta obra en castellano, traducida en resumen, véase O. García Regueiro, *Ilustración e intereses estamentales (antagonismos entre sociedad tradicional y corrientes innovadoras en la versión española de la «Historia» de Raynal)*, Madrid, 1992.

20. La «adaptación», que no traducción, de la obra de Raynal al castellano en el siglo XVIII se debió al duque de Almodóvar, donde ya se hace eco de la trascendencia que pueda tener para España la Independencia de EEUU y la insensata política de España al ponerse de parte de los colonos rebeldes frente a Inglaterra en su guerra de independencia teniendo, como tenía, el mayor imperio colonial en América.

21. W. Robertson, *The History of America*, Londres, 1777, 2 vols. Su éxito editorial fue también inmediato, con una traducción francesa editada en Maastricht en 1780, pero sin llegar, en cambio, a publicarse en castellano por cuanto la traducción que se hizo de ella no fue autorizada.

bía dado a conocer con un estudio sobre la época del emperador Carlos V, llevó a cabo una importante labor previa de investigación y su éxito, aunque menos generalizado que el de la obra de Raynal, caló en profundidad, en cambio, en cuantos estudiosos se acercaron a partir de entonces al conocimiento de la historia colonial española. Para el historiador escocés España, tras el Descubrimiento, no llegó a diseñar *ningún sistema de política económica*, si bien consigue establecer, en la práctica, un modelo sustentado en las *ventajas comparativas* de la metrópoli a partir del abastecimiento exclusivo, dependencia e intercambio desigual, modelo que según Robertson más tarde aplicarían los demás países europeos con colonias a larga distancia; al principio parece que se aprovecha la oportunidad de «mercado nuevo» que las colonias ofrecen y que a consecuencia de ello crecería la industria y la riqueza nacional. España, con el *monocultivismo minero* de los primeros tiempos, sacaba riqueza pero pronto surgirían las causas a las que los españoles no dieron adecuada respuesta que terminaron por pervertir la buena coyuntura inicial: sólo en los sesenta primeros años el Imperio colonial habría servido, eficazmente, dice, al incremento de la riqueza y a la opulencia hispanas. Y a partir de ahí, la crítica de Robertson, por ponderada y bien sustentada teórica y documentalmente, resultaría aún más demoledora.

Una y otra obra[22] dejaron sentir, de inmediato, sus efectos en la opinión pública y oficial española. Condicionaron los tímidos y balbucientes proyectos de reforma política y comercial sobre las colonias; en el plano

22. La recepción de las obras de Raynal y Robertson sería, sin embargo, muy diversa en su valoración. Así, la obra de Raynal, nada más publicada, recibió una primera crítica radical, no por autores españoles, sino por un Anónimo escrito en francés, que desde luego coincide en lo sustancial con lo que será la posición «oficialista» española en este tema, bajo el título *Analyse de l'Histoire philosophique et politique des Etablissements et du commerce des europeens dans les deux Indes*, Amsterdam, 1775, donde se intentan poner de manifiesto las principales contradicciones en que incurriese Raynal, pone en duda que el autor haya podido ver la contabilidad de las Compañías de Indias para hacer los cálculos y las valoraciones que efectúa y rechaza la opinión de que la religión católica sea la causante y responsable de todos los abusos y faltas de los europeos en las Indias y en particular la de los españoles y portugueses, de los que destaca la labor evangelizadora; en esta misma dirección, otros de los primeros alegatos defensores de la actuación de España y en contra de las ideas expuestas por Raynal y Robertson, a los que denuncia haber actuado con malicia ignorando deliberadamente los textos y documentos españoles, está el escrito del jesuita P. Nuix, *Riflesioni imparziali sopra l'umanitá degli spagnuoli nell'Indie*, Venecia, 1780. En 1894, J. Coroleu, en su *América. Historia de su colonización, dominación e independencia* (Barcelona, 4 vols.), denuncia que tanto Raynal como Robertson manejan a su capricho los textos documentales que utilizan, rechaza la pretendida prioridad que se autoadjudica Raynal de ser el primero en haber denunciado cómo en pro de la prosperidad mercantil y beneficio económico se violaron todos los derechos de las poblaciones indígenas (ya lo había denunciado el jesuita Avendaño) y reconoce que la obra de Robertson, pese a la fuerte carga crítica sobre el sistema monopolístico español, es más «moderada», que elogia a

de las ideas, provocaron, por reacción, un enroque suicida que preconizaba el jaque mate final que tuviera el colonialismo español al cegar cualquier intento de revisión crítica del «hecho colonial» y sus consecuencias futuras en la coyuntura finisecular, tan controvertida, del siglo XVIII al XIX. Como veremos, la cortedad de miras con que se liquidó el Imperio resurgirá con toda su ceguera en las discusiones parlamentarias de los períodos constitucionales de 1810-1814 y 1821-1823 coincidentes con las guerras de independencia colonial: desde entonces quedaron comprometidas, y va de largo, la modernidad política y económica no sólo de España sino también la de las emergentes repúblicas hispanoamericanas.

Un ejemplo, entre mil, que refleja bien, a mi modo de ver, el entramado subyacente de la cuestión colonial en la España del siglo XVIII y comienzos del XIX fue la pretensión de dar adecuada «respuesta oficial» a las críticas exteriores hechas al sistema; respuestas elaboradas desde el encapsulamiento ideológico de un nacionalismo español vejado que, a su vez, más que ignorar, negaba la realidad impuesta por los nuevos tiempos tras la independencia de Estados Unidos, el triunfo de la economía política clásica y la aceptación de la declaración de derechos humanos y libertades políticas de la Revolución Francesa. Lo sucedido ayuda a comprender los estrechos horizontes políticos y mentales de unos mecanismos de reforma que, a la postre, resultaron inapropiados y que adquieren actualidad en el momento mismo en que consigue carta de naturaleza la independencia de las colonias.

Publicada la obra de Robertson, el académico Guevara de Vasconcelos leía en la Real Academia de la Historia, en su sesión de 8 de agosto de 1777, la traducción de ciertos pasajes que había hecho de la misma; Campomanes, director de la RAH, le rogó que terminase la traducción, y al autor escocés lo hace académico correspondiente —quien contestó muy agradecido— al tiempo que elevaba consulta al rey Carlos III, en 17 de diciembre del mismo año, para proceder a su publicación. El 8 de enero de 1778, utilizada la mediación de Gálvez, el rey autoriza la traducción, una resolución que parece que iba en consonancia con los planes reformistas que, se dice, iba a culminar el decreto de libre comercio del mismo año.

En los meses siguientes, sin embargo, algo importante debiera suceder —desde luego, inspirado por advertencias contrarias al aperturismo económico y tolerancia intelectual apenas incipientes— cuando en enero

España por no haber impuesto a las Indias españolas un régimen de «Compañía privilegiadas» como hicieran franceses, ingleses y holandeses y que, como reconociera también Montesquieu, el sistema económico hispano en el imperio colonial permitió siempre y desde el primer momento, gracias a mecanismos económicos diversos, la presencia de extranjeros lo que no ocurriría con los otros imperios coloniales de países europeos.

de 1779 Campomanes recibe, por vía reservada, la orden por la que se mandaba suspender todos los trabajos relacionados con la obra de Robertson. Y, al unísono, Juan Bautista Muñoz[23] recibe el encargo de escribir una historia de las Indias donde, con rotundidad, se contestase a las diatribas de Raynal, se rectificasen los errores de Robertson y, ya de paso, se corrigiesen también las exageraciones y falsedades de Las Casas, que tanto daño, desde la Leyenda Negra, venían haciendo a España desde el siglo XVI; en suma, un histórico ajuste de cuenta mirando al pasado.[24] En los años siguientes, Muñoz realizó una labor ímproba de recogida de documentación, obsesionado como estaba en equiparse con todas las armas posibles para combatir a los calumniadores de España.[25] La idea de Muñoz, recogida en su exposición al rey, en junio de 1779, era la de escribir una historia de América que desagraviara a la nación de los injustos cargos de los extranjeros, e incluso de algunos españoles carentes de celo patriótico, que denigraban el proceder de España en América.

Entre los propósitos para escribir la obra, Muñoz asume la corriente de pensamiento más tradicional y rancio emanado de las fuentes oficiales y de historiadores áulicos y panegiristas: que la causa de la conquista fue la propagación de la fe, que las producciones y comercios mantenidos con las Indias encendieron la envidia y la codicia (!) de las naciones europeas, etc., y que a tantos émulos y maledicentes que pugnaban con renovadas críticas en pleno siglo XVIII había que cerrarles la boca de una vez por todas. La pretensión de fijar en una obra histórica la «verdad oficial» de la actuación de España en las Indias provocó un debate inusual que alcanzó de lleno a la misma RAH e implicó a los más significados políticos de la época: Campomanes, Floridablanca, Porlier, Gálvez, etc. En julio de 1791 están escritos por Muñoz los seis primeros libros, que componen el tomo primero; un dictamen, al margen del emitido por los cuatro censores designados por la RAH, suscrito por el académico José Guevara de Vasconcelos[26] —quien realiza una crítica feroz y despiada-

23. Años atrás, en 1770, había sido designado cosmógrafo mayor de Indias sin tener en su haber otro mérito que una obrita mediocre de filosofía y no haber escrito ni una palabra sobre las Indias, aunque contaba con el apoyo decidido de los maestros y preceptores de los Infantes.

24. Aunque, al mismo tiempo, Muñoz, siguiendo las instrucciones del ministro Gálvez, contribuye a la adaptación de la Lonja de Sevilla para convertirla en Archivo de Indias.

25. La documentación recopilada por Muñoz en su casi totalidad pasó a la RAH en 1817, con un total de 107 volúmenes.

26. No sé la relación familiar que pudiera tener con el que fuera traductor de la obra de Robertson, o si era la misma persona; sí sabemos, en cambio, que fue el autor de un informe muy crítico, emitido por la Real Sociedad Matritense de Amigos del País en 1788, sobre los efectos del libre comercio a los diez años de su implantación; véase A. M. Bernal, *El libre comercio…*, *op. cit.*

da—, la descalifica por estar escrita al margen de la filosofía propia del siglo, una obra escrita mirando al pasado, desconociendo el presente y falta de luces sobre el porvenir. Con todo, por presión gubernamental, el tomo se publicó en 1794 pero fue el único que viera la luz de los cinco o seis previstos. Muerto Muñoz poco después, nunca más se volvería a hablar del asunto y, como suele suceder con los temas controvertidos, la historiografía española lo cubriría con un pudoroso manto de silencio: mejor no abordar cuestiones que puedan engendrar controversias con resultados impredecibles sobre cómo entender España. Y como complemento una buena censura, a modo del «cinturón ideológico protector», estilo Floridablanca respecto a la ideología revolucionaria francesa, sobre las obras extranjeras que se ocupasen del tema: en efecto, los principales libros europeos publicados sobre el colonialismo español escritos en el siglo XVIII todavía hubieron de esperar medio siglo más para que se editasen en España.

3. Algo más que una querella erudita: del reformismo y libre comercio y sus consecuencias

Nada más lejos de mi intención, con el relato precedente, que reducir la cuestión del colonialismo español en la etapa crucial de los siglos XVIII-XIX a mera controversia académica. Como tiene escrito Fontana, la cuestión del «reformismo» es algo más que una «querella erudita» y el *libre comercio*, como «pieza central» del mismo, se inserta en el fundamento de la historia contemporánea española: es piedra angular (que sobrepasa a un coyuntural episodio mercantil) de innegable trascendencia para comprender en su complejidad lo que fuera la crisis del Antiguo Régimen en España y las dificultades de las colonias tras su emancipación.

Para quienes se han ocupado del comercio colonial del siglo XVIII, los datos, en síntesis, parecen elocuentes: la participación de los productos españoles en dicho comercio pasó del raquítico 4 por 100 a comienzos de 1700, cuando la negociación oficial con las Indias correspondía a extranjeros que comerciaban a través de la cabecera del monopolio Sevilla-Cádiz, al 30 por 100 de mediados de siglo y, por último, al 50 por 100 al final de la centuria, cuando productos españoles y extranjeros se repartían por mitad la carga de mercaderías y frutos exportados a América. Y, como representara Floridablanca a Carlos III, gracias al Decreto de 1778 el volumen del comercio habría crecido un 300 por 100 y el de la recaudación de impuestos en un 200 por 100. De ahí que se hable, al unísono, de una incontrovertible «renacionalización» y «recuperación» del comercio colonial con consecuencias, también innegables, para la propia economía nacional. Y ese esplendor recuperado sería debido, sin más, a un reformismo que como un plan sistemático y definido habría tenido sus artífices en la Corona y sus ministros ilustrados.

Habría que preguntarse, con Fontana, en primera instancia, ¿qué reformaron los reformadores? Una interrogante que lleva implícita, a su vez, otras: ¿cómo se llega a plasmar la doctrina y el plan de acción reformista?, ¿a través de qué actualizaciones se materializa?, ¿con qué resultados y consecuencias? Hacemos caso omiso de la abundante bibliografía disponible, por ser de sobra conocida; sin entrar en detalles, hay consenso en aceptar que las principales actuaciones del reformismo se concretarían en: actuaciones *institucionales* (el traslado de la Casa de Contratación y del Consulado de Sevilla a Cádiz, la creación de las intendencias, el establecimiento de la «visita general» y los correos marítimos); actuaciones sobre *política fiscal y arancelaria*; actuaciones *económicas-mercantiles* como las alternancias en el sistema de flotas-galeones, buques de registros, comercio directo con el Pacífico, etc., y, como expresión máxima del reformismo, el establecimiento de la *libertad de comercio*.

A fin de fijar los términos del debate y por economía de medios articulamos nuestra argumentación a través de una serie de temas que, aunque considerados relevantes, no siempre han sido bien atendidos por la historiografía o que, simplemente, a mi parecer, requieren revisiones críticas en profundidad.

a) Primera providencia: ¿pero es que hubo, alguna vez, un cuerpo de doctrina reformista con pretensiones reales de política económica que afectase al comercio colonial?

La respuesta es no. Los estudios tradicionales señalaban una serie de etapas en la gestación y aplicación posterior de un cuerpo doctrinario de calado reformista, que iría desde los *proyectistas* del primer tercio del siglo XVIII a los *reformistas* de mediados de la centuria hasta culminar en los *políticos* que lo hicieran realidad tras la implantación del libre comercio; de inmediato se invocan nombres, casi con poderes taumatúrgicos, como los de Campillo, Ensenada, Ward, Campomanes, Floridablanca, etc. Pero la verdad es que está por estudiar de manera sistemática y coherente la génesis y evolución del pensamiento económico español en relación con las cuestiones coloniales y, más aún, con pretensiones de programas de gobierno.[27]

27. Una prueba elocuente de la escasa atención prestada a los textos de diversa índole que se ocuparan del tema del comercio colonial español puede inferirse de lo aportado en una obra reciente, sin duda la propuesta más completa hasta la actualidad por ahondar en la formación del pensamiento económico español: E. Fuentes Quintana, dir., *Economía y economistas españoles*, vol. III: *La Ilustración*, donde no hay referencia específica al tema si bien se aborda, de manera colateral, incompleta y no sistemática.

Muchos de los textos que se invocan como decisivos en la articulación de un pensamiento reformista sobre las colonias permanecieron inéditos, otros circularon mutilados y censurados y de algunos ni siquiera a ciencia cierta se sabe la autoría. Es bien conocido cuanto concierne a Campillo y su «Nuevo sistema» y lo insostenible de aquellos planteamientos que quisieron hacer del ministro y de su dudoso escrito la pieza clave determinante del plan de reformas borbónicas para América.[28] Cuando lo cierto es que la mayoría de los textos que se ocuparon de las colonias en el siglo XVIII, con planteamientos críticos o propuestas renovadoras, no se llegaron a publicar siquiera,[29] permaneciendo manuscritos, o editados en fechas muy tardías.[30]

Y de los que fueran publicados, e incluso llegando a tener cierta notoriedad, es del todo punto imposible deducir un cuerpo doctrinal sistemático y coherente con los principios generales de reforma.[31] ¿Qué hay, por ejemplo, de doctrinal y reformista en los miles de páginas de informes, escritos y representaciones que sobre el traslado de la Casa de Contratación fueron inspiradas, desde el sector público, por el marqués de Mirabel, Andrés de Pez y José Patiño, o por Francisco de Herrera, etc., entre los representantes de los agentes económicos privados?; ¿qué hay de ello en la

28. Unas consideraciones de interés y puesta a punto en L. Navarro, «El falso Campillo y el reformismo borbónico», en *Temas americanistas*, 12 (1995).

29. Uno de los textos críticos de excelente factura, debido a Guevara de Vasconcelos, el traductor de la obra de Robertson que quedó sin publicar, fue el informe de la RSEAP emitido al cumplirse los diez años de aplicación del Decreto de Libre Comercio, que permanece inédito si bien hay publicado de él un extracto; véase A. M. Bernal, *El libre comercio entre España y América*..., *op. cit.*

30. Por ejemplo, el texto atribuido a Campillo no se publicó hasta 1779, aunque Fontana señala que era conocido en versión manuscrita desde 1743; otro texto emblemático, las «Noticias secretas de América» de A. Ulloa y J. Juan, fue redactado en 1747, al parecer para uso y conocimiento de Ensenada, permaneciendo inédito hasta que David Barry las imprimió en Londres en 1826; otro texto del mismo Ulloa sobre la Marina, con dictámenes muy negativos sobre la actuación política española, durante décadas no fue autorizado para su publicación. Otros, como los «Diálogos familiares» de Marcelo Dantini (1741-1748) permanecieron inéditos hasta fecha reciente cuando los editó J. M. Delgado Barrado; de este mismo autor, un estudio exhaustivo sobre las vicisitudes de múltiples textos reformistas en su tesis doctoral sobre *Proyectos marítimos y comercio colonial (1700-1765).*

31. Desde la «Representación... de 1725 a S. M.», de inequívoca orientación prohibicionista, seguida de las consideraciones del marqués de Villadarías con las pretensiones de excluir a los extranjeros del comercio con América, de la «Representación» de Zavala en 1749 con ideas torpes y erróneas sobre comercio o las mejor fundamentadas del marqués de Santa Cruz de Marcernado, o de la Representación anónima dirigida a Ensenada, prohibicionista a ultranza y donde no se escatima el crear un organismo similar al de la Inquisición para perseguir a los contraventores del monopolio llegándose incluso a aplicarle la pena de muerte, etc.

obra de Antúnez Acevedo cuando analiza la legislación y administración colonial, en la de Gutiérrez de Ruvalcaba o en la de Ayala, por citar algunos de los tratadistas más manoseados en las citas historiográficas? Hay que reconocer que no faltaron estudios de calidad, como fueran los de Ustáriz y los Ulloa en la primera mitad del siglo o los de Heros, Foronda, Marcoleta, Almodóvar, Cabarrús, etc., en la segunda mitad pero, salvo el de Ustáriz, gracias a la aceptación internacional que tuvo, en los demás está por estudiar el influjo que pudieran tener sobre los coetáneos y políticos a los que cupiera llevar a efecto los planes de reforma. Como tampoco parece que, con posterioridad, se dejase sentir el influjo de los escritos críticos, nacionales y extranjeros, sobre la cuestión colonial a comienzos del siglo XIX entre los parlamentarios españoles de las cortes gaditanas cuando hubo de afrontarse el tema de la emancipación, como referiremos más adelante.

b) Segunda providencia: ¿es que cambió algo, de manera sustantiva, con el reformismo y libre comercio, en la estructura y composición de la balanza comercial colonial, en los sistemas de participación de los agentes de la economía real y en las finalidades últimas del Estado respecto a dicho comercio?

Para los coetáneos del siglo XVIII y que estuvieran avezados en los intríngulis de la negociación americana, si algo cambió, fue poco. Entre los extranjeros, los franceses destacan por sus apreciaciones parciales favorables aunque sin ocultar las graves deficiencias de fondo que subsisten por la inoperatividad, incapacidad o retraso de la política económica española para adecuarse a los nuevos tiempos: así, Ricard, por ejemplo, reconoce que con los Borbones España recupera su vigor, que las colonias están mejor explotadas que nunca pero que el plan de reformas queda sin consumar ante la no implantación del libre comercio; Raynal, pese a lo denostado que fuese su libro en las instancias públicas españolas, concede que algo está cambiando, que hay hombres nuevos y se perfilan nuevas actividades y que, comparada con Inglaterra o Francia, la situación financiera del Estado es menos comprometida; sin embargo, en cuestión colonial, destaca que se mantiene una política de monopolio y fiscalidad sobre el comercio que no se daba ya en parte alguna en los países europeos, y no termina por articularse una verdadera política económica, por mor de la restringida actividad minera y monetaria, que les permita beneficiar las ventajas comparativas de las que disponía España desde la economía real en los mercados internacionales. Los tratadistas ingleses u holandeses son menos benevolentes. Son pequeñas concesiones que, sin embargo, no ocultan el meollo del asunto: la persistencia a ultranza de un sistema obsoleto.

La visión optimista transmitida por Floridablanca a Carlos III sobre los efectos benéficos del libre comercio (incremento del 300 por 100 en volumen de comercio y del 200 por 100 en la recaudación impositiva), sin embargo, sentó cátedra y recogida por Coxe se transmitió a cuantos se ocuparon del comercio colonial español del siglo XVIII hasta fechas recientes. Los estudios seriales demostraron que el volumen bruto del comercio aumentó al pasar de la primera mitad del siglo a la segunda, del sistema de flotas al de libre comercio; que la participación en las exportaciones de los productos españoles iría evolucionando acorde a unos descensos relativos de los productos agrarios en beneficio de los manufacturados, al tiempo que se incrementaban las importaciones de productos americanos y aumentaban las reexportaciones. Con ello se dieron por satisfechos para concluir que, en efecto, se habrían producido los pregonados frutos del reformismo, que la estructura y composición de la balanza comercial había conocido una transformación considerable, que el saldo por balanza comercial se mantenía favorable y que los cambios operados se adecuaban a las nuevas condiciones económicas que preconizaba la incipiente industrialización.

En suma, lo interpretaron como signos inequívocos de modernidad, debida sin lugar a dudas a los planes de reformas practicados durante la centuria. Ausente, en tales estudios, cualquier criterio de análisis comparado, no se percataron en su debido momento que el celebrado auge de exportaciones-importaciones era en realidad un incremento bruto pero no relativo comparado al restante comercio colonial europeo: el volumen de las exportaciones-importaciones crecía pero menos que en el resto, y a veces quedando a años luz en tasas comparadas de crecimiento. Respecto a la estructura y composición de la balanza comercial, igual: los pretendidos cambios apenas contabilizan entre un 6 y 8 por 100 del total, en composición y volumen, pues la presencia de productos extranjeros se mantuvo dominante en las exportaciones; Cádiz siguió de hecho como plaza casi monopolística pese al libre comercio y al igual que los restantes puertos autorizados, salvo para los productos agrarios, seguiría practicando el comercio a comisión y reexportador de productos manufacturados, con la excepción catalana, mientras que las remesas de oro y plata siguieron ocupando el primer renglón de las importaciones hechas desde América; más o menos, como siempre desde el siglo XVI.

Cuando uno se adentra en la lectura de los escritos españoles del siglo XVIII que no compartían el optimismo emanado de los textos oficiales no llega a comprender bien cómo se pudo desvirtuar la realidad de tal manera en la historiografía tradicional de mediados del siglo XIX al XX; más grave aún, en los estudios posteriores, desde la década de 1970, hubo investigaciones de base cuantitativa que fueron incapaces de desentrañar los mecanismos y realidades del comercio colonial español, salvo notorias excepciones, entre ellas la de Delgado, J. Fisher, Cuenca, Prados, etc., a las que haremos referencia más adelante. A la postre, bajo capa de solventes investigaciones documentales, pero carentes de una mínima base teórica del comercio internacional y faltos de una perspectiva de análisis comparado, aquellos estudios se convirtieron en un verdadero *handicap* para el progreso de la investigación y consiguieron hacer del tema del comercio colonial español algo de todo punto incomprensible hasta que, finalmente, en fechas recientes, desestimados por insolventes, restan como mera prehistoria; casi todo queda por investigar.

Sin embargo, no faltaron, ni mucho menos, excelentes escritos coetáneos, incluso de españoles y criollos, sobre lo que estaba pasando en el comercio internacional y colonial durante el siglo XVIII y sobre la inadecuación en que se encontraba el de España en relación a las nuevas condiciones de la economía. Textos de una capacidad crítica notable, de gente conocedora de la teoría y praxis del comercio, pero cuyas propuestas caían en saco roto ante la indiferencia o el silencio interesado impuesto por el numantinismo político de los reformadores oficiales para quienes cualquier concesión transformadora sustancial equivaldría a abrir de par en par las puertas de la emancipación a las colonias. Y en dificultarlo a todo trance era de lo que se trataba; pero no era ésa la finalidad exclusiva: había en juego otros objetivos que implicaban por igual a los intereses del sector público y a los beneficios de los agentes privados, al menos a los concentrados en la bahía gaditana.

Bajo tres grandes rúbricas se pueden agrupar las argumentaciones y críticas que desde la teoría y práctica del comercio internacional, bastante moderna y actualizadas para la época, se hicieran por quienes permanecían atentos a los cambios que se estaban operando en los mercados internacionales:

1. *Con sólo la libertad no aumentan las exportaciones*. La idea de que España obtenía escasos beneficios de sus colonias fue un aserto muy extendido, sobre todo en términos comparados: «España —decía el anónimo autor del "Discurso sobre el comercio..."— saca de sus colonias menos que los otros países colonialistas».[32] La causa de esa ineficiencia se achacaba, sin más, a la persistencia del sistema del monopolio y al régimen de flotas y galeones; de manera que desaparecidos ambos, con la sola libertad de comercio, las exportaciones españolas aumentarían.

El argumento parecía válido como punto de partida pero la propuesta, sin embargo, para autores más instruidos en la negociación del co-

32. Véase Colmeiro, en su Biblioteca de economistas..., autor anónimo, bajo las iniciales DNR, del manuscrito fechado en 1760 «Discurso sobre el comercio y navegación de España con las Indias occidentales», incorporados a los papeles de la Colecc. Muñoz, en RAH. Esta misma idea, incluso más restrictiva, aparecía en las «Noticias secretas» de J. Juan y A. Ulloa en 1748; se hizo eco de ellas Campillos-Ward en «Nuevo sistema», y la enfatiza Raynal en su libro para argumentar sobre la ineficiencia del sistema español, etc.

mercio colonial era insuficiente. La pretensión —que se pensó sería factible tras la supresión del navío del asiento de negros y del navío de permiso en 1750—[33] de volver al «mercado de escasez»,[34] que había sido lo característico de la época plena del monopolio, era inviable: en realidad, España, como escribiera Marcoleta, desde 1733 *no volvió a controlar la demanda* americana ni llegaría a maximizar beneficios como en el pasado; ya no había, como en siglos anteriores, «información privilegiada» para los monopolistas, y quienes practicaban el comercio directo desde Europa —interlope, clandestino y contrabando— podían dar respuestas más ágiles a la demanda con un comercio versátil y flexible. Hay, pues, problemas funcionales no resueltos que impiden hacer bien los cálculos[35] del consumo en las colonias y que provocan perturbaciones en los ajustes de oferta-demanda que eran ya insostenibles, en términos económicos, para la manera de negociar de la época. Las consecuencias eran perceptibles: el comercio de Cádiz, antes de 1772, se había reducido a la mitad y el mejor exponente de su constatación, por muchos estudios de barcos y toneladas que se contabilicen, era el descenso continuado de los tipos de cambio en la plaza que pasan del 30/35 por 100 hacia mitad de siglo al 20/18 por 100 para cotizar al 14 por 100 hacia 1783; al mismo tiempo que la tasa de beneficio se contrae, a veces el beneficio neto apenas supera el precio legal del dinero. Y, establecido el libre comercio, Fisher ha comprobado que en términos comparados el crecimiento del comercio España-América en 1778-1796 fue moderado.

El principal problema por resolver para aumentar de manera efectiva las exportaciones no dependía sólo de «reformas» en el marco jurídico —libertad de comercio— aunque fuesen decisivas: como en todo mercado donde se operase libremente, la concurrencia haría bajar los precios y aumentar las exportaciones, pero en el sistema colonial español la fórmula no resultaría viable, como argumentó con lucidez Guevara en su

33. Es sabido que con el asiento de negros y el navío de permiso concedidos a los ingleses tras la paz de Utrech el monopolio español quedó roto *de facto*; sin embargo, aunque no fuera suprimido legalmente hasta la paz de Aquisgrán en 1750, el navío de permiso había dejado de ser operativo desde 1733 (véase V. Gardner Sorsby, *British Trade with Spanish America under the Asiento*, 1713-1740, tesis doctoral, Unv. College London, 1975, de la que tuve extracto por cortesía de J. I. Martínez), y el Asiento no fue, ni mucho menos, lo que suele decirse para el comercio español (véase avances de R. Donoso sobre la contabilidad del Asiento y la participación de la Corona española en dicho negocio, presentado en congreso AECA, 2001).

34. Véase A. M. Bernal, *La financiación de la Carrera de Indias…*, *op. cit.*

35. Este aspecto lo analicé en J. Fontana y A. M. Bernal, *El comercio libre…*, y en *La financianción de la Carrera de Indias…*, con documentación del AGI, Consulados, 85, «Observaciones y cálculos del número de toneladas que anualmente pueden consumirse en los puertos de América…».

escrito de 1788, porque subsistían los elevados precios relativos de la oferta española respecto a la europea por mor de una incapacidad productiva nacional para abastecer la demanda americana. El meollo, al fin y al cabo, no radicaba tanto, o, al menos, no sólo en exclusiva, en las *condiciones del mercado colonial*, sino que se insertaba por derecho en el *sistema productivo* de la propia economía nacional.

2. *El sistema colonial, sólo eficaz al servicio de la política fiscal y de las necesidades de la Real Hacienda.* Dijimos que España fue, de los países colonialistas de la edad moderna, el que consiguió obtener de sus colonias, como principal beneficio, unos considerables ingresos fiscales. Concebidas en su inicio las relaciones con las Indias como «empresa mercantil», tras el descubrimiento la Corona de Castilla intentó complementar los ingresos fiscales (el «quinto», el más importante) con la actividad mercantil al involucrarse en operaciones de índole diversa (venta de esclavos, negociaciones con mercaderías, comercio exclusivo de ciertos productos como el brasil, una incipiente trata de blanca, venta de armas, etc.) que, a la postre, desde 1503 a 1543 en adelante, fueron dejadas de lado poco a poco en beneficio exclusivo del sector privado.

La apurada situación financiera, tras la instauración borbónica, hizo que de nuevo se buscase incrementar los ingresos fiscales de Indias con otros obtenidos de la participación directa de la Corona en la negociación, ahora a través de productos como el tabaco y el hierro vasco, entre otros, por intermediación del establecimiento en 1717 de la «Real Factoría de Indias».[36] Esa pretensión mercantil, como en el pasado, terminó en fracaso no quedando, pues, otra opción que seguir dependiendo de los ingresos fiscales, de ahí que tanto los autores coetáneos del siglo XVIII como los historiadores actuales interesados por el tema hayan insistido en la exclusiva, o al menos prioritaria, finalidad fiscal de cuantos proyectos y reformas, incluido el libre comercio, se llevaron a cabo desde 1700 en adelante.

Sobre este punto hay práctica unanimidad, bajo el amparo de la autoridad de Campomanes cuando en sus *Reflexiones sobre el comercio español a las Indias*, escrito hacia 1762, fundamento directo para que se adoptase el libre comercio (decreto de 1765), se afirma que como respuesta al fracaso del sistema de flotas hubo necesidad de fomentar el tráfico para incrementar los ingresos de la Real Hacienda. Cuantas propuestas de reformas se hicieran tenían en la mejora de la fiscalidad su último objetivo; más aún, desde las guerras contra Inglaterra en 1747 cuando los gastos de

36. A. M. Bernal, «La Real Factoría de Indias. Coste/beneficio en el comercio del hierro vasco por la corona», en Homenaje al Dr. Nadal, *La industrialització i el desenvolupament econòmic d'Espanya*, Barcelona, Univ. de Barcelona, 1999, 2 vols. De entre los productos exportados, destacaría el hierro vasco junto a las manufacturas extranjeras importadas para su reexportación, cuyos beneficios se destinaban a la compra de tabaco necesario para las Reales Fábricas.

la defensa de América se aproximaron a los ingresos recaudados quedando comprometida la cuenta de resultados. Ya por entonces se empezaron a oír las primeras voces que alertaban que para el sector público las colonias empezaban a ser deficitarias.[37] Los ministros implicados, como Múzquiz, no dudarían en ponerlo de manifiesto, como lo hace en 1769 en la Memoria presentada a Carlos III, al señalar los graves problemas del Real Erario a causa de la escasa «productividad» de los ingresos de Indias: los 1,5 millones de pesos que producía fiscalmente la Nueva España no cubrían los situados que pesaban sobre sus remesas.

El *monopolio*, en el pasado, sólo se había mostrado eficaz al servicio de la política fiscal y de las necesidades de la Hacienda pública. Pero, como se declaraba en el informe de 1788 de la RSEAP, el *libre comercio* no había supuesto innovación o reforma alguna en este punto: seguía tan atento como el monopolio a la maximación de los ingresos fiscales al margen de cualquier otro tipo de interés real para el crecimiento o desarrollo de las economías nacional y colonial. No es de extrañar que cuando la recaudación hizo crisis en las últimas dos décadas finiseculares, y fracasados los múltiples «expedientes reformistas» puestos en ejecución, se recurriese, como en los tiempos más remotos de la colonización, a fórmulas ya desestimadas como por ejemplo el utilizar el poder coercitivo en las conciencias del poder de la Iglesia, o el volver a restaurar viejos privilegios exclusivos a favor de agentes económicos privados a cambio de ingresos extraordinarios.[38]

No sólo eran ingresos fiscales los que se obtenían de Indias. Como demostraron, entre otros, Carande y Domínguez Ortiz, los caudales de Indias sirvieron como soporte de la capacidad crediticia de la Corona y, cada vez con mayor frecuencia, por la incautación de las remesas a particulares a cambio de juros, se convirtieron en un expediente muy socorrido y barato para atender las necesidades perentorias de la deuda pública. O bien eran fuente de ingresos adicionales a través de servicios patrióticos o forzosos. Fórmulas todas ellas que se mantuvieron en vigor hasta el momento mismo de la emancipación colonial. Las competentes investigaciones llevadas a cabo por historiadores actuales sobre la importancia de las aportaciones coloniales (públicas, privadas y corporativas, como la de los consulados) a la Hacienda pública española, sobre todo desde la segunda mitad del siglo XVIII cuando, al parecer, comenzaban a florecer las reformas gestadas en la primera mitad, no hacen sino refrendar, muy bien documentadas, las valoraciones de los analistas críticos coe-

37. Véase «Compendio general de la contribución y gasto...», Cádiz, 1762. En el mismo sentido, el memorial del comerciante inglés, afincado en Cádiz, de 1747.

38. «Carta pastoral del arzobispo de Sevilla de 7 de diciembre de 1787...»; Pedro Varela, Memoria al Sr. d. Carlos IV en 1797, véase Argüelles, II, 176.

táneos.[39] A medida que se aproximaba el fin de siglo, y bajo el régimen de plena *libertad de comercio*, la fiscalidad seguía siendo lo primero y los virreinatos, como antaño, no cesaron en su papel de *meros exportadores de rentas fiscales* desde la colonia a la metrópoli.

3. *¿Burguesía mercantil en Cádiz? o ¿un modo de negociación poco comercial y en exceso especulativa?* ¿Hasta qué punto puede darse por válido el aserto, sin más verificación, cuando, bien entrado el siglo XIX, sostenía Larra que si en España hubiese una burguesía mercantil y fabril habría de buscarse, respectivamente, en Cádiz y Barcelona?

Dejado aparte el caso de la burguesía industrial catalana, lo de una burguesía mercantil gaditana se aceptaba como indiscutible, aunque bien mirado es una cuestión que se nos presenta de manera equívoca y controvertida, sin duda por la escasa atención que hasta hace pocos años se hubiese prestado a los modos de negociación y a los agentes personales del comercio de la Bahía, principales elementos definidores de la clase social, cuestión aparte, claro está, del modo de vida, bagaje cultural, etc., que escapa, de momento, a nuestra consideración. Lo conocido de esa burguesía, que era muy poco,[40] al menos en comparación con plazas europeas de similar entidad y significado en el comercio internacional del siglo XVIII, suscitaba demasiadas interrogantes que aunque bien formuladas apenas sí tenían respuestas, a las que habría que añadir otras a medio entrever gracias a interesantes publicaciones más recientes[41] que exigen,

39. C. Marichal, Guillermina Valle, TePaske, Klein, Archer, Matilde Souto, Carmen Yuste, Khuete, Pérez Herrero, Carmen Parrón, Barbier, Pieper, Cuenca, Garavaglia, Garner, y un larguísimo etcétera, son, a título de ejemplo, algunos de los más representativos estudiosos de las implicaciones fiscales y hacendísticas de España y América durante el siglo XVIII y comienzos del XIX, y sus aportaciones son fundamentales.

40. Hasta fecha muy reciente, con el trabajo de A. Lepore, no se ha dispuesto de un estudio sobre archivo contable y familiar de una familia gaditana dedicada al comercio durante el siglo XVIII, como tampoco se conoce, aunque los haya, la existencia de archivos mercantiles familiares; aspectos que ya puso en evidencia, como grave detrimento para su investigación, A. García Baquero, pionero en las investigaciones mercantiles sobre el Cádiz del siglo XVIII.

41. En los últimos años el progreso investigador sobre el comercio gaditano en sus facetas personales, familiares, empresariales, instrumentos y medios operativos y financieros del mismo ha sido muy importante: señalaríamos, a título indicativo, sin ánimo de exhaustividad, las aportaciones de A. Crespo sobre las relaciones mercantiles de los mercaderes flamencos que operan entre Cádiz y la plaza de Amsterdan en función del comercio americano, de P. Fernández sobre las redes de parentesco y lazos mercantiles en Cádiz de 1700 a 1812, de G. Carrasco sobre los instrumentos de comercio, de M.ª J. Arazola sobre los agentes personales del comercio entre Cádiz y Buenos Aires en la primera mitad del siglo XVIII, los diversos textos editados por R. Torres en su estudio sobre el capitalismo mercantil del siglo XVIII en España, o el novedoso de A. Lepore sobre mercado y empresa, a partir del estudio de la contabilidad de una firma gaditana que opera desde el primer tercio del siglo XVIII hasta la segunda mitad del XIX, etc.

sin dilación, proseguir e intensificar la investigación sobre la plaza gaditana.

Da igual que se trate de la primera o segunda mitad de la centuria, con o sin *comercio libre*, lo que parece confirmado es que la plaza de Cádiz siguió manteniendo una indiscutible primacía en el comercio colonial. Según Fisher, todavía en la etapa del libre comercio, entre 1778-1796, Cádiz retenía el 76,4 por 100 del mismo (frente al 10 por 100 de Barcelona), cuota que se mantiene incluso hasta la etapa final controlando un 77 por 100 en el período de 1797-1820.[42] Bien es cierto que seguirá siendo el suyo, en parte principal, un comercio a comisión en el que se incorporan, además de las tradicionales manufacturas extranjeras, los productos de exportación españoles de otras regiones, razón por la que J. M. Delgado Ribas no duda en afirmar que Cádiz, tras el libre comercio, sin dejar de ser hasta cierto punto colonia de Europa, lo sería también «del resto de España».

Ya tuve ocasión de exponer en otro texto mi punto de vista sobre el modo de «negociar a la gaditana». Las «tensiones» mercantiles de la plaza durante el siglo XVIII se perciben en la problemática creciente generada ante la *difícil sustitución de exportaciones* a las colonias y en la competencia y calidad de los productos extranjeros; a medida que transcurre el siglo, se percibe un *deterioro del coste de oportunidades* de la plaza cuya eclosión final se mostraría en esa serie en cascada de *quiebras mercantiles* que comienzan a hacer estragos desde 1788 en adelante.[43] Es innegable que la experiencia y conocimiento adquiridos en el comercio colonial situaban a Cádiz en una posición inmejorable, razón por la que durante el siglo XVIII era habitual que las principales firmas de plazas extranjeras involucradas en el comercio americano enviasen a sus hijos y sobrinos a «aprender» el oficio en la casa sucursal, corresponsalía o factoría, que solían tener abierta en la capital de la Bahía.

Pero ¿para aprender qué? No, desde luego, las formas, maneras e instrumentos del comercio y menos aún sus fundamentos teóricos, sino los complejos engranajes burocráticos que encorsetaron al comercio americano hasta el último momento. En este sentido es decepcionante el bajo nivel y la escasa importancia de trabajos y estudios de contenido económico, contable, financiero o mercantil que se realizaron en la plaza gadi-

42. J. R. Fisher, *El comercio entre España e Hispanoamérica (1797-1820)*, Banco de España, 1993; *ibid.*, «El impacto del comercio libre en América durante el último cuarto del siglo XVIII», en Fontana-Bernal, *op. cit.*; *ibid.*, *Commercial Relations between Spain and Spanish America in the Era of Free Trade, 1778-1796*, Liverpool, 1985.

43. Como uno más de la retórica reformista, el tema de las quiebras mercantiles en la plaza de Cádiz —demasiado espectaculares en relación con otras plazas europeas como tendré ocasión de exponer en próxima publicación— fueron objeto de atención, aunque una vez más sin consecuencia; véase «Proyecto para remediar las quiebras de comerciantes», de 1788, Archivo de Palacio.

tana.[44] Disponemos de excelentes estudios de época, como el de Heros para 1775, que reflejan la poca permeabilidad de esa incipiente burguesía mercantil gaditana al cambio de los tiempos y modos de negociación aferrada a ultranza a fórmulas tradicionales; quizás por ello, otros autores no dudan en calificar su comercio como rutinario, salvo excepciones conocidas, y que ilustrados que visitan la ciudad como W. Jacob queden estupefactos ante el exiguo talante mercantil y capitalista de sus hombres de comercio, más atentos a la especulación que a una verdadera negociación. O, como se decía en otro de los informes en 1788, tras varios años de práctica de libre comercio: un modo de comerciar heredado del pasado, especulativo, con desprecio de «toda economía y ganancia corta, aunque con el tiempo fuese de consideración». Cádiz ¿al margen de la modernidad que se vislumbraba con la nueva política económica, con las innovaciones habidas en el comercio internacional y con la incipiente industrialización? Queda mucho aún por estudiar en la perspectiva adecuada y no bajo los parámetros localistas que empañan artesanales investigaciones de alicorto alcance, las más de las veces, en sus planteamientos teóricos y de análisis comparado.

No deja de ser llamativo que el ciclo de quiebras se suceda, casi ininterrunpido, desde 1778 en adelante, una vez suprimido el monopolio. ¿Acaso las firmas gaditanas no supieron adaptarse a las nuevas condiciones? La persistencia de formas tradicionales en la composición de compañías y modos de negociar así lo dejaría presuponer aunque, por desgracia, los estudios sobre las compañías gaditanas, sustentados en el estudio de sus archivos mercantiles, están en pañales todavía. Lo sucedido en 1783, una vez firmada la paz, resulta revelador y evidencia el desajuste entre oferta gaditana y demanda potencial de las colonias y las escasas posibilidades alternativas de inversión de los capitales disponibles pro-vocando la quiebra casi general de la plaza. A mi parecer, el problema subyacente estriba en comprender las vinculaciones que se dieron entre capitales coloniales, inversiones productivas, deuda pública e industrialización; interrelaciones que en otras plazas españolas, tal vez Barcelona, y europeas abrieron las puertas a la modernidad capitalista, financiera e industrial y que en la de Cádiz no dio los esperados frutos. Ya me ocupé, al estudiar la financiación de la Carrera de Indias, de la cuestión financiera y no vamos a repetir lo allí expuesto; de las repercusiones

44. Un ejemplo decisivo sería el librito de Luque Leiva sobre la contabilidad por partida doble en 1773, escrito con una jactancia y desconocimiento sobre la materia que impresiona. O la dependencia de profesionales extranjeros cuando se intenta por el Consulado impulsar en 1779 la enseñanza mercantil en la ciudad, véase el artículo de R. Fernández y S. Tinoco al respecto; o el de L. García Fuentes, para fecha algo posterior, sobre el mismo tema.

del comercio colonial en el traspaís todo parece apuntar a su implicación directa en el desarrollo y modernidad en el sector vinatero jerezano, según las investigaciones de Maldonado. Y de la interrelación entre comercio colonial e industrialización nos ocuparemos en el siguiente epígrafe.

¿Hasta qué punto las vicisitudes de la plaza gaditana eran exclusivas y excluyentes? En realidad, las firmas gaditanas nunca llegaron a contrarrestar en términos financieros y comerciales, con monopolio o sin él, a las casas extranjeras asentadas en la ciudad. Tal vez el condicionante que determinó, hasta el momento mismo de la emancipación, el comercio y negociación colonial fuera la persistencia en la cuestión minera y monetaria (vía remesas) por encima de cualquier otra consideración a la hora de ajustar las tasas de beneficio tanto para la Corona como para los agentes económicos privados. El papel de la plata americana siguió ocupando un puesto decisivo en la circulación monetaria mundial durante el siglo XVIII, no sólo a través del banco de Amsterdam sino también por su creciente protagonismo en las restantes plazas financieras como Londres, París, Génova, Hamburgo, etc.; y la búsqueda de esa plata era objetivo preferente para la participación extranjera en el comercio americano vía Cádiz. Del mismo modo que las remesas seguían estando en el punto de mira de cuantas actuaciones reformistas se impulsaran por la Corona y ministros ilustrados, dadas las circunstancias internas españolas bajo la actuación creciente de los Borbones para nacionalizar y uniformizar el sistema monetario español, aspectos que ya fueron destacados en tiempo lejano en los estudios de Sardá o Hamilton, entre otros. O como ha puesto de manifiesto Pedro Tedde, el Banco de San Carlos tendría en la negociación de la plata, al conseguir el monopolio de exportación o saca de la misma, una de sus fuentes de ingresos más lucrativas; por su parte, Fisher ha computado que incluso en la etapa de plenitud del libre comercio, entre 1778-1796, el 56,4 por 100 de las importaciones totales recibidas de América correspondían a los metales monetarios (el 13,9 por 100 para la Corona y el 42,5 por 100 para los particulares). Una situación que se mantendrá hasta el momento final del imperio colonial y que no desmerecía un ápice de lo que fuera el talante, bajo clara inspiración de los supuestos teóricos del mercantilismo, de la política económica de Castilla con las Indias desde mediados del siglo XVI.

c) Tercera providencia: ¿fue el comercio colonial, como se enfatiza, motor del crecimiento económico e industrialización, según los diversos modelos y disparidades regionales?

La relación entre acumulación de los beneficios producidos por el comercio colonial con el crecimiento económico y la industrialización ha sido uno de los postulados en el que con mayor insistencia se ha querido examinar el impacto de las reformas del siglo XVIII, aunque ya Fontana advirtiera que, caso de darse dicha relación, resultaría frustrada salvo el caso catalán cuya industrialización, en función o no de dicho comercio, según Vilar o J. M. Delgado, siguiera unas pautas diferentes al resto nacional. De haberse producido esa interrelación automática entre comercio colonial e industrialización habría que convenir, como expusiera en su día J. Nadal, que, en tal caso, «la Baja Andalucía parecía especialmente designada para alumbrar la revolución industrial en la Península». Y como sabemos, no sucedió tal cosa.

Pese a la bibliografía acumulada, muy abundante desde la década de 1970, el tema sigue envuelto en una nebulosa tanto teórica como empírica;[45] subsisten las ambigüedades interpretativas aunque ya se dispongan de investigaciones de solvencia. Qué duda cabe que es cuestión ineludible a resolver si es que se quiere avanzar con paso firme en lo que fuesen los prolegómenos de la historia contemporánea española. Antes del siglo XVIII, como señalara un coetáneo, en la política económica española respecto a las Indias «*la pensée d'exploiter les colonies au profit du manufacturiers de la metropoli était donc absente*». Nunca hubo en Castilla, durante los siglos culminantes del Imperio, vocación de ejercer de *nation building* en función de la demanda colonial. Y para finales del siglo XVIII otro coetáneo, en un balance recapitulador de lo que se pensaba hubiera sido un siglo de reformas, no dudaba en destacar lo irrelevante que resultó la política económica emprendida en la promoción de instalaciones fabriles en el territorio nacional con vista al suministro de manufacturas para el mercado americano. Hoy apenas se ha avanzado en el conocimiento del tema tal como quedara formulado hace unas tres décadas.

Para mí, como tengo escrito en fecha reciente, en la teoría se parte de una «falsa pista», la que interrelaciona, sin más, la demanda exterior, la acumulación primitiva colonial e inversión de capitales en la industrialización cuyo arranque se quiere asignar a Adam Smith —«el capital limita a la industria», cap. VII, libro 4.º—; no obstante, pese a la reminiscencia de la economía clásica que subyace en dicha propuesta, los aportes fundamentales sobre los efectos de la acumulación tienen en Marx su primer y principal valedor —libro 1.º de *El Capital*—; en particular el apartado 6.º del cap. XXIV cuando al analizar la génesis del capital industrial concluye que sin colonias no habría capital para la industria. La controversia suscitada entre los teóricos ante las dos posibles líneas interpretativas —si la acumulación habría de ser identificada, como explicaba A. Smith, como disponibilidad o acumulación cuantitativa de recursos en términos de «formación de capital», o más bien, según Marx,

45. Por mi parte, un intento de aproximación al tema, a partir del caso de Andalucía, en el artículo «S. M. derrame su Real Gracia: industria y comercio colonial en Andalucía, 1747-1792», en *Economía andaluza e Historia industrial. Estudios en homenaje a Jordi Nadal*, A. Parejo y A. Sánchez Picón, eds., Granada, 1999.

habría de adecuarse al desarrollo de las fuerzas productivas— hizo correr un reguero de tinta en diatribas academicistas, de corte marxista, sobre si hubiera de ser la dicha acumulación «originaria» o «primitiva».[46] Originaria o primitiva, ya se considerase como categoría permanente, y por consiguiente atemporal, del capitalismo —tesis de Luxemburg y Lenin— o, por contra, se asimilase a la etapa histórica del capitalismo mercantil del siglo XVIII; en cualquier acepción, la teoría marxista sobre la «acumulación de capital» resulta irreconocible en aquellos trabajos de investigación que la invocan para el caso del comercio colonial español, sin duda más por desconocimiento que por malicia tergiversadora, por lo que las conclusiones obtenidas resultan ser unas interpretaciones tan mecanicistas como ramplonas.

De la teoría a la práctica, la totalidad de caminos posibles que han explorado la génesis de la industrialización han sido recorridos[47] hasta alcanzar propuestas integradoras como, entre otras, por ser de sobra conocida, la formulada por Pollard donde la revolución industrial más que a la demanda exterior, básicamente colonial, aparecería vinculada y dependiente a la existencia de una sociedad emprendedora, empresarial, capaz de aunar bajo una misma rúbrica negocios mercantiles, modernización agrícola e innovación productiva industrial. Por ello, recapitulando, ¿hasta qué punto puede hoy resultar estéril, o no, la diatriba sobre si la disponibilidad o no de capitales acumulados a partir de la práctica del comercio colonial fuera un factor impulsor o limitativo de la industrialización? Porque en el fondo es lo que subyace en las propuestas que interrelacionan, en secuencia inexorable, la práctica del reformismo con el auge del co-

46. Unos breves comentarios sobre la cuestión colonial aparecen en el *Manifiesto*, publicado en vida de Marx y Engels, no así en el otro escrito conjunto donde vuelven a tratar la cuestión, *La ideología alemana*, y que se publicaría ochenta años después de ser escrito. Por su parte, Marx aborda la cuestión de las colonias en los caps. XXIV y XXV del libro 1.º de *El Capital;* una de las cuestiones que más tinta hizo correr en la exégesis marxista sobre dicho libro 1.º era que el orden de los capítulos estaba invertido y que hubo de alterarse por razón de censura; de los restantes libros de la obra, publicados por Engels ya muerto Marx, las colonias vuelven a ser tratadas en el libro III, cap. XX, «Consideraciones históricas sobre el capital comercial», donde se intenta establecer una distinción precisa entre capital comercial e industrial. De cualquier forma, el controvertido texto del apartado 7.º del cap. XXIV, «Tendencias históricas de la acumulación capitalista», mantendría abierta la polémica interpretativa que volvería a avivarse en la década de 1960 cuando se difundieron textos marxianos hasta entonces inéditos o pocos conocidos, en concreto, los *Grundisse* y *La ideología alemana*; la polémica suscitada en los posmarxistas puede seguirse a través de una copiosa bibliografía internacional, entre otros los trabajos de Perelman, Bujarin y Preobrazhenski, Rodolsky, etc.

47. Desde los estudios sobre el «impacto» de la demanda exterior en Schumpeter y Davis, o los estudios ya clásicos, en igual dirección, de Berril, Habakkuk, Deane y Cole, a los estudios de Bairoch, Hobsbawm, Vilar, Mendels, Berg, etc., hasta los de Pollard.

mercio colonial y a éste como factor de un crecimiento económico generalizado que desembocaría en los impulsos iniciales de la industrialización española. El mismo perro con distinto collar; o, mejor aún, ambas propuestas, la del vulgo marxismo sobre la acumulación primitiva y la de los entusiastas del reformismo y sus resultados en el comercio colonial con las consecuencias que se le suponen son el mismo perro y el mismo collar, aunque camuflados.

Los casos de Cataluña y Andalucía, por resultados contrapuestos, han sido los mejor atendidos por la historiografía, tal vez porque en ellos, de los diversos modelos regionales, por acción u omisión, pudiera parecer más relevante la interconexión entre comercio colonial e industrialización auspiciada por el reformismo del siglo XVIII y consolidada tras el libre comercio. Para el resto de las regiones españolas, aunque no falten estudios de interés y calidad, los logros son irrelevantes[48] tanto en sus facetas positivas como negativas y no vienen a introducir novedad alguna respecto a lo que pueda concluirse de los casos catalán y andaluz; como ha señalado Fisher los efectos del *libre comercio* se dejaron sentir en las economías regionales a través del estímulo de la agricultura de exportación —los productos agrarios fueron los que conocieron un decidido incremento en la participación del comercio español con América— pero, en cambio, «no se alcanzó el objetivo de promover un resurgir de la industria nacional». La creación de las «compañías privilegiadas industriales» entre 1746 y 1767 es considerada como una manifestación inequívoca de aquella política de fomento de la industria nacional, inducida a través del pacto colonial y con voluntad de consolidar la sustitución de exportaciones (manufacturas españolas por las extranjeras importadas). No fue así: entre 1717 y 1778 los textiles acaparaban el 73 por 100 de los productos industriales y, en ellos, la primacía extranjera no se vería alterada pese a la progresiva, aunque débil, nacionalización de las manufacturas remitidas al mercado americano, en concreto desde Cataluña; bajo el libre comercio, las circunstancias no variaron de manera sustancial por cuanto las reexportaciones de manufacturas extranjeras siguieron manteniendo su secular primacía.

Hubo, sin embargo, gradaciones. Algunas tan perceptibles que los testimonios de los coetáneos son más elocuentes incluso que los posteriores estudios cuantitativos, que no hacen más que refrendarlos. Como excepción, en términos positivos —y no por las solas razones del impacto en el comercio colonial— hay que destacar el caso de Cataluña, pues al decir

48. Una visión global para las distintas economías regionales españolas y americanas sobre las consecuencias del libre comercio tanto para el desarrollo comercial, crecimiento económico e industrialización en Fontana-Bernal, *El libre comercio entre España y América...*, *op. cit.*

de Nipho, «la industria y aplicación de los catalanes es uno de los mayores argumentos que se pueden hacer a las demás provincias de España, para acusarles su negligencia y darles a entender que su pobreza es efecto de su omisión y no severidad de la naturaleza», y prosigue, «finalmente Cataluña es una pequeña Inglaterra dentro de España», para concluir desesperanzadamente diciendo: «esto nadie lo duda, pero todos se niegan a su imitación, que sería muy útil para España».

En el resto nacional, la proliferación de compañías privilegiadas industriales (Extremadura, Zaragoza, Granada, Sevilla, Toledo, La Unión, Requena, Burgos, etc.) resultaron ser proyectos irreales o extemporáneos. En todos los casos, la solicitud de privilegio por las compañías se justifica como medio para contrapesar la mayor capacidad competitiva de las manufacturas extranjeras en los mercados americanos reclamando por ello privilegios fiscales, fabriles o mercantiles siendo el más solicitado el trato preferente de embarque para el comercio con América. Pese a los privilegios concedidos, esos improvisados fabricantes surgidos al socaire de las «reales fábricas» fueron incapaces, como escribe Heros, de optimizar las posibilidades que ofreciera el mercado colonial. Debido a razones complejas: entre ellas, la ausencia de estudios de mercado, la errónea política financiera aplicada, el poco control de calidad en la fabricación, la falta de innovación tecnológica, la praxis de técnicas contables decididamente pervertidas como el cargar los costos de fábrica nueva sobre la facturación de venta, con lo que resultaban precios demasiado altos y poco competitivos, o la ausencia de una mínima planificación de la producción que originaba una inadecuación entre la oferta y la demanda y, sobre todo, por la práctica de un sistema de venta poco flexible y de excesivos riesgos, por los descubiertos asumidos.

Una de las claves explicativas del moderado éxito catalán, aunque éxito al fin y al cabo, podría ser la existencia de un sustrato humano previo, representado por una mano de obra cualificada cuyo encuadramiento y control, como han puesto de relieve J. Torras y P. Pascual, se efectuaba a través de las organizaciones gremiales. La capacidad de adaptación y renovación artesanal resultaría decisiva para abrir de par en par las puertas de la industrialización en Cataluña gracias a una capitalización que, aunque modesta, permitiría ir adoptando las innovaciones mecánicas adecuadas; una capacidad renovadora que no siempre, ni necesariamente, dependía de la cuenta de resultado del comercio catalán con las colonias.

El caso andaluz se estima como la otra cara de la moneda; en él, sí se da por descartado el impacto del comercio colonial en el proceso industrializador aunque éste fuera de efecto negativo. De ser así, Andalucía sería lo más próximo a la cruz del modelo teórico que interrelaciona crecimiento económico, comercio colonial e industrialización, casi un paradigma por negatividad. Aceptado, como se escribiera en su día, que la disponibilidad de capitales, sin ser de un volumen apabullante, hubiese permitido una inversión de naturaleza industrial, sería la «falta de interés» de los agentes económicos privados implicados lo que determinó la «inutilización de esos capitales»; una perspectiva de análisis que, aunque inconclusa, cambió de orientación cuando otros investigadores demostraron la «imposibilidad» de arraigo de una industria impulsada al socaire del comercio colonial gaditano desde las perspectivas del crédito y optimización de los capitales invertidos.[49] Lo cierto es, como rectificara Nadal tras su primera incursión descalificatoria en el tema, que en efecto se dieron «numerosos y tempranos intentos de enraizar la industria moderna en la región andaluza», es decir que, al menos en los inicios, la praxis y la teoría iban de la mano y el postulado que interrelacionaba comercio colonial, acumulación e inversiones industriales en el caso español, vía Cádiz, sería similar al de otros lugares europeos en similares condiciones durante la segunda mitad del siglo XVIII. Constatado, pese a todo, el fracaso, la cuestión no es ya tanto que la opción industrializadora a partir del comercio colonial no se hubiese dado, sino más bien preguntarse por qué, una vez dada, fracasó.

Hemos tratado de elucidar esa cuestión y mis conclusiones, si se quiere provisionales, abundan más en las condiciones obstruccionistas derivadas de la naturaleza y práctica del comercio colonial gaditano, con o sin libre comercio, que en las deficiencias derivadas del propio proceso industrializador acometido. Es decir, con el tipo de comercio colonial practicado resultaba imposible sacar adelante cualquier proyecto industrializador; los términos del debate, pues, quedan invertidos en relación a como se habían formulado con anterioridad. La experiencia industrializadora surgida a impulsos del comercio colonial en Cádiz, Puerto de Santa María, Puerto Real e Isla de León, con un área de influencia que comprendía en el traspaís a pueblos como Chiclana, Osuna, Jerez, Marchena, Antequera, Écija e incluso hasta Priego de Córdoba, etc., llegó a configurar hacia la década de 1770 un cierto tejido industrial vinculado al comercio americano de corta pervivencia porque, como expresara de modo gráfico un personaje de la época vinculado al Consulado, murió «a los principios de la infancia» sin que al parecer le fueran de utilidad los posibles efectos benéficos del reformismo y del libre comercio.[50]

Desechadas por simplistas, en teoría e investigación, las hipótesis formuladas sobre industrialización y comercio colonial a partir de la experiencia bajoandaluza, y más en concreto la gaditana, se nos abre, en pers-

49. Dos cualificados exponentes de la primera y segunda hipótesis han sido los estudios de A. García Baquero y S. Tinoco, respectivamente.

50. A. M. Bernal, «S. M. derrame su Real Gracia...», *op. cit.*

pectiva, un panorama más complejo. Del énfasis inicial puesto (en explicaciones monocausales) en la cuestión de la acumulación de capital o en la ausencia de grupos con actitudes y comportamientos empresariales poco o nada queda. Se vislumbra una presencia del capital comercial en los prolegómenos de la industrialización, iniciativa industrial vinculada al comercio colonial por razones de mercado y de capital pero también por razones de exanciones y privilegios, protagonizada por grupos empresariales, en buena parte de procedencia no andaluza, como era habitual en la Carrera: catalanes, vascos, navarros, montañeses, extranjeros, etc., adscritos a grupos sociales diversos: menestrales, financieros o capitalistas, nobles, comerciantes, ahorradores, y otros.

Una industria que bajo las dos modalidades (reales fábricas e industrias privadas, aunque a algunas de ellas se les pusiera el honorífico título de «real»), en donde se articula la primera industrialización, tiene como primer y más sobresaliente rasgo característico «la extraordinaria dimensión» de la empresa industrial andaluza:[51] bien por la entidad de las instalaciones, por el número de operarios, por la cuantía de los capitales invertidos, etc., lo que, a la postre, más que una ventaja comparativa inicial se terminaría por convertir en un factor de tensiones en la financiación y pérdida de capacidad competitiva, una «paradoja histórica» que en expresión de E. Lluch,[52] al contravenir los principios de la teoría económica convencional, mínimamente se ha tenido todavía en cuenta en las investigaciones históricas. La naturaleza coyuntural del arranque industrializador que, salvo contados casos, apenas disponía de precedentes firmes se traducía en un problema inicial de ausencia de mano de obra cualificada, o que era incorporada al sistema productivo bajo un corporativismo anquilosado en extremo, no suplido de manera eficiente con la adscripción de tecnología y personal foráneos. Y a las fuertes inversiones de capital fijo y su elevado coste por las condiciones del crédito y mercado financiero, debido a las circunstancias en que se efectuaba la financiación de la propia Carrera (con los mayores tipos de interés en la España de la época), se le unirían las fuertes exigencias de capital circulante por mor de los elevados costes productivos a causa del diferencial secular en el nivel de precios de las ciudades bajoandaluzas, y en particular de la

51. Se puede adelantar que ésta habrá de ser una característica casi permanente en todo el proceso de industrialización de Andalucía: ya fuese antes de la revolución industrial con las grandes fábricas estatales (tabaco, artillería, polvora y municiones, moneda, etc.), o ya en los siglos XIX y XX. Esa propensión a la «gran empresa» industrial, por ejemplo en el textil, referida a una de las últimas experiencias industrializadoras, véase F. J. Fernández Roca, en su reciente estudio sobre la fábrica sevillana de algodón de HYTASA.

52. E. Lluch y J. Sevilla, «La reducción del tamaño de las empresas: un enfoque teórico a una paradoja histórica», *HPE*, 55 (1978).

Bahía. Todo ello, en unas expectativas de beneficios a largo plazo cuando, de siempre, para quienes negociaban en la Carrera, por la propia naturaleza del capital especulativo a ella destinado, la optimización a corto (maximizar las inversiones, a lo más, en cada viaje redondo) era la meta a conseguir. Mientras la Carrera respondiese en su financiación a las pautas tradicionales, una industrialización planteada al socaire del comercio colonial estaba irremisiblemente condenada al fracaso. No hubo, pues, ocasión perdida; a lo más, «aborto», en expresión de Nadal, de una concepción extemporánea.

4. La emancipación colonial en la crisis del Antiguo Régimen en España

La realidad y límite del reformismo se vislumbró pronto que eran de alcances limitados. Lo entrevió Campomanes en 1762 al preconizar que una generalización del comercio libre supondría, en plazo más o menos corto, abrir de par en par las posibilidades a la emancipación de las colonias. No hubo tal; al contrario, en expresión de J. Lynch el reformismo carolino no dejaba de ser, en lo sustancial, sino un «imperialismo renovado».

Los tímidos intentos de apertura que supondría la implantación del comercio libre entre 1765-1778 y 1796 llegaban con retraso; en esos años las condiciones habían cambiado para la causa colonial por mor de la independencia de EEUU, del afianzamiento internacional de quienes, desde la nueva política económica, preconizaban en sus escritos el reemplazo de los mercados coloniales por una libertad absoluta de comercio y, por último, del revulsivo que supusiera, en términos de libertades políticas y derechos humanos, la Revolución Francesa. El duque de Almodóvar, en su adaptación de la obra de Raynal, ya resaltó el contrasentido político que supuso para España alinearse al lado de las colonias inglesas en su guerra de emancipación, siendo como era el país que controlaba el mayor imperio en el continente americano. Un acontecimiento que marcó un decidido cambio de rumbo entre los economistas clásicos, en particular entre los manchesterianos, para quienes quedaron despejadas las vacilaciones smithianas sobre la funcionalidad y papel de las colonias en el crecimiento económico apostando a favor del libre comercio sin limitaciones, como sintetizaría Bentham en su texto de 1793, decidido anticolonialista. El influjo del espíritu revolucionario francés sobre los derechos y libertades individuales afloraría con motivo de la primera experiencia constitucional española en 1810, en plena crisis originada por los prolegómenos de la emancipación colonial pero también en plena crisis de lo que entendemos como los orígenes de la España contemporánea.

La conjunción, como relación directa, entre la crisis que enmarca la independencia americana con la crisis del Antiguo Régimen y arranque de la revolución liberal es el principal hilo conductor que inspira los diversos estudios que J. Fontana tiene dedicados al período, y que no duda en señalar como el fundamento mismo de la historia contemporánea nacional. Si la hipótesis es correcta, entonces la pérdida de las colonias serviría para comprender hasta qué punto fuera determinante no sólo en el cambio político sino en la modernización económica y social de España. Tras tres siglos de historia compartida por vínculos coloniales, España y sus antiguas posesiones se jugaron la modernidad en el mismo embate político y económico en la etapa de 1797-1824. Y, al parecer, con similares consecuencias: las antiguas colonias, como repúblicas independientes, y la vieja metrópoli hubieron de encarar la contemporaneidad con graves deficiencias políticas, sociales y económicas bajo el signo claro del atraso. Un tema al que, pese a su trascendencia en la historia española, apenas se le ha prestado atención con la dedicación y exhaustividad que requiere y no sólo en los aspectos económicos.

La propuesta que quiero hacer la vamos a articular a través de tres apartados donde, de manera sucesiva, analizaremos la crisis colonial y su conexión con el liberalismo español emergente, la valoración de la independencia colonial en términos de coste/beneficio tanto para la metrópoli como para las nuevas repúblicas y, para concluir, una reflexión sobre las relaciones económicas de España y las repúblicas americanas tras la independencia.

1. *Colonias y constitución: la imposible cuadratura de círculo del liberalismo español.* En plena efervescencia patriótica, ante el acoso del ejército imperial de Napoleón a la ciudad de Cádiz, en uno de los panfletos de más encendido tono patriotero que circularon por entonces, surgió la propuesta: la misma medicina, *libertad y constitución*, habría de salvar a España y América. Una propuesta sin duda compartida por cuantos, a uno y otro lado del Atlántico, estaban comprometidos con la «causa nacional» aunque, como se vería muy pronto, entendida de manera diferente. Sobre todo, la libertad, que para los americanos no era sólo el derecho de las libertades individuales sino, además, la inexcusable libertad de comercio.

En las Cortes, para empezar, siguiendo la práctica de antaño de negar la evidencia histórica, se empezó por evitar el empleo de la palabra *colonias*, denominándose a los representantes de ultramar como «españoles americanos». Y, en efecto, el 14 de febrero de 1810, el Decreto de la Regencia declaraba: «desde este momento, españoles americanos, os veis elevados a la dignidad de hombres libres … vuestros destinos ya no dependen ni de los ministros, ni de los virreyes ni de los gobernadores: están en vuestras manos». Un buen principio, sin continuidad. Bajo la retórica declaración subyacían múltiples contenciosos pendientes de uno y otro lado. Inauguradas las Cortes, en el segundo día, los diez delegados americanos asistentes a ellas proponen que el Decreto de instauración de la «soberanía nacional», que había sido aprobado en la primera sesión, no se distribuyese de momento en América y sí, por contra, una declaración de concesiones entre las que destacaban como prioritaria la libertad de comercio. Intuido el «conflicto de intereses», las Cortes acuerdan que las cuestiones y propuestas americanas se tratasen en «sesiones secretas», de las que se celebraron 17 monográficas,[53] teniendo lugar la primera el 29 de septiembre de 1810 donde ya se ocuparon de negociar un programa de igualdad para los «españoles de ambos hemisferios».[54]

En el tema de las libertades y derechos de los individuos los compromisarios americanos defendían un programa de igualdad en lo que se refiere a la representación paritaria, asunto complicado por cuanto la población indígena no se computaba a efectos de elección de representantes. La fórmula de compromiso quedó plasmada en el Decreto de 15 de octubre de 1810 por el que se refrendaba la igualdad en cuanto promesa pero sin fijar fecha de entrada en vigor. La reacción no se hizo esperar y en diciembre del mismo año los diputados americanos en Cortes dieron a conocer sus *11 Proposiciones* de contenido político y económico, equivalente a lo que se pudiera entender como un «programa mínimo» a conseguir como punto de partida. El «problema americano», por tanto, quedaba abierto en tres frentes: el insurgente, con los primeros levantamientos y gritos en las colonias, el político en las Cortes y el económico, que estaba sin cerrar desde la experiencia reformista.

Entre los diputados españoles, no sólo en los conservadores sino incluso en los liberales radicales (los Toreno, Argüelles, Flores Estrada, etc.), como escribe Mario Rodríguez, las reclamaciones coloniales provocaron alarma social y un verdadero «sentimiento de frustración»: hubo reproches de traición, de oportunismo, de hipocresía, de falta de lealtad constitucional para con la madre patria e incluso, en lo más agrio de la polémica, se volvería a invocar la leyenda negra otra vez campando por sus respetos contra el «buen hacer» de España en las Américas. De nada sirvieron las declaraciones de lealtad de los diputados de las colonias —entre otras, que pagaban, y no en poca proporción, los gastos de la gue-

53. M. Rodríguez, *El experimento de Cádiz en Centroamérica, 1808-1826*, México, F.C.E., 1984, edición en español.

54. Lo precario del principio de igualdad declarado en las Cortes de 1812 no se mantuvo, una vez consumada la independencia, para el residuo colonial español en América: las constituciones de 1837 y 1845 establecieron que las Provincias de Ultramar serían regidas y administradas por leyes especiales, quebrando el principio de igualdad de los «españoles de ambos hemisferios» de la Constitución gaditana; véase al respecto las aportaciones de Fradera en este punto.

rra en suelo español contra Napoleón—: en la sesión de 11 de julio de 1811, donde se votaría la propuesta sobre la «inmediata igualdad» de los españoles peninsulares y americanos, ésta fue rechazada con el 53 por 100 de los votos en contra. Un resultado ajustado. Pero ha de tenerse en cuenta que ni todos los diputados españoles estaban en contra de la generalización de la igualdad de derechos individuales entre la población americana (el 17 por 100 de ellos votó a favor de la propuesta) ni tampoco era uniforme la posición de la élite blanca colonial a favor de la misma, al estar como realmente estaba, al menos en las cabeceras de los virreinatos, bajo el síndrome de la «cuestión indígena».

Lo que provocaría, sin embargo, la oposición frontal, con fractura definitiva entre españoles y americanos sería el asunto del *libre comercio*. Los grupos mercantiles coloniales, salvo los monopolísticos de los consulados limeño y mexicano, valoraron de modo favorable la apertura iniciada con el libre comercio primero pero, sobre todo, con el comercio de neutrales después, que les permitió acceder a los intercambios internacionales en condiciones ventajosas; a ello se añadiría la apertura de relaciones directas Asia-América, hasta entonces bajo monopolio, y la intensificación de los intercambios interregionales entre los diferentes virreinatos. Logros tan estimables que, por encima de cualquier otra concesión, los diputados americanos, representantes de la oligarquía mercantil colonial (criolla o españolista), hicieron del libre comercio la reivindicación irrenunciable, casi por antonomasia. Precisamente, el punto donde se situaba el límite de las concesiones de los constitucionalistas españoles, quienes no estaban dispuestos a ir un paso más allá, en el conflicto del libre comercio, de donde lo dejaran los reformistas del siglo XVIII.

Los diputados españoles ilustraron sus negativas con argumentos conocidos de tiempos atrás: que la generalización del libre comercio perjudicaría, si no exterminaría, el comercio nacional, que se resentirían las manufacturas, que no se podía prescindir de los recursos fiscales obtenidos, que dañaba la extracción del numerario, etc. Varias sesiones de las Cortes se ocuparon del tema, desde que fueran presentadas las *Propuestas* de diciembre de 1810, durante los años de 1811 a 1813, sin que se modificase un ápice el posicionamiento español. Hubo algunas pequeñas concesiones, como acabar con el monopolio del mercurio, pero no con el del tabaco. La propuesta a favor del libre comercio fue votada a mediados de 1811 con 87 votos en contra, y en 1813 fue de igual modo rechazada la propuesta del diputado filipino que reclamaba revivir el comercio entre Manila y Acapulco.

Los americanos, resentidos, tras sus reiterados fracasos comenzaron a considerar que sus posibilidades económicas junto a España eran limitadas. Y eso que en sus reivindicaciones no estaban solos: cuando el movimiento insurgente en Caracas y Buenos Aires adquiere más altos vuelos y el gobierno provisional de la Regencia recaba la intermediación británica, el gobierno inglés exigió como requisito indispensable la concesión del libre comercio a las colonias, único sistema bajo el que los insurgentes aceptarían reconocer al gobierno de Cádiz y colaborar en la guerra contra Francia. Como escribiera Wellesley desde Cádiz en 1812 (citado por R. Carr) entre los diputados españoles, liberales o conservadores, «no existe ninguna disposición a hacer concesiones comerciales», negándose en redondo a cualquier concertación sustancial sobre la libertad de comercio. Ni siquiera en la segunda andadura constitucional de 1820-1823, los liberales exaltados del Trienio estuvieron tampoco dispuestos a transigir en la materia;[55] de nada sirviera el despliegue ideológico a favor incluso de la misma independencia colonial a través de los textos de Benthan —«Libraos de ultramar», escrito en 1820 en forma epistolar dirigida a Toreno— bajo el influjo de lord Holland y Blanco White, entre otros.[56] Para éstos, la cuestión colonial, más que el comercio en sí, trasciende al constitucionalismo; las colonias sólo es de interés de una minoría, y hay que evitar, en la tesitura de 1820-1823, repetir el fiasco de 1812. Colonias y constitución liberal debieran ser incompatibles.

No resulta fácil comprender lo sucedido aunque algunos coetáneos, implicados al máximo en la causa de las libertades e imbuidos de las nuevas doctrinas económicas, adelantaron, bajo acusaciones muy firmes, posibles explicaciones. Abiertas las sesiones de Cortes, pronto se extendió el rumor de que la Regencia cambiaba sus orientaciones sobre las colonias bajo el peso del *lobby* consular de Cádiz: los mercaderes de la ciudad «coartaron el deseo por el libre comercio explotando la dependencia del gobierno sobre ellos para obtener dinero en efectivo».[57] La «Junta de Cádiz» actuaba como un verdadero poder fáctico de cara a la Regencia al quedar bajo su responsabilidad los asuntos financieros y, aunque se detecta en las Actas de las Cortes escasa simpatía hacia el papel condicionador ejercido por la clase mercantil que operaba desde Cádiz, poco o nada se hizo para desprenderse de su tutela.[58] Hay otras versiones, pero de autores lúcidos y comprometidos también con la causa de las libertades políticas por encima de cualquier otra, como fuera Blanco White y su

55. Todavía en 1823 Chateaubriand intercede y solicita de España la apertura total del comercio con América, que España rehúsa. Aunque era demasiado tarde: ese mismo año Cunning y EEUU declaran su oposición a cualquier intento restaurado de las colonias españolas en América.

56. C. Rodríguez Braum, *op. cit.*

57. M. Rodríguez, *op. cit.*

58. Se publicaban un sinfín de libelos e incluso periódicos muy combativos, como el *Telégrafo americano*, que defendían a ultranza los intereses de los mercaderes asentados en Cádiz y eran contrarios a la concesión de la libertad de comercio a las colonias.

periódico londinense *El Español,* que dirigieron sus críticas certeras al meollo político del asunto, sentenciando que si las Cortes habían sido el intento de aflorar una sociedad hispánica moderna, fueron los propios liberales españoles quienes por exceso de pactismo en la transición con los poderes e intereses del Antiguo Régimen terminaron por minar el experimento. Una vez más, parece que los reformistas, ahora, en versión de «oráculos» de las Cortes,[59] también reformaron poco.

2. *Independencia colonial en términos coste/beneficio.* Nos referimos, claro es, en términos económicos bajo una doble acepción, para la metrópoli y para las propias ex colonias. Aunque la bibliografía disponible es sucinta, la calidad de las investigaciones permite abordar la cuestión, al menos bajo hipótesis bien formuladas aunque en algunos casos se requieran estudios complementarios.

Desde la perspectiva de las ex colonias, las consecuencias económicas de la indepencia fueron contempladas en un trabajo de conjunto editado por L. Prados y S. Amaral,[60] introducido por una destacada síntesis de J. H. Coastworth donde se analizan varias hipótesis diferentes (excluidos los ejemplos donde se mantuviera la continuidad institucional; caso cubano, por ejemplo): una, la de aquellas nuevas repúblicas donde los beneficios atribuibles a la independencia quedaron superados por los costes de su consecución y, otra, la de aquellas donde los beneficios de los cambios institucionales, al quedar deteriorado el orden colonial, fueron grandes y proporcionales a los costes impuestos. En unos y otros casos, hubo beneficios, aunque pequeños, a corto plazo gracias a la apertura del comercio exterior, pero también a corto plazo fueron elevados los costes de transacción a causa de las guerras y de la liquidación del viejo orden colonial. Sólo a largo plazo, con criterios optimistas, puede hablarse de beneficios —la renta per cápita creció muy poco entre 1823 y 1913—, si bien, claro está, la situación varía de unos países a otros. La independencia no restauró de inmediato los niveles de renta del período colonial y las tasas de crecimiento en general se mantuvieron bajas, e incluso negativas, durante más de medio siglo, salvo la excepción de Argentina que se ejemplifica como la transición más lograda y exitosa.

Para España, una larga tradición historiográfica había mantenido que la pérdida de las colonias fue la causa determinante del atraso económico español en el arranque de la modernización. Un argumento que ha sido repetido hasta la saciedad y que era aceptado sin más en el caso de

59. Blanco White habla de esos «oráculos» como un verdadero *brain trust*, cuya arrogancia de poder y pretendida superioridad terminaría, finalmente, por impendir alcanzar soluciones realistas y prácticas al «problema americano».

60. L. Prados y S. Amaral, eds., *La independencia americana: consecuencias económicas*, Madrid, Alianza, 1993.

aquellas regiones, como Andalucía, con lazos muy estrechos en el comercio americano. Para otros, la independencia lo que hizo fue acelerar un cambio, ya apuntado desde el último tercio del siglo XVIII, en la estructura de la balanza comercial. En una y otra hipótesis, para su verificación, el problema radica en que para medir la incidencia que supusiera la pérdida del mercado americano se toman como referencias extremas unas estadísticas fuertemente criticadas.[61]

En los años inmediatos a la independencia, Moreau de Jonnes[62] declaraba que sus efectos distaron de ser catastróficos para la balanza comercial española, que la contracción del comercio colonial entre 1784 y 1827 había sido, en efecto, de dos tercios aunque compensada con creces dicha pérdida gracias al reactivado comercio de España con Europa por lo que considera que «este resultado manifiesta cuán limitado es el influjo de los grandes acontecimientos de la emancipación de las colonias españolas sobre la suerte de la Península y sobre la extensión de su comercio. Ésta es la tercera vez que semejantes catástrofes se han burlado de la previsión de los políticos. Francia e Inglaterra parecía que estaban al borde de la ruina cuando la una perdió Santo Domingo y la otra sus colonias de América Septentrional». La hipótesis del cambio estructural de la balanza comercial ha tenido su principal valedor en los estudios de L. Prados,[63] para quien la emancipación colonial tuvo repercusiones negativas a corto plazo —el comercio exterior descendió y los niveles de inversión se resintieron—, la industria perdió un mercado reservado y se agravaron las dificultades financieras del Estado a la par que se acentuaron los efectos negativos de la fiscalidad. Pero las dificultades de la balanza comercial, de la industria y de la Hacienda pública, un sistema fiscal petrificado y obsoleto, venían ya de lejos y no eran debidas, con exclusividad, a las relaciones coloniales.

Inglaterra y Francia que en 1792 atraían el 31 por 100 de las exportaciones totales españolas pasan en 1827 al 61 por 100, gracias a la venta de productos minerales (plomo, etc.) y agrarios (vinos, aceite, cítricos, etc.), compensando la contracción habida en el mercado colonial; a ellas se habrían de añadir muy pronto las crecientes exportaciones a EEUU. Un

61. Es bien conocido el estudio de Fontana sobre el colapso y transformación del comercio exterior entre 1792 y 1827.

62. Moreau de Jonnes, *Estadística de España,* primera edición en español, Valencia, 1835, traducida por Pascual Madoz.

63. Los trabajos de L. Prados son varios, desde los artículos pioneros «El comercio exterior de España, 1790-1830», en *HPE,* 55 (1978); «Comercio exterior y cambio económico en España», en J. Fontana, *La economía española al final del antiguo régimen*, etc., a su tesis doctoral «De imperio a Nación. Crecimiento y atraso económico en España, 1780-1830, Madrid, 1988, o la obra ya citada «La independencia americana: consecuencias económicas…».

«doble giro» exportador —por nuevas áreas de mercado y por productos nuevos no incluidos en la tradicional exportación americana— que relativizó las consecuencias económicas negativas para España, al menos en la perspectiva tradicional. A fin de cuentas si, como hemos sostenido en el presente escrito, ni siquiera en los momentos de cierta liberalización del siglo XVIII el comercio colonial puede considerarse como factor de crecimiento de la economía nacional, ¿por qué, entonces, habría de achacársele, una vez perdidas las colonias, la responsabilidad del atraso o decandencia económica española del siglo XIX?

3. *A manera de epílogo. España/Repúblicas americanas: una herencia entre retórica y mal administrada.* La España oficial se resistió por largo tiempo a aceptar que había perdido América. Los breves períodos de gobiernos liberales, por las circunstancias que concurrieran, por incapacidad o, tal vez, por falta de convicciones profundas, no consiguieron articular una verdadera política que hiciera de la independencia americana, inexorable, un fenómeno lo menos traumático posible en términos políticos y económicos entre metrópoli y colonias. Y los intentos de «recuperación» bajo los gobiernos absolutistas de Fernando VII mostraron hasta qué punto eran pretensiones condenadas al más absoluto fracaso.[64] Pese a todo, culminada la independencia en 1824, el gobierno español por boca de su soberano declaraba que «no consentiría jamás en reconocer los Nuevos Estados de la América española». Y a fe que lo mantuvieron contra toda racionalidad histórica, política o económica: el reconocimiento diplomático de las colonias como estados soberanos tardó más de sesenta años en ser realidad.

Reducida nuestra reflexión sólo a las cuestiones mercantiles, ese extrañamiento de las economías española y latinoamericana durante más de medio siglo es algo tan insólito que nos debiera haber hecho reflexionar y, por supuesto, haber promovido investigaciones específicas sobre el tema. Apenas las hay. Los estudios se han centrado, en la etapa del siglo XIX, en las relaciones económicas con el residuo colonial (Cuba, res-

64. Los tímidos intentos que se esbozaron en pro de una solución negociada no encontraron eco, como por ejemplo sucediera con la propuesta del ministro de Estado, Pizarro, en 1818, de cara al Congreso de Aquisgrán, de ofrecer una apertura total al comercio americano, que fue rechazada por el resto de los ministros del gabinete absolutista de Fernando VII; o la que, con posterioridad, hiciera Ofalia en sentido similar. En el mismo sentido han de entenderse actuaciones como la de incorporar a algún diputado americano en los gobiernos absolutistas como signo de conciliación, como sucediera con el caso de Lardizábal, que fuera diputado mexicano en las Cortes y miembro de la Regencia, nombrado por Fernando VII ministro universal de Indias, si bien su papel político como representante de los intereses americanos había sido reducido a nada al no haber aceptado en las Cortes el principio de «soberanía popular» que le desacreditaba para cualquier función mediadora con los insurgentes.

to del Caribe y Filipinas) donde, según Céspedes,[65] por obra y gracia del liberalismo parlamentario se aplicaría una política colonial «pura y dura» al estilo europeo, lo que supondría una «brusca y dramática ruptura de la tradicional política americana de España». Es difícil deshacer clichés.

En esas décadas de «silencio», las relaciones en términos económicos —políticos, también— quedaron casi a cero. Pocos escritos tan elocuentes como los de J. J. de Mora.[66] En 1835, las exportaciones españolas a la América ex colonial apenas alcanzarían el 3 por 100 del total; hacia 1849-1850, las importaciones desde América suponían el 39,74 por 100 del total de las de España pero, de ellas, las provenientes de las antiguas colonias, ya repúblicas independientes, apenas sumaban un 7,71 por 100 del total; y en exportaciones, lo que se les enviaba suponía el 5,9 por 100. Penosa tarea resultaría la de recomponer, aunque fuese bajo mínimo, las relaciones truncadas donde, al decir de Madoz,[67] sería decisiva la actuación del malagueño Manuel Agustín Heredia, «el primer español que, con sus expediciones directas a los Nuevos Estados de América del Sur restableció las relaciones interrumpidas desde la declaración de la independencia».

¿Dónde, pues, podría sustentarse aquella ilusión de restablecer la prosperidad o recuperación económica de España sobre la base del comercio con una América independiente y agradecida? En realidad, no había de qué: las economías española y latinoamericana durante el siglo XIX y buena parte del XX fueron concurrentes y competitivas más que complementarias.[68] De 1826 a 1913 el peso de las exportaciones españolas gravitó sobre el mercado europeo gracias a las materias primas minerales y productos agrarios, los mismos componentes exportadores de las repúblicas hispanoamericanas y, además, con similares clientes: Inglaterra y Francia. La concurrencia competitiva se dejaría sentir en materias tan diversas como el cobre o en el algodón o tabaco, que llegaron a constreñir seria-

65. G. Céspedes, *América hispánica (1492-1898)*, Historia de España, tomo VI, Barcelona, Labor, 1983.

66. El gaditano J. J. Mora fue corresponsal y traductor al español de Bentham; con una brilante trayectoria liberal, encontró amparo de Blanco White y del editor Ackerman en Londres, y se convirtió en uno de los principales introductores de la economía clásica en España, con larga permanencia en las repúblicas americanas en los años inmediatos a la independencia. Vuelto a España en 1844 dejó una importante obra publicada y manuscrita sobre el crucial período de la postindependencia analizado a través de las relaciones económicas de España con sus antiguas colonias; véase N. L. Siegrist, «José Joaquín de Mora y su Manuscrito sobre la industria y el comercio de España hacia 1850», Cádiz, 1992.

67. P. Madoz, *Diccionario*, XI, 89.

68. Me he ocupado del tema en «Relaciones económicas entre Andalucía y América en el siglo XIX: una aproximación», en *Andalucía y América en el siglo XIX*, Sevilla, Escuela de Estudios Hispanoamericanos, 1986.

mente la viabilidad de ciertos sectores industriales españoles durante el siglo XIX.

Cuando en 1900, perdido ya el último reducto colonial cubano, se celebra en España, en plena fiebre regeneracionista, el *Congreso Hispanoamericano* promovido por los Sindicatos de Exportación, se dice en sus conclusiones que «las relaciones comerciales son malas con América». Y como causas responsables se destacan, entre otras, el desconocimiento mutuo de los mercados, las dificultades de cobro en Hispanoamérica y la falta de una tutela proteccionista efectiva de parte del gobierno español si es que se quería volver «a conquistar por la paz los mercados que por la fuerza no supimos defender».[69] Del lado americano, la situación merecía una valoración diferente y, en cierto modo, no muy distinta de lo que desde la etapa del reformisno final dieciochesco venían repitiendo: los españoles no han perdido aún los vicios mercantiles practicados en época colonial,[70] hay escaso control de calidad en las exportaciones, envían viajantes y agentes sin escrúpulos que se comportan como «nuevos conquistadores», venden mal, sin propaganda ni expositores permanentes, de manera que los productos españoles que pudieran interesar son poco a poco desplazados por otros europeos o norteamericanos mejor comercializados. Las expectativas, continúan, que pudiera ofrecer España como «centro industrial transformador de las primeras materias americanas» para ser reexportadas a otros países europeos son mínimas, así como la disponibilidad de las necesarias asistencias financieras. La única excepción estimable a destacar sería el establecimiento del Depósito Franco en 1916, más tarde convertido en Zona Franca, del puerto de Barcelona y la creación de la Casa de América en la ciudad condal dedicada a desarrollar los estudios económicos Europa-América (no sólo los de España) e instituir una Cámara de Relaciones Comerciales Hispanoamericana, convertida a su vez en 1927 en el Instituto de Economía Americana.[71] A la iniciativa de la Cámara se debió la convocatoria en 1923 del *Primer Congreso español del Comercio de Ultramar* que, por intereses políticos, no se celebró en Cataluña sino en la capital de Andalucía, reviviéndose con tal motivo el rosario de reproches y frustraciones que desde el monopolio al libre comercio, durante más de tres siglos, mantuvieran postergada cuando no marginadas las aspiraciones americanistas de Catalu-

69. Véase el artículo de Basilio Paraiso, enero de 1901, en *Rev. Agricultura bética*, V, 117; véase A. M. Bernal, «Andalucía y América, una perspectiva histórica», *I.C.E.,* n.º 619.

70. Por lo que tiene de simbólico Venezuela en el proceso independentista, son interesantes los escritos que se publicaron sobre estas cuestiones, en el tránsito de los siglos XIX al XX, en el periódico caraqueño *El Heraldo*; véase A. M. Bernal, anterior artículo citado.

71. *Memoria de las conferencias de Cámaras y Asociaciones americanas de Comercio*, Barcelona, I.D.E.A., 1930.

ña y los agravios de las ex colonias. Un siglo después de consumada la independencia, la situación no parecía haber variado mucho de como la dejaron aquellos reformistas del siglo XVIII que, por los resultados, al parecer reformaron poco: metrópoli y ex colonias quedaron descolgadas durante el siglo XIX de una verdadera modernización, con crecimientos económicos apenas perceptibles. En suma, una «herencia» mal asumida y peor administrada sin que sea suficiente paliativo el recurso retórico de la historia.

LA HISTORIOGRAFÍA DE LA «CUESTIÓN AGRARIA» EN ESPAÑA*

PEDRO RUIZ TORRES
Universitat de València

INTRODUCCIÓN

La *cuestión agraria* ha sido uno de los temas preferidos de los historiadores de la España contemporánea. Así lo recordaba Ramón Villares a propósito de la obra de Manuel Tuñón de Lara y los coloquios de Pau. Por *cuestión agraria*, nos dice el citado historiador, se entendía «un problema estructural que venía constituido por el predominio de la gran propiedad latifundista y por la gran explotación, generalmente especializada y con abundante recurso a la mano de obra jornalera, que se consideraba como una de las pautas de comportamiento de la España contemporánea». La «interpretación canónica» de la historiografía española de los años sesenta y setenta, en especial la de tradición republicana y orientación política antifranquista, insistía en que la *cuestión agraria* era en España la consecuencia de una *revolución incompleta o fallida* en el siglo XIX, una revolución que había dejado pendiente la *reforma agraria*. En los últimos veinte años, por el contrario, la agricultura ha dejado de ser vista como un factor de atraso en la historia contemporánea de España y el tema central de la propiedad de la tierra o de la reforma agraria reconducido en favor del estudio de la gestión agraria, de la pequeña explotación familiar, de la adaptación al mercado y de «la producción agraria especializada, conforme con las exigencias de la naturaleza, en la que no sólo se evalúan los resultados productivos, sino los costos sociales y biológicos de los esfuerzos desplegados».[1]

* Mi agradecimiento a María Cruz Romeo por sus comentarios al primer borrador de este trabajo.

1. Es lo que Ramón Villares llama el desplazamiento de la atención de la «finca» al «huerto», un «auténtico giro», en el espacio de dos décadas, que ha dado la historia agraria en España y del que son buenos indicadores los contenidos de dos revistas especializadas: *Agricultura y Sociedad* (fundada en 1976) y *Noticiario de Historia Agraria* (en 1991, *Historia Agraria* a partir del número 15, enero-junio de 1995). Véase Ramón Villa-

En el primer capítulo del libro colectivo *El pozo de todos los males. Sobre el atraso en la agricultura española contemporánea*, que en conjunto resulta uno de los exponentes más destacados del aludido cambio de perspectiva, Josep Pujol analiza «La historiografía del atraso o el atraso de la historiografía».[2] El autor no tiene necesidad de mencionar la *cuestión agraria* a la hora de diferenciar las dos grandes líneas de interpretación de la historia económica de España del período comprendido entre el final del Antiguo Régimen y 1936. Una de ellas resalta el atraso debido al carácter parcial e inapropiado de un proceso político que generó instituciones poco proclives a fomentar el crecimiento económico. El inmovilismo que esas instituciones generaron, en particular en el sector agrario, sería en último término el causante del mal funcionamiento en general de la economía. La otra interpretación, por el contrario, niega que la agricultura estuviera atrasada en España por el mero hecho de no haber seguido las mismas pautas de crecimiento de otras economías capitalistas con más éxito en aquellos años. Hubo aquí una serie de cambios agrarios entre mediados del siglo XIX y 1936 en ámbitos tan diversos como el de las instituciones y las relaciones sociales; la titularidad y la distribución de la propiedad; el tipo de explotación y el carácter de la misma; las técnicas de producción y las orientaciones productivas de las diferentes agriculturas del Estado; los rendimientos y la productividad en función de las técnicas disponibles y de las posibilidades reales de las diversas zonas productoras en cada momento histórico, etc.

Josep Pujol cuestiona las interpretaciones que giran en torno al concepto de «atraso» y se muestra partidario de un «nuevo modelo alternativo» que tome en consideración los resultados de la historiografía agraria reciente. Considera las tesis del «atraso» deudoras de planteamientos tradicionales reformulados por distintas teorías de orientación liberal (la «teoría de la modernización», la «nueva economía institucional», la «teoría económica neoclásica»), «que asocian capitalismo, progreso e industrialización según pautas de funcionamiento que vendrían establecidas por la sacrosanta y abstracta institución del mercado y en las que ocuparían un lugar destacado los comportamientos maximizadores de los agentes económicos, como si éstos actuaran en un mundo homogéneo de restricciones y posibilidades de decisión, conocidas y evaluables».[3] Las tesis del «atraso» remitirían también a los enfoques predominantes en la

---

res, «La historia agraria de la España contemporánea: interpretaciones y tendencias», en J. L. García Delgado, A. Reig y R. Miralles, eds., *Tuñón de Lara y la historiografía española*, Madrid, Siglo XXI, 1999, pp. 219-243.

2. Josep Pujol, «La historiografía del atraso o el atraso de la historiografía», en VV.AA., *El pozo de todos los males*, Barcelona, Crítica, 2001, pp. 13-42.

3. *Ibid.*, p. 16.

historiografía hasta los años sesenta y setenta, que caracterizaron la evolución económica de España tras el fin del Antiguo Régimen como una experiencia frustrada, al no haberse obtenido los resultados alcanzados en los lugares donde la revolución liberal-burguesa instauró unas instituciones verdaderamente capitalistas. El hecho de que en España siguieran existiendo unas estructuras sociales tradicionales explicaría así el supuesto inmovilismo del sector agrario y el predominio de los intereses más retardatarios en el conjunto de una economía que no crecía al ritmo de los países que acabaron industrializándose. Razón por la cual, desde semejante creencia, resultaba imprescindible una *reforma agraria* no sólo por un imperativo ético, con el fin de corregir las desigualdades existentes en el mundo rural, sino en especial debido a que la gran propiedad de la clase absentista que sobrevivió al Antiguo Régimen era «por naturaleza» ineficiente y desde el siglo XIX resultaba uno de los principales obstáculos para el crecimiento de la economía española.[4]

En la *historiografía de la «cuestión agraria»* está en efecto muy presente la idea de «atraso» y de ausencia de «reforma agraria». Ahora bien, si fuera sólo eso, tendría poco interés volver de nuevo sobre el tema. Me gustaría poner de relieve otros aspectos menos tomados en consideración. Ello nos llevará, primero, al origen mismo del análisis histórico de la cuestión agraria en la crisis de finales del ochocientos y, en segundo lugar, a la trayectoria recorrida en el primer tercio del siglo XX, para pasar luego en el tercer apartado a mencionar los cambios de enfoque a partir de la década de 1950. El *problema social de la tierra* movió a concebir de una determinada manera *la cuestión agraria*. Adquirió una enorme entidad en la sociedad española de principios del siglo XX hasta la transformación (primero económica y luego política) de los años 1960 y 1970. Mi análisis pretende conjugar el plano historiográfico con el ideológico-político. Se detendrá en la década de 1980, en el momento en que dicho problema, tratado como iremos viendo de forma mucho más diversa de lo que suele pensarse, perdió su anterior protagonismo en la historia agraria contemporánea de España.

El planteamiento histórico de la cuestión agraria en la crisis de finales del siglo XIX

Dos son los rasgos, según José María Jover,[5] que toma en España la coyuntura de ámbito europeo a la que damos el nombre de «crisis de fin

4. *Ibid.*, p. 22.

5. José María Jover Zamora, «Aspectos de la civilización española en la crisis de fin de siglo», en J. P. Fusi y A. Niño, eds., *Vísperas del 98. Orígenes y antecedentes de la crisis del 98*, Madrid, Biblioteca Nueva, 1997, pp. 15-46.

de siglo». Uno de esos rasgos es la crisis de la mentalidad positivista, heredera del pensamiento ilustrado y de su idea de progreso.[6] El otro es lo que Jover llama «las manifestaciones de una nueva sensibilidad social» o mejor, como él mismo precisa, «de una nueva sensibilidad de las clases medias ante el pueblo» en forma de diversas expresiones literarias y artísticas. Juan Pan-Montojo, por su parte, ha caracterizado la coyuntura *fin-de-siècle* (reacciones antipositivistas, crítica a la idea de progreso, afirmación de la intuición, la pasión, el impulso vital o el subsconsciente, denuncia de las convenciones y valores «burgueses») como el «comienzo desordenado y fragmentario de una modernidad alejada de los patrones del siglo XIX».[7] Son los años también de la crisis agraria y sus repercusiones en los diferentes países[8] y del debate sobre *la cuestión agraria* (resultado «de la situación económica moderna»)[9] como *parte integrante de la cuestión social.* En ese contexto de crisis, amplio por el espacio europeo que abarca y profundo por el tejido cultural e intelectual que remueve, surge también en España el interés social por la cuestión agraria.

La «cuestión social» y el «problema agrario» habían sido objeto de atención preferente en España, mucho antes de las últimas décadas del siglo XIX, en una tradición de pensamiento reformista que se remonta a la centuria anterior y cuyos rasgos y variantes principales resalta Ricardo Robledo.[10] En esa tradición de «economistas y reformadores españoles» encontramos una denuncia de los males agrarios, poderoso obstáculo al progreso de la economía española, y diversas propuestas de reforma, pero

6. Véase Vicente Cacho Viu, «Crisis del positivismo, derrota de 1898 y morales colectivas», en J. P. Fusi y A. Niño, eds., *Vísperas del 98. Orígenes y antecedentes de la crisis del 98*, Madrid, Biblioteca Nueva, 1997, pp. 221-235.

7. Juan Pan-Montojo, «Introducción ¿98 o fin de siglo?», en Juan Pan-Montojo, coord., *Más se perdió en Cuba. España, 1898 y la crisis fin de siglo*, Madrid, Alianza, 1998, p. 13.

8. Ramón Garrabou, ed., *La crisis agraria de fines del siglo* XIX, Barcelona, Crítica, 1988; y la introducción de Ramón Garrabou y Jesús Sanz al vol. 2 de la *Historia agraria de la España contemporánea*, Barcelona, Crítica, 1985, pp. 7-191.

9. Dependencia creciente del mercado mundial y de la competencia internacional, encadenamiento al capital mercantil y al capital bancario y usurario, conflicto entre la gran empresa y la economía pequeño-campesina, antagonismo cada vez mayor entre los empresarios rurales y la naciente clase obrera rural, etc., véase el prólogo de Erns Schraepler a la edición alemana de 1966 del libro de Karl Kautsky, *La cuestión agraria. Estudio de las tendencias de la agricultura moderna y de la política agraria de la socialdemocracia*, publicado por primera vez en 1899, traducido al español por Ruedo Ibérico, 1970.

10. Ricardo Robledo, *Economistas y reformadores españoles: La cuestión agraria (1760-1935)*, Madrid, Ministerio de Agricultura, Pesca y Administración, 1993. Sobre las políticas agrarias de los ilustrados, véanse las contribuciones de Miguel Artola, Gonzalo Anes, Vicent Llombart y Ángel García Sanz al libro coordinado por este último y Jesús Sanz, *Reformas y políticas agrarias en la historia de España*, Madrid, Ministerio de Agricultura, Pesca y Alimentación, 1996, pp. 15-200.

ese problema adquiere perfiles diferentes a la cuestión agraria tal y como es formulada a finales del siglo XIX. Antes la atención se dirigía hacia el «fomento de la agricultura» y del poblamiento rural, a los debates políticos sobre las «leyes agrarias» del reformismo ilustrado o de la revolución liberal, a la liberalización de la propiedad y la destrucción de los «restos del feudalismo», a la orientación de la política comercial y arancelaria. Todo ello, nos dice Ricardo Robledo, estuvo presente en una tradición de pensamiento para la que «la prosperidad de la agricultura era no sólo condición para un mayor crecimiento económico sino también la garantía para la estabilidad del orden social». Sin embargo en las últimas décadas del siglo XIX, como veremos a continuación, por cuestión agraria se entiende un problema social muy concreto, producto de ciertos hechos históricos recientes, cuyo efecto negativo seguía manifestándose en buena parte de España. El tiempo transcurrido ayudó sin duda a convertir en objeto de análisis histórico lo que antes era asunto de debate político, pero el estudio de la historia debía experimentar además una modificación importante. La visión en apariencia aséptica de otras épocas muy diferentes a la sociedad contemporánea iba a ser sustituida por el deseo de comprender los asuntos heredados del pasado inmediato y con mayor incidencia política en el presente.

Comparemos el significado del concepto «cuestión social agraria» en dos autores de distinta época, Álvaro Flórez Estrada y Joaquín Costa. El primero, en un trabajo publicado en 1839, *La cuestión social, o sea, origen, latitud y efectos del derecho de propiedad*,[11] se refiere a la cuestión agraria como un «fenómeno universal», resultado de la apropiación por determinados individuos de unos bienes naturales que no debemos confundir con el producto exclusivo de la industria del hombre. En opinión de Flórez Estrada, los economistas posteriores a Smith cometieron el error de no distinguir la riqueza de los dones naturales, pero la apropiación de un don natural como la tierra no debe hacerse equiparable a la de los objetos que son producto del trabajo, por cuanto la primera tiene unos efectos muy perniciosos. La apropiación de la tierra no es fuente de progreso sino de calamidades e impide que la mayor parte del género humano pueda trabajar, que el trabajo tenga la recompensa debida y que los intereses de los asociados estén en armonía. Una parte de la recom-

11. Reproducido en Álvaro Flórez Estrada, *Escritos políticos*, edición preliminar de Manuel Jesús González, Oviedo, Junta General del Principado de Asturias, 1994, pp. 3-26. El texto aludido en realidad no estaba pensado para publicarse por separado, sino como parte del *Curso de Economía Política*, que alcanzó entonces su quinta edición. Hay una edición moderna en *Revista del Trabajo*, 31, (1970). Sobre el pensamiento de Flórez Estrada véase Salvador Almenar, «El pensamiento económico de A. Flórez Estrada. Economista ricardiano y reformista radical», estudio preliminar a la edición del *Curso de Economía Política*, Madrid, Instituto de Estudios Fiscales, 1980 (prólogo de E. Lluch), pp. XXXIX-CXX.

pensa del trabajo es adjudicada, bajo el nombre de renta, al que se ha apropiado de lo que es esencialmente inapropiable y ello crea y premia la ociosidad, da existencia a unas leyes que, «so color de proteger el derecho de propiedad, le destruían de raíz, arrancando al trabajador parte del fruto de su sudor y entregándola al *propietario* ocioso; a leyes que, justificando la usurpación más criminal, hacían depender el precepto del Criador de la voluntad de la criatura: en una palabra, destruyó las bases de la sociedad humana, *la obligación de trabajar y la facultad de disponer del producto del trabajo*, sin cuyas bases el sistema social quedó falseado, y la lucha del género humano se hizo interminable».[12] Según Flórez Estrada, en todos los códigos de la antigüedad hay leyes que intentan remediar los efectos de tan perniciosa usurpación: en la época romana, en el feudalismo, en las leyes de los incas, en la sabiduría de la legislación de Moisés entre los hebreos. A diferencia de lo ocurrido entonces, la ley de 19 de febrero de 1836 puso en venta en España los bienes nacionales e hizo que los bienes de la naturaleza se convirtieran en propiedad exclusiva de una clase ociosa, fomentó la ociosidad y el crimen y destruyó las bases sociales. Mientras la tierra fuera de propiedad particular, el trabajo no obtendría la recompensa merecida. De ahí su reivindicación del Estado como único «propietario del dominio directo de la tierra, y que debe distribuirla entre los que la hayan de cultivar; condición esencial, pues sin ella la base de la sociedad quedaría desatendida».[13] Ésa era la reforma necesaria, también en el caso de España, para corregir un problema de una dimensión y un carácter universal, por cuanto afectaba a la historia en general del género humano, según Flórez Estrada.

A la altura de 1905 Joaquín Costa[14] no trata el «problema social agrario» o la «cuestión de las tierras» como un fenómeno universal sino como

12. A. Flórez Estrada, *Escritos políticos*..., p. 12.

13. *Ibid*, p. 20.

14. Joaquín Costa, «La cuestión de las tierras a propósito del caso de La Solana», texto que procede de una intervención oral suya en la asamblea pública de la villa manchega de La Solana, donde disertó sobre «*el problema social agrario* o de los campos». Aparece reproducido en la parte cuarta «La tierra y la cuestión social» del libro *La fórmula de la agricultura española*, Madrid, Librería Bergua, s.f., introducción de Joaquín Costa fechada en septiembre de 1911, vol. II, pp. 199-235. Hay también otra edición: Joaquín Costa, *La tierra y la cuestión social*, Obras Completas, tomo IV de la Biblioteca Económica, Madrid, Biblioteca Costa, 1912. La obra agraria de Costa cuenta por fortuna con un muy meritorio estudio crítico textual y bibliográfico a cargo de Cristóbal Gómez Benito y Alfonso Ortí Benlloch, *Estudio crítico, reconstrucción y sistematización del corpus agrario de Joaquín Costa*, Huesca, Fundación «Joaquín Costa»-Instituto de Estudios Altoaragoneses, 1996. Para los primeros escritos, Joaquín Costa, *Escritos agrarios*, vol. 1. *Escritos de juventud 1864-1871,* edición crítica, introducción y notas de Cristóbal Gómez Benito y Alfonso Ortí Benlloch, Huesca, Fundación «Joaquín Costa»-Instituto de Estudios Altoaragoneses, 1998.

un hecho de la historia reciente de España, aunque comparta con Flórez Estrada la postura en favor de la intervención del Estado. En palabras de Costa, es el problema dejado por una revolución política que en el siglo XIX, «allá en los tiempos heroicos de las propagandas liberales», unió la implantación de las reformas que preconizaba («el reconocimiento o la consagración de los derechos individuales, el sufragio universal, el juicio por jurados y otras semejantes») al «engrandecimiento del país, el adelanto y el mejoramiento de las clases populares, el progreso del bienestar general». Después de «medio siglo de asonadas, pronunciamientos, manifiestos, revoluciones, fusilamientos, cambios de régimen y de dinastía, proclamación de Constituciones bautizadas pomposamente con el dictado de democráticas, las *libertades* han venido, tenemos todo lo que se pedía... y sin embargo seguimos lo mismo que estábamos: el pueblo gime en la misma servidumbre que antes». Los hombres de Estado de 1873 lo vieron claramente y se preocuparon no sólo de la reforma política sino también de la reforma social, cuando todavía podía fructificar «pacífica y evolutivamente, sin los grandes trastornos y conmoción que ahora nos amenazan y que empiezan a alarmar a todos los partidos». Con mucho retraso en la actualidad, con más retórica que efectividad, han comenzado los poderes públicos a volver la atención hacia los campos y han visto «que existe en la Península, especialmente en Extremadura y Andalucía, toda una clase social, la clase de asalariados y labriegos, que, no obstante sustentar sobre sus hombros casi toda la maquinaria del Estado, no puede saciar su hambre ni siquiera una vez en todo un año, afrenta de la filosofía, afrenta del cristianismo, afrenta de la civilización».

El *problema social agrario* en España, la llamada «cuestión social de los campos», queda expuesto así por Costa: «que el jornalero —como en general todo el que vive próximo a esa condición, sin excluir algunos labradores que viven peor y con más apuros que él—, que el jornalero, repito, aun con la ayuda de su familia, no gana lo estrictamente preciso para sustentarse; que para vivir vida medianamente humana, necesita absolutamente bastante más de lo que gana; y que no ganándolo, salda el déficit con privaciones, con escaseces, con enfermedades, acostándose todas las noches con hambre, llegando a viejo a los cuarenta años, viviendo por término medio diez, quince y aun veinte años menos que las clases acomodadas que comen lo preciso y trabajan moderadamente».[15] En cuanto a la manera de resolver dicho problema, Costa defiende la transformación del jornalero en cultivador independiente, pero eso sólo llegará si el jornalero pasa por un período intermedio en que pueda ser las dos cosas a la vez, es decir, en parte asalariado y en parte labrador. Para lo cual es preciso alterar radicalmente «los actuales principios de-

15. Joaquín Costa, *La fórmula...*, *op. cit.*, p. 205.

samortizadores». Los ayuntamientos han de comprar tierras, bien el pleno dominio, bien únicamente el dominio útil (como era frecuente en nuestro país, sobre todo en el siglo XV) o recibirlas en donativo de particulares. La propuesta de mudar la condición actual del trabajador del campo, de forma que sea a medias asalariado y a medias labrador para convertirse un día sólo en lo segundo, está lejos para Costa de ser un invento suyo, sino una fórmula «tomada de la realidad» y que «lleva la recomendación de los siglos». En España hay abundantes ejemplos en épocas pasadas e incluso iniciativas muy recientes que van por el mismo camino, como la de «varias casas de la nobleza que son grandes señores territoriales y han dividido extensos cortijos y dehesas en algunas localidades». La nueva legislación municipal de Inglaterra, donde el partido conservador en 1887 facultó a los ayuntamientos para adquirir tierras e incluso a hacer uso de la expropiación forzosa, en caso necesario, para darlas luego a los braceros del campo, era también un hecho destacable. De igual modo había que aplaudir los proyectos de ley municipal presentados últimamente a las Cortes españolas, tanto el de Moret como el de Maura, en la línea del código civil «que empezó ya a reaccionar contra las leyes desamortizadoras, acabando con la prohibición que éstas envolvían».[16] La nueva ley municipal, que en opinión de Costa pronto había de regir en España, autorizaría a los ayuntamientos a poseer tierras y concederlas a los braceros, sea en censo, sea en usufructo, sea en aparcería o en cualquier otra forma, y podrían seguir de ese modo el ejemplo de Inglaterra.

Si así era el presente y las ideas agrarias de Joaquín Costa en su etapa de participación intensa en la vida política,[17] el fundamento de su propuesta se encuentra en un modo de concebir la historia y en particular la historia reciente de España. En su opinión el *problema agrario* está presente en los estudios y memorias oficiales de finales del siglo XIX y principios del XX, así como en la información pública de la Comisión de Reformas Sociales, pero a la hora de tratarlo sólo encontramos *arbitrismo* y *especulación*. Ni la ciencia ni la experiencia entran en las memorias y discursos que hablan de ello, sino por excepción y en muy exiguas proporciones, pese a la gran cantidad de información disponible procedente de los siglos XVIII y XIX. El interés de los poderes públicos, mostrado recientemente (hasta el rey había convocado en 1904 un concurso, resuelto un año después, para premiar el mejor trabajo sobre el problema agrario en

16. *Ibid.*, p. 220.

17. Eloy Fernández Clemente, *Estudios sobre Joaquín Costa*, Zaragoza, Universidad de Zaragoza, 1989, pp. 40-44; del mismo autor: «Costa, un intelectual para la crisis», *Anales de la Fundación Joaquín Costa*, 18 (2001), pp. 5-38, con una amplia bibliografía actualizada.

el mediodía peninsular), ha servido de poco para promover el estudio científico de la cuestión agraria. El autor de *Colectivismo agrario en España* quiere, por el contrario, hacer «ciencia» de la historia y plantea el problema desde esa perspectiva, lo que le lleva a ser crítico con la reforma liberal que tuvo lugar en España y con la ideología que la inspiró. Su propuesta de solución se fundamenta en el pasado anterior a las reformas liberales y a la «revolución política», pero no del mismo modo que los defensores del tradicionalismo.[18] Su interés por la historia y su visión de la misma es de otro tipo. No debería extrañarnos la importancia del análisis histórico en el pensamiento agrario de Costa. Mucho antes de iniciar en su tierra de origen la actividad de hombre público y entrar en política presentándose en 1893 a las elecciones municipales y luego más tarde, en 1896, a diputado en Cortes,[19] había mostrado de joven un firme deseo de dedicarse al estudio de la historia y hacer carrera como historiador en la universidad española. Ese deseo quedó definitivamente frustrado en 1875, por culpa del sistema de reclutamiento del profesorado que imperaba en una coyuntura política hostil a la otrora influyente corriente krausista.[20] Veámoslo con un poco más de detalle.

En la España decimonónica apenas contaba la historia como disciplina universitaria. Los pocos historiadores profesores de universidad se limitaban a una historia con un enfoque filosófico o una retórica anticuados contra la que se alzaba, fuera de la institución universitaria, la alternativa de los archiveros partidarios de una estrecha historia erudita.[21] Joaquín Costa quiso obtener en 1875 la cátedra de Historia de España de la Universidad de Madrid. Antes, durante el sexenio democrático y en especial al proclamarse la Primera República, las nuevas circunstancias políticas habían creado un ambiente favorable a los discípulos de Julián Sanz del Río[22] y de

18. Estoy de acuerdo con Óscar Ignacio Mateos, *Nacionalismo español y europeísmo en el pensamiento de Joaquín Costa*, Zaragoza, Inst. Fernando el Católico, Diputación de Zaragoza, 1998, p. 147, en la diferencia radical que existe entre el nacionalismo español de Costa y el tradicionalismo, pese a coincidir en el recurso al pasado anterior a la revolución liberal y en la creencia en la validez de ciertas instituciones consuetudinarias.

19. Jacques Maurice y Carlos Serrano, *J. Costa: Crisis de la Restauración y populismo (1875-1911)*, Madrid, Siglo XXI, 1977; Carlos Serrano, *Le tour du peuple*, Madrid, Casa de Velázquez, 1987.

20. Ignacio Peiró, «La historia de una ilusión: Costa y sus recuerdos universitarios», *Anales de la Fundación Joaquín Costa*, 13 (1996), pp. 209-312. Véase también Joaquín Costa, *Oposiciones a la cátedra de Historia de España de la Universidad de Madrid*, introducción de Ignacio Peiró, Zaragoza, Institución «Fernando el Católico», 1997.

21. Ignacio Peiró y Gonzalo Pasamar, *La Escuela Superior de Diplomática. Los archiveros en la historiografía española contemporánea*, Madrid, ANABAD, La Muralla, 1996.

22. Las ideas filosóficas del introductor del krausismo en España, en Tereza Rodríguez de Lecea, *Antropología y filosofía de la historia en Julián Sanz del Río*, Madrid, Centro de Estudios Constitucionales, 1991.

Fernando de Castro, los dos grandes maestros de la escuela krausista donde se había formado intelectualmente Costa. En 1873 incluso el gobierno llegó a elaborar un proyecto de reforma universitaria capaz de promover por fin la ciencia histórica en España.[23] En aquellos años Joaquín Costa, hijo de un modesto labrador aragonés, consiguió con muchas dificultades económicas terminar los estudios de Derecho y de Filosofía y Letras bajo la tutela de Fernando de Castro, Francisco Giner de los Ríos y Gumersindo de Azcárate, doctorarse luego en Derecho y sacar una plaza de profesor auxiliar de legislación comparada en la Facultad de Derecho de Madrid. En la órbita del krausismo y comprometido con la opción republicana, su trabajo académico se dirigió hacia el estudio del derecho consuetudinario,[24] asunto que no abandonó el resto de su vida. Conviene ponerlo de manifiesto y mostrar también que ese interés por el derecho consuetudinario, a diferencia del planteamiento filosófico en torno a una humanidad ideal en camino hacia el progreso, hizo que Costa se orientara pronto hacia el estudio de los problemas concretos de la «nación española», en especial el agrario, con una perspectiva que debe mucho a la influencia del historicismo y en particular a la escuela histórica jurídica alemana fundada a principios del siglo XIX por Savigny.[25]

23. José Deleito y Piñuela, *La enseñanza de la historia en la universidad española y su reforma posible*, discurso inaugural del curso 1918-1919 en la Universidad de Valencia, Valencia, 1918, pp. 9-17, reproducido en P. Ruiz Torres, ed., *Discursos sobre la historia...*

24. En 1873 Costa obtiene un premio concedido por la Universidad de Madrid por un ensayo sobre derecho consuetudinario que luego incluiría en su libro *La vida del Derecho*, publicado en 1876. De ahí en adelante, como recuerda Carlos Serrano en su introducción a la reedición de *Colectivismo agrario en España*, Zaragoza, Guara, 1983, vol. I, p. 15, no abandonará este tema: *Derecho consuetudinario del Alto Aragón* (1880), *Teoría del hecho jurídico, individual y social* (1880), *La libertad civil y el Congreso de Jurisconsultos aragoneses* (1883), *Estudios jurídicos y políticos* (1884), *Materiales para el estudio del Derecho municipal consuetudinario de España* (1885, en colaboración con Manuel Pedregal y Juan Serrano Gómez). La inmensa labor de recopilación de estas costumbres jurídicas culminará en 1902 en la publicación colectiva, dirigida por Costa, *Derecho consuetudinario y economía popular de España*. En la década anterior, Costa dará a conocer en 1895 un breve folleto sobre *Colectivismo, comunismo y socialismo en derecho positivo español (Ensayo de un plan)*, y en 1898 el libro *Colectivismo agrario en España*.

25. Eric Storm lo pone de relieve en su libro *La perspectiva del progreso. Pensamiento político en la España del cambio de siglo (1890-1914)*, Madrid, Biblioteca Nueva, 2001, pp. 101-105. Por ello no considero adecuado el calificativo de «social-liberalismo» que este historiador utiliza para caracterizar el pensamiento de Joaquín Costa, ni el término «positivismo» a modo de cajón de sastre donde cabe cualquier partidario del estudio científico de la sociedad a la manera como se venía haciendo en las ciencias de la naturaleza. Mejor me parece relacionar, como hace Storm, a Costa y a los catalanes Valentí Almirall y Pompeu Gener, en la medida en que todos ellos buscaron en el pasado la causa principal del deplorable estado de España y eran partidarios, frente al punto de vista típicamente liberal, de la intervención del Estado para proteger y potenciar el carácter nacional, el «espíritu del pueblo», el *Volkgeist*, cuya expresión más directa y espontánea era, para Costa, el derecho

El estudio de la historia de España, unido a la posibilidad de hacer carrera académica como historiador, le pareció a Costa un objetivo alcanzable en los años 1874 y 1875, pero para su desgracia las circunstancias políticas cambiaron por completo. El primero de esos años presentó a un concurso de artículos promovido por la revista *La Ilustración Española y Americana* un extenso trabajo sobre «la revolución española» fechado el 14 de marzo de 1874, que reelaboraría y condensaría en su «discurso para los ejercicios de doctorado en la Facultad de Filosofía y Letras» con el título «Plan de una introducción al estudio de la Revolución española», defendido el 24 de junio de 1875.[26] Costa concibe aquí la *revolución española* como un «hecho social» que afecta a todos los dominios de la vida. En el citado estudio la revolución comprende en España el período 1808-1823, aunque se inicia en la época borbónica a instancias de la «Administración del Estado», momento en que la Ilustración española cobra una enorme importancia. Hasta tal punto valora Costa el reformismo ilustrado en ese trabajo de historia de España que lo considera capaz de haber producido la transformación social deseada a la luz de la ciencia y la razón, de no haber quedado bruscamente interrumpida por la violencia y los excesos de la Revolución Francesa que provocaron el repliegue temeroso a posiciones conservadoras de muchos de los antiguos ilustrados.

A diferencia de las simpatías que Costa manifiesta por las revoluciones inglesa y norteamericana, capaces de combinar tradición y novedad, la francesa, con su pretensión uniformizadora, le suscita un completo rechazo, en la línea de Burke y de la Escuela Histórica alemana. Considera que la Revolución Francesa tuvo una influencia desastrosa por dos moti-

---

consuetudinario. Por otro lado conviene saber que las ideas de Krause y Ahrens acerca del derecho natural, como ha puesto de relieve Joaquín Abellán (véase «Sobre la recepción de Krause en España: la continuidad del derecho natural tradicional», en Miguel Ángel Vega y Henning Wegener, *España y Alemania. Percepciones mutuas de cinco siglos de historia*, Madrid, Universidad Complutense, 2002, pp. 131-144), rechazaban el nuevo derecho natural inaugurado en Alemania por Kant, que puede calificarse de liberal, y se mantenían fieles a la tradición iusnaturalista ilustrada. El pensamiento de Krause, que tanto éxito tuvo entre los intelectuales reformistas en España, encajaba bien (en palabras de Joaquín Abellán) dentro de una tradición que no era ajena a éstos, familiarizados con el pensamiento escolástico difundido en las universidades. «La cuestión de cómo un pensamiento con las características del krausista se pudo convertir en dinamizador de renovación intelectual española tendría que recibir un tratamiento distinto al habitualmente recibido, si se tiene en cuenta precisamente la existencia de esta continuidad del pensamiento de Krause y Ahrens con la tradición ilustrada prekantiana» (p. 144).

26. Joaquín Costa, *Historia crítica de la Revolución española*, edición, introducción y notas de Alberto Gil Novales, Madrid, Centro de Estudios Constitucionales, 1993. Véase también George J. G. Cheyne, «Plan de una introducción al estudio de la revolución española», *Boletín de la Real Academia de la Historia*, CLXXVIII, enero-abril de 1981, pp. 105-153.

vos en especial: porque interrumpió entonces las reformas que comenzaban a introducirse en Europa y principalmente en España durante la época de la Ilustración; y porque, más tarde, «su memoria idealizada, autorizando todo linaje de excesos, y sus principios idealistas y abstractos, poniendo el poder en el mismo y en el poder la arbitrariedad, llevaron su perniciosa influencia a las revoluciones ulteriores, a partir ya del segundo período que en la española se subdivide, esto es, desde 1820».[27] Una valoración tan negativa de la revolución por excelencia, en contraposición a las reformas ilustradas cuyo alcance queda así convenientemente realzado, resulta en mi opinión el primer aspecto destacable del enfoque histórico de la cuestión agraria en el caso de Joaquín Costa y nos permitirá distinguirlo a su vez de otros posteriores.

Poco después de haber obtenido el doctorado en Filosofía y Letras con su discurso sobre la «revolución española», Costa sufre el cambio político que expulsa de la universidad española a relevantes intelectuales de la corriente krausista. De nuevo Orovio, ministro de Fomento del primer gabinete formado por Antonio Cánovas del Castillo, se convierte en protagonista de la llamada *segunda cuestión universitaria*, con una circular enviada el 26 de febrero de 1875 a los rectores de las universidades para que en ellas no se enseñe nada contrario «al dogma católico y a la sana moral». La circular provoca la protesta de dos discípulos de Giner en la Universidad de Santiago, posteriormente expedientados, y la intervención de Azcárate en contra de la censura y en favor de la libertad de la ciencia.[28] Emilio Castelar renuncia a la cátedra de «Historia crítica de España» de la Universidad Central. Giner se solidariza con sus discípulos y es confinado en Cádiz. La protesta crece y entre los que envían escritos en ese sentido al ministerio encontramos a un grupo de catedráticos de Historia de las Universidades de Madrid (Miguel Morayta), Valencia (José Villó) y Sevilla (Federico de Castro, Manuel Sales y Ferré y Francisco José Barnes).[29] En represalia, el gobierno separa a Giner, Salmerón y Azcárate de la universidad. Los profesores krausistas de mayor relieve buscan refugio en la enseñanza privada y en esa coyuntura, como es bien sabido, surge la Institución Libre de Enseñanza.[30] Costa también se soli-

27. Joaquín Costa, *Historia crítica...*, pp. 50-51.

28. Véase Manuel de Puelles Benítez, *Educación e ideología en la España contemporánea*, Madrid, Tecnos, 1999⁴, pp. 165-169.

29. Ignacio Peiró, «La historia de una ilusión...», *Anales de la Fundación Joaquín Costa*, *op.cit.*, pp. 212-221, donde hay un pormenorizado relato que da cuenta de cómo entre 1875 y finales de la década de los noventa la escuela krausista pierde el control de las cátedras de Historia de la Central y de lo mucho que le afectó todo ello a Joaquín Costa. El artículo de Peiró proporciona una abundante información sobre la oposición de 1875.

30. Antonio Jiménez Landi, *La Institución Libre de Enseñanza y su ambiente*, Madrid, Universidad Complutense, 1996, 4 vols.

dariza y renuncia a su puesto de auxiliar en la Facultad de Derecho de Madrid en junio de 1875, apenas nueve meses después de haber tomado posesión. Sin embargo, firma a continuación la cátedra que Castelar había dejado vacante y se ve envuelto en lo que considera una decisión académica injusta, al no obtener el premio de doctorado en beneficio del candidato oficial, Marcelino Menéndez y Pelayo. Finalmente, el 27 de noviembre de 1875, el tribunal de la oposición le coloca en el último lugar de la terna propuesta al ministro de Fomento.[31] Ello le produce una enorme indignación y renuncia a su inclusión en dicha terna.

La explicación del «plan o programa de enseñanza» de la asignatura Historia de España que redacta y presenta en 1875 el opositor Joaquín Costa es todo un compendio muy interesante de sus ideas acerca de la historia concebida como ciencia y en particular de la historia de España.[32] Costa propone una historia diferente de la que según él cultiva la mayoría de los historiadores españoles, distinta de la historia que no pasa de ser una narración de cierta clase de hechos políticos relativos a la vida de las dinastías y de los reyes, a las empresas de fuerza y a las relaciones internacionales sostenidas por medio de la guerra, una historia que es más unas «crónicas de reyes y fragmentos de historia política que verdaderas historias de España». La historia es para Costa una «ciencia de los hechos» pero «hecho», en la mejor tradición idealista asumida por el krausismo, es «determinación o concreción de algo esencial en el tiempo», la «esencia revestida de forma real» y no sólo la actividad que la realiza. Por eso la historia de España es la historia de esa personalidad social que conocemos con dicho nombre, la historia del *ser* cuya esencia se realiza en aquellos hechos objeto de la ciencia histórica: España como *ser orgánico* que nace, tiene su infancia, evoluciona y acumula progresos, que pasa «del estado doméstico al municipal y de éste al nacional», de la creencia politeísta al cristianismo y luego a la emancipación de la conciencia religiosa, de la industria primitiva a los grandes inventos de la física y de la mecánica, de la ciencia de los pocos a la ciencia de la generalidad. La esencia de esa personalidad que llamamos España no es pura abstracción, nos dice Costa, sino que está compuesta de multitud de otras esencias subordinadas: Derecho, Religión, Industria, Arte, Moralidad, por relación a las cuales España se dice Estado español. Debido a ello, la Historia de España debe abarcar todos estos aspectos por igual, sin dar a uno más importancia que a los otros. Al mismo tiempo, no sólo ha de en-

31. George J. G. Cheyne, *Joaquín Costa, el gran desconocido. Esbozo biográfico*, Barcelona, Ariel, 1972, pp. 83-89; Ignacio Peiró, «Introducción», en Joaquín Costa, *Oposiciones a la cátedra…*, *op. cit.*, pp. 9-11.

32. «Explicación del plan o programa», en Joaquín Costa, *Oposiciones a la cátedra…*, pp. 55-76.

trar a formar parte de ella «lo material de la acción social y la progresiva evolución interior-exterior de la nacionalidad española», esto es, «la dinámica de su historia», sino también «su estática, a saber por una parte la constitución interior de sus órganos en cada una de las esferas de vida que antes he ya declarado y, por otra parte, el estado de los fines sociales por lo que se refiere a su cultivo y progreso alcanzado en cada época y a la influencia que han logrado en la vida real».[33]

Situada en la esfera de influencia de la filosofía de la historia krausista, que orienta en España la enseñanza de la historia en las cátedras universitarias de ideología más avanzada, la explicación del programa de Historia de España que nos proporciona en 1875 Joaquín Costa contiene una idea fundamental, presente luego en el resto de su obra. La nación o nacionalidad española ha de concebirse como un ser con personalidad propia. Ese ser está dotado de una esencia eterna y permanente que se manifiesta a lo largo de la evolución en las distintas épocas. La esencia hay que buscarla en los hechos particulares que el historiador analiza. De ahí la insistencia en el derecho consuetudinario, en tanto que creación jurídica espontánea del espíritu de cada pueblo, de cada nación, y el interés por *el derecho consuetudinario y la economía popular de España*, fundamentalmente de carácter agrario, como expresión de la esencia de la nacionalidad española.

El «populismo» de Costa, tantas veces mencionado por los historiadores, tiene un significado distinto del populismo que encontramos en sólo una parte de la cultura republicana española,[34] y no debe confundirse con una manifestación radicalizada de los ideales democráticos de la Revolución Francesa, dispuestos a dar cabida a la participación directa del pueblo en la obra legisladora. El «populismo» de Costa es por el contrario elitista. Defiende una reforma hecha desde arriba por una élite ilustrada y rechaza un único tipo de transformación política en sentido liberal cuyo modelo es Francia. Se relaciona con el clima intelectual que alimenta en Alemania (pero no sólo en ella) el romanticismo, cierta clase de filosofía idealista (no un idealismo puro o absoluto, sino el intento de armonizar el idealismo con el empirismo), el historicismo y la Escuela Histórica del Derecho. Esa tradición llega en gran medida a España a través del krausismo y contribuye al desplazamiento de la noción de soberanía por el invento de una identidad popular natural y originaria, con

33. *Ibid.*, p. 59.

34. Sobre esta cultura republicana véase Manuel Suárez Cortina, «Entre la barricada y el parlamento. La cultura republicana en la Restauración», en Manuel Suárez Cortina, ed., *La cultura española en la Restauración*, Santander, Sociedad Menéndez y Pelayo, 1999, pp. 499-523; del mismo autor, *El gorro frigio. Liberalismo, democracia y republicanismo en la Restauración*, Madrid, Biblioteca Nueva-Sociedad Menéndez y Pelayo, 2000.

el fin de fundamentar la nación-Estado en un sustrato étnico, intemporal y permanente, y no en un mero contrato político.

Semejante perspectiva filosófica idealista está presente en el krausismo español, que la convierte en la alternativa al racionalismo homogéneo y universalista procedente de Francia, y se manifiesta en 1874 y 1875, como acabamos de ver, en el enfoque histórico de Costa. Más tarde conservará su prestigio en ciertos círculos intelectuales marginados por la Restauración después de la fatídica fecha de 1875, hasta el punto de que el *organicismo social* procedente de las ideas krausistas[35] tendrá una enorme influencia en el pensamiento jurídico español de finales del siglo XIX y principios del XX (Azcárate, Giner, Posada)[36] y en la concepción histórica y «sociológica» de esta época (Costa, Sales y Ferré, Altamira).[37] Finalmente ese organicismo se extenderá por diversos círculos intelectuales y políticos durante la crisis finisecular, en pleno declive y refundación del positivismo. Son los años del estallido de la «cuestión social», cuando se plantea y se agudiza, tras el 98, el «problema de España», y surgen diversas propuestas de reforma de un sistema político que es visto como producto de otra época, sobrepasado ahora por las exigencias de la nueva. En ese contexto hay que situar el interés de Costa por el *problema agrario*, sus estudios históricos sobre dicha cuestión y los trabajos de otros autores que reciben su influencia intelectual en la coyuntura del cambio de siglo.

La obra histórica de Costa sobre la cuestión agraria en España, por razones obvias, no es ni podía ser la de un historiador procedente del mundo académico, donde casi nadie por entonces parecía interesarse por ese tipo de asuntos, con la excepción del ámbito diferenciado que constituía la historia del derecho.[38] Sin embargo su actividad política a partir de 1893,

35. Elías Díaz, *La filosofía social del krausismo español*, Madrid, Cuadernos para el Diálogo, 1973, pp. 61-62.

36. Gonzalo Capellán de Miguel, «Krausismo y neotomismo en la cultura de fin de siglo», en M. Suárez Cortina, ed., *La cultura…*, *op. cit.*, pp. 417-448.

37. Francisco Villacorta lo pone de relieve en su excelente trabajo titulado «Pensamiento social y crisis del sistema canovista 1890-1998», en Juan Pablo Fusi y Antonio Niño, eds., *Vísperas del 98…*, *op. cit.*, pp. 237-256. Véase allí tanto el concepto de *organicismo* como la síntesis de Santamaría de Paredes acerca de sus diversas acepciones, publicada en 1896 (*El concepto de organismo social*); la importancia de las posiciones organicistas en la nueva disciplina, la sociología, que entonces se introduce en la universidad española; el sustrato organicista de los planteamientos de Unamuno, Ganivet y Costa sobre el «carácter nacional» de España; las implicaciones del organicismo en el derecho político (Azcárate, Posada, Santamaría de Paredes, Gil y Robles), la sociología (Sales y Ferré y Posada), la antropología (Antón, Salillas y Dorado Montero), la tradición literaria (Menéndez Pidal), el municipio (Azcárate, Posada y Romera), la agricultura (Mallada, Costa, Posada y Altamira), y la historia del derecho (Costa, Azcárate e Hinojosa).

38. Costa cita en varias ocasiones a lo largo de su obra el *Ensayo sobre la Historia del Derecho de propiedad* de Francisco de Cárdenas, Madrid, 1873.

que no encontrará acomodo en el sistema de la Restauración, y su crítica demoledora del mismo, han producido no pocos equívocos. Reivindicado por ideologías políticas de muy distinto carácter (liberales y conservadores reformistas de diversas tendencias durante el reinado de Alfonso XIII, socialistas, partidarios de la dictadura de Primo de Rivera, introductores del fascismo en España), el pensamiento de Costa es lo que era en aquel momento histórico y no de la manera como fue después interpretado. Otra cosa es su alcance, muy amplio y diverso, tanto en el plano político como en el intelectual, y el modo en que sus análisis y sus propuestas llegaron a ser con posterioridad objeto de apropiación y manipulación con fines ideológicos diversos. La distinción tiene una gran importancia en el estudio de la historiografía sobre la cuestión agraria en España para evitar un error muy frecuente a la hora de caracterizar la trayectoria de esa historiografía hasta los años setenta y ochenta, error que yo mismo he cometido con anterioridad. No es correcto, me parece ahora, calificar a toda esta historiografía de «liberal-regeneracionista»,[39] «liberal-democrática» o «social-liberal» y considerar que dicha tendencia se prolonga sin más en los estudios históricos que hicieron hincapié en la *reforma agraria pendiente*, tanto en los años de la Segunda República como en el largo período de la lucha antifranquista. Tendré ocasión de insistir más adelante en ello.

La aportación de Joaquín Costa al estudio de la cuestión social agraria en España que él mismo, como vimos, a diferencia de los reformadores agrarios contemporáneos a la revolución liberal, define de un modo históricamente muy concreto, puede resumirse de la siguiente manera. El problema agrario es la manifestación de la decadencia de un organismo social, la nación española, cuyo ser colectivo o esencia popular se manifiesta en el mundo rural, razón por la cual la «cuestión social», cada vez más acuciante, se le antoja esencialmente agraria.[40] El *problema agrario* en España es responsabilidad histórica en primer lugar de la *revolución política* que tuvo lugar en el siglo XIX. Esa revolución, según Costa, se inspiró por desgracia en el modelo liberal abstracto y uniformizador de la Revolución Francesa,[41] en vez de seguir una vía propia de reformas so-

39. Me hacía eco de esa opinión, muy extendida entre los historiadores a partir de los años setenta y ochenta, en el apartado «La cuestión agraria y el problema del atraso económico», del trabajo «Del antiguo al nuevo régimen: carácter de la transformación», en VV.AA., *Antiguo Régimen y liberalismo. Homenaje a Miguel Artola, 1. Visiones generales*, Madrid, Alianza, 1994, pp. 169-171.

40. Lo primero está muy claro desde el principio en la obra de Costa, como hemos visto, y lo segundo es puesto de relieve en la introducción de Carlos Serrano a la reedición del estudio de Joaquín Costa, *Colectivismo agrario en España*, vol. I, pp. 9-77.

41. Joaquín Costa, «La cuestión de las tierras...», en *La fórmula de la agricultura española..., op. cit.*, vol. II, pp. 199-235.

ciales como la que habían emprendido los ilustrados en el siglo XVIII, respetuosa con las tradiciones españolas[42] y en especial con la municipalista.[43] De ahí la crítica al código napoleónico y a la revolución política liberal que busca implantar en España un sistema jurídico uniforme, por un lado, y, por otro, la valoración muy positiva del código civil aprobado por fin en España en 1889, que toma en cuenta las tradiciones jurídicas locales, aunque se quede a medio camino. Costa veía en 1905 el código civil de 1889 como una reacción contra las reformas liberales y las leyes desamortizadoras, una rectificación digna de ser aplaudida, capaz de abrir las puertas a un reencuentro con la historia de España.[44] Dentro de esa revolución política del siglo XIX, que resulta así la causa del problema agrario en España, Costa destaca dos asuntos de especial importancia por sus efectos sobre la cuestión de la propiedad de la tierra: la *abolición del régimen señorial* y la *desamortización* civil y eclesiástica. Frente al liberalismo individualista y a la economía ortodoxa agraria (Jovellanos, la Restauración), Costa defiende una reforma de la agricultura acorde no sólo con la nueva economía y la legislación social que en otras partes se promueve, sino también y muy especialmente con la tradición española. Esa reforma debe partir del reconocimiento del derecho del pueblo como

42. Joaquín Costa, en *Colectivismo agrario en España*, publicado en 1898, considera ese tipo de colectivismo, por excelencia agrario, como típico de España y propio de la tradición española y dedica toda la primera parte del libro a poner de relieve que ese colectivismo, reivindicado ahora por pensadores como George y Wallace y la llamada escuela de economía social, tenía sus fundamentos doctrinales mucho más atrás en el tiempo, en la «escuela española» que se remontaba a los orígenes de la «sociología en España», nada menos que en el siglo XVI (Juan Luis Vives, Juan de Mariana); pasó luego por los reformadores ilustrados del siglo XVIII (Aranda, Campomanes, Floridablanca, la información para una ley agraria) y por los inicios de la revolución española por las Cortes de Cádiz y la *Teoría de las Cortes* de Martínez Marina, hasta culminar en el *Curso de Economía* de Flórez Estrada.

43. Como señala Francisco Villacorta, «Pensamiento social...», en J. P. Fusi y A. Niño, eds., *Vísperas de 98..., op. cit.*, pp. 250-251, la escuela del derecho español, en especial los trabajos de Eduardo Hinojosa, rastreaban en el estudio del municipio histórico desde la Edad Media las huellas «de la tradición jurídica germánica, a la que se debía el concepto de Nación, de Pueblo, frente a la tradición romanista de *Civitas*, del Estado». A diferencia del municipio de la Restauración, que era el lugar donde recaían las principales acusaciones de corrupción del sistema representativo, el municipio de la Edad Media supuestamente había surgido como una comunidad de resistencia a los poderes feudales, autónoma en el sentido del *selfgovernment* inglés y «democrática» en su funcionamiento. Por su unión con la monarquía en su lucha contra la nobleza territorial, el municipio hizo además una importante contribución al surgimiento del Estado moderno. Así lo conciben Azcárate, Posada e Hinojosa, en una serie de estudios publicados durante la última década del siglo XIX, y también el propio Costa.

44. Joaquín Costa, «La cuestión de las tierras...», en *La fórmula de la agricultura española...*, vol. II, p. 220.

ente colectivo (en definitiva de la nación) a la propiedad de la tierra, derecho que ya salió a relucir en los debates legislativos de la *revolución española* pero sin llegar a hacerse efectivo, dado el cariz que tomó la misma en el ochocientos. La reforma, para Costa, en plena crisis del sistema político heredado de la revolución liberal y en plena efervescencia de la «cuestión social», consiste en «desandar el camino andado con torpe inspiración en los últimos noventa años»[45] y luchar por el restablecimiento del patrimonio colectivo de los pueblos y del régimen de las comunidades agrarias, capaz de hacer posible la transformación de los jornaleros, que malviven con su mísero salario (sobre todo en el mediodía de España), en una clase media de labradores acomodados, de un modo gradual y pacífico.[46]

La *revolución política* en la España del siglo XIX es pues para Costa la principal responsable de haber creado el *problema agrario* contemporáneo y es sin duda ese punto de vista el que tendrá éxito con posterioridad, pero hay otra cosa igual de importante en su valoración de aquella revolución. Además de una revolución política hubo también entonces un intento de *revolución española* donde es posible encontrar, aunque no triunfaran, otras ideas encaminadas a promover una reforma en favor del desarrollo de un «colectivismo agrario» enraizado en la tradición municipalista española, en la dirección de una reforma social agraria parecida a la que nuestro autor defiende a principios del siglo XX. El «colectivismo agrario» por desgracia no predominó, por cuanto se impuso la orientación individualista en la revolución del siglo XIX, pero ahí quedaron las «ideas propiamente españolas» que podían haber abierto un camino distinto.

Así, en «El pueblo y la propiedad territorial (ideas revolucionarias de antiguos gubernamentales)»[47] Costa alude al debate sobre la abolición de los señoríos en las primeras Cortes de Cádiz y más tarde en el trienio. Da cifras, sin citar la fuente, de los «estados» de origen feudal que había en España en vísperas de la invasión napoleónica, clasifica esos «estados» en «señoríos realengos o de la Corona», señoríos seculares, eclesiásticos y de órdenes militares, y considera que el antiguo vasallaje se había reducido por completo a lo puramente económico. «El total de rentas que

45. Joaquín Costa, «El pueblo y la propiedad territorial...», en *La fórmula de la agricultura...*, *op. cit.*, vol. II, p. 169.

46. Como apunta Carlos Serrano, en su introducción antes citada a *Colectivismo agrario...*, vol. I, p. 55, «la idea, que luego pasó a desempeñar un papel esencial en todos los proyectos de reforma agraria del presente siglo, de que era preciso proceder a las expropiaciones de fincas o parcelas privadas no aparece en la obra de Costa sino como remota hipótesis que no llega a integrar nunca en sus propuestas políticas».

47. Capítulo primero de la cuarta parte, «La tierra y la cuestión social», de la obra de Joaquín Costa, *La fórmula de la agricultura...*, *op. cit.*, vol. II, pp. 157-169.

producían a sus poseedores era de gran consideración», afirma Costa. La proposición de García Herreros «de expropiación de los señoríos jurisdiccionales y su incorporación a la nación», convertida en ley de 6 de agosto de 1811, había encontrado la oposición de varios grandes de España, que elevaron a las Cortes un memorial para que no tratara dicha cuestión. García Herreros fulminó el memorial con un argumento histórico que otros diputados desarrollarían en el curso del debate y más tarde durante el trienio. El argumento, que Costa hace suyo y considera nada menos que análogo «al adoptado en nuestros días por el apóstol del colectivismo agrario, Henry George», afirmaba en síntesis lo siguiente: «1º, que la propiedad de los señoríos era un robo y no debía respetarse; 2º, que en todo caso, esa propiedad, adquirida por los señores a título de reconquista sobre los moros, quedaba transferida ahora al pueblo por el mismo título de reconquista sobre los franceses». Los señoríos tenían su origen en una usurpación, «en la apropiación por uno de lo que habían adquirido muchos», y encima aquella adquisición había caducado por un hecho contrario al que lo originó: la invasión francesa. La lucha por la independencia liquidó todo el pasado y abrió una cuenta nueva. Fue el pueblo, y no los magnates y los señores, que prudentemente se alejaron del escenario de la guerra, quien rescató a la patria su personalidad y su soberanía.[48]

Durante el trienio, siempre según Costa, el historiador y diputado por Asturias Francisco Martínez Marina dejó muy claro que la institución de la propiedad era pura «obra de la ley» y que el legislador podía ejercer su imperio sobre la propiedad y alterarla o modificarla si así lo requería la salud pública. Ello valía igual para los señoríos solariegos o territoriales como para los jurisdiccionales y las prestaciones anejas, tanto para las propiedades de los monjes como para las de las corporaciones eclesiásticas en futuro próximo, agregándolo todo a la masa de bienes nacionales. Con una óptica opuesta, a propósito de los decretos y leyes de 1835 y 1841, un escritor ilustre como Jaime Balmes llegó a la misma conclusión: el principio sentado para legitimar el despojo del clero y la nacionalización de sus bienes servía igualmente para la expropiación de los particulares. Por los días en que el insigne filósofo catalán pretendía de esta forma asustar a los diputados, el eminente economista asturiano Álvaro Flórez Estrada propuso en vano que los bienes expropiados al clero no se redujesen a propiedad particular, sino que se nacionalizase su dominio, se dividieran en lotes proporcionados a lo que cada casa familiar pudiera labrar y se dieran a los campesinos en arriendo enfitéutico. Acababa de «fundar su doctrina colectivista, conforme a la cual el suelo no es susceptible de propiedad privada; los que se lo han apropiado cometie-

48. *Ibid.*, pp. 157-161.

ron una usurpación; y hay que rescatarlo para todos, para la comunidad social, debiendo ser el jefe del Estado el encargado de la distribución de las tierras, arrendándolas por una renta moderada a todos los que quieran cultivarlas y en la proporción en que puedan hacerlo personalmente o con ayuda de su familia».[49]

El reconocimiento del derecho de la nación a expropiar a las llamadas «manos muertas» quedó de nuevo recogido en las intervenciones de los diputados de las Cortes de 1854 y en el dictamen de la comisión que dio origen a la ley de 1855 de desamortización general. En opinión de Costa, el principio de utilidad pública invocado a propósito de la desamortización abría la puerta en nuestro derecho público «a la facultad del Estado a decretar cuanto el moderno colectivismo agrario pretende».[50] Otra cosa era tener presente el desacierto con que se produjo la ejecución de ese derecho de la nación, en el caso de la desamortización civil y eclesiástica. Podía haberse seguido un camino muy distinto, como el que Claudio Moyano propuso en 1855 a las Cortes respecto de los bienes de propios, análogo al que Flórez Estrada había sometido a las Cortes de 1836 en relación con los bienes del clero. En vez de ello, el resultado fue otro. En 1856 y en 1890 lo denunció así Andrés Borrego:[51] el «estado social» actual, con el grave problema de una masa de jornaleros miserables y una minoría de ricos que se han apropiado de la tierra, es la consecuencia de la transformación de una sociedad cuya propiedad colectiva y pública, las tres quintas partes del territorio de España, pasó toda entera al dominio particular en beneficio exclusivo de las clases acomodadas y dejó al infeliz jornalero sin un pedazo de tierra al que poder aspirar. Costa comparte este punto de vista y une sus ideas a las propuestas o a las críticas de personajes tan diversos como Martínez Marina, Balmes, Borrego, Cárdenas o Moyano. Según él, esas críticas tienen una gran actualidad ahora que «todos los indicios son de que, muy en breve, las clases gobernantes habrán acabado de volver, de este o del otro modo, en tal o cual medida, de sus entusiamos de 1840 y 1855». El día que acabe de imponerse la necesidad de desandar el camino andado, concluye Costa,

49. *Ibid.*, pp. 162-164, la cita en la última de ellas.

50. *Ibid.*, pp. 165-166. Costa añade: Antonio González, uno de los más caracterizados defensores de la desamortización en las Cortes del bienio progresista, lo había dejado bien claro en la sesión del 18 de marzo de 1855, tal y como recoge el *Diario de Sesiones*: «La nación tiene sobre la propiedad del país un dominio eminente, al cual se subordinan todos los de los particulares y de las corporaciones: en virtud de ese derecho eminente, pueden las naciones disponer con justicia no sólo de los bienes de las corporaciones, sino también de *los de particulares*, siempre que sea por utilidad y beneficio público».

51. Costa cita dos obras de Andrés Borrego: *España y la revolución*, Madrid, 1856; e *Historia, antecedentes y trabajos a que han dado lugar en España las discusiones sobre la situación y el porvenir de las clases jornaleras*, Madrid, 1890.

sólo tendrá el legislador que acudir a la fórmula que dio origen a la desamortización y si esa no agrada, «y si se quieren otras más anejas, más cercanas al sagrario y sahumadas de incienso, ahí están brindándose, con su justificación y todo, en los libros de la Novísima Recopilación y en los protocolos del siglo XV. Muestras de ella he exhibido en otra parte».[52]

En la línea de la corriente krausista interesada por el estudio del derecho español, en especial el consuetudinario, visto como expresión del «carácter» de la nacionalidad española, Joaquín Costa fue muy crítico con la «revolución política» liberal de corte «individualista» que triunfó en España en el siglo XIX. Ese rechazo del liberalismo y de la revolución del siglo XIX no sólo lo compartía con el resto de los intelectuales krausistas al corriente, como él, de las ideas que en Europa intentaban transformar el Estado de la época revolucionaria en un Estado dispuesto a intervenir en la cuestión social. También Costa coincidió en la crítica a la «revolución política» del siglo XIX con todos aquellos que, desde un extremo u otro del espectro ideológico de la época, bien con modernas posturas colectivistas o bien, por el contrario, haciendo gala de planteamientos tradicionalistas, rechazaban las consecuencias sociales de la revolución liberal española. Todos hacían responsable a la revolución liberal del siglo XIX de una sociedad de ricos y de pobres, de oligarcas y campesinos miserables. Atribuían en particular a esa revolución el hecho de haber creado *el problema agrario,* que con su crudeza se manifestaba en la crisis finisecular. El enfoque histórico de Costa, sin embargo, se centró en la cuestión de la propiedad territorial y en la necesidad de que se produjera otro tipo de transformación, muy distinta de la promovida por la revolución liberal, una transformación dispuesta a enlazar con la tradición española del colectivismo agrario municipalista y a crear una clase media de labradores independientes, capaz de «europeizar» la agricultura española. Para Costa no se trataba en absoluto de promover una nueva revolución, a la manera de la francesa, con sus excesos y su violencia, sino de hacer que el Estado interviniera socialmente para corregir los excesos del individualismo económico, proteger el interés público de la nación española y sentar por fin las bases para que dicha nación emprendiera el camino del progreso, a partir de ese mundo rural que resultaba tan propio y tan característico de su «personalidad colectiva».[53] Costa no

52. Joaquín Costa, «El pueblo y la propiedad...», en *La fórmula de la agricultura española..., op. cit.*, las citas en p. 166 y p. 169 respectivamente.

53. Costa dedica el tomo primero y buena parte del segundo de *La fórmula de la agricultura...* a promover la «europeización» (término que utiliza en el título de uno de los capítulos) de la agricultura española, hablando de la relación hombre-medio, de los cultivos que resultan antieconómicos o por el contrario muy productivos, de las técnicas modernas de cultivo, de la necesidad de proporcionar créditos a los agricultores, de la política hidráulica, etc.

consiguió el objetivo político que se proponía y se retiró decepcionado tras su paso por la Unión Nacional (creada en 1900 por las Cámaras de Comercio) y su adhesión en 1903 a la Unión Republicana, de la que se alejó tres años después.[54] Pero sus ideas, así como su modo de unir política y «ciencia de la historia» a la hora de tratar la *reforma social* y la *cuestión agraria* en España, ejercieron una poderosa influencia en el primer tercio del siglo XX, no sólo en personas de ideología republicana o socialista, sino también entre ilustres representantes de los partidos liberal y conservador.[55]

La historiografía reformista y el problema agrario hasta la guerra civil

En palabras de Josep Fontana[56] la *Historia de España y de la civilización española*, que Rafael Altamira comenzó a publicar en 1900, significa un hito decisivo en la evolución de la historiografía española. Repre-

54. Jacques Maurice y Carlos Serrano, *J. Costa: Crisis de la Restauración y populismo (1875-1911)*, Madrid, Siglo XXI, 1977, pp. 97-112.

55. En el tomo segundo de *La fórmula de la agricultura…*, *op. cit.*, pp. 292-306, se incluye un trabajo de Costa, «El trabajo colectivo y las pensiones para la vejez», publicado después de su muerte por el Instituto Nacional de Previsión, precedido de una nota explicativa de Eduardo Dato, por entonces presidente del mismo, en el que considera al autor de *Colectivismo agrario en España* un «docto colaborador de las aspiraciones económicas del Instituto Nacional de Previsión». El Instituto Nacional de Previsión había sido creado en 1908 por el gobierno conservador presidido por Antonio Maura y seguía los pasos de la política de protección social de los trabajadores emprendida en 1900 por Eduardo Dato, quien en 1908 propuso a Rafael García Ormaechea, entonces un joven abogado dirigente del PSOE y de la UGT, concejal del ayuntamiento de Madrid, en compañía de Pablo Iglesias y Largo Caballero, para ocupar el puesto de letrado asesor en dicha institución en calidad de funcionario del Estado. Sobre la estrecha relación que mantuvieron García Ormaechea y Dato, la colaboración del primero en la revista socialista *La Nueva Era* (1901-1902), donde también escribió Joaquín Costa, y la participación de García Ormaechea en la obra colectiva de Q. Mucius Scaevola (pseudónimo de un pequeño grupo de miembros del Colegio de Abogados de Madrid), *Código Civil comentado y concordado extensamente con arreglo a la nueva edición original*, que empezó a publicarse poco después de la aprobación del mismo, a finales de la década de 1880, véase Pedro Ruiz Torres, «Rafael García Ormaechea y la reforma social en España», estudio introductorio en la reedición del libro de Rafael García Ormaechea *Supervivencias feudales en España* (1932), Pamplona, Urgoiti Editores, 2003, pp. IX-LXXVI.

56. Josep Fontana, «La historiografía española del siglo XIX: un siglo entre dos rupturas», en Santiago Castillo, coord., *La Historia Social en España. Actualidad y perspectivas*, Madrid, Siglo XXI, 1991, p. 332. Francisco Moreno, en *Rafael Altamira Crevea (1866-1951)*, Valencia, Consell Valencià de Cultura, 1997, pp. 38-39, menciona los elogios a esta obra por parte de Menéndez Pelayo, Eduardo Hinojosa, Menéndez Pidal, Charles Seignobos, Ferdinand Braudel, Bosch Gimpera, Vicens Vives y Pierre Vilar.

senta la consolidación de una investigación histórica «profesional», plenamente integrada en las corrientes metodológicas de su tiempo, y el primer intento de integrar en una visión histórica global tanto lo referente a las clases y las instituciones sociales, como la vida económica, la cultura y las costumbres.[57] En el único artículo publicado por un historiador español en la *Revue de Synthèse historique* dirigida por Henri Berr, su autor, José Deleito, habla de Altamira como «*le savant qui a fait le plus dans ce siècle pour la synthèse historique en Espagne*». Deleito destaca la formación intelectual de Altamira en la «enseñanza filosófica de un gran pensador español», Giner de los Ríos, en la «enseñanza histórico-jurídica de otro gran español», Joaquín Costa, y en la «enseñanza histórica propiamente dicha», que recibió en la Sorbona del profesor francés Gabriel Monod.[58] En efecto, como ha puesto de relieve José María Jover,[59] Rafael Altamira fue discípulo de Giner de los Ríos y cultivó una estrecha amistad con Joaquín Costa. En Madrid se doctoró en Derecho bajo la dirección de Gumersindo de Azcárate[60] y llegó a ser profesor de la Institución Libre de Enseñanza. A la formación institucionista se añadió, a partir de su estancia en París en 1890, la de la nueva historia francesa de los Monod, Lavisse, Langlois y Seignobos, de carácter «científico-metódico»,

57. Entre 1899 y 1906 aparecieron los tres primeros volúmenes. El cuarto y último, dedicado al siglo XVIII, se publicó en 1911. Altamira, pues, no mostró inicialmente por el siglo XIX un especial interés, a diferencia de Costa. Dos años después del primer tomo de su *Historia de España y de la civilización española* publicó su famoso manual *Historia de la civilización española* (reeditado en diversas ocaciones, en 1945 con un capítulo nuevo que comprende el período posterior a 1923 y más tarde por Crítica en colaboración con el Instituto de Estudios «Juan Gil Albert», Barcelona, 1988), donde resume sus ideas sobre el siglo XIX español. Habrá que esperar a las conferencias pronunciadas en 1922 en la Universidad de Valencia, publicadas en los *Anales de la Universidad de Valencia*, año III, 1922-1923, cuaderno 18, pp. 93-126, con el título «Direcciones fundamentales de la Historia de España en el siglo XIX» (reproducido en P. Ruiz Torres, ed., *Discursos sobre la historia..., op. cit.*, pp. 247-281) para encontrar una síntesis extensa sobre dicha centuria.

58. José Deleito y Piñuela, «Quelques donnés sur l'historiographie en Espagne de 1900 à 1930 du point de vue de la synthèse», *Revue de Synthèse historique*, diciembre de 1930, París, La Renaissance du Livre, 1930, tomo L, pp. 29-49, reproducido en P. Ruiz Torres, ed., *Discursos sobre la historia..., op. cit.*, la referencia a Altamira en p. 300.

59. José María Jover, «Prólogo» a la reedición del libro de Rafael Altamira, *Historia de España y de la civilización española*, Barcelona, Crítica, 2001, vol. I, pp. IX-XII. Véase también el «Estudio introductorio» de Rafael Asín contenido en dicho volumen.

60. Su tesis aparece editada en 1890 con el título *Historia de la propiedad comunal*. Esta primera edición ha vuelto a ser publicada, con un prólogo de Alejandro Nieto muy clarificador, por el Instituto de Estudios de la Administración Local, Madrid, 1981. Altamira reeditó el primer volumen de dicha obra en 1929, cuando iniciaba la publicación de sus *Obras Completas*, ampliándolo con mayor información.

mejor que «positivista».[61] Altamira obtuvo en 1897 la cátedra de Historia del Derecho Español de la Universidad de Oviedo, una universidad muy singular en el pobre panorama español de aquellos años. En ella los ideales de la Institución Libre de Enseñanza gozaban entonces de gran predicamento, sobre todo en el campo de los estudios jurídicos. Coincidió Altamira en dicha universidad con Adolfo Álvarez Buylla, Adolfo González Posada y Leopoldo Alas, y desde ella encabezó el movimiento universitario reformista (autonomía universitaria, organización de «seminarios» al estilo de las universidades alemanas, «extensión universitaria»), que a duras penas comenzó a abrirse camino en España durante la crisis finisecular.[62] Por encargo de la Universidad de Oviedo, emprendió en 1909 un viaje cultural por América de profunda influencia sobre la orientación posterior de sus estudios. Entre 1911 y 1913 ocupó el cargo de director general de Enseñanza Primaria y en 1914 ganó la cátedra de Historia de las Instituciones Civiles y Políticas de América en la Universidad de Madrid. En Madrid también estuvo al frente del seminario de «Metodología histórica» del Centro de Estudios Históricos, institución de nuevo cuño, creada en 1910 por el Ministerio de Instrucción pública. Dos de los alumnos de Altamira en dicho seminario fueron Ots Capdequí y Deleito Piñuela.

Al igual que Costa y los padres de la escuela histórica del derecho en España influidos por el krausismo (Cárdenas, Azcárate), Altamira tiene una concepción organicista del sujeto de la historia, en este caso la nación española, y encuentra en la *propiedad comunal* uno de los elementos constituyentes de la identidad colectiva originaria.[63] Le mueve la misma preocupación por el problema social que estalla a finales del siglo XIX en España, siente el mismo rechazo que manifiesta Costa por el sistema

61. La palabra «positivismo» no expresa suficientemente el carácter de dicha escuela ni la novedad que representa en relación con otras corrientes de la época, como la vieja historia erudita o la filosofía de la historia de los seguidores de Comte. He hecho alguna referencia a las repercusiones que tiene sobre la historia universitaria, tanto la emergencia de las nuevas ciencias humanas, en especial de la sociología durkheimiana, como la coyuntura finisecular de crisis del viejo concepto de ciencia y de replanteamiento a fondo del mismo en Pedro Ruiz Torres, «Principio y fin de siglo...», *Las Claves de la España del siglo XX. La cultura..., op. cit.*, pp. 27-31. Véase especialmente sobre ello las contribuciones de Castelli Gattinara y Jacques Revel al libro colectivo coordinado por A. Biard, D. Bourel y E. Brian, *Henri Berr et la culture du XXe siècle*, París, Albin Michel, 1997.

62. Francisco Giner de los Ríos, «La Universidad de Oviedo», *Anales de la Universidad de Oviedo*, Año I, 1901, Establecimiento tipográfico de Adolfo Brid, 1902, reproducido en el libro *Pedagogía universitaria. Problemas y noticias*, Barcelona, Sucesores de Manuel Soler Editores, 2.ª ed., s.f., pp. 72-100.

63. Francisco Villacortas, «Pensamiento social y crisis...», en J. P. Fusi y A. Niño, eds., *Vísperas del 98..., op. cit.*, p. 249.b

oligárquico[64] y muestra idéntico propósito de buscar una tercera vía, equidistante del individualismo capitalista y del socialismo revolucionario. Eso explica que, al final de su *Historia de la propiedad comunal*, Altamira establezca claramente una distinción entre su defensa de las instituciones tradicionales (concebidas como la expresión de la conciencia jurídica del pueblo), y dos tipos de posturas de signo opuesto que no comparte, la que resulta propia de las doctrinas conservadoras y reaccionarias, y «los planes, si generosos en la intención, las más de las veces inadecuados e inaplicables, del comunismo teórico de todos los tiempos y del comunismo socialista de nuestra época».[65] La propiedad individual va unida al desarrollo de la civilización, pero la «revolución individualista» ha ido demasiado lejos, ha creado un egoísmo y unas desigualdades insoportables y amenaza con la pérdida de la autonomía y de la sustantividad de esa vida popular que es fundamento de la identidad de las naciones.[66] De ahí el correctivo social que se impone: la reforma en definitiva que a finales del siglo XIX proclaman los intelectuales críticos en toda Europa con los excesos del liberalismo individualista, una reforma que debe llevar a cabo el Estado.

Rafael Altamira no emprende una investigación histórica sobre la *cuestión agraria* en España, pero en su *Historia de la propiedad comunal* achaca a los excesos de la «revolución individualista», a través especialmente de las leyes desamortizadoras tanto en Francia como en otras naciones, la destrucción de la antigua organización municipal y de las formas tradicionales de la propiedad comunal. La Revolución Francesa

64. Altamira interviene en la obra dirigida por Costa, *Derecho consuetudinario y economía popular en España*, publicada en 1902 y elabora, junto con Adolfo Buylla, Adolfo Posada y Aniceto Sela, profesores también de la Universidad de Oviedo, uno de los informes para responder a la cuestión planteada en 1901 por Costa en el Ateneo de Madrid sobre «Oligarquía y caciquismo como la forma actual de gobierno en España: urgencia y modo de cambiarla». Véase la reedición de la «Memoria» y el «Resumen de la Información» por Ediciones de la Revista del Trabajo, Madrid, 1975, vol. I., con un largo y muy interesante estudio introductorio a cargo de Alfonso Ortí, y los «Informes y testimonios» en el vol. II, donde se encuentra el aludido informe (pp. 85-111).

65. Rafael Altamira, *Historia de la propiedad…*, *op. cit.*, pp. 434-440.

66. Rafael Altamira publicará en 1898 su libro *Psicología del pueblo español* (reeditado recientemente por Biblioteca Nueva, Madrid, 1997, con una introducción a cargo de Rafael Asín), donde habla de la «necesidad y esencialidad de las naciones». La relación en Altamira entre «historia recuperada» y «regeneración nacional» puede verse en el libro de Carolyn P. Boyd, *Historia Patria. Política, historia e identidad nacional en España: 1875-1975*, Barcelona, Ediciones Pomares-Corredor, 2000, pp. 125-134. De nuevo en 1905 volverá sobre el tema de la «economía popular» en la memoria premiada por la Real Academia de Ciencias Morales y Políticas, publicada con el título *Derecho consuetudinario y economía popular de la provincia de Alicante*, Madrid, 1905 (edición facsímil de 1985 a cargo del Instituto de Estudios Juan Gil Albert, Diputación Provincial de Alicante, con una introducción de Antonio Gil Olcina).

liberó las tierras de manos de los señores feudales que las habían ido acumulando en sus patrimonios, unos señores cuyo poder oprimía a la población rural con una infinidad de cargas y de derechos. El sentimiento individualista obró en favor de la división y del reparto de los bienes comunes de los pueblos y de las tierras de los municipios. Destruyó el feudalismo y arruinó a los grandes propietarios, pero a cambio dio origen a una *burguesía agraria* que volvió a concentrar la propiedad y creó un nuevo problema. Contra aquella «revolución individualista», nos dice Altamira, reaccionaron de forma desacertada y rechazable los partidarios de las ideas igualitaristas, si bien bajo esa corriente latía un sentimiento legítimo y una necesidad real. El *problema social*, tan característico de nuestra época, hacía entonces acto de presencia. Desengañados ahora, a finales del siglo XIX, de los procedimientos adoptados por aquella «revolución individualista» que tuvo también en España su manifestación más clara en la tendencia general desamortizadora, los reformistas actuales no han dejado de mirar a las antiguas tradiciones de los municipios, de los agricultores y de los ganaderos, que en muchas regiones se han mantenido «a despecho de las antiguas corrientes fraccionadoras de la propiedad».[67]

En 1922, en su conferencia pronunciada en la Universidad de Valencia sobre el siglo XIX en España,[68] Altamira vuelve sobre el problema agrario y sobre el «espíritu nacional» español, pero ahora con un enfoque nuevo y distinto del de 1890. Para el citado historiador no se trata, como todavía lo era entonces,[69] del problema de la propiedad de la tierra, el problema por excelencia de un país fundamentalmente agricultor y ganadero, pues España está dejando de serlo. La cuestión de «la clase obrera rural» (obsérvese el término) sigue en efecto presente, distinta como es de la de «la clase obrera ciudadana», pero en 1922 sobresale esta última y además se añaden otras dos, el «problema feminista» y el colonial. Todo ello «plantea ante nosotros el problema de determinar qué es lo que podemos y debemos ser: si una nación fundamentalmente industrial, una nación fundamentalmente agrícola, o una nación que puede aplicar sus actividades económicas en una y otra dirección».[70] Pero hay más. El «proceso social» en la España del siglo XIX y principios del XX es visto por Altamira, tres décadas después de la *Historia de la propiedad comunal* y de los textos fundamentales de Costa, como un «proceso de democratización», iniciado (bien es verdad) a mediados del siglo XVIII por las re-

67. Rafael Altamira, *Historia de la propiedad comunal…*, *op. cit.*, pp. 325-335.

68. Reproducida en P. Ruiz Torres, ed., *Discursos…*, *op. cit.*, pp. 247-281.

69. Costa, nos dice Altamira, «no obstante ser un hombre tan moderno, continúa con la mente en la obsesión clásica de los problemas de la tierra» (p. 274 de la edición citada en la nota anterior).

70. *Ibid.*, p. 275.

formas del reinado de Carlos III, pero consecuencia en especial de los cambios que tuvieron lugar en el período que abarca la guerra de la independencia, la labor legislativa emprendida en Cádiz y la guerra civil de 1833-1840. El cambio social que trajo consigo, por tanto, había tenido en España un carácter muy similar al que produjo la Revolución francesa y ese cambio es considerado a la altura de 1922 «un elemento de progreso». La desaparición de los mayorazgos fue beneficiosa porque arrancó a la nobleza una parte de su inmenso poder. La desamortización, a cambio, tiene para Altamira una doble vertiente. En su aspecto político, dio dinero al Estado para soportar los gastos de la guerra civil y satisfizo la ambición de muchas personas que así quedaron ligadas al interés del gobierno y de la dinastía. De otro lado, «produce, o quiere producir, un fenómeno económico, a saber, el aumento rápido de la clase de pequeños propietarios. Pero eso fue la teoría. En la práctica, la desacertada manera como se hizo la operación desamortizadora impidió en gran parte la consecuencia que por otro camino se había producido en Francia, y al contrario, creó una segunda clase de latifundios que se aprovecharon de las condiciones de venta de los bienes nacionales. Aún así, la base plutocrática territorial se ensanchó».[71]

En el caso de la revolución liberal, sin dejar de relacionarla estrechamente con el problema agrario en España, el enfoque histórico de Altamira en 1922 es en buena medida distinto del que habían mantenido a finales del siglo XIX Costa y el propio historiador alicantino. A la hora de explicarlo, podemos pensar en la modificación de la sociedad española entre una y otra fecha y en cómo cambió la valoración de la Revolución Francesa en la nueva coyuntura de la primera guerra mundial y la Revolución de 1917. Altamira, por otra parte, tiene un conocimiento de la historiografía de la Revolución de 1789 del que Costa y él mismo carecían en 1890. También los resultados de las primeras investigaciones sobre la historia de España del siglo XIX, dirigidas por el propio Altamira en el Centro de Estudios Históricos desde su creación en 1910, debieron influir de algún modo. En cuanto a su evidente nacionalismo, Altamira sigue creyendo en una «psicología nacional», en una personalidad española, con una vertiente americanista desprovista sin embargo de la vieja aspiración a la dominación colonial. Pero a la altura de 1922, gracias a la «reacción enorme contra el pesimismo nacional y la negación de valores de nuestra historia» que tuvo lugar tras el desastre del 98, en lo científico y en lo artístico,[72] los españoles habrían recobrado la confianza en la for-

71. *Ibid.*, p. 274.

72. Altamira destaca «nuestra ciencia del Derecho» así como «la restauración del valor mundial de Velázquez, el Greco, Goya; de nuestra música antigua y de los presentes temas populares», *ibid.*, pp. 280-281.

taleza de lo que son y han sido en el pasado como «realidad nacional». Conviene recordar que, por entonces, Altamira había sido reelegido senador por el Partido Liberal, en el que había ingresado en 1915.

En pleno auge del nacionalismo étnico y populista en España, de un nacionalismo español activo y comprometido con la «regeneración» de España, y no sólo del «españolismo reactivo» al surgimiento de los nacionalismos periféricos, que también lo hubo,[73] los estudios históricos dirigieron principalmente su atención hacia el pasado de Castilla en la Edad Media, a la búsqueda del «espíritu» dinamizador de la nación española. Con un enfoque «científico-metódico» en la mayoría de los casos, el Centro de Estudios Históricos hizo posible una abundante historiografía medieval sobre Castilla[74] dominada por las figuras de Ramón Menéndez Pidal (al frente de la sección de «Filología») y de su discípulo Claudio Sánchez Albornoz (sucesor de Eduardo de Hinojosa en la dirección de la sección de «Instituciones sociales y políticas de León y Castilla y de la Edad Media»).[75] A la par durante mucho tiempo, tras el «desastre» del 98, iba a predominar en la conciencia de las élites intelectuales lo que Santos Juliá ha llamado la reflexión sobre un concepto y hasta una metafísica, *el ser de España*,[76] un asunto reiterado de manera obsesiva en los años de la dictadura de Franco y que originó lo que Javier Varela ha denominado la gran «novela de España».[77] Las excepciones a ese tipo de historia, preocupada por buscar el «alma española» en la Castilla agraria y medieval, fueron pocas en el medio académico durante el primer tercio del siglo XX, si dejamos aparte la escasa investigación histórica sobre la

73. Véase José Álvarez Junco, *Mater Dolorosa. La idea de España en el siglo XIX*, capítulo XII y último del libro, «Hacia el "Desastre"», especialmente, pp. 584-607.

74. Véase el interesantísimo capítulo titulado «El Estado y la cultura nacional. El Centro de Estudios Históricos y la obra de Ramón Menéndez Pidal», escrito por Inman Fox y que forma parte del libro *La invención de España*, Madrid, Cátedra, 1997, pp. 97-109.

75. Claudio Sánchez Albornoz publicó en 1912 un estudio con el título *Orígenes de la Nación española. Estudios críticos sobre la historia del reino de Asturias*, Oviedo, Instituto de Estudios Asturianos, y en 1919 su *Vindicación histórica de Castilla*. Hay una relación muy completa de sus diversos trabajos en Claudio Sánchez Albornoz, *Del Ayer de España. Trípticos Históricos*, Madrid, Obras Selectas, 1973, pp. 25-45. Este libro está dedicado a Luis María Ansón y lleva un prólogo-homenaje de Quintín Aldea a Claudio Sánchez Albornoz con motivo de su ochenta aniversario. Sobre la historiografía medieval española véase la síntesis de Emilio Mitre, «La historiografía sobre la Edad Media», en José Andrés Gallego, coord., *Historia de la historiografía española*, Madrid, Encuentro, 1999, pp. 67-115.

76. Santos Juliá, «La historia social y la historiografía española», *Ayer*, 10 (1993), pp. 35-38.

77. Javier Varela, *La novela de España. Los intelectuales y el problema español*, Madrid, Taurus, 1999.

España del ochocientos llevada a cabo por el grupo en torno a Rafael Altamira.[78] Éste, por otro lado, experimentó una evolución digna de tenerse en cuenta, en el seno de una ideología liberal reformista y de carácter democrático, pero sin romper con el nacionalismo español esencialista.

En el mundo de los historiadores «profesionales» y su más bien modesto desarrollo durante el primer tercio del siglo XX no existe un estudio histórico de la cuestión agraria de la envergadura de *Historia de las agitaciones campesinas andaluzas* (Juan Díaz del Moral), *Los latifundios en España* (Pascual Carrión) o *Supervivencias feudales en España* (Rafael García Ormaechea). Ninguno de estos tres libros fue escrito por un historiador «profesional». Juan Díaz del Moral era un notario cordobés, «burgués de pueblo», dedicado activamente a sus negocios y más tarde secretario general de la Asociación Nacional de Olivareros durante la dictadura de Primo de Rivera. Formado en el krausismo, acabó integrándose en el grupo de intelectuales liberales liderado por Ortega y Gasset y formó parte de la Agrupación al Servicio de la República. En las Cortes Constituyentes de la Segunda República fue elegido diputado y nom-

78. Dos discípulos de Altamira, Antonio Ballesteros y Pío Zabala, realizaron síntesis de historia de España y dedicaron especial atención a los siglos XVIII y XIX. El primero, en 1919, inició la publicación de su *Historia de España y su influencia en la universal*, que lleva un título de por sí muy significativo. El segundo, por su parte, continuó la *Historia de España y de la civilización española* de Altamira y se encargó del tomo V, publicado en 1930. Poco antes, en 1926, Pío Zabala había dado a la luz su *España bajo los Borbones*, Barcelona, Labor, 1936^{3}, que comprende el período 1701-1902, en donde, al hacer referencia a la organización social, política y económica durante el primer tercio del siglo XIX, y en especial a las «reformas en el régimen de propiedad» (pp. 308-333), se habla de una «profunda transformación» al desaparecer los «vestigios de la feudalidad y los privilegios nobiliarios con la abolición de los señoríos jurisdiccionales y de los derechos exclusivos y prohibitivos» (decreto de 6 de agosto de 1811), la supresión de las pruebas de nobleza para el ingreso en los colegios militares (decreto de 17 de agosto de 1811), la supresión de las vinculaciones (11 de octubre de 1820) y la publicación del código constitucional de 1812 que establecía la igualdad civil de todos los españoles. Según Pío Zabala, el cambio operado por la gran revolución de 1810 a 1814 prevalece, pese a las reacciones políticas de 1814 y 1823, «informando el proceso de las instituciones sociales durante el resto del siglo XIX». En cuanto a la labor desamortizadora, «iniciada por Carlos III y Carlos IV» y proseguida por las Cortes españolas durante el primer tercio del siglo XIX, ahora es vista como una labor que permitió «vivificar la propiedad, entregándola a quienes realmente podían hacerla producir». En lo relativo al régimen municipal, sigue considerándose el municipio español de la Edad Media como «institución profundamente corporativa y democrática» que ha sido «el precursor del Estado moderno». No obstante ese carácter originario, el municipio había sido adulterado en el transcurso del tiempo cuando ciertas familias privilegiadas monopolizaron la autoridad municipal. Por ello los legisladores de 1812 aspiraron a restaurar las antiguas libertades concejiles, pero luego, al organizar los ayuntamientos bajo reglas fijas y uniformes y someterlos al poder central, pesó más «el concepto de uniformismo nacional, a la francesa, que el recuerdo histórico de las multiformes autonomías locales».

brado presidente de la comisión encargada de preparar la reforma agraria.[79] Su libro, *Historia de las agitaciones campesinas andaluzas*, es un trabajo de historia social publicado en 1929. Obra de referencia para los estudiosos de la cuestión agraria, citada por numerosos historiadores (Brenan, Hobsbawm, Kaplan, Calero, Tuñón, Bernal, Maurice y un largo etcétera) que han compartido, matizado o cuestionado su visión de los hechos, se trata de un estudio local, centrado en la provincia de Córdoba, del movimiento obrero campesino y sus formas de organización y de protesta, desde la «prehistoria» (antes de 1870) hasta el «trienio bolchevista (1918-1920)». La investigación de primera mano es muy abundante y está basada en numerosas y diversas fuentes documentales (manuscritos, periódicos, revistas, libros, folletos) y en la observación directa de los hechos. Su sentido trasciende el marco geográfico de la provincia de Córdoba pues, para Díaz del Moral, «las luchas de los campesinos cordobeses, como las del resto de Andalucía, no son más que un episodio de la historia del problema social español, y aun del mundial». No hay, como piensa Gambetta y circula por los libros de sociología de la época, diferentes «cuestiones sociales», sino que el «problema social es uno y único», es un «problema total humano» («económico, moral, psicológico, político, jurídico y hasta fisiológico»), aunque se manifieste de diversas maneras en cada sociedad. «El movimiento obrero proletario es uno de los hechos universales de la Historia»,[80] afirma Díaz del Moral, que lleva hasta tal extremo las ideas filosóficas procedentes del krausismo, muy extendidas entre los intelectuales formados en la Institución Libre de Enseñanza.

Sin embargo Díaz del Moral concibe en la década de 1920 el «problema social» de una manera que él mismo pone énfasis en diferenciar de la postura más extendida entre los intelectuales, políticos y científicos sociales de la época. Cierto que la insistencia en el sujeto, en las características del movimiento proletario en cada país, en los factores psicológicos (en la línea de las ideas que expuso el «sabio criminalista y sociólogo don Constancio Bernaldo de Quirós» en *El espartaquismo andaluz*, publicado poco antes, en 1919), le lleva a plantear el problema, en parte al menos, en términos de psicología colectiva que son muy propios de finales del siglo XIX. Pero incluso con esos supuestos, el libro renueva por completo la perspectiva al no ver esa psicología como un fenómeno patológico, como una anomalía, y al convertir la personalidad colectiva en objeto de estudio histórico-social, lo que le induce a proponer cuestiones tan interesantes como quiénes eran los luchadores, quién les había enseñado

79. Jacques Maurice, *El anarquismo andaluz*, Barcelona, Crítica, 1990, pp. 7-18, para todo lo relativo a Díaz del Moral.

80. Las citas proceden del prólogo del libro; véase Juan Díaz del Moral, *Historia de las agitaciones campesinas andaluzas*, reeditado por Alianza en 1973.

sus tácticas de combate, cómo llegaron a constituir sus organizaciones, qué bagaje sentimental e ideal aportaban a la lucha, qué pensaban, qué se proponían, qué antecedentes tenía el movimiento, etc. Del problema social, afirma Díaz del Moral con gran clarividencia, no son únicamente responsables el medio social y las circunstancias económicas y políticas. Ahí está también el sujeto colectivo, lo que el autor denomina, en diversos pasajes del libro «el obrero consciente».[81]

Además, en relación con el medio social, el estudio de Díaz del Moral discrepa de la opinión de ilustres profesores de universidad, políticos de los diversos partidos y esos «médicos sociales» que diagnostican sin conocer a fondo el problema. Unos y otros mantienen viejas ideas sobre la cuestión agraria que no se corresponden con la realidad. Desconocen, para empezar, los cambios que han tenido lugar en el medio rural andaluz. Díaz del Moral lo deja muy claro en el prólogo del libro:[82] la realidad contradice los síntomas en que se suele fundamentar el diagnóstico. En Córdoba, precisamente en uno de los focos más importantes de la agitación campesina de 1900 a 1909 y de 1918 a 1920, el cuadro que describe el libro de Díaz del Moral es muy distinto del de Marvaud, autor de otro estudio, *La question social en Espagne*, que el primero califica de «arsenal de todos los errores que circulan respecto al problema agrario andaluz y el manantial de donde proceden casi todos los lugares comunes y los datos y soluciones triviales que constituyen la opinión general española respecto al problema social de esta región». La realidad es muy diferente.

> El proceso parcelario de los latifundios, empezado el pasado siglo, había llegado a alcanzar una gran intensidad en los últimos años; desde 1905 no se había conocido el hambre en estas campiñas; el progreso agrícola era mayor que el de casi todas las provincias españolas; la usura había desaparecido en muchas partes; el absentismo no era ni había sido nunca un mal de la región; la población se elevaba en algunos términos municipales a 100 habitantes por kilómetro cuadrado; no se conocía la emigración; se podía citar poblaciones en las que no se encontraba ni una sola finca mayor de 100 hectáreas; en otras estaba tan dividida la propiedad que eran contadísimos los cabezas de familia que no fueran propietarios; los jornales habían subido en el año 1917 y en los meses anteriores a las agitaciones obreras; las comidas de los trabajadores, aunque poco variadas, eran sanas y abundantes; ciertos señoríos (Medinaceli, Alba, Infantado) habían elevado muy poco sus ren-

81. En ello insiste Jacques Maurice en el prólogo de su libro *El anarquismo andaluz…*, *op. cit.*, Manuel Pérez Ledesma ha titulado el suyo sobre dirigentes, partidos y sindicatos en la II Internacional, *El obrero consciente*, Madrid, Alianza, 1987.

82. Juan Díaz del Moral, *Historia de las agitaciones campesinas andaluzas*, reeditado por Alianza, Madrid, 1984^{4}, pp. 15-27.

> tas, y aun donde alcanzaban subidas cotizaciones no impedían prosperar a los pequeños y a los grandes colonos; por el traspaso en arrendamientos de una fanega de tierra llegó a pagarse a veces hasta 400 pesetas; la provincia entera atravesaba un período de indudable prosperidad, iniciado mucho antes de la guerra. Y es el caso que estas manifestaciones de progreso culminaban en la campiña, donde las luchas obreras alcanzaron su máxima intensidad, y estaban muy atenuadas en la sierra, en donde, con muy escasas excepciones, apenas habían repercutido las conmociones sociales.[83]

La descripción pormenorizada de las ideas y de las formas de organización y de lucha de los campesinos de la provincia de Córdoba que encontramos en el libro de Díaz del Moral tiene, para su autor, un valor científico ejemplar y conduce a una conclusión en la órbita del idealismo krausista. El proletariado andaluz y el catalán son vistos como los dos ejes de la evolución obrera española. El hecho de haber calado profundamente el ideario anarquista en ese movimiento obrero se debe, según Díaz del Moral, a que el anarquismo, con su simplicidad, su mitología de origen antiguo y su tendencia a la acción directa y al rechazo de la política, está más próximo que otras ideologías al temperamento y los sentimientos populares. Tanto el éxito temporal como el fracaso a largo plazo de estas formas de agitación obrera en el campo andaluz muestran que el problema está en la incultura de las masas, que las hace «incapaces del esfuerzo tenaz y persistente, indispensable para toda labor social».[84]

No descubro nada nuevo si afirmo que uno de los mejores trabajos publicados en los años treinta acerca de los antecedentes históricos del problema agrario en España es el libro *Los latifundios en España* de Pascual Carrión.[85] José Luis García Delgado ha tratado por extenso la vida y la obra de Pascual Carrión y ello me exime de dedicarle a ambas la atención que merecen.[86] Carrión procede de una familia de la burguesía agraria valenciana. Estudió en Madrid y frecuentó la Institución Libre de Enseñanza y el Ateneo, en los años en que el movimiento regeneracionista de las primeras décadas del siglo se extendía en el ambiente intelectual español. Costa y el georgismo ejercieron sobre él una poderosa influencia. En 1917 concluyó sus estudios e ingresó en el cuerpo de ingenieros agrónomos.

83. *Ibid.*, pp. 19-20.

84. *Ibid.*, pp. 343-360.

85. Pascual Carrión, *Los latifundios en España. Su importancia. Origen. Consecuencias y solución*, 1932[1], prólogo de Fernando de los Ríos; segunda edición revisada y ampliada por su autor, Barcelona, Ariel, 1975, prólogo de Gonzalo Anes.

86. José Luis García Delgado, «Estudio preliminar» y «Epílogo: los latifundios en España y el modelo Carrión», en Pascual Carrión, *Tierra y trabajo. Estudios sobre la agricultura española y su reforma*, Madrid, Centro de Publicaciones, Ministerio de Trabajo y Seguridad Social, edición especial, 1990, pp. 9-67 y 483-529.

Técnico del Estado, los puestos que ocupa (en el Servicio de Avance Catastral de Sevilla y luego de Valencia, en el Instituto Agrícola de Alfonso XII de Madrid, en la Estación de Estudios de Aplicación del Riego en Elche, hasta que la Segunda República le nombra en mayo de 1931 miembro de la Comisión Técnica Agraria encargada de preparar la reforma agraria) le permiten conocer bien y de cerca el problema agrario español en sus diversas vertientes. Su libro sobre los latifundios publicado en 1932, un año después de otra obra suya importante, *La Reforma Agraria. Problemas fundamentales*, busca intencionadamente apoyar un proyecto muy concreto de reforma agraria, el que la Comisión Técnica Agraria presentó en 1931, desechado luego por el gobierno tras recibir fuertes críticas procedentes tanto de la derecha como de la izquierda. La propuesta de la Comisión Técnica Agraria respondía a la iniciativa del ministro de Justicia, el socialista Fernando de los Ríos, que durante la dictadura de Primo de Rivera había encabezado la línea minoritaria en el partido contraria a la postura colaboracionista de Largo Caballero, ministro ahora de Trabajo y Protección Social desde la proclamación de la República. Largo Caballero, amigo de Rafael García Ormaechea, estaba también interesado por el problema agrario y consiguió en 1931 que se aprobaran algunas medidas en favor de los jornaleros y de los arrendatarios. A principios de 1932 recibió unas «notas sobre señoríos» del autor de *Supervivencias feudales en España*, al que muy pronto haremos referencia.[87] Ese mismo año iba a crearse el Ministerio de Agricultura, Industria y Comercio, que pasó a manos de Marcelino Domingo, y comenzó la marginación de Pascual Carrión dentro de la Junta Central de Reforma Agraria.

En la primera parte de *Los latifundios*, dedicada a los antecedentes históricos del problema, el planteamiento de Pascual Carrión encuentra su inspiración en la obra de Costa. De él toma en gran medida el material con que elabora el primer capítulo, donde hace referencia a los escritos y medidas de los siglos XVI al XVIII y al triunfo de la revolución liberal en el XIX con las leyes desamortizadoras. En el segundo capítulo Pascual Carrión sigue muy de cerca a Díaz del Moral y a Bernaldo de Quirós en lo relativo a las manifestaciones revolucionarias del malestar campesino en el siglo XIX, pero diferencia luego significativamente sus opiniones de las del primero, al tratar de un modo mucho menos crítico los diversos informes y memorias contemporáneos elaborados por el Instituto de Reformas Sociales sobre los problemas agrarios andaluces. La segunda parte se centra en el problema de los latifundios y es mucho más original, con un breve capítulo sobre «el origen del latifundio» que lo remonta a la Reconquista (cita los estudios de Guichot sobre Andalucía) y a la desamortización (Rafael Al-

87. Debo a la familia de García Ormaechea una copia de la carta de Largo Caballero agradeciéndole esas «notas».

tamira). Pascual Carrión traza un panorama muy negativo en Andalucía y Extremadura por las consecuencias de los latifundios, situación que según él contrasta enormemente con la riqueza de Cataluña y «Levante» (País Valenciano y Murcia). Como ha puesto de relieve García Delgado, *Los latifundios* combina el análisis riguroso del tema con la utilización de un extenso e inédito material estadístico, razón que justifica el alcance posterior de la obra en la historiografía de los años cincuenta y sesenta (Brenan, Rama, Vicens, Flores, Tuñón, Carr...). En todo ello se fundamenta la postura del autor en favor de la reforma agraria, pero en el sentido de la propuesta inicial de 1931, no del proyecto azañista de 1932. Su planteamiento en absoluto pretende ser revolucionario, sino que está en la línea de promover una clase media campesina y de lo que García Delgado llama la extensión del «modelo valenciano». En contraste con el punto de vista «antiseñorial» que acabó plasmándose en la ley de septiembre de 1932 del gobierno Azaña, el primer proyecto, presentado por la Comisión Técnica Agraria en julio de 1931 e inspirado en gran medida por las ideas de Pascual Carrión y de Antonio Flores de Lemus, era partidario de una reforma que comprendiera sólo las zonas latifundistas del sur de España. Proponía una ocupación temporal indefinida de la tierra (que continuaría en manos de sus propietarios) por parte de los campesinos a cambio de una renta baja y sin poder ser desposeídos del usufructo. El proyecto afectaba exclusivamente a los grandes propietarios de las provincias donde se localizaba el fenómeno del latifundismo, y el único criterio para la ocupación era la extensión, riqueza y posibilidades de cultivo de manera permanente, sin hacer diferencias por el origen o la titularidad de la tierra entre nobles y no nobles o entre absentistas y cultivadores directos.[88]

El libro de Pascual Carrión *Los latifundios en España* lleva en 1932 un significativo prólogo de Fernando de los Ríos, el ministro socialista (ahora de Instrucción Pública) que apoyó el primer proyecto de reforma agraria presentado en julio de 1931, rechazado tanto por la derecha como por la izquierda. El prólogo del prestigioso catedrático de Derecho Político, discípulo predilecto de Giner de los Ríos, buen conocedor de la filosofía krausista y decidido partidario de un socialismo de corte humanista,[89] se inicia poniendo de relieve que «tras esfuerzos seculares, va a comenzarse al fin, "de modo orgánico", la obra nada fácil de rehacer la ordenación

88. Edward Malefakis, *Reforma agraria y revolución campesina en la España del siglo XX*, Barcelona, Ariel, 1980^{4}, edición revisada, pp. 208-221.

89. Virgilio Zapatero, *Fernando de los Ríos: los problemas del socialismo democrático*, Madrid, Cuadernos para el Diálogo, 1974; Elías Díaz, «Estudio preliminar» a la reedición del libro de Fernando de los Ríos, *El sentido humanista del socialismo*, Madrid, Castalia, 1976; Teresa Rodríguez de Lecea, «Estudio preliminar» a las *Obras Completas* de Fernando de los Ríos, Madrid, Fundación Caja Madrid-Anthropos, 1997, vol. 1.

jurídica de la propiedad territorial en España». La reforma, en opinión del autor del prólogo, se remonta a las propuestas de los ilustrados del reinado de Carlos III, que por desgracia no tuvieron continuadores. La gravedad de la situación actual se pone en estrecha relación con los fenómenos políticos que en el siglo XIX expoliaron en España al pueblo campesino. Por un lado, la desamortización, que si bien en sus principios respondía a la orientación ideológica de la época, en la manera de llevarse a cabo benefició «a la clase que instigó la reforma y llevó la dirección de la vida estatal». Por otro, la conversión del señorío, sin más alcance antes que la jurisdicción señorial, «en base de titulación para alzarse con la propiedad de las tierras». El anhelo de justicia mueve y da sentido inmanente a la Historia, según Fernando de los Ríos, y por ese motivo la historia político-jurídica ha de desentrañar el contenido de la justicia como el correspondiente a «la esencia que está más allá de la fugacidad de las creaciones jurídicas», muchas de las cuales están basadas en «procesos de violencia» más o menos legales y engendradas por la «polémica social». A ello se añade que no hay una sola razón económica que pueda justificar la subsistencia de la situación actual, de un dramatismo notorio en cuanto a repercusiones sociales, que se acentúan a medida que la revolución técnica procedente de Estados Unidos se extiende por todo el mundo. Formas diversas de explotación han de ir conjugándose según convenga en cada caso a los intereses de la economía agraria como instrumento de la producción y órgano que ha de servir a fines sociales. Los dolorosos efectos de la distribución jurídica de nuestro territorio, en opinión de Fernando de los Ríos, eran puestos de relieve por Pascual Carrión en un libro «para la polémica político-económica largo tiempo iniciada». Sus datos, concluye el autor del prólogo, alientan el empeño de quienes «han considerado que un país rehace sus clases y renueva su personalidad histórica, cuando al par que transforma la ordenación jurídica de sus instituciones políticas cambia sustancialmente, en nombre de un ideal superior de justicia, la situación económica de los grupos sociales». La reforma agraria a la que la República española aspira es «uno de los senderos de la justicia abiertos por la España nueva».[90]

Rafael García Ormaechea, a diferencia de Díaz del Moral y de Pascual Carrión, no procedía de un ambiente intelectual krausista y sentía pocas simpatías por la vertiente idealista de dicho pensamiento y por el elitismo que imperaba en la Institución Libre de Enseñanza. Su formación y su trayectoria fueron muy distintas. De modestos orígenes familiares, su padre (muerto prematuramente) estuvo al frente de una conocida

90. Prólogo a la primera edición del libro de Pascual Carrión, *Los latifundios en España*, reproducido en la segunda edición revisada y ampliada por el autor, Madrid, Ariel, 1975, pp. 37-40.

papelería situada en la Puerta del Sol de Madrid y su abuelo era labrador con tierras en la antigua behetría de Vadoconde, pequeño pueblo de la provincia de Burgos. Tras licenciarse en derecho por la Universidad Central y entrar en 1898 en el Colegio de Abogados de Madrid, García Ormaechea se convierte en un destacado dirigente socialista. Trabaja al mismo tiempo en el bufete de Eduardo Dato y abre luego su propio despacho. En 1908 abandona el PSOE y la UGT. Acepta entonces la renuncia que el partido y el sindicato le imponen por haber sido nombrado letrado asesor del Instituto Nacional de Previsión a instancias de su presidente Eduardo Dato. A partir de ese momento colabora activamente en la política social de dicho organismo, creado ese mismo año por el gobierno conservador de Antonio Maura, pero no pierde su vieja amistad con destacados dirigentes socialistas, en especial con Pablo Iglesias y con Largo Caballero, los otros dos concejales que junto con él habían entrado en 1905 en el ayuntamiento de Madrid por el PSOE. Favorece políticamente cuanto puede a su antiguo partido y a la UGT y hace de intermediario entre sus líderes y el entorno de Dato. En 1921 vuelve a la política, pero ahora como asesor del gobierno presidido por Dato, poco antes del asesinato del político conservador. Al año siguiente el rey le nombra vocal de la representación española en el Organismo Internacional del Trabajo y en 1929, al final de la dictadura de Primo de Rivera, el ministro de Trabajo Eduardo Aunós le designa vocal del Tribunal Arbitral del Seguro Ferroviario. Un año más tarde ocupa la Dirección General de Montes, Minas y Combustibles, la presidencia del Consejo Superior Ferroviario y la Dirección General de Administración en el gobierno Berenguer.[91]

En su etapa socialista García Ormaechea había sido un decidido partidario del «socialismo científico» de Marx y de Engels desde una óptica teórica claramente revisionista y en favor de un reformismo político opuesto a la antigua creencia en una inminente revolución social. Con semejante perspectiva marxista socialdemócrata, adaptada a los nuevos tiempos del sufragio universal masculino y de la reforma social, García Ormaechea publica un par de artículos en la revista socialista *La Nueva Era* (dirigida por Antonio García Quejido, donde también colaboran Costa y Altamira) y hace una interpretación histórica del problema agrario español en dos ocasiones, en 1903[92] y en 1906.[93] En España, según escribe en-

91. Pedro Ruiz Torres, «Estudio preliminar», en Rafael García Ormaechea, *Supervivencias feudales en España*, reedición a cargo de Urgoiti Editores, Pamplona, 2003, pp. IX-LXXVI, donde he tratado de resumir la vida y la trayectoria de García Ormaechea y de analizar su obra.

92. Introducción y notas a la edición del libro de Pierre J. Proudhon, *¿Qué es la propiedad?*, Madrid, Las Leyes, «Biblioteca Sociológica», 1903.

93. «Notas complementarias» a C. Marx y F. Engels, *Manifiesto comunista*, Madrid, Editorial Internacional, Biblioteca Internacional de Ciencias Sociales, 1906.

tonces, la ley desvinculadora de 1820 había establecido la abolición de las prestaciones señoriales, como había ocurrido anteriormente en Francia, pero a diferencia del vecino país, aquí los preceptos se aplicaron a voluntad de los antiguos señores, y sus derechos, legalmente extinguidos, «subsisten en su integridad». El noble conserva los tributos de sus estados y sigue siendo de hecho tan poderoso como lo fue ayer. Los antiguos impuestos feudales continuaban exigiéndose en nuestro tiempo y «la situación de los pobres colonos incluso era peor que antes, porque entonces sólo satisfacían a su señor y hoy, además, han de contribuir a las cargas públicas como cualquier otro ciudadano». El problema agrario tenía para Ormaechea su origen en el hecho de que «nuestra clase capitalista» no hubiera sabido «cumplir su misión revolucionaria de quitar todo medio de vida a los antiguos elementos sociales por ella vencidos».

Sin embargo, ese determinismo histórico marxista no le lleva a principios del siglo XX a proponer, ni de lejos, un esquema histórico de revolución por etapas, como el defendido en los años setenta (e incluso en nuestros días) por algunos historiadores que interpretan equivocadamente el sentido político del libro editado en 1932.[94] Nada hay en la obra del autor de *Supervivencias feudales en España* que apunte a la necesidad de completar la revolución con una fase «democrático-burguesa» con el fin de acabar con esas supervivencias. Muy al contrario, en 1906 escribe que la antigua nobleza de sangre «tiende a fundirse económicamente con la burguesía; y el hecho de que muchos aristócratas dediquen su patrimonio a la explotación industrial prueba cuán próxima está su completa unión con la clase capitalista, si es que no se ha efectuado ya».[95] De eso sabía bastante el joven abogado que por entonces llevaba varios pleitos importantes del bufete de Eduardo Dato, donde estaban implicados destacados miembros de la alta sociedad madrileña.[96] Pero, además, también a la altura de 1906, García Ormaechea no concibe la revolución social como una «transición súbita», sino como «el término de una larga serie de transformaciones», tanto en el terreno económico como en el político, siempre por medio de reformas y de nuevas leyes (con el fin de que el Estado deje de ser monopolizado por la clase capitalista) y «en pro de un gobierno democrático».[97] Si mantenía semejantes ideas en 1906, cuando

94. Enric Sebastià y José Antonio Piqueras, *Pervivencias feudales y revolución democrática*, Valencia, Institució Alfons el Magnànim, 1987.

95. Rafael García Ormaechea, «Notas complementarias», en C. Marx y F. Engels, *Manifiesto comunista*, *op. cit.*, p. 82.

96. Real Academia de la Historia, Archivo Dato, correspondencia de García Ormaechea con Dato, años 1906 a 1910.

97. Rafael García Ormaechea, «Notas complementarias», en C. Marx y F. Engels, *Manifiesto…*, *op. cit.*, p. 85.

todavía era un destacado dirigente del PSOE y de la UGT, estaba mucho más lejos de cualquier tipo de socialismo revolucionario en el momento en que vio la luz *Supervivencias feudales en España*, en especial de la idea leninista de un «proceso revolucionario» a través de distintas etapas. García Ormaechea había hecho carrera política a principios de los años veinte en el entorno conservador de Dato, ocupó cargos importantes durante la dictadura de Primo de Rivera y redactó en 1931, junto con el vizconde de Eza, un manifiesto en favor de Alfonso XIII y de su permanencia en España que ninguno de los dos se atrevió a difundir.[98]

Supervivencias feudales en España se edita en 1932, en pleno debate parlamentario sobre la reforma agraria. Ha sido desde la década de 1970 un libro de referencia para los historiadores interesados en el estudio de la revolución liberal en España y la cuestión de los señoríos. Al hacer hincapié en ello, su autor repetía en realidad un planteamiento conocido, como hemos visto antes. Por ese motivo no es casual que el libro de García Ormaechea comience del mismo modo que «El pueblo y la propiedad territorial» de Joaquín Costa, es decir, con los datos que salieron a relucir en las deliberaciones de las Cortes de Cádiz acerca de la cuestión señorial y su importancia a la altura de 1811.[99] Nada hace pensar, máxime después de saber cómo evolucionó políticamente su autor, que *Supervivencias feudales en España* tuviera la intención de apoyar una solución radical de la cuestión agraria, en pleno debate en las Cortes de la Segunda República del proyecto de reforma presentado por el gobierno Azaña. Ormaechea no contraponía las virtudes de la Revolución Francesa a los defectos de la española sino que hacía ver justo lo contrario, que la segunda fue mucho más comedida y cuidadosa que la primera, por lo que todas las quejas y protestas contra la legislación abolicionista «carecían

98. El manifiesto, según recuerda la familia, no se hizo público al precipitarse los acontecimientos. Los detalles de la trayectoria política de García Ormaechea pueden verse en P. Ruiz Torres, estudio preliminar a la reedición del libro de Rafael García Ormaechea, *Supervivencias feudales…*, *op. cit.*

99. García Ormaechea comienza así su libro: «Faltaban entonces estadísticas oficiales que permitan una expresión auténtica de los hechos. Pero, por fortuna, existen datos bastante precisos, no rebatidos por nadie cuando se expusieron públicamente en las deliberaciones de las Cortes. Según el Diputado Sr. Álvarez y López, en 1811 había en la Península 20.428 señoríos; de los cuales, 6.620 eran de realengo y los 13.808 restantes laicos, eclesiásticos y de Órdenes militares (Sesión de 1.º de Junio de 1811)», *Supervivencias feudales en España*, Madrid, Editorial Reus, 1932, p. 6. Joaquín Costa, por su parte, había iniciado así su trabajo «El pueblo y la propiedad territorial», contenido en *La fórmula de la agricultura…*, *op. cit.*, vol. II, p. 157: «A la fecha de la invasión napoleónica, los "estados" de origen feudal en la Península y archipiélagos adyacentes alcanzaban todavía la cifra de 20.428. De ellos, 6.620 eran señoríos realengos o de la Corona; los 13.808 restantes estaban enajenados de ella, formando señoríos seculares, eclesiásticos y de órdenes militares».

de fundamento real». En todo caso, «podían responder a un interés lesionado», pero no «a un derecho herido», concluye casi al final del libro. El problema tenía para él otras causas: *la jurisprudencia*, que desnaturalizó el principio legal, estableció normas que hicieron su aplicación imposible y «frustró así la finalidad de los decretos», y *el incumplimiento de la legislación de señoríos por el Estado*. La acción conjunta de ambos factores dejó más o menos las cosas como estaban. Los señores consiguieron separar artificialmente el dominio territorial y la jurisdicción, y convirtieron y mantuvieron como propietarios libres ese dominio en forma de tierras y de cargas procedentes del feudalismo. Mientras en Francia la abolición de los derechos señoriales «hizo la mayor revolución conocida desde hacía mil años», «frustrada en España la aplicación de las leyes de señoríos, cabe afirmar que la propiedad territorial subsistió y subsiste como estaba mil años antes». Sólo en ese sentido el problema agrario en 1932 se planteaba como en 1811, pero ahora resultaba mucho más difícil de resolver. Ni los cultivadores ni los propietarios actuales de los antiguos dominios señoriales tenían que ver con los que había en la época de las leyes abolicionistas y además a los segundos «el error de los jueces les ampara». Pese a ello, concluye García Ormaechea, «la cuestión subsiste, perdido o atenuado todo carácter personal. Los vasallos no se transformaron en dueños de las tierras que cultivaban; las prestaciones, aumentadas al renovarse los cultivadores, siguen mermando los rendimientos de la tierra. En la economía capitalista perdura el efecto económico del régimen señorial. Y para destruirlo es preciso liberar la tierra para liberar a los que la trabajan».[100]

¿Qué pretende decir con esta última frase García Ormaechea? ¿Se trata de una concesión al momento, de un rebrote de su antiguo planteamiento marxista en favor de una revolución que debía acabar con los restos del feudalismo y liberar la tierra y con ello a los que la trabajan? No lo creo en absoluto. García Ormaechea estaba muy lejos en 1932 de sus orígenes socialistas. Poco después, al estallar la guerra civil, tuvo que refugiarse en Madrid en la embajada de Checoslovaquia, «activamente perseguido por los rojos que saquearon su domicilio y le dejaron cesante de sus cargos en el Instituto Nacional de Previsión y en el Tribunal Arbitral, por su significación conservadora y monárquica».[101] Desde esa filiación política conservadora hay que entender por tanto el estudio de Gar-

100. Rafael García Ormaechea, *Supervivencias feudales en España*, Madrid, Editorial Reus, 1932, pp. 98-99.

101. Archivo de la familia de García Ormaechea, escrito mecanografiado sin fecha ni firma, posterior a mayo de 1937 y anterior a la muerte de García Ormaechea en Santander, el 21 de noviembre de 1938. Después de huir a Francia y de entrar en la zona de Franco, lo redactó para intentar recuperar «en la zona liberada» los puestos oficiales que había ocupado antes de 1936.

cía Ormaechea publicado en pleno debate sobre la reforma agraria. De ahí el énfasis que puso al final del libro, y que ha pasado desapercibido, en el sentido de que el problema agrario no tenía una fácil solución, ni debía enfocarse con un «carácter personal». El planteamiento histórico de García Ormaechea de la *cuestión señorial* pretendía reflejar el punto de vista de un técnico en legislación y jurisprudencia que señalaba los hechos y proporcionaba las pruebas como si buscara ser útil a cualquiera de las posturas que desde una óptica reformista (la única que admite) se preocupaban en 1932 por el problema agrario, fueran de derechas (el conservadurismo social de los seguidores de Eduardo Dato) o de izquierdas (su pragmático amigo el socialista Largo Caballero, todavía muy lejos de convertirse en el Lenin español). García Ormaechea tenía mucha razón en una cosa: además de legislar, era muy importante también hacer cumplir las leyes por medio de una acción consecuente del Estado y de la jurisprudencia, algo que había faltado en el pasado y que convenía recordar ahora, en pleno debate parlamentario sobre la reforma agraria. En *Supervivencias feudales en España*, por otra parte, encontramos dos tipos de influencias intelectuales que hicieron posible su enlace con otros enfoques de la cuestión agraria: el reformismo costista y su propuesta de regeneración de la nación española mediante la intervención del Estado; y los ecos de una concepción materialista de la historia que García Ormaechea había hecho suya a principios de siglo, en los años en que defendía un socialismo moderado y reformista con el que no rompió por completo después de abandonar en 1908 el PSOE.

El tema de las «supervivencias» de la antigua economía estaba muy presente en una tradición de pensamiento crítico de la «revolución individualista» liberal del siglo XIX. Ese planteamiento, que rechazaba el modelo uniformizador de la Revolución Francesa y defendía a cambio un camino de reformas consecuente con la tradición española y la especificidad de su «ser nacional», tuvo mucho éxito en dos tipos diferentes de reformismo político, uno procedente del conservadurismo monárquico y otro de carácter liberal o republicano. Por los mismos años en que García Ormaechea daba a conocer *Supervivencias feudales en España* y la reforma agraria se debatía en las Cortes, Vicente Flórez de Quiñones escribió *Supervivencias señoriales en el siglo XX*, estudio al que Ricardo Robledo entre otros ha hecho referencia.[102] Conviene saber que Flórez de Quiñones era autor de un libro editado en 1924 en León, por Imprenta Católica, con el título *Contribución al estudio del régimen local y de la economía popular de España*. En el prólogo, Laureano Díez, catedrático

102. Según Ricardo Robledo, «Política y reforma...», en A. García Sanz y J. Sanz, *Reformas y políticas..., op. cit.*, pp. 280-284, que ha llamado la atención sobre este trabajo, el autor lo escribe entre 1931 y 1934. Hay edición del CSIC, Madrid, 1980.

de la Universidad Central, destacaba la enorme importancia que tenía la historia del derecho para el estudio de la vida consuetudinaria, de tanto interés para conocer la psicología colectiva española y reconstruir la organización municipal, «con el fin de salir de la condición precaria y de la falta de personalidad en que el derecho positivo ha encerrado y asfixiado la vida de nuestros pueblos». Flórez Quiñones, por su parte, situaba su trabajo en la corriente de pensamiento favorable a la autonomía local que predomina entre los escritores españoles (Azcárate, Posada, Ganivet, Costa, Altamira, Hinojosa) y que fuera de España tiene insignes defensores (Tocqueville, Sismondi, Savigny). El municipio es presentado como la célula que engendra vigor en todo el organismo (eso sucede, según él, en Inglaterra y también nos sucedió a nosotros en la Edad Media) mientras que, si enferma o debilita, comunica su debilidad a todo el cuerpo social, como nos ocurre ahora. Para Flórez Quiñones nuestros escritores, en el polo opuesto de nuestros gobernantes, han hecho que la opinión pública fuera conociendo «nuestra brillantísima historia comunal que todavía conservan algunas regiones, convenciéndose de que cuanto en España se constituya con carácter nacional debe serlo sobre los sillares de la tradición, pues la asociación comunal de vecinos es la base de un estado liberal». El estudio de las costumbres comunales que aún subsisten y que son una continuación del derecho medieval, a pesar del movimiento unificador legislativo del siglo XIX, demuestra el predominio del elemento espontáneo y de las formas consuetudinarias populares en la psicología y en la historia jurídica del pueblo español. La recuperación de ese vigoroso espíritu colectivo, que aún está presente en las «supervivencias consuetudinarias», es la solución al problema de la debilidad nacional que nos aflige. De ese modo podrá hacerse frente a la «funesta centralización importada de Francia que nos ha hecho más daño que los ejércitos de Napoleón y del duque de Angulema» (la frase es de un discurso de Silvela pronunciado en 1891); a esa centralización que, según Flórez Quiñones, ha convertido a los municipios «en simples juguetes del gobierno propicio a los manejos de un funesto caciquismo».[103]

Por ello el estudio histórico de las «supervivencias», tal y como se plantea en la España del primer tercio del siglo XX, no va unido en general, y de nuevo lo volvemos a comprobar, a una crítica de la revolución española del siglo XIX por el hecho de no haber llegado tan lejos como en

103. Vicente Flórez de Quiñones y Tomé, *Contribución al estudio del régimen local y de la economía popular de España. Los pueblos agregados a un término municipal en la historia, en la legislación y en el derecho consuetudinario leonés*, León, Imprenta Católica, 1924; «Preliminar. Capítulo único: El problema municipal: su importancia. Los errores de la moderna legislación española. El centralismo y el caciquismo. Corrientes descentralizadoras. La democracia directa», pp. 3-10.

Francia a la hora de poner fin a la vieja sociedad. Semejante punto de vista, que mucho más tarde (en los años sesenta y setenta) defenderá otro tipo de historiografía, no es desde luego el que encontramos en el primer tercio del siglo XX. En esos años el enfoque histórico de los problemas españoles resulta más bien de un carácter muy distinto, como no podía ser menos si pensamos en la concepción *organicista* de la evolución social (opuesta a la idea misma de ruptura) y en el nacionalismo étnico o psicologista que predominaba abrumadoramente entre la élite intelectual del momento. Para esa élite había sido precisamente el radicalismo de la revolución en España, la «revolución individualista» de idéntico carácter que la francesa, con la centralización estatal y el uniformismo legislativo que trajo consigo, aquello que rompió con el pasado nacional y destruyó la célula que daba vigor al espíritu de la nación española: la «tradición democrática» de los municipios medievales y el derecho consuetudinario de la «economía popular». De ese modo se creó el *moderno problema agrario* en su doble vertiente: la proletarización, por un lado, consecuencia de los excesos de la propiedad individual; y el caciquismo rural, por otro, con sus correspondientes efectos políticos. Tanto el primero como el segundo trajeron la decadencia de España. En consecuencia, a diferencia del planteamiento predominante en la historiografía de la cuestión agraria en los años cincuenta, sesenta y setenta, los *excesos de la propiedad individual* (con la proletarización consiguiente) y el *caciquismo rural* son vistos en el primer tercio del siglo XX no como una supervivencia del feudalismo, régimen considerado entonces muy débil en la España medieval, sino como una *consecuencia directa de la revolución liberal del siglo XIX*. Esa revolución, como se insiste una y otra vez, había producido una ruptura con la tradición popular española cuya *supervivencia* no mostraba ningún aspecto negativo sino, justo lo contrario, la vitalidad que aún conservaba esa antigua «personalidad nacional», pese a las leyes extrañas y a los gobiernos incapaces que se habían sucedido desde entonces. Era en ese pasado peculiar, que aún permanecía a pesar de la revolución del siglo XIX, donde debía apoyarse el proyecto reformista, nacionalista-étnico y elitista de la *regeneración* de la nación española. Sólo unos pocos, como García Ormaechea, encontraban también otro tipo de «supervivencias», de carácter negativo, que se atrevían a calificar de «feudales», frente a la opinión predominante en el medio académico según la cual España casi no había conocido el feudalismo.

Desde una perspectiva liberal-conservadora, en la línea del reformismo agrario *tory* inglés tan valorado como vimos por Costa a principios del siglo XX, encontramos un planteamiento parecido al hegemónico en el medio académico si pensamos en el vizconde de Eza, uno de los «barones sociales» de mayor renombre en las filas del partido conservador, muy vinculado a la corriente de Dato y amigo personal de García Ormaechea. Luis Marichalar y Monreal, vizconde de Eza, empresario industrial, comenzó en 1899 su carrera política como diputado a Cortes por Soria, donde gozaba de la condición de gran terrateniente. Siguió siendo diputado siempre por el mismo distrito hasta 1914 y desde entonces fue senador del reino.[104] Director general de Agricultura en 1907, se le atribuye la inspiración del proyecto de Ley de Colonización y Repoblación Interior aprobado ese año, cuya finalidad era asentar firmemente la «democracia rural» mediante el apoyo de las pequeñas explotaciones agrarias, exaltar la «laboriosidad y la honradez» y contribuir al «fomento de la riqueza nacional».[105] Ministro de Fomento en 1917, en el segundo gobierno presidido por Eduardo Dato, miembro de la Academia de Ciencias Morales y Políticas, participó muy activamente en el Instituto de Reformas Sociales y fue vocal de la junta de gobierno del Instituto Nacional de Previsión desde 1908 hasta 1926. Intervino en la Conferencia Internacional del Trabajo celebrada en 1919 en Washington, en calidad de presidente de la delegación española, y ocupó la cartera de Guerra en el tercer y último gobierno Dato. Escribió mucho y entre sus libros abundan los títulos relacionados con el «problema agrario», al que ya hizo referencia con cierto detalle en un trabajo editado en 1915.[106]

En 1931 Eza publicó *La reforma agraria en España*, y en 1932 *La exhumación de los señoríos*.[107] En este último texto, escrito para rebatir los fundamentos históricos y doctrinales del proyecto de ley de bases para la reforma agraria presentado al Parlamento por el gobierno Azaña, el vizconde muestra de nuevo su apoyo a la idea de llevar a cabo una reforma agraria en España, pero al mismo tiempo rechaza por completo la expropiación sin indemnización de las tierras de origen señorial que el nuevo proyecto contempla. Esa expropiación es para el vizconde de Eza «una expoliación a secas», un abuso político sin ninguna base en el estudio de la historia, sobre todo si se siguen «las enseñanzas del maestro D. Gumersindo Azcárate en coincidencia muy notable con D. Francisco de Cárdenas o la síntesis de historia moderna de España que propone Rafael Altamira». Según Eza, todos esos trabajos muestran que en los antiguos señoríos «corría ya unida la propiedad y la jurisdicción» y desde el siglo XVI ésta fue desapareciendo y quedó convertida en reliquia sin nin-

104. *Diccionario de Historia de España*, Madrid, Alianza, 1979^2, vol. I, p. 1.357.

105. María Jesús González, *El universo conservador de Antonio Maura. Biografía y proyecto de Estado*, Madrid, Biblioteca Nueva, pp. 241-243.

106. Vizconde de Eza, *El problema agrario en España*, Madrid, Bernardo Rodríguez, 1915, seguido de *El problema agrario andaluz*, Madrid, Bernardo Rodríguez, 1919.

107. Ambos en Madrid, Imprenta de M. Minuesa de los Ríos, donde también vio la luz buena parte de la obra de García Ormaechea dedicada a la legislación y jurisprudencia sobre protección social.

guna importancia económica.[108] Si ello afectaba a los orígenes y naturaleza de los señoríos en nuestro débil y particular feudalismo, una de las mayores «iniquidades» del proyecto de reforma agraria era, en opinión del vizconde, el querer castigar a quienes habían administrado bien sus patrimonios a partir del primer tercio del siglo XIX hasta nuestros días, en vez de dilapidar los bienes heredados de sus mayores, «sólo por suponer que en tiempos pudo tener unida a esa propiedad alguna jurisdicción o algún derecho puramente nominal el poseedor entonces de dicho territorio». La inmensa mayoría de las casas señoriales habían dilapidado su patrimonio y desaparecido. En su opinión «la desamortización» (en realidad la desvinculación) ejerció su influencia y «acabó con los mayorazgos, que fueron la forma ulterior de propiedad particular que tomaron los señoríos a partir de la época de nuestros Reyes Católicos o poco antes». Para Eza desde principios del siglo XIX las tierras procedentes de señoríos tenían el mismo carácter que las otras fincas declaradas de libre comercio y estaban amparadas por la legislación de 1811 y por el tiempo transcurrido desde entonces. En cuanto a la «influencia política» de los que habían conservado estas fincas en una transmisión hereditaria familiar que debería ser título de reconocimiento público, en vez de objeto de crítica, «¿no es enormemente mayor la que ejercen los *nuevos ricos*?», «¿cómo comparar el *caciquismo* supuesto de una Casa antigua con el real y férreo de un advenedizo o improvisado, llámese don Fulano o el *señor* Mengano?». «Por qué se ha de castigar ahora únicamente a los (patrimonios) que se han conservado en las familias por transmisión hereditaria. De revisar algo, revisarlo todo»,[109] concluye el vizconde de Eza su escrito. En él echaba mano de la historia oficial para ir en contra del proyecto de reforma agraria presentado en enero de 1932 por el gobierno Azaña, un proyecto que calificaba de discriminatorio y contrario al espíritu de las Cortes de Cádiz, que hacía mucho tiempo habían puesto fin a los restos del feudalismo en España.

Por lo que se refiere a la cuestión agraria, la perspectiva ideológica nacionalista, organicista y reformista que guió el *análisis del pasado*, pretendió fundamentar la crítica del presente y estuvo unida a un *proyecto social* de futuro (por tomar en préstamo el subtítulo de un conocido libro de Josep Fontana)[110] aparece y reaparece en el ámbito académico español durante el primer tercio del siglo XX, teñida de un color político diferente según los casos. Los historiadores del derecho (que han sido los primeros en «crear escuela» a finales del siglo XIX), los «regeneracionistas»

108. Vizconde de Eza, *La exhumación…*, *op. cit.*, pp. 26-29.
109. *Ibid.*, pp. 41-42.
110. Josep Fontana, *Historia. Análisis del pasado y proyecto social*, Barcelona, Crítica, 1982.

en la línea de Joaquín Costa, los historiadores medievalistas (con Ramón Menéndez Pidal y Claudio Sánchez Albornoz a la cabeza), los pocos estudiosos de la historia más reciente de España (Rafael Altamira y sus discípulos), tienen en común una visión negativa de la revolución del siglo XIX, si bien estos últimos de forma cada vez más matizada. Ven de un modo crítico la revolución que *acabó triunfando* en España, a diferencia de la que se inició en Cádiz al compás de la lucha contra Francia y por la independencia de la nación española, que merece, por el contrario, un juicio muy favorable. La revolución española habría importado por desgracia el modelo individualista procedente de Francia (centralista, uniformizador, sin raíces populares) y ello hizo que la nación perdiera su personalidad propia y se creara un Estado débil, un régimen de oligarcas y caciques y un problema social, fundamentalmente agrario. Todo lo cual hundió a España en la decadencia y trajo el «desastre» colonial del 98. En esa manera de enfocar históricamente el problema hay una coincidencia «académica», de corte ideológico nacionalista, que convive muy bien con las distintas simpatías políticas y los diversos grados de optimismo o pesimismo que suscitan las reformas emprendidas por los sucesivos gobiernos tras el 98.

Claudio Sánchez Albornoz publica en 1932 con el título *La reforma agraria ante la historia* su intervención en el debate parlamentario sobre el proyecto de ley del gobierno Azaña. Justifica en este texto la reforma agraria, pero advierte contra el «cáncer comunista» y sostiene que «el comunismo acecha agazapado».[111] Tres años antes, había expuesto por escrito una visión muy negativa de los años de la «dictadura de Mendizábal». Fue según él una época de errores legislativos que alimentaron la guerra civil; de medios violentos, uno de ellos la supresión de los conventos religiosos, sin contar con la representación nacional ni con lo que exigía la justicia de los contratos; de falsas creencias, procedentes de «algunos periódicos franceses e ingleses» y de «algunos españoles ignorantísimos en la materia», acerca del fondo que obtendría con los bienes del clero; de «justa exasperación de una clase ... dueña de las conciencias de millones de españoles»; de «carga enorme del Estado para satisfacer la cuota prometida».[112] Mucho más conocedor del asunto y ponderado en

111. Mencionado en José Luis García Delgado, «Epílogo» al libro de Pascual Carrión, *Tierra y trabajo. Estudios sobre la agricultura española y su reforma*, Madrid, Centro de Publicaciones, Ministerio de Trabajo y Seguridad Social, 1990, p. 489, donde cita también la crítica al libro y a la posición política de Sánchez Albornoz que hace Juan Falces Alorza en la revista *Leviatán*, 18 (octubre-noviembre de 1935), pp. 55-57.

112. Claudio Sánchez Albornoz y Aurelio Viñas, *Lecturas históricas de España*, Madrid, Plutarco, 1929; hay una segunda edición, Madrid, Taurus, 1960, y una tercera, Madrid, Rialp, 1981, que es la que he consultado, pp. 428-431. Según los autores: «el clero se-

sus juicios, Pío Zabala, autor del volumen V en dos tomos dedicado a la edad contemporánea, publicado en 1930,[113] de la *Historia de España y de la civilización española* (los cuatro anteriores los había escrito Altamira), concluye del siguiente modo el capítulo dedicado a la propiedad. Aunque la expropiación municipal y eclesiástica, la supresión de los mayorazgos y los reveses de las casas nobles modificaron el régimen de propiedad durante los dos últimos tercios del siglo XIX, el reparto de la tierra conservó los anteriores caracteres: concentración de grandes extensiones en pocas manos en el mediodía y excesiva división de la propiedad rústica en el norte.[114] Ésta era la dicotomía que supuestamente mantuvo en España la revolución liberal y que buena parte de la historiografía agraria de los años sesenta y setenta atribuirá también a una revolución meramente «política», incapaz de penetrar en el tejido social y de transformarlo en profundidad.

Las diferencias, no obstante, entre una y otra historiografía son abismales a la hora de valorar el hecho de la revolución en el proceso histórico, si comparamos ciertos planteamientos ampliamente compartidos hasta la década de 1930 y los que predominaron en los años sesenta y setenta. En estos años muchos historiadores asociaron el cambio social con un tipo de revolución de corte radical, como la de 1789 o la de 1917, una revolución vista en sentido positivo por la gran transformación social que produjo en Francia y en Rusia respectivamente. En el primer tercio del siglo XX, por el contrario, en el ambiente intelectual español, aquello que gozaba de mayor audiencia intelectual y política era la idea de una *reforma social* peculiar en cada caso, respetuosa en el nuestro con la tradición española, una reforma, en definitiva, contrapuesta precisamente a la *revolución* del siglo XIX, a la idea abstracta y universal de revolución que, en la práctica, se había convertido en una *revolución política* incapaz de producir el efecto regenerador del organismo social. La revolución del siglo XIX en España, según dicha visión, había seguido de cerca en sus últimas etapas los excesos doctrinales y el individualismo de la Revolución Francesa a través sobre todo de las leyes desamortizadoras. A ella se contraponía, a finales del siglo XIX y en las primeras décadas del XX, la *reforma social* que debía producir la *regeneración* (el término es en sí signifi-

---

cular y regular en España es pobrísimo en todos los sentidos, comparado con el de otro cualquier país católico»; ciertamente algunos eclesiásticos eran ricos e inútiles y el clero secular y regular exigía una reforma, «¿pero era el momento?». En el prólogo de Claudio Sánchez Albornoz a la tercera edición se indica que, según un diario madrileño de la época que hace referencia al exilio de la familia real en 1931, la reina Victoria tenía este libro en su mesilla de noche.

113. Pío Zabala y Lera, *Historia de España y de la civilización española*, tomo V, *Edad Contemporánea*, Barcelona, Sucesores de Juan Gili, 1930, vol. 1: *Reinados de Fernando VII e Isabel II*; vol. 2: *La revolución de 1868. La Restauración Borbónica.*

114. *Ibid.*, vol. 2, pp. 115-116.

cativo) de la nación española. Ese enfoque reformista, tras la proclamación de la Segunda República, iba a encontrar al principio apoyos muy diversos frente a quienes concebían la solución del problema agrario de otro modo, es decir, por medio de una *revolución social*, en sentido jacobino o revolucionario-socialista.[115] Tan diversos fueron estos apoyos que al final produjeron un conflicto interno irresoluble, cuando de la doctrina hubo de pasarse a la acción legislativa.

AUGE Y DECLIVE DE LA HISTORIOGRAFÍA DE LA «CUESTIÓN AGRARIA»

A medida que transcurre la segunda mitad del siglo XX los estudios históricos de la cuestión agraria aumentan a tal ritmo que nos obliga, por razones de espacio, a un análisis mucho menos individualizado. Por fortuna diversos trabajos han puesto de relieve la evolución experimentada por la historiografía española durante este período y no es preciso detenerse en ello. También disponemos de varias síntesis o estados de la cuestión que dan cuenta de los estudios de historia económica y en particular de historia agraria de España en diversos momentos de su más reciente trayectoria. Hace tiempo José María Jover, en un extenso trabajo publicado en 1974 sobre la historiografía española durante la época de Franco,[116] puso de manifiesto que la tradición historiográfica relativa al siglo XIX, con algunos pocos antecedentes anteriores a la guerra civil y tras superar el marasmo de la posguerra, comienza en realidad a despegar en 1950. Sin embargo, incluso entonces, el retroceso en relación con la mejor historiografía anterior a 1939 resulta evidente. Es el caso de ese tipo de historia política que Jover denomina «menendezpelayista» y que desde Pamplona impulsa Federico Suárez. Los puentes con la historiografía del primer tercio del siglo XX son en general, salvo honrosas excepciones, de carácter muy poco innovador o se mueven en la órbita de lo que se ha dado en llamar «el problema de España», que otra vez suscita un intenso debate.[117] La época gloriosa del imperio atrae la atención de la mayoría de los historiadores en unos años en que la ideología nacional-católica (con añadidos más o menos fascistas o desprendiéndose precipitadamente de

115. Soy consciente de que este otro planteamiento, de carácter social-revolucionario, ha quedado fuera de mi análisis y habrá que volver sobre él en otra ocasión para completar un panorama por mi parte muy sesgado hacia las posturas reformistas que predominaron en España en un amplio espectro político durante el primer tercio del siglo XX.

116. Reeditado en José María Jover Zamora, *Historiadores españoles de nuestro siglo*, Madrid, Real Academia de la Historia, 1999, pp. 25-271.

117. Me remito para esta cuestión al libro de Ismael Saz, *España contra España. Los nacionalismos franquistas*, Madrid, Marcial Pons, 2003.

ellos) ejerce un dominio casi absoluto en la institución universitaria. Los historiadores críticos están en el exilio o han sufrido en España, en mayor o menor medida, las consecuencias de la represión franquista. Su obra es conocida sólo por unos pocos y en muchos casos ha debido adaptarse a las circunstancias para tener alguna influencia. Gonzalo Pasamar, en su libro *Historiografía e ideología de la posguerra española. La ruptura con la tradición liberal*,[118] proporciona suficientes muestras del retroceso y empobrecimiento que sufrió la historiografía española tras 1939. Por ello, en cierto modo puede afirmarse que la historia concebida como ciencia (no como mera erudición o al servicio de una ideología) comienza en España de nuevo su andadura en los años cincuenta y sesenta en un pequeño círculo académico apenas vinculado a la evolución experimentada por la historiografía española antes de la guerra civil. Se manifiesta así la profunda ruptura con la época anterior impuesta por el régimen de Franco, más intensa si cabe en lo relativo al estudio de la historia que en el caso de otras disciplinas.

En el terreno de la historia económica y social, donde en los años cincuenta y sesenta reaparece de nuevo el interés por la cuestión agraria, «hubo que volver a partir de cero», en palabras de Josep Fontana, «construyendo el edificio sobre nuevos fundamentos, puesto que en lo que el franquismo había conseguido pleno éxito fue en cortar la relación de la nueva historiografía española con sus raíces de preguerra».[119] La nueva etapa que se inicia en la década de 1950 y culmina en los años setenta produce en efecto otro tipo de historia. Se trata de una historia que recibe influencias muy distintas de las que hemos visto con anterioridad a 1939, muy lejos del momento en que la visión orgánica y evolucionista de la nación, como sujeto histórico por excelencia, iba unida a la aparición de un nacionalismo cultural con vistas a la *nacionalización del conjunto de la sociedad*. Esa visión después de la segunda guerra mundial se encuentra desacreditada en Europa, tras el desastre provocado por el nacionalismo étnico totalitario. La nueva historia en España rechaza los viejos esquemas historicistas o positivistas y entra cada vez más en contacto con la renovación impulsada desde Francia por la «escuela de Annales» y con los planteamientos innovadores procedentes de las nuevas ciencias sociales y del materialismo histórico. En ese contexto, como es bien sabido, tres son las vías de renovación de la historiografía española en los años sesenta y setenta que más llaman la atención en lo relativo al

118. Gonzalo Pasamar, *Historiografía e ideología en la posguerra española. La ruptura con la tradición liberal*, Zaragoza, Universidad de Zaragoza, 1991.

119. Josep Fontana, «La historiografía...», en S. Castillo, coord., *La Historia Social..., op. cit.*, pp. 331-335. Véase también *Enseñar historia con una guerra civil por medio*, Barcelona, Crítica, 1999.

estudio de los siglos XIX y XX: la historia económica y social de Jaume Vicens Vives, Pierre Vilar y la llamada «escuela de Barcelona»; la nueva historia política con diversos núcleos más o menos independientes (Miguel Artola, José María Jover, Raymond Carr y sus discípulos); y el grupo de historiadores en torno a Manuel Tuñón de Lara y los coloquios de Pau.[120]

Las tres vías mencionadas muestran una gran coincidencia en el interés por ciertos temas, en especial por el *problema agrario* heredado del siglo XIX, al que de nuevo le dan la importancia y el relieve histórico que tenía antes de la guerra civil. También hay una gran semejanza entre esas tres vías de renovación a la hora de situar el problema agrario en un contexto histórico distinto, casi diríamos opuesto al que resulta propio del enfoque particularista, organicista y reformista, muy crítico en las primeras décadas del siglo XX con la herencia de la revolución «individualista» del siglo anterior. Al contrario, por otras razones ideológicas y políticas, la historiografía renovadora de los años cincuenta y sesenta tratará de mostrar un panorama distinto. Situados en un mismo proceso histórico característico de la sociedad occidental, en el que ahora cabe plenamente la evolución española, los diferentes problemas agrarios de ese común entorno se relacionan de una manera muy estrecha con la mayor o menor intensidad de la *ruptura con el Antiguo Régimen*. La *cuestión agraria española* deriva así de un cambio de poca intensidad en comparación con el que se produjo en otras partes de Europa. El problema agrario resulta en definitiva una de las principales consecuencias, bien de una revolución meramente política, pero no social, bien del «fracaso de la revolución industrial», bien de la ausencia de «modernización». A su vez ese problema agrario se convierte en causa fundamental del atraso de España (económico y social, pero también político, por el predominio de la oligarquía y el caciquismo como forma de gobierno real) respecto a los países occidentales más desarrollados.

Naturalmente insistir en las semejanzas, por encima de las distintas corrientes de la historiografía renovadora, en lo relativo al planteamiento de la cuestión agraria, no debe impedirnos ver las importantes diferencias que existen dentro de ese tipo de enfoque. Pero resulta muy significativo el rechazo de la «España diferente», de la «supuesta idiosincrasia

120. José María Jover, *Historiadores españoles…*, *op. cit.*; Juan Sisinio Pérez Garzón, «La revolución burguesa en España: los inicios de un debate científico», en Manuel Tuñón de Lara, dir., *Historiografía española contemporánea (X Coloquio del Centro de Investigaciones Históricas de la Universidad de Pau. Balance y resumen)*, Madrid, Siglo XXI, 1980; Julián Casanova, «El secano español», en *La historia social y los historiadores*, Barcelona, Crítica, 1991; Carlos Forcadell, «Sobre desiertos y secanos. Los movimientos sociales en la historiografía española», en *Historia Contemporánea*, 7 (1992), pp. 101-116; VV.AA., *Tuñón de Lara y la historiografía española*, Madrid, Siglo XXI, 1999.

nacional de orden metafísico»,[121] que provocó una evidente ruptura con la anterior forma de concebir el problema agrario. Ello es claro cuando, en los años cincuenta, Jaume Vicens Vives propone sus sucesivas síntesis de historia de España con una visión de conjunto distinta de la inspirada por la ideología nacionalista castellano-española,[122] sea en su vertiente católico-reaccionaria (oficializada por el régimen de Franco) o en la de corte liberal-democrático (muy influyente antes de la guerra, perseguida por el régimen, mantenida en el exilio, olvidada y cada vez más desfasada). Nada lo demuestra mejor que recordar los ataques a esa historia de Vicens por parte no sólo de la historiografía políticamente más reaccionaria sino también de figuras en el exilio tan representativas como Américo Castro. Castro resume en estos términos el punto de vista de Vicens: «Como el resto de Europa, la vida española entre 1815 y 1868 fue afectada por un hecho político de base (la quiebra del Antiguo Régimen y el auge de la ideología liberal), una coyuntura económica general (la organización del maquinismo y la organizacion industrial moderna) y una subversión del espíritu (el romanticismo)». Esa idea de Vicens es negada por Américo Castro, que considera una ficción el hecho de que España y el Occidente europeo hayan seguido direcciones paralelas, cultural y socialmente.[123] Eran dos interpretaciones muy diferentes de la historia de España que enmarcaban de dos modos opuestos el estudio de la historia y en particular de la historia agraria.

De acuerdo con las ideas predominantes en el primer tercio de siglo, la cuestión agraria resultaba uno de los efectos más negativos de una revolución importada, extraña a la tradición específicamente española, ca-

121. Jover lo menciona a propósito de Vicens en *Historiadores españoles…*, *op. cit.*, p. 70.

122. Vicens publica en 1952 su *Aproximación a la historia de España* y dirige la *Historia social y económica de España y América*, que se edita entre 1957 y 1959. En 1954 es nombrado profesor encargado del curso de Historia Económica de España en la recién creada Facultad de Económicas de la Universidad de Barcelona y fruto de sus clases son sus *Apuntes del curso de historia económica de España*, publicados en 1956. Tres años después verá la luz la *Historia económica de España*, donde colabora su discípulo Jordi Nadal.

123. Américo Castro, *Cervantes y los casticismos españoles*, Barcelona, 1967, p. 204, citado por José María Jover en *Historiadores españoles...*, pp. 70-71. También resulta significativo que el propio Jover en este texto, aunque se identifique con el enfoque europeo de Vicens, alerte del peligro que se corre con una interpretación de la historia de España que simplifique a partir de «un cañamazo forjado sobre la experiencia histórica de Cataluña —hay que repetirlo: el más europeo de los pueblos españoles—, con referencia a unos modelos y unos métodos definidos y perfilados por la historiografía francesa», y sea incapaz de apresar «la complejidad geográfica, social, cultural, de la totalidad de los pueblos españoles» o desconocer «que Andalucía, Galicia o La Mancha son objetivamente diferentes de otras regiones españolas más vecinas a lo que entendemos generalmente por europeos».

lificada de meramente política, superficial, «individualista», a imitación de la francesa, una revolución que interrumpía el camino propiamente español de la reforma social (en especial la agraria), iniciado por los ilustrados y continuado por la élite regeneracionista. Por el contrario, para la «nueva historia» de Vicens y las diversas corrientes renovadoras que se desarrollan en los años sesenta y setenta, la cuestión agraria surge en relación directa con un proceso de transformación de la sociedad que se da en Occidente y que en España resulta incompleto o fallido, si lo comparamos con la ruptura mucho más profunda con el antiguo régimen que caracteriza la trayectoria de los países más avanzados. De ese modo el estudio histórico del problema agrario supera el estrecho horizonte impuesto por el predominio del nacionalismo español en la historiografía del primer tercio del siglo XX. El análisis histórico de la cuestión entra en el terreno de *la historia comparada*, pero de momento lo hace en el marco de una historia occidental idealizada cuyo modelo era la trayectoria de los países que habían alcanzado en los años sesenta y setenta un mayor desarrollo económico y político.

El catalanismo moderado de Vicens Vives y su pretensión de acercar social y culturalmente España al Occidente europeo[124] (también por medio de la historia) jugaron un papel «normalizador» muy importante. Sin embargo al principio se trató de una «normalización» que en el fondo establecía un dualismo estructural, por un lado la modernidad industrial de Cataluña y por otro el atraso de la mayor parte de España. De la España atrasada, cuyo problema agrario seguía presente en la sociedad contemporánea, procedería la oligarquía que se había hecho con el control del Estado en el siglo XIX y nos distanciaba de Europa también en el XX. Esa clase dirigente hacía gala de unos intereses económicos, una actitud política y una mentalidad tradicionales que contrastaban con los de la moderna burguesía catalana, estudiada y reivindicada por Vicens. La burguesía catalana, la «auténtica» burguesía, había encabezado la «prosperidad catalana» y hecho posible la «revolución agraria», la industrialización y la «revolución burguesa» en Cataluña,[125] pero por desgra-

124. La biografía intelectual de Vicens en Josep M. Muñoz i Lloret, *Jaume Vicens i Vives. Una biografia intel·lectual*, Barcelona, Ediciones 62, 1997.

125. Jaume Vicens Vives y Montserrat Llorens, *Industrials i polítics (segle XIX)*, Barcelona, Vicens Vives, 1972^2 (1958^1), en especial «les fites de les transformacions agràries», donde se habla de la «revolució agrària» (pp. 32-44) y «la revolució burgesa (1833-1844)», pp. 227-257. Según expone Vicens en «Coyuntura económica y reformismo burgués», publicado inicialmente en *Estudios de Historia Moderna*, IV, Barcelona, 1954, y reproducido en *Coyuntura económica y reformismo burgués*, Barcelona, Ariel, 1968, pp. 17-58, la burguesía catalana había participado en el cambio político de 1832-1833 a favor de la causa liberal con el fin de propiciar un reformismo administrativo, ante la evidente incapacidad del gobierno de Fernando VII, e introducir un nuevo orden económico en el país. Como

cia quedó marginada del proceso español. Todo ello se daba por supuesto.

La historia comparada de la cuestión agraria en el marco occidental, en la que de nuevo tomaba forma la *peculiaridad española* pero ahora en *sentido negativo* (a diferencia de la modernidad industrial catalana) y no positivo (las raíces agrarias de la personalidad colectiva española) como antes, se desarrolló en los años sesenta y setenta. De un modo u otro estuvo presente en la historia económica y social, en los diversos enfoques marxistas y en los planteamientos de una historia política en contacto con las nuevas ciencias sociales. La coincidencia en torno a lo que Ramón Villares ha denominado «la interpretación más canónica de la historiografía española de los años sesenta y setenta»[126] llama aún más la atención si pensamos en las diferentes opciones ideológicas y metodológicas que durante ese tiempo convivieron en esa visión de conjunto. Atribuir la *cuestión agraria* a un cambio social *incompleto*, que deja pendiente la *reforma agraria* en buena parte de España, dentro de un proceso (llámese de transición al capitalismo o de modernización de la economía) que se manifiesta en Occidente con rasgos muy similares (crisis del Antiguo Régimen y revolución liberal, industrialización, surgimiento de una nueva sociedad), es una constante que se repite en todo tipo de síntesis de historia de España y en las primeras monografías de historia agraria durante el período que estamos analizando.[127] Sin embargo, como veremos a continuación, pronto comenzaron a surgir discrepancias muy notables en otros aspectos, que irán acentuándose y multiplicándose a medida que la investigación histórica alcance en los años setenta y ochenta un desarrollo inédito hasta entonces.

Durante los años sesenta y setenta la explicación histórica de la cuestión agraria en España pudo por fin apoyarse en un mínimo trabajo de

---

señala Emili Giralt en el prólogo a la edición castellana de *Industrials i polítics*, que aparece con el título *Los catalanes en el siglo XIX*, Madrid, Alianza y Enciclopèdia Catalana, 1986, pp. I-IX, Cataluña aparece a finales del XVIII y principios del XIX como «la porción de España más evolucionada y mejor dispuesta para vivir política y socialmente de acuerdo con las normas europeas». En ninguna otra parte del país había una burguesía con una fuerza social capaz de defender la nueva concepción del Estado, llevando tras de sí una ideología y una realidad económico-social adecuadas. «Esta evolución económico-social contrasta con la permanencia de las estructuras arcaicas en gran parte del ámbito peninsular. De ahí la falta de sincronismo en las actitudes políticas de Barcelona y Madrid, y el desasosiego y el desencanto que sigue en determinados momentos a la actuación política de los catalanes para organizar el Estado español de acuerdo con las necesidades de Cataluña y los idearios contemporáneos.»

126. Ramón Villares, «La historia agraria de la España contemporánea...», en VV.AA., *Tuñón y la historiografía española..., op. cit.*, p. 219.

127. He insistido en ello en Pedro Ruiz Torres, «Del antiguo al nuevo régimen: carácter de la transformación», en VV.AA., *Antiguo Régimen y liberalismo. Homenaje a Miguel Artola*, Madrid, Alianza, 1994, pp. 159-192.

investigación que sacó a la luz nuevas vertientes del problema, hasta entonces apenas tomadas en consideración. Sin ir más lejos, cuando Vicens publica en 1959 su manual de historia económica de España deja bien claro que el siglo XIX es casi desconocido, en especial su dinámica social y cómo se plasma en las sucesivas estructuras económicas.[128] Para tratar la cuestión agraria Vicens utiliza como referencia básica el trabajo inédito de Salvador Millet.[129] Tanto ese estudio, encargado por Cambó poco después de la guerra civil, como las diversas síntesis de la historia económica de España escritas por Vicens (que no siempre está de acuerdo con Millet), comparten un europeísmo en gran medida nuevo en la historiografía, si pensamos en el nacionalismo que había predominado hasta entonces. Para uno y otro la historia agraria del siglo XIX en España muestra una transformación poderosa, un evidente desarrollo producto de una *revolución agraria*,[130] tal y como ambos la denominan, que se atribuye a los efectos del liberalismo individualista anticipado por Jovellanos y triunfante con la desamortización, la desvinculación y demás medidas de signo liberal. Se trata, pues, de un punto de vista histórico diametralmente opuesto al mantenido por Costa y sus seguidores a principios del siglo XX. El desarrollo agrario, la «revolución agrícola» del siglo XIX, no hace sino mostrar que España no es diferente, que ha seguido un camino parecido al de los demás países occidentales, que ha conocido también una *revolución política* y que esta revolución de corte liberal tuvo consecuencias favorables sobre la economía y, en nuestro caso particular, sobre la

128. Jaume Vicens Vives, *Historia económica…*, *op. cit.*

129. El trabajo ha sido editado recientemente, Salvador Millet i Bel, *Història de l'agricultura espanyola durant els segles XIX i XX*, Lleida, Pagés Editors, 2001, con un estudio de Jaume Mateu i Giral titulado «El sistema agrari espanyol contemporani». En la contraportada del libro se recuerda que Salvador Millet cursó estudios superiores en el Institut d'Estudis Econòmics i Comercials de la Mancomunitat de Catalunya y, posteriormente, en la Universidad de Berlín; ingresó en las juventudes de la Lliga en 1934; recibió en 1951 el Premi Cambó de l'Institut d'Estudis Catalans por su *Història de l'agricultura espanyola* (que ha permanecido inédita hasta ahora); colaboró en *Destino* y *La Vanguardia*; y dirigió la colección de clásicos «Bernat Metge». Al acabar la segunda guerra mundial se convirtió en uno de los primeros y más activos defensores del europeísmo en España e intervino en la creación de la Lliga Europea de Cooperació Econòmica y del Institut d'Estudis Europeus, del cual fue director y presidente. Durante el período franquista quedó apartado de la actividad política, intentó sin éxito rehacer la Lliga y se dedicó a la actividad empresarial, que en los años ochenta compaginó con la presidencia de «La Caixa».

130. Salvador Millet, *Història de l'agricultura…*, *op. cit.*, capítulo II, «Els factors de la revolució agrícola del segle XIX», pp. 47-77, y capítulo III, «Desenvolupament i característiques de la revolució agrícola. Estat de l'agricultura espanyola a mitjan segle XIX», pp. 79-115; Jaume Vicens Vives, dir., *Historia de España y América*, Barcelona, Vicens Vives, 1972, vol. IV, «Las realizaciones económicas, A. El siglo XIX», pp. 174-182.

agricultura. No sólo los primeros trabajos de historia económica (Millet, Vicens) lo van a poner de relieve, y eso es una gran novedad, sino que iniciarán un debate sobre la cronología, la geografía y el alcance de esa transformación agraria en las distintas partes de España[131] y fijarán la atención de las investigaciones posteriores en los principales factores que la produjeron: la desamortización civil y eclesiástica, la desvinculación, la libertad de comercio interior, la libertad de cultivos y de arrendamientos, la abolición del diezmo, la abolición de los privilegios de la Mesta, las mejoras en los transportes y las comunicaciones, etc.

No obstante, la transformación agraria en sentido europeo de la que hablan Millet y Vicens, pese a que ambos la denominan una «revolución agraria», se había quedado a medio camino en España, como uno y otro tienen buen cuidado en poner de relieve. Los beneficios de la revolución política liberal, de las medidas en favor de la iniciativa y del interés individual, se vieron considerablemente reducidos, según Millet, por el absentismo de los grandes propietarios y por la incapacidad del Estado a la hora de asumir funciones protectoras y de fomento de ese interés individual, en especial en asuntos como el orden público, las carreteras, los ferrocarriles, el regadío, la instrucción y el crédito.[132] En opinión de Vicens, la desamortización no dio tierras a los labradores pobres, ni fue un maná financiero para el Estado, ni desintegró los latifundios «surgidos de la entraña histórica y geográfica del país», sino que alumbró un «neolatifundismo territorialmente más extenso, económicamente más egoísta y socialmente más estéril que el precedente». A pesar de la desvinculación, las familias más poderosas de la gran nobleza castellana y andaluza «conservaron intactos sus patrimonios» y la nobleza siguió gozando de una gran influencia social en España. La burguesía, por su parte, alentó y se benefició de la desamortización y compró tierras desvinculadas procedentes, en su mayoría, de la nobleza media y baja.[133] El fenómeno del latifundismo decimonónico, según Vicens, ex-

131. En Salvador Millet, *Història de l'agricultura...*, *op. cit.*, pp. 285-295, hay un trabajo de Jaume Mateu donde se resume la opinión de diversos historiadores sobre el estudio de Millet. El autor recoge la discrepancia que manifiesta Vicens respecto del enorme incremento de la superficie cultivada que propone el primero para el período 1818-1860 y que, como consecuencia, se extiende también a otros dos hechos importantes. Al reducir la estimación que había hecho Millet del aumento de la superficie cultivada en ese período, Vicens le da menos importancia a la desvinculación de los mayorazgos (en beneficio de la desamortización) y, por otra parte, no cree en un retroceso general de los rendimientos agrícolas, como éste pensaba. Desde una perspectiva macroeconómica, los datos de Millet han sido luego criticados por Anes, Bilbao y Fernández de Pinedo, Naredo, Tortella, García Sanz, etc.

132. Salvador Millet, *Història de l'agricultura...*, *op. cit.*, pp. 90-99 y 114-115.

133. Jaume Vicens Vives, *Historia de España...*, *op. cit.*, vol. IV, pp. 65-84.

tendido por Andalucía, Extremadura y la parte meridional de Castilla la Nueva, «se robusteció hasta extremos peligrosos para la economía y el bienestar social del país».[134] Creó, en opinión de Millet, un «problema social» en el campo, manifiesto en el bajo nivel de vida que imperaba en algunas regiones de España, especialmente en Andalucía y Extremadura, un problema latente en el siglo XIX y que en el XX se convirtió en un conflicto cada vez más grave, al que la República hizo frente «de una manera equivocada».[135]

De esta forma, con una visión de la historia de España y una ideología política muy diferentes de las que encontramos en el planteamiento de Costa, los primeros estudios de historia económica reiteraron, aunque por otros motivos, la visión clásica del problema social agrario en el mediodía de España. Esos estudios se apoyaron en nuevas fuentes y con ellas elaboraron las primeras series de datos cuantitativos que la investigación posterior perfeccionó y amplió. Centraron la atención en la población, la producción, los intercambios, los precios, los salarios, la superficie cultivada, los rendimientos, los tipos de cultivos etc., es decir, en la evolución de la agricultura española a escala macroeconómica, donde casi todo estaba por hacer. Mérito suyo fue introducir en España la nueva historia económica y social que triunfaba en Europa y haber visto nuestro siglo XIX de un modo europeo, con ojos ajenos al tópico de la decadencia y a ciertas actitudes hipercríticas con la herencia liberal. Pero cuando se trata del enfoque histórico-social de la *cuestión agraria*, es decir, a la hora de dar cuenta del problema social agrario por excelencia heredado del siglo XIX, la nueva historia económica sólo podía apoyarse en la bibliografía existente[136] y por ello al principio no se separó mucho de algunas ideas de Costa o de Altamira. El moderno latifundismo seguía siendo una consecuencia de la desamortización y del mantenimiento (cuando no incluso del aumento) de los patrimonios de las grandes familias nobiliarias, a pesar de la abolición de los señoríos y de la desvinculación. El latifundismo traía consigo un problema social de gran trascendencia económica, al convertirse en poderoso freno al progreso general de la agricultura española, un problema que tuvo enorme repercusión política, como lo demostraban los diversos intentos sucesivos de reforma agraria. Sin embargo, como había dejado muy claro Salvador Millet, aquí se acababa la coincidencia. Joaquín Costa, como antes Fermín Caballero (o, podíamos añadir, Flórez Estrada) representaban para Millet una tenden-

134. *Ibid.*, p. 84.
135. Salvador Millet, *Història de l'agricultura...*, *op. cit.*, pp. 185-189.
136. Los autores que citan Millet o Vicens son: Cárdenas, Altamira, Azcárate, Fermín Caballero, Campomanes, Pascual Carrión, Costa, el vizconde de Eza, Flores de Lemus, Flórez Estrada, Jovellanos, Marvaud, Olavide, Viñas Mey...

cia ideológica favorable a la intervención del Estado en materias agrícolas, «precisament en un dels aspectes —la propietat— en què més perjudicial i antieconòmica resulta sempre la intervenció». Esa tendencia «colectivista» se acentuará a finales del siglo XIX, «però no esclatarà amb tota la seva intensitat fins el segle XX, justament, al final de la nostra història, en què feixistes i socialistes coincidiran en un nou intent —nou per a ells però no per a la història— de dirigir, intervenir i manipular tota l'economia agrícola des de la taula d'un ministeri». Ni que decir tiene cuál es la alternativa que ahora propone Millet. Una defensa a ultranza del individualismo económico y de la política ortodoxamente liberal, frente al hecho de haber «sobrevalorat la importància que el factor propietat i població representen». Millet reivindica una acción del Estado no intervencionista en materia de economía, capaz de fomentar la libre iniciativa individual: «vingui instrucció, vingui aigua, vingui confiança, vingui crèdit, vinguin carreteres, que la propietat i la població rurals més econòmicament adequades vindran pel seu propi compte».[137]

¿Qué se sabía en los años cincuenta de la legislación liberal sobre la propiedad de la tierra, de la desamortización, de la desvinculación y de sus efectos económicos y sociales, del moderno latifundio y del problema social derivado de él? ¿Hasta dónde había llegado la investigación histórica en esos asuntos, más allá de la visión característica del primer tercio del siglo XX, sustentada en una base de investigación histórica endeble y enormemente condicionada por el ambiente intelectual en torno a la idea obsesiva de *regeneración* de la nación española? Muy pocos avances hubo entre 1936 y 1950. Los nuevos tiempos, con todo, se encargaron de borrar planteamientos que resultaban cada vez más desfasados desde la nueva perspectiva «europeísta». A cambio, surgió con fuerza un dualismo estructural que diferenciaba una España moderna de otra atrasada y, en el caso de la segunda, continuaba viendo el hecho en sí de la cuestión agraria y sus orígenes en el siglo XIX como un problema propio de la España meridional y una importante rémora a un moderno desarrollo capitalista (emprendido paradójicamente también en el siglo XIX) en el que Cataluña llevaba la delantera.

En los años sesenta y principios de los setenta, en el período final del franquismo, la historia económica, social y política de la España del siglo XIX experimentó un salto cuantitativo y cualitativo notable, gracias al desarrollo de una investigación histórica en plena renovación metodológica que comienza a abrirse camino en España. La cuestión agraria sobresale aún más si cabe, con un conocimiento basado ahora en nuevas investigaciones históricas de primera mano. Sin embargo, al principio, esas investigaciones no modifican sustancialmente, sino que en gran me-

137. Salvador Millet, *Història de l'agricultura...*, *op. cit.*, p. 104.

dida confirman, ciertas ideas expuestas en el primer tercio del siglo XX. Esas investigaciones reciben distintas influencias de la renovación historiográfica que triunfa en Europa y tienen en mi opinión, para lo que ahora nos interesa, cuatro orientaciones temáticas distintas y dos modos diferentes de concebir el cambio social, combinados de distintas maneras. Una de esas orientaciones profundiza en el estudio de las causas de la crisis del Antiguo Régimen y de la revolución liberal, así como en sus efectos. La otra lo hace en el análisis de la economía y centra su atención especialmente en la agricultura, en su «modernidad» o su «atraso», en los estímulos o frenos agrarios al proceso de industrialización. La tercera orientación temática se dirige hacia los movimientos sociales, en particular hacia el estudio de las luchas obreras y campesinas en la España de los dos últimos siglos. La cuarta, a diferencia de las tres anteriores, no trata de reconstruir la historia económica y social de España en general, sino que realiza un análisis histórico de ciertas estructuras económicas y sociales que, o bien han dado origen a un moderno desarrollo económico y a una identidad nacional propia, como es el caso de Cataluña, o bien resultan, por el contrario, un claro exponente del grado de subdesarrollo alcanzado en otras partes de España. En cuanto al modo de concebir el proceso de cambio, de desarrollo o de modernización, la diferencia entre los historiadores se muestra en la distinta valoración, por un lado, del fenómeno de la revolución política y sus consecuencias, y, por otro, del libre juego de la iniciativa económica individual a largo plazo, favorecido u obstaculizado por el Estado. Sería muy largo detenerse en todo ello y me limitaré por tanto a una breve referencia que muestre las coincidencias existentes en relación con la cuestión agraria y destaque los primeros puntos de ruptura con el enfoque anterior.

Como he apuntado en otro lugar,[138] la explicación histórica del problema agrario que enfatiza el enorme peso de la gran propiedad absentista en la economía y en la sociedad españolas no varió mucho en los años sesenta y setenta, pese a las discrepancias de los historiadores a la hora de caracterizar el proceso que puso fin al Antiguo Régimen. Con una perspectiva liberal o con un enfoque marxista, la revolución española del siglo XIX continuó durante bastante tiempo percibiéndose como un fenómeno político con cambios importantes en el ámbito institucional, en especial en el régimen de propiedad, pero sin provocar en el fondo una profunda transformación en beneficio de la economía capitalista y de la sociedad burguesa. Miguel Artola fue uno de los primeros en realzar el sentido político moderno y homologable de la revolución

138. Pedro Ruiz Torres, «Del antiguo al nuevo...», en VV.AA., *Antiguo Régimen y liberalismo...*, *op. cit.*, pp. 159-192.

española del siglo XIX,[139] una revolución nacional, si bien no por ello menos situada en el contexto liberal europeo, cuyos rasgos, positivos ahora (liberalización de la propiedad, de la producción y de los intercambios), contrastan poderosamente con la tradicional imagen negativa que predominaba en la historiografía española. También Artola puso mucho cuidado más tarde[140] en considerar que esa revolución, en realidad, sólo había eliminado los obstáculos institucionales que en el Antiguo Régimen dificultaban el desarrollo de las relaciones de producción capitalistas en el campo, unas relaciones que, por otra parte, ya eran un hecho destacable en el conjunto de España durante la época del Antiguo Régimen. Dado ese carácter, Artola consideraba que la revolución liberal había abolido los fundamentos jurídicos de la preeminencia de la nobleza en la sociedad estamental y suprimido sus antiguos privilegios y derechos jurisdiccionales, pero a cambio liberó los patrimonios vinculados de la nobleza e hizo que los titulares de los antiguos señoríos mantuvieran sus propiedades territoriales e incluso las incrementasen con la desamortización. Lo cual hacía que, en definitiva, la imagen resultante, en lo que a la propiedad de la tierra y a la preeminencia social de la nobleza se refiere, no fuera muy distinta de la que nos proporcionaban otros historiadores, como es el caso de Vicens a finales de los cincuenta y de Jover a mediados de los setenta,[141] menos dados a valorar como Artola el cambio en sentido capitalista que se había dado en España a finales del Antiguo Régimen y durante la revolución liberal.

La transición de la antigua a la nueva sociedad conoció pues, también entre nosotros, un fenómeno revolucionario liberal, como en el resto de Occidente. Sin embargo, según Artola, la sociedad española había avanzado en un sentido moderno y capitalista desde mucho antes de la revolución, lo que reducía bastante la importancia de ésta más allá del ámbito político-institucional. Otros historiadores, en la línea de Vicens,

139. Miguel Artola, *Los afrancesados*, Madrid, Sociedad de Estudios y Publicaciones, 1953 (reeditado por Turner en 1976 y por Alianza en 1989); *Los orígenes de la España contemporánea*, Madrid, Instituto de Estudios Políticos, 1959, 2 vols. (reeditado en 1975); *La España de Fernando VII*, vol. XXVI de la *Historia de España* de Menéndez Pidal, Madrid, Espasa-Calpe, 1968 (reeditado en 1989); *La burguesía revolucionaria, 1808-1974*, vol. V de la *Historia de España* de Alfaguara, Madrid, Alianza, 1973 (nueva edición corregida y aumentada, en 1990).

140. Miguel Artola, *Antiguo Régimen y revolución liberal*, Barcelona, Ariel y Fundación Juan March, 1978 (reeditado en 1983).

141. José María Jover, *Historiadores españoles..., op. cit.*, pp. 130-148, donde hace referencia a «La revolución burguesa en la Península: el protagonismo, sus debilidades y sus compromisos»; véase también *Política, diplomacia y humanismo en la España del siglo* XIX, Madrid, Turner, 1976.

llegaron a una conclusión parecida respecto a la revolución, pero con una visión completamente diferente del punto de partida. Así para Jover, la sociedad española mantenía después de la revolución unos rasgos tradicionales que le conferían el carácter de una «sociedad dual». Ese dualismo era para Nicolás Sánchez Albornoz un hecho característico de la economía española en el siglo XIX, dada la importancia que en esa centuria siguieron teniendo las «crisis de subsistencias» de carácter tradicional.[142] Gonzalo Anes, por su parte, realizó el primer estudio importante sobre «las crisis agrarias en la España moderna»,[143] en la línea de la historia cuantitativa de los *Annales*, y propuso por su cuenta un «modelo liberal» para explicar el crecimiento económico en la España del siglo XVIII. El crecimiento económico, según Anes, no era en absoluto, como algunos historiadores pensaban, una consecuencia del «reformismo borbónico», que se aprovechó del mismo, sino el resultado de la combinación de una serie de factores económicos: crecimiento de la población, aumento de la producción agrícola y de los intercambios, fluctuaciones cíclicas de los precios, aumento de los ingresos procedentes de la tierra, formación del mercado interior, acumulación en manos de los comerciantes... El crecimiento, sin embargo, tropezó con los obstáculos del Antiguo Régimen (de ahí las críticas de los ilustrados más avanzados), pero en definitiva no fue aprovechado por una burguesía sin cohesión ni conciencia de clase que, a diferencia de lo que había ocurrido en Cataluña, situó sus ahorros en la compra de tierras e imitó las formas de vida de la nobleza. «A pesar de las críticas y de las corrientes renovadoras de la segunda mitad del siglo XVIII (nos dice Gonzalo Anes), la tónica general de la conducta de los grandes propietarios no se modificó esencialmente, ya que continuaron viviendo de la tierra en la forma tradicional.» En España no se rompió el viejo «caparazón de las estructuras agrarias» y debido a ello el «ahorro» generado mediante la venta de productos agrícolas o en concepto de rentas, derechos señoriales y diezmos, volvió a ser invertido en adquisición de propiedad territorial o dedicado al consumo suntuario. Más tarde, a mediados del siglo XIX, cuando se «repita el ciclo» y el capital comercial vuelva a ser de nuevo empleado en la adquisición de las tierras que salen al mercado por la desamortización, el «círculo vicioso» se perpetuará.[144]

142. Nicolás Sánchez Albornoz, *Las crisis de subsistencias de España en el siglo* XIX, Rosario, 1963; *España hace un siglo: una economía dual*, Barcelona, Ariel, 1968.

143. Gonzalo Anes, *Las crisis agrarias en la España moderna*, Madrid, Taurus, 1970.

144. *Ibid.*, las citas proceden del último capítulo, «La crisis de las instituciones y de las estructuras del Antiguo Régimen: las contradicciones de la *Ilustración*», pp. 451-453. Véase también de Gonzalo Anes su libro *Economía e «Ilustración» en la España del siglo XVIII*, Barcelona, Ariel, 1969.

El contraste entre la trayectoria de la mayor parte de España y el desarrollo económico que condujo a la industrialización en Cataluña, bien conocido gracias a la minuciosa investigación de Pierre Vilar,[145] parecía en estos momentos un hecho evidente a muchos historiadores. «El fracaso de la revolución industrial en España» fue precisamente el título que Jordi Nadal le puso al libro publicado en 1976 y que sigue siendo una de las mejores obras de referencia sobre el tema. El citado historiador, colaborador de Vicens en la *Historia económica de España*, hacía en 1980 un balance historiográfico de dicho «fracaso» y le asignaba al sector agrario un papel de freno, pero consideraba que «la antigua agricultura de subsistencias» se había transformado en «agricultura capitalista, progresivamente orientada hacia el mercado» gracias, en buena medida, a la «supresión de los derechos señoriales y del diezmo, así como a la transferencia de las tierras desamortizadas y de la usurpación de los comunales».[146] Sin embargo, «la doble metamorfosis, de la burguesía en clase terrateniente y de la aristocracia en clase revolucionaria, selló la transformación de una clase nueva, detentadora de la gran propiedad y erigida en fracción dominante del bloque burgués». Las desamortizaciones iban a absorber una parte sustancial de los capitales disponibles en detrimento de la industrialización. «Dueña del poder, la nueva clase surgida de la confluencia de la vieja aristocracia y de la flamante burguesía agraria configuró el Estado a la medida de sus intereses.»[147]

A la hora de describir y de interpretar el atraso económico relativo de España que, con la excepción de Cataluña y más tarde del País Vasco,[148] no

145. Pierre Vilar, *La Catalogne dans l'Espagne moderne. Recherches sur les fondaments économiques des structures nationales*, París, 1962 (traducción catalana, Barcelona, Edicions 62, 1965-1968, 4 vols., edición resumida traducida al castellano, Barcelona, Crítica, 1978-1988, 3 vols.); «La Catalogne industrielle. Réflexions sur un démarrage et sur un destin», en VV.AA., *L'industrialisation en Europe au XIX siècle. Cartographie et typologie*, París, C.N.R.S., 1973; el contraste en la Edad Moderna entre Cataluña y Castilla puede verse de forma muy clara en dos obras de Pierre Vilar: *Crecimiento y desarrollo. Economía e historia. Reflexiones sobre el caso español*, Barcelona, Ariel, 1964, e *Hidalgos, amotinados y guerrilleros. Pueblo y poderes en la historia de España*, Barcelona, Crítica, 1982, además naturalmente de en su *Historia de España*, París, Librairie Espagnole, 1963[1] (traducción de Manuel Tuñón de Lara), numerosas veces reeditada desde entonces.

146. Jordi Nadal, «El fracaso de la revolución industrial en España. Un balance historiográfico», *Papeles de economía española*, «La nueva cara de la historia económica de España», Madrid, Obra Social de la Confederación Española de Cajas de Ahorro, 1980, p. 109.

147. *Ibid.*, p. 117.

148. Los dos primeros estudios sobre el crecimiento económico, la crisis del Antiguo Régimen y el cambio social en el País Vasco fueron el de Emiliano Fernández de Pinedo, *Crecimiento económico y transformaciones sociales del País Vasco 1100/1850,* Madrid, Siglo XXI, 1974, y el de Pablo Fernández Albadalejo, *La crisis del Antiguo Régimen en Guipúzcoa, 1766-1833: cambio económico e historia*, Madrid, Akal, 1975.

se había industrializado en el siglo XIX y en la primera mitad del XX como había ocurrido en los países desarrollados, surgían desde luego discrepancias entre los historiadores de la economía, según el énfasis que pusieran en ciertos factores de carácter endógeno o exógeno. Sin embargo, la mayoría de ellos en los años sesenta y setenta, al proponer una perspectiva general de la trayectoria española (Vicens, Nadal, Sánchez Albornoz, Tortella)[149] o elaborar las primeras monografías de historia económica y social centradas en Andalucía,[150] Castilla-León,[151] Galicia[152] o el País Valenciano,[153] coincidieron en atribuir a la agricultura, desde la época del Antiguo Régimen, un papel destacado de obstáculo a la industrialización. Resaltaba en especial el peso negativo del predominio de la gran propiedad y de los intereses de la oligarquía agraria nobiliario-burguesa que sobrevivió a la crisis del absolutismo. Más tarde, por el contrario, los estudios de carácter «regional» o «local» llegaron en los años ochenta a hacer evidente la imposibilidad de utilizar el término *cuestión agraria en España* en singular y transmitieron, por el contrario, la imagen de unas agriculturas más modernas y menos tradicionales de lo que se pensaba. Los resultados de esas investigaciones obligaron a diversificar y replantear de otro modo el problema agrario en la España del tránsito del antiguo al nuevo régimen.

En cualquier caso, fuera cual fuera la visión que se tuviera acerca de la economía agraria en la España moderna, la transición del antiguo al nuevo régimen continuaba siendo un proceso muy alejado del «patrón francés». La obra de Salvador de Moxó, *La disolución del régimen señorial en España*, publicada en 1965 y durante mucho tiempo la única monografía sobre el tema de los señoríos a cargo de un historiador, planteaba la disolución del régimen señorial como un proceso de largo alcance que se remontaba a la Edad Media, en el que el señorío solariego fue dis-

149. Gabriel Tortella, *Los orígenes del capitalismo*, Madrid, Tecnos, 1973; «La economía española, 1830-1900», en Manuel Tuñón de Lara, dir., *Historia de España*, Madrid, Labor, 1981, vol. VIII, pp. 9-167.

150. Antonio Miguel Bernal, *La lucha por la tierra en la crisis del Antiguo Régimen*, Madrid, Taurus, 1979.

151. Ángel García Sanz, *Desarrollo y crisis del Antiguo Régimen en Castilla la Vieja. Economía y Sociedad en tierras de Segovia 1500-1814*, Madrid, Akal, 1977.

152. J. García Lombardero, *La agricultura y el estancamiento económico de Galicia en la España del Antiguo Régimen*, Madrid, Siglo XXI, 1973.

153. He hecho referencia en otras ocasiones a los planteamientos de historia económica y social del País Valenciano durante los años sesenta y setenta, en especial al debate en torno a las tesis de Joan Fuster sobre la «anomalía valenciana» respecto a la moderna trayectoria de Cataluña y a la interpretación de Emili Giralt sobre las causas del fracaso de la revolución industrial en el País Valenciano. Véase Pedro Ruiz Torres, «Nacionalismo y ciencia histórica en la representación del pasado valenciano», en Paul Preston e Ismael Saz, eds., *De la revolución liberal a la democracia parlamentaria. Valencia (1808-1975)*, Madrid, Biblioteca Nueva y Universitat de València, 2001, pp. 19-48.

tinguiéndose del jurisdiccional mucho antes de las Cortes de Cádiz, contrariamente a lo que defendía García Ormaechea. Esa distinción entre el señorío jurisdiccional y el señorío solariego o territorial, en la línea de la mejor tradición del primer tercio del siglo XX que predominaba en el campo de la historia del derecho y de las instituciones (tal y como al vizconde de Eza le vino muy bien recordar en 1932), iba a ser respetada finalmente, según Moxó, por la legislación liberal y la jurisprudencia posterior. De ahí la moderación de que hizo gala la revolución en España, a diferencia del radicalismo de la Revolución Francesa, algo que en nuestro caso permitió a la nobleza salvar sus propiedades tras la abolición de la jurisdicción señorial y «trasformar al señor en propietario». Ese hecho, en opinión de Moxó, contrasta favorablemente con la obra «sectaria» y «anticlerical» de la desamortización. En su trabajo de 1974 sobre el siglo XIX en la historiografía española, Jover insistirá en que el estudio de Moxó demostraba que la revolución liberal había convertido a los señores en propietarios. Ello tuvo una gran incidencia económica y social en el sur de España, donde se concentraban los patrimonios de la grandeza que continuó siendo la más poderosa clase latifundista.[154]

Tampoco la historiografía influida por el marxismo modificó al principio de forma sustancial la imagen de una revolución que supuestamente había transformado a los señores en propietarios. La historiografía marxista, sin embargo, era muy crítica con la interpretación del proceso histórico en clave económica liberal. Reivindicaba el papel trascendental de la revolución contra el Antiguo Régimen en el tránsito de uno a otro tipo de sociedad y ponía como modelo la Revolución Francesa. En la década de los setenta, en pleno derrumbe de la dictadura de Franco y en el momento culminante de la lucha por la democracia, entre algunos historiadores hubo un debate sobre si podía o no hablarse de *revolución burguesa* en el caso español. Con dicho concepto algunos historiadores destacaban la profunda transformación social que trajo consigo la toma del poder político por una nueva clase, la burguesía, que puso fin al feudalismo en el occidente de Europa e hizo posible el triunfo del modo de producción capitalista. El debate sobre el carácter del proceso revolucionario burgués, sus etapas y su tipología, con diversos grados de ruptura social según las diferentes vías de transición del feudalismo al capitalismo, enmarcó la controversia acerca de en qué medida la revolución burguesa se dio también en España y cuál era su carácter específico.[155] Sin

154. José María Jover, *Historiadores españoles...*, *op. cit.*, p. 143.

155. Véase a ese respecto Juan Sisinio Pérez Garzón, «La revolución burguesa en España: los inicios de un debate científico, 1966-1979», en Manuel Tuñón de Lara *et. al.*, *Historiografía española contemporánea (X Coloquio del Centro de Investigaciones Hispánicas de la Universidad de Pau. Balance y resumen)*, Madrid, Siglo XXI, 1980, pp. 91-138.

embargo no modificó viejas ideas, bien arraigadas en la historiografía, en relación con la supuesta poca intensidad del cambio social agrario en la España del siglo XIX.

Manuel Tuñón de Lara, que había dado un empujón decisivo a la historia social de los siglos XIX y XX en España, en especial con sus estudios sobre el movimiento obrero,[156] insistió constantemente a lo largo de su obra en la tesis regeneracionista de la «oligarquía económico-social, asentada en las arcaicas estructuras del país, que utilizaba el *caciquismo* como instrumento político creador de esa oligarquía ministerial y parlamentaria». Esa oligarquía constituía para él la élite de poder en la monarquía de la Restauración.[157] La hegemonía de la aristocracia terrateniente de origen señorial en el «bloque de poder» surgido de la revolución liberal[158] resultaba así un hecho clave en la historia contemporánea de España, en

156. Véanse las contribuciones de Julio Aróstegui, Manuel Pérez Ledesma, Josep Pérez, Ricardo Miralles, Jean-Michel Desvois , José Miguel Pérez García y Luis Garrido González al libro (edición a cargo de José Luis de la Granja, Alberto Reig Tapia y Ricardo Miralles) *Tuñón de Lara y la historiografía…, op. cit.*, así como José Luis de la Granja y Alberto Reig Tapia, eds., *Manuel Tuñón de Lara. El compromiso con la Historia. Su vida* y *su obra*, Bilbao, Universidad del País Vasco, 1993. Entre otros, Tuñón de Lara publicó tres libros importantes sobre la historia del movimiento obrero: *Introducció a la història del moviment obrer*, Barcelona, Nova Terra, 1966; *El movimiento obrero en la historia de España*, Madrid, Taurus, 1972; y *Luchas obreras y campesinas en la Andalucía del siglo XIX*, Madrid, Siglo XXI, 1978.

157. Manuel Tuñón de Lara, *Historia y realidad del poder*, Madrid, Cuadernos para el Diálogo, 1967, p. 26.

158. Al hablar de la Segunda República española Manuel Tuñón de Lara, en la introducción de su libro *Tres claves de la Segunda República*, Madrid, Alianza, 1985, p. 12, señala: «El primer problema estructural era el económico: arcaísmo agrario, enormes desigualdades de propiedad, exceso demográfico en el campo, descapitalización y baja productividad; débil mercado interno y exportaciones en su mayoría agrícolas y de minerales; una agricultura cerealista en las mesetas y otra modernizada en la periferia; fuerte control bancario sobre una industria protegida por barreras arancelarias y, en la cúspide, las *grandes familias* de la alta burguesía agraria, financiera y de negocios, en vestigios del antiguo régimen señorial, y pautas de comportamientos marcadas por la nobleza». En el capítulo de su libro *Estudios de historia contemporánea*, Barcelona, Nova Terra, 1977, titulado «Sociedad señorial, revolución burguesa y sociedad capitalista (1834-1860)», pp. 93-109, que reproduce su intervención en el *VII Coloquio de Pau* del año anterior, Tuñón afirma: «¿Revolución burguesa? Sin duda; desvinculación de la tierra, abolición de señoríos jurisdiccionales, libertad de industria, supresión de privilegios estamentales … supresión del diezmo … (en cambio, no se suprimen todas las aduanas interiores, como algunos parecen creer, ni, desde luego, se llega a un mercado común del territorio del Estado). Revolución burguesa en el nivel económico; a nivel político institucional se plantea la transición del Estado absolutista al Estado liberal» (p. 96). La revolución produjo un cambio en las relaciones de producción y vino unida al predominio de una «extraña burguesía». El cambio en las relaciones de producción «convierte en burguesía agraria a lo que antes era nobleza con derechos de señorío, añadiéndole un sector de la burguesía de negocios que ha comprado tierras. Pero no deja de ser motivo de reflexión el hecho

especial por sus efectos económicos y políticos y por el problema social agrario que trajo consigo y seguía manifestándose en plena dictadura de Franco. El propio Tuñón y otros historiadores llegaron a hablar de «supervivencias feudales» en la economía capitalista pendientes de extinguir y hubo lecturas en clave marxista-revolucionaria del libro publicado en 1932 por García Ormaechea, como la de Enric Sebastià en su comunicación al *VI Coloquio de Pau.*[159] En 1976, en los *Cuadernos de Ruedo Ibérico*, José María Naredo criticaba la idea clásica de «progreso» y de «revolución por etapas» que estaba presente en esa clase de historiografía marxista y en especial sus interpretaciones del capitalismo español y de la cuestión agraria.[160] Esos planteamientos históricos, según Naredo, coincidían con los que dentro del PCE justificaban una política de oposición al régimen de Franco tendente a crear una alianza con la burguesía progresista, para traer así la revolución democrático-burguesa, supuestamente pendiente en España, y realizar la reforma agraria republicana interrumpida por el régimen de Franco.

Con otro enfoque, que debe mucho a la influencia de la obra de Pierre Vilar, Josep Fontana propuso en 1971, en *La quiebra de la monarquía absoluta*,[161] una interpretación que distinguía la vía evolutiva de Gran Bretaña del modelo francés. En el primer caso, el tránsito del Antiguo Régimen a la sociedad burguesa tenía un carácter gradual, mientras el gran salto económico de la revolución industrial permitió ciertas transformaciones sociales y dio fuerza financiera al Estado para reprimir las tendencias revolucionarias que iban más allá del pacto tácito entre aristocracia y

---

de que, por ejemplo, el duque de Medinaceli, el del Infantado o el de Fernán Núñez se acostaran una noche siendo cuerpo y alma de la nobleza feudal española y se levantaran al día siguiente siendo *burgueses* porque sus señoríos territoriales (y territoriales más jurisdiccionales) han pasado a ser propiedad desvinculada (aunque en numerosos casos han guardado "derechos" sobre los campesinos, elementos residuales que permanecieron gracias a la complicidad de los órganos judiciales). ¡Extraña burguesía ésa! Lo menos que se puede hacer, en vez de gritar cual nuevos Rodrigos de Triana que se ha descubierto un nuevo continente, la revolución burguesa, es plantearse la notable "especificidad" de esa revolución burguesa en la que, nuevamente, los factores ideológicos han seguido siendo los del régimen señorial» (p. 98).

159. Enric Sebastià Domingo, «Crisis de los factores mediatizantes del régimen feudal. Feudalismo y guerra campesina en la Valencia de 1835», en José Luis García Delgado, ed., *La cuestión agraria en la España contemporánea*, Madrid, Cuadernos para el Diálogo, 1976, pp. 395-402.

160. Aulo Casamayor, «Por una oposición que se oponga. Crítica a las interpretaciones del capitalismo español y a las alternativas que ofrece la "oposición política" (referida a la situación de esta oposición en 1976)», reproducido en José Manuel Naredo, *Por una oposición que se oponga*, Barcelona, Anagrama, 2001, pp. 15-146.

161. Josep Fontana, *La quiebra de la monarquía absoluta, 1814-1820 (La crisis del Antiguo Régimen en España)*, Barcelona, Ariel, 1971.

burguesía. El modelo francés, por el contrario, mostraba una revolución dispuesta a derribar por la fuerza el Antiguo Régimen porque éste era incapaz de transformarse desde dentro. En Francia el proceso de crecimiento económico recibía el bloqueo de la persistencia de una economía campesina ahogada por el régimen señorial. Las finanzas de la monarquía estaban en ruinas y ello fue una de las causas del debilitamiento de la monarquía absoluta. En cuanto a España, durante el siglo XVIII hubo poderosos obstáculos que se opusieron a una transformación en sentido industrial al modo de Gran Bretaña (ausencia de revolución agrícola, persistencia de unas relaciones de producción de carácter señorial, falta de articulación del mercado interior, desfase entre el interior y una periferia que se industrializa de espaldas a los mercados interiores, balanza comercial deficitaria que se equilibra con la importación de metales preciosos y productos coloniales), pero parecía que el modelo británico de las reformas podía llegar a darse también aquí. Sin embargo, la pérdida de los mercados coloniales hizo inviable esta solución. Era preciso liberar las potencialidades productivas de la agricultura y facilitar la articulación de un mercado nacional y ello resultaba imposible sin la abolición de la propiedad amortizada, el diezmo, los derechos señoriales, etc. La toma de conciencia de la burguesía, durante el primer período absolutista del reinado de Fernando VII, llevó a que la vía de la transformación revolucionaria seguida en Francia pareciera la única opción entre 1814 y 1820. Así se entiende el apoyo burgués a la lucha de los campesinos contra el régimen señorial y en favor de la abolición del diezmo, la participación de la burguesía en los movimientos revolucionarios del período, la alianza revolucionaria, en definitiva, entre la burguesía y el campesinado, que más tarde se rompió hasta el punto de hacer que de nuevo cambiara el curso de la transición en España.

Al final, según Fontana, la reforma agraria en España nada tuvo que ver con las «reformas agrarias revolucionarias» inspiradas en el caso francés. La transformación de la nobleza señorial en aristocracia latifundista, con el beneplácito de la burguesía y sin que hubiera un proceso paralelo de revolución campesina, hizo que el proceso español pareciera en realidad «la Revolución Francesa hecha al revés».[162] En ello Fontana seguía la opinión que predominaba entonces en la historiografía española, reforzada por la obra de Moxó, en el sentido de que la abolición del régimen señorial tuvo consecuencias muy favorables para la antigua nobleza terrateniente. Por esas mismas fechas, en el marco de «la abolición de la feudalidad en el mundo occidental» (título del famoso coloquio celebrado en

162. Josep Fontana, «Transformaciones agrarias y crecimiento económico en la España contemporánea», en *Cambio económico y actitudes políticas en la España del siglo XIX*, Barcelona, Ariel, 1973, pp. 161-165.

Toulouse en 1968), otro historiador, Antonio Domínguez Ortiz, afirmaba que el «fin del régimen señorial en España» había supuesto el abandono por parte de los señores de unos derechos arcaicos y unos ingresos por lo general escasos y la transformación «de una propiedad dudosa y compartida en una propiedad absoluta», mientras una multitud de colonos «se convirtieron en arrendatarios a título precario o en simples jornaleros».[163] En cuanto a la desamortización, para Fontana tampoco podía considerarse una «reforma agraria de tipo revolucionario», sino que formaba parte de una *reforma agraria liberal,* concepto acuñado por el citado historiador y que sirve para dar cuenta del cambio agrario en la España del siglo XIX de diferente modo a como lo venía haciendo la historiografía liberal y la historiografía influida por la tradición francesa jacobino-marxista. La desamortización, según Fontana, había sacado de apuros a la Hacienda del nuevo Estado y, en vez de dar tierras a los agricultores, transfirió las propiedades agrarias de la Iglesia y de los municipios a los pocos que tenían medios para comprarlas.[164]

El término *reforma agraria liberal*, propuesto por Fontana a principios de los años setenta, supone un cambio importante de perspectiva en relación con la manera habitual de enfocar el problema agrario, aunque al principio no lo pareciera tanto. El hecho de que Fontana hubiera asociado, en su libro *Cambio económico y actitudes políticas*, la vía prusiana a las soluciones de compromiso que dieron lugar a las «reformas agrarias liberales» produjo no pocos equívocos. Así algunos historiadores, como es el caso de Tuñón de Lara, insistieron preferentemente en la metamorfosis de los antiguos señores en modernos propietarios y minimizaron la transformación que había tenido lugar durante la revolución. El propio Fontana dio pie a ello al hablar de un entendimiento entre la burguesía y la aristocracia terrateniente y de la ambigüedad existente en el caso de una legislación liberal que permitió una interpretación favorable a la propiedad de los antiguos señores y su metamorfosis en propiedad burguesa. Sin embargo Fontana dejó claro más tarde, como hizo en 1977 en su libro *La Revolución Liberal*,[165] que la revolución política en España

163. Antonio Domínguez Ortiz, «El fin del régimen señorial en España», en Jacques Godechot, Albert Soboul, *et. al.*, *La abolición del feudalismo en el mundo occidental*, Madrid, Siglo XXI, 1971, p. 77. Situación que contrastaba enormemente con la descrita por Pierre Vilar para Cataluña en su contribución al mismo coloquio: «El fin de los elementos feudales y señoriales en Cataluña en los siglos XVIII y XIX, con algunas reflexiones comparativas al resto de España y al Rosellón» (pp. 78-93).

164. Josep Fontana, *Cambio económico y actitudes políticas...*, *op. cit.*, pp. 165-182.

165. Josep Fontana, *La Revolución Liberal (Política y Hacienda 1833-1845)*, Madrid, Instituto de Estudios Fiscales, 1977, especialmente el capítulo VIII. Dos años más tarde, en *La crisis del Antiguo Régimen, 1808-1833*, Barcelona, Crítica, 1979, pp. 48-49, Josep Fontana escribe: «Así se pudo operar un tránsito pacífico y pactado de la sociedad

trajo consigo una transformación agraria de tipo liberal, una revolución más duradera, honda y trascendente que las que culminaban en un mero cambio de constitución, puesto que cuajó en «el establecimiento de un régimen de propiedad que habría de durar tanto como el capitalismo y el predominio burgués». Esa revolución, según Fontana, había sido mal estudiada, porque los historiadores pierden de vista que se trata de un proceso «global y conjunto» integrado por la desamortización eclesiástica y civil, la desvinculación, la supresión del diezmo y de los derechos señoriales, las leyes de acotamientos que fijaron «el principio del disfrute omnímodo de la propiedad particular», etc. Para el citado historiador, la forma correcta de estudiar ese *proceso* es examinarlo en *su integridad* (no mediante el análisis de una sola de las piezas), tomar como objeto de investigación *el cambio* que se ha producido en la *estructura de la propiedad* (entendiendo por estructura algo mucho más amplio que reparto) y determinar la forma en que cada uno de los elementos de esta transformación ha contribuido al resultado final.[166] No sólo, nos dice Fontana, debemos de tener en cuenta el «reparto» (la transmisión de la propiedad de unas a otras manos), sino todo el conjunto de cambios, de apariencia más cualitativa, que han contribuido a liberar la propiedad privada de las trabas del pasado, a transformar lo que los juristas de la época llamaban la «propiedad imperfecta» en «propiedad perfecta» (supresión de diezmos y derechos, redención de censos, ejercicio sin límites de un derecho). La revolución liberal en España había producido en ese sentido una transformación digna de destacarse, al modificar el régimen de propiedad y establecer la propiedad burguesa. Junto a ello, Fontana resalta también la *diversidad* fundamental de la agricultura española, con diversos tipos de transformación, según las zonas, de acuerdo con toda una serie de condicionamientos peculiares.

En una y otra dirección, en la del estudio del cambio que había producido la *reforma agraria liberal* en la *estructura de la propiedad* (enten-

---

feudal al nuevo orden burgués. Desgastada la monarquía absoluta, que había sido la expresión política de los intereses de la propiedad feudal, se la substituyó por una monarquía parlamentaria con sufragio censitario —esto es, donde sólo votaban los que tenían un mínimo de fortuna—, que era la forma de organización más adecuada para la defensa de los intereses de la nueva propiedad: de los intereses de los viejos propietarios feudales, metamorfoseados en terratenientes burgueses, más los de los comerciantes, industriales y rentistas. O, como diría acertadamente el marqués de Miraflores, de "las clases propietarias". La revolución burguesa vino a salvar, así, la riqueza de la vieja oligarquía y a confirmar el despojo de los campesinos».

166. Más tarde, Josep Fontana y Ramón Garrabou realizarán un excelente análisis de la política agraria en las Cortes de Cádiz en el libro *Guerra y Hacienda. La Hacienda del gobierno central en los años de la Guerra de la Independencia (1808-1814)*, Alicante, Instituto Juan Gil Albert, Diputación Provincial, 1986.

diendo por estructura, como decía Fontana, algo mucho más amplio que reparto) y en la de conocer cada vez mejor la *diversidad fundamental de la agricultura* dentro de España (desde la época misma del Antiguo Régimen), iremos viendo a partir de finales de los años setenta un distanciamiento progresivo de muchos historiadores respecto al viejo modo de concebir la cuestión agraria. La atención se centrará primero en la desamortización y más tarde en la desvinculación y la abolición del régimen señorial. Las primeras monografías provinciales sobre la desamortización eclesiástica en el trienio y bajo el mandato de Mendizábal, publicadas a partir de 1969 (Simón Segura,[167] Lazo,[168] Donézar,[169] Brines,[170] Rueda,[171] González de Molina),[172] apuntaban en la dirección de que había habido un importante proceso de transferencia de la propiedad en favor principalmente de la burguesía comercial y un sector de la antigua nobleza terrateniente. La desamortización eclesiástica, de la que el campesinado en general no se había beneficiado, mantenía e incluso en algunos lugares acentuaba el reparto muy desigual de la tierra, un rasgo característico de la antigua estructura de la propiedad. Sin embargo, la minuciosa reconstrucción del «marco político de la desamortización» hecha por Tomás y Valiente[173] y los sucesivos estados de la cuestión elaborados por diversos historiadores[174] ampliaron las repercusiones del pro-

167. Francisco Simón Segura, *Contribución al estudio de la desamortización en España. La desamortización de Mendizábal en la provincia de Madrid,* y *Contribución al estudio de la desamortización en España. La desamortización de Mendizábal en la provincia de Gerona,* ambos publicados en Madrid por el Instituto de Estudios Fiscales en 1969; *La desamortización española del siglo XIX*, Madrid, Instituto de Estudios Fiscales, 1973.

168. Alfonso Lazo, *La desamortización de las tierras de la iglesia en la provincia de Sevilla, 1835-1843*, Sevilla, Diputación de Sevilla, 1970.

169. Javier María Donézar, *La desamortización de Mendizábal en Navarra, 1836-1851*, Madrid, CSIC, 1975.

170. Joan Brines, *La desamortización eclesiástica en el País Valenciano durante el trienio constitucional*, Valencia, Universidad de Valencia, 1978.

171. Germán Rueda, *La desamortización de Mendizábal en Valladolid, 1836-1853*, Valladolid, Diputación, 1980.

172. Manuel González de Molina, *Desamortización, deuda pública y crecimiento económico. Andalucía, 1820/1823* (prólogo de Josep Fontana), Diputación Provincial de Granada y Fundación Paco Natera de Córdoba, 1985.

173. Francisco Tomás y Valiente, *El marco político de la desamortización en España*, Barcelona, Ariel, 1971.

174. Francisco Tomás y Valiente, «Recientes investigaciones sobre la desamortización: intento de síntesis», *Moneda y Crédito*, 131 (1974), pp. 95-160. Germán Rueda, «Bibliografía sobre el proceso desamortizador en España», *Agricultura y Sociedad*, 19 (1981), pp. 215-247. Más tarde, Germán Rueda, Pablo Colmenares y José Ramón Díez Espinosa publicarán el libro *La desamortización de Mendizábal y Espartero en España*, Madrid, Cátedra, 1986.

ceso desamortizador a lo largo de un período más extenso y en su conjunto todavía mal conocido, que se iniciaba en la época de Godoy[175] y llegaba mucho más allá de la legislación de Madoz en el bienio progresista.[176] A su vez la historiografía empezó a valorar de otro modo la desamortización de Mendizábal y Josep Fontana cuestionó, en 1985,[177] tanto el tópico de la malversación por el nuevo Estado, en plena crisis hacendística, de unos recursos de considerable cuantía, como el que esa desamortización absorbiera unos capitales que, en caso contrario, hubieran podido industrializar el país. Fontana ponía el acento en que la desamortización de Mendizábal respondía perfectamente a los intereses burgueses y liberales que la habían inspirado. Ni había sido una «reforma agraria frustrada», ni una «oportunidad perdida para el capitalismo español». En opinión del citado historiador, el modelo británico de desarrollo capitalista, basado en la formación de grandes explotaciones comercializadas, era el más valorado entonces por los gobernantes españoles e inspiró la reforma agraria liberal de Mendizábal. Con todo, concluye Fontana, deberíamos entender «que, en la medida en que las situaciones de partida eran distintas en diversos lugares, las estrategias aplicadas (las combinaciones de este conjunto de medidas "aburguesadoras" de la propiedad) han de presentar algunas diferencias y, sobre todo, que los resultados finales pueden llegar a ser muy diversos, de modo que el mismo proceso que en Andalucía consolida el latifundio, no permite establecerlo en el País Valenciano y conduce en Galicia a la perpetuación del minifundio, o que en Canarias la clave no es la propiedad de la tierra sino la del agua».[178]

En cuanto a la importancia que había tenido la desvinculación en

175. Richard Herr fue el primer historiador en llamar la atención sobre la desamortización de Godoy en su trabajo «Hacia el derrumbe del antiguo régimen: crisis fiscal y desamortización bajo el reinado de Carlos IV», *Moneda y Crédito*, 118 (septiembre de 1971), pp. 37-100. Uno de los primeros estudios con cifras concretas de ventas fue el de Joaquín Azagra, «El mercat de les terres i la desamortització a l'Horta», *Estudis d'Història Agrària*, 4 (1983), pp. 145-166. A finales de los años ochenta Mari Cruz Romeo publicó «Formació d'un patrimoni familiar i gestió burgesa i la desamortització de Godoy a València», en *Recerques*, 20 (1988), pp. 197-220.

176. Miguel Gómez Oliver, *La desamortización de Madoz en la provincia de Granada*, Granada, Centro de Estudios Históricos de Granada y su Reino y Excma. Diputación de Granada, 1985; José Ramón Díez Espinosa, *Desamortización y economía castellana. Valladolid, 1855-1868*, Valladolid, Instituto Cultural Simancas, 1986.

177. Josep Fontana, «La desamortización de Mendizábal y sus antecedentes», en Ángel García Sanz y Ramón Garrabou, *Historia agraria de la España contemporánea. 1. Cambio social y nuevas formas de propiedad (1800-1850)*, Barcelona, Crítica, 1985, pp. 219-244. Véase también de dicho autor, en ese mismo sentido, «La crisis del Antiguo Régimen en España», *Papeles de Economía Española*, *op. cit.*, pp. 49-61.

178. *Ibid.*, p. 244.

España, Bartolomé Clavero[179] y Mariano Peset[180] pusieron de relieve la peculiaridad y la complejidad de la propiedad feudal (la unión de tierra y privilegio, la división de dominios, los diversos tipos de censos),[181] la diversificación y su evolución en la España moderna, así como la profunda transformación que en el derecho de propiedad produjo la legislación liberal y el cambio radical de orden jurídico-social que trajo consigo. Clavero hizo hincapié en que la transformación revolucionaria de la «propiedad territorial feudal» en «propiedad capitalista» perjudicó indudablemente a la nobleza, que con la desvinculación perdió su antigua situación privilegiada, pese a lo cual en la mayor parte del antiguo reino de Castilla la propiedad territorial siguió en sus manos. El margen de continuidad entre una y otra propiedad expresaba en esta zona «el grado de compromiso y transacción» de la burguesía con la clase feudal en el proceso revolucionario, pero no significaba nada acerca del presunto incumplimiento de éste. Los títulos de la nobleza sólo eran «distinciones ideológicas dentro de la propiedad capitalista». Para Clavero resultaba incontrovertible que la nobleza no había sido «expropiada» como lo fuera la iglesia y que además compró bienes desamortizados. Pronto otras investigaciones, centradas en el estudio del cambio en la propiedad de la tierra en diversas partes de España (Galicia,[182] Murcia,[183]

179. Bartolomé Clavero, *Mayorazgo. Propiedad feudal en Castilla (1369-1836)*, Madrid, Siglo XXI, 1974; «Para un concepto de revolución burguesa», *Sistema*, 13 (abril de 1976), pp. 35-54; «Política de un problema», en B. Clavero, P. Ruiz Torres y F. J. Hernández Montalbán, *Estudios sobre la revolución burguesa en España*, Madrid, Siglo XXI, 1979, pp. 1-46; «Foros y *rabassas*. Los censos agrarios ante la revolución española», *Agricultura y Sociedad*, 16 (1981).

180. Mariano Peset, *Dos ensayos sobre la historia de la propiedad de la tierra*, Madrid, Revista de Derecho Privado y Editoriales de Derecho Reunidas, 1982.

181. Son especialmente interesantes, por lo que al estudio de los censos se refiere, las contribuciones de Bartolomé Clavero, Emiliano Fernández de Pinedo, Carlos Forcadell, Mariano Peset, Eva Serra, Jaume Suau y Ramón Villares al número 7 de la revista *Estudis d'Història Agrària*, Barcelona, Curial, 1983, dedicado monográficamente a este tema.

182. José Manuel Pérez García, *Un modelo de sociedad rural del Antiguo Régimen en la Galicia costera*, Santiago de Compostela, Universidad de Santiago de Compostela, 1979; Ramón Villares, *La propiedad de la tierra en Galicia, 1500-1936*, Madrid, Siglo XXI, 1982; *Foros, frades e fidalgos*, Vigo, Xerais de Galicia, 1982; Pegerto Saavedra, *Economía, Política y Sociedad: La provincia de Mondoñedo, 1480-1830*, Madrid, Xunta de Galicia, 1985; Ramón Villares, ed., *Donos de Seu. Estudios de historia agraria de Galicia*, Barcelona, Sotelo Blanco Edicions, 1988.

183. María Teresa Pérez Picazo y Guy Lemeunier, *El proceso de modernización en la región murciana (siglos XVI-XIX)*, Murcia, Editorial Regional, 1984. María Teresa Pérez Picazo, *El mayorazgo en la historia económica de la región murciana, expansión, crisis y abolición (siglos XVII-XIX)*, Madrid, Ministerio de Agricultura, Pesca y Alimentación, 1990.

Castilla la Vieja,[184] Aragón,[185] País Valenciano,[186] por no hablar de la España mediterránea[187] o del conjunto de las tierras de habla catalana),[188] modificaron sustancialmente una imagen excesivamente condicionada por la supuesta continuidad de la gran propiedad nobiliaria en el mediodía peninsular.[189]

184. Bartolomé Yun Casalilla, *Sobre la transición al capitalismo en Castilla. Economía y sociedad en tierra de Campos (1500-1830)*, Salamanca, Junta de Castilla y León, 1987.

185. Guillermo Pérez Sarrión, *Agua, agricultura y sociedad en el siglo XVIII. El Canal Imperial de Aragón, 1766-1808*, Zaragoza, Institución Fernando el Católico, 1984; Antonio Peiró, *Regadío, transformaciones económicas y capitalismo (La tierra en Zaragoza, 1766-1849)*, Zaragoza, Diputación General de Aragón, 1988; Ángela Atienza López, *Propiedad, explotación y rentas: el clero regular zaragozano en el siglo XVIII*, Zaragoza, Diputación General de Aragón, 1988.

186. Antonio Gil Olcina, *La propiedad señorial en tierras valencianas*, Valencia, Del Cenia al Segura, 1979; Pedro Ruiz Torres, *Señores y propietarios. Cambio social en el sur del País Valenciano (1650-1850)*, Valencia, Institució Alfons el Magnànim, 1981; Carmen García Monerris, *Rey y señor. Estudio de un realengo del País Valenciano, (La Albufera, 1761-1836)*, Valencia, Ayuntamiento de Valencia, 1983; Jesús Millán, *Rentistas y campesinos. Desarrollo agrario y tradicionalismo político en el sur del País Valenciano 1680-1840*, Alicante, Institución Juan Gil Albert, Diputación Provincial, 1984; Isabel Morant Deusa, *El declive del señorío. Los dominios del ducado de Gandía 1705-1838*, Valencia, Institució Alfons el Magnànim, 1984; Manuel Ardit, *Els homes i la terra del País Valencià (segles XVI-XVIII)*, Barcelona, Curial, 1993, 2 vols. Sobre el problema de los señoríos en el País Valenciano hice un balance de la abundante investigación realizada en aquellos años en Pedro Ruiz Torres, «Los señoríos valencianos en la crisis del Antiguo Régimen: una revisión historiográfica, *Estudis d'Història Contemporània del País Valencià*, 5 (1984), pp. 23-92. De la cuestión de la propiedad de la tierra y del desarrollo agrario valenciano en el tránsito del antiguo al nuevo régimen he tratado en Pedro Ruiz Torres, «Notas para el estudio de la tierra en el País Valenciano a principios del XIX», en José Luis García Delgado, ed., *La cuestión agraria en la España contemporánea* (*VI Coloquio de Pau*), Madrid, Cuadernos para el Diálogo, 1976, pp. 415-429; y «Desarrollo y crisis de la agricultura en el País Valenciano», en Ángel García Sanz y Ramón Garrabou, *Historia agraria de la España contemporánea. 1. Cambio social y nuevas formas de propiedad (1800-1850)*, Barcelona, Crítica, 1985, pp. 347-379.

187. Joan Romero, *Propiedad agraria y sociedad rural en la España mediterránea*, Madrid, Servicio de Publicaciones del Ministerio de Agricultura, 1983.

188. VV.AA., *Terra, treball i propietat. Classes agràries i règim senyorial als Països Catalans*, Barcelona, Crítica, 1986.

189. La diversidad de la economía agraria en la historia moderna y contemporánea de España se pone ya de manifiesto en el libro editado por José Luis García Delgado, *La cuestión agraria en la España contemporánea* (*VI Coloquio de Pau*), Madrid, Cuadernos para el Diálogo, 1976, así como en VV.AA (Gonzalo Anes, Antonio Bernal, Jesús García, Emili Giralt, Pierre Vilar y otros), *La economía agraria en la historia de España. Propiedad, explotación, comercialización y rentas*, Madrid, Alfaguara y Fundación Juan March, 1979. La mejor demostración de cómo en la década de los ochenta iba a cambiar completamente la perspectiva en relación con la cuestión agraria, con una imagen que insiste en la diversidad de las estructuras agrarias a finales del Antiguo Régimen y los diferentes

En la propia España meridional incluso, a medida que los historiadores profundizaban en el estudio del tránsito del antiguo al nuevo régimen de propiedad, la diversidad de estructuras agrarias fue haciéndose patente. En 1968 la editorial Ruedo Ibérico publicó un importante trabajo que por desgracia no fue tomado suficientemente en consideración por los historiadores hasta mucho tiempo después. Me refiero al libro de Juan Martínez Alier, *La estabilidad del latifundio*,[190] un estudio sobre el latifundismo andaluz en 1964-1965 centrado en la provincia de Córdoba, cuyas conclusiones podemos considerar en las antípodas de la valoración del fenómeno como una manifestación de las «supervivencias feudales o señoriales», algo muy habitual por entonces en la historiografía. Martínez Alier destaca la coexistencia en la campiña de Córdoba de un sistema de producción latifundista con otro tipo de agricultura donde predominan las pequeñas y medianas propiedades cultivadas personalmente por sus dueños, en este caso probablemente un testimonio del proceso de parcelación que se venía dando desde hacía siglos y una «demostración viviente del destino que han corrido muchos latifundios». Las razones de la existencia de los latifundios no eran ecológicas, técnicas o económicas, sino políticas y sociales, pero el problema de los latifundios en el sur de España, según Martínez Alier, lejos de ser un problema de tamaño (puede haber fincas de gran tamaño en manos de pequeños colonos en tanto tales o como colonos en arrendamiento colectivo), derivaba del empleo de obreros asalariados con un criterio «rentabilista», muy lejos por tanto del viejo tópico del absentismo de los

desarrollos agrarios en la Península Ibérica, es la *Historia agraria de la España contemporánea* publicada por editorial Crítica en 1985-1986 (vol. 1 coordinado por Ángel García Sanz y Ramón Garrabou con una introducción del primero; vol. 2 coordinado e introducido por Ramón Garrabou y Jesús Sanz; vol. 3 coordinado por Ramón Garrabou, Carlos Barciela y J. I. Jiménez Blanco, con introducción de estos dos últimos); el libro editado por Pegerto Saavedra y Ramón Villares, *Señores y campesinos en la Península Ibérica, siglos XVIII-XX*, Barcelona, Crítica, 1991, 2 vols; y el volumen coordinado por Ramón Garrabou, *Propiedad y explotación campesina en la España contemporánea,* Madrid, Ministerio de Agricultura, Pesca y Alimentación, 1992. En 1990, en Pedro Ruiz Torres, «Algunos aspectos de la revolución burguesa en España», en VV.AA., *Reacció i revolució a Catalunya i a Espanya 1789-1837*, Barcelona, Departament d'Història Moderna i Contemporània de la UAB y l'Institut Francès de Barcelona y Fundació Caixa de Catalunya, 1990, pp. 9-39, critiqué la idea de que la revolución en España hubiera tenido un único problema agrario. He vuelto sobre ello en «Reforma agraria y revolución liberal en España», contenido en el libro coordinado por Ángel García Sanz y Jesús Fernández, *Reformas y políticas agrarias en la historia de España*, Madrid, Ministerio de Agricultura, Pesca y Alimentación, 1996, pp. 201-245.

190. Juan Martínez Alier, *La estabilidad del latifundio. Análisis de la interdependencia entre relaciones de producción y conciencia social en la agricultura de la campiña de Córdoba*, Ruedo Ibérico, 1968.

grandes propietarios.[191] La gran mayoría de las familias con grandes propiedades era de extracción burguesa, frecuentemente con apellidos que muestran la tradición labradora de su origen social. La minoría que detentaba títulos nobiliarios nombraba en general administradores cuyo espíritu «rentabilista» era aún mayor que el de los «labradores» locales. Los obreros llamaban «señorito» a todos los propietarios, se crean o no «labradores» o «empresarios». «Los casos más agudos de "señoritos", que serían los grandes nobles absentistas, desaparecen generalmente de la escena, dejando en su lugar arrendatarios o administradores que son modelos de "empresarios"».[192]

Martínez Alier destaca así la inestabilidad potencial de la estructura agraria latifundista del tipo andaluz, pero no porque carezca de «racionalidad» capitalista que, al contrario, es precisamente la fuerza interna que tiende a conservar el latifundio y a perpetuarlo, sino por la aspiración de los trabajadores al reparto de la tierra. Esa aspiración incontenible, añado ahora recordando lo que hemos visto antes, había sido precisamente la que sacó a la luz el problema social agrario a principios del siglo XX, tal y como lo vieron los intelectuales reformistas en aquellos años. La idea de reparto a su vez movilizó a los trabajadores desde entonces y dio origen a dos tipos muy diferentes de respuestas: una, la *reforma agraria* intentada en la Segunda República, y otra, la reforma agraria que Martínez Alier denomina *espontánea* y que él asocia a «una especie de colonización demócrata-cristiana». Pero ahora además, en la década de 1960, el autor de *La inestabilidad del latifundio* tiene el acierto de percibir un fenómeno completamente nuevo. La despoblación que se avecina, como consecuencia de la emigración de los obreros al norte de España, a Francia, a Alemania, y la sustitución de trabajo manual por medios mecánicos y químicos hacen que se reduzcan drásticamente las necesidades de trabajo y cambie el carácter de las relaciones sociales. En Andalucía, nos dice Martínez Alier, los latifundios permanecen y los obreros se van. Por ello, de la emigración masiva y de la sustitución del trabajo por máquinas y medios químicos resulta una estructura agraria no muy distinta a la de algunas regiones de Inglaterra, Francia y Estados Unidos, ejemplos donde la cuestión agraria hace ya tiempo que desapareció de las polémicas políticas.[193] En efecto, la cuestión agraria (en el sentido en que todavía

191. Martínez Alier escribe *(ibid.*, p. 321): «Existe sin embargo el tópico del absentismo entre los que desconocen la agricultura latifundista andaluza, entendiendo por absentismo la actitud de despreocupación de los propietarios por lo que sucede en sus cortijos, que se evidencia en su ausencia. Eso es pura fantasía: Díaz del Moral dijo taxativamente: "El absentismo no era ni había sido nunca un mal de la región", y hoy es tan verdad como entonces».

192. *Ibid.*, capítulo 12, «¿Labradores, empresarios o señoritos?», pp. 321-332.

193. *Ibid.*, capítulo 13, «Conclusiones», pp. 333-343.

utilizaba Martínez Alier dicho término a finales de los años sesenta) dejó de estar en el centro de la polémica política en las dos décadas siguientes y ello tuvo consecuencias muy importantes en la historiografía. *El problema social agrario* perdió su singularidad, derivada del enorme peso del «modelo meridional» en el conjunto de España, y la significación concreta que había tenido antes, para dar origen a una *pluralidad de problemas agrarios* presentes en la historia moderna y contemporánea de España.

Entre los años 1971 y 1975 dos trabajos que tampoco provenían del ámbito profesional de la historia, sino en este caso de la economía, pusieron de relieve el importante papel que había desempeñado la agricultura en el desarrollo capitalista español de las últimas décadas y ahondaron en la ruptura con el planteamiento tradicional de la cuestión agraria. José Manuel Naredo publicó en 1971 un libro[194] donde destacaba la modificación sustancial en el campo español durante el siglo XIX: desaparición de la servidumbre territorial, tendencia a la liberación del pequeño productor agrícola del dominio feudal, generalización del arrendamiento de la tierra como sustituto de los antiguos derechos feudales, creciente importancia del trabajo asalariado. Las reformas iniciadas en el reinado de Carlos III, decretadas en las Cortes de Cádiz y aplicadas con posterioridad, «hicieron que a mediados del siglo XIX el marco institucional de la economía española fuese liberal». En conjunto todas ellas (desamortizaciones municipal y eclesiástica, desvinculación de mayorazgos y supresión de señoríos jurisdiccionales, liberalización del comercio interior de productos agrarios, supresión de la Mesta y los privilegios de la ganadería trashumante, autorización del cercamiento de las fincas) «vinieron a reforzar el derecho de propiedad individual de la tierra, asegurando a los propietarios el libre disfrute de la misma».[195] El libro de José Luis Leal, Joaquín Leguina, José Manuel Naredo y Luis Tarrafeta,[196] publicado en 1975 (y analizado ese mismo año por José Luis García Delgado en su contribución al *VI Coloquio de Pau*),[197] dejaba bien claro que la agricultura española, con un peso importante de las grandes explotaciones que trabajan con obreros asalariados, lejos de ser un freno al desarrollo económico de nuestro país, tuvo una importante capacidad de generar excedentes que crearon un ahorro transferible hacia otras actividades econó-

194. José Manuel Naredo, *La evolución de la agricultura en España. Desarrollo capitalista y crisis de las formas de producción tradicionales*, Barcelona, Laia, 1971.

195. *Ibid.*, pp. 19-25.

196. José Luis Leal, Joaquín Leguina, José Manuel Naredo y Luis Tarrafeta, *La agricultura en el desarrollo capitalista español (1940-1970)*, Madrid, Siglo XXI, 1975.

197. José Luis García Delgado, «A propósito de "La agricultura en el desarrollo capitalista español (1940-1970)"», en José Luis García Delgado, ed., *La cuestión agraria en la España contemporánea…*, *op. cit.*, pp. 525-553.

micas y finalmente contribuyó a la industrialización, sin que la «reforma agraria» defendida por la izquierda hubiera tenido lugar.

A los orígenes de la reforma agraria que quiso emprender la Segunda República y a su fracaso dedicó Edward Malefakis una monografía que sigue siendo, pese al tiempo transcurrido desde su publicación a principios de los setenta, el mejor estudio sobre el tema.[198] El autor tomaba partido en la introducción por una manera de concebir el proceso histórico en la España del siglo XIX que resalta las semejanzas con lo sucedido en las naciones de Europa occidental: abolición de los derechos feudales sobre la propiedad, supresión de las viejas jurisdicciones políticas de la nobleza y el clero, venta de la casi totalidad de las tierras eclesiásticas y municipales, desvinculación de los patrimonios de la nobleza que pasaron poco a poco a manos de propietarios plebeyos, etc. Esa transformación, sin embargo, según expone Malefakis en la primera parte del libro, liberó dos estructuras sociales agrarias de muy distinto carácter: una, la del norte de España, más parecida durante el Antiguo Régimen a la de Francia y Alemania occidental, y donde siguieron predominando los pequeños cultivadores; y otra, la del sur de España, caracterizada por un reparto extremadamente desigual de la tierra, que se acentuó aún más con las reformas liberales y creó el problema de una creciente conflictividad campesina, de carácter cada vez más revolucionario, a la que sólo ponía freno la idea de una reforma agraria.[199]

Las primeras monografías sobre el problema de la tierra en la Andalucía latifundista con la metodología de la nueva historia económica y social despejaron cualquier duda acerca de la modernidad de un proceso que, en opinión de Artola, Bernal y Contreras, se remontaba como mínimo al siglo XVI y en el XVIII tenía rasgos marcadamente capitalistas.[200] An-

198. Edward Malefakis, *Reforma agraria y revolución campesina en la España del siglo XX*, Barcelona, Ariel, 1971 (1980[4], edición revisada).

199. Gonzalo Anes, en el prólogo a la segunda edición de *Los latifundios en España* de Pascual Carrión, Barcelona, Ariel, 1975, pp. 15-36, destaca el hecho de que las grandes explotaciones agrarias en Andalucía y Extremadura en el siglo XVIII contrataran mano de obra asalariada. El aumento de población de dicha centuria y la demanda creciente de tierras recrudecieron los problemas agrarios en las regiones de gran propiedad, tal y como recogen en sus informes los intendentes. La reforma agraria de tipo liberal, según Anes, acrecentó en ocasiones el poder económico de los antiguos señores y supuso la conversión de las tierras de la Iglesia y de los municipios en propiedad particular, todo lo cual reforzó el régimen de gran propiedad. Con un desarrollo industrial simultáneo, como ocurrió en Inglaterra, esta reforma liberal hubiera podido contribuir, según Anes, a un mayor crecimiento económico, pero no fue así. Los campesinos se quedaron sin tierras, permanecieron en el campo como braceros muy pobres y su escasa o nula capacidad de consumo tampoco estimuló la industrialización. Malefakis, en su libro citado anteriormente, también había expuesto la misma idea.

200. Miguel Artola *et. al.*, *El latifundio. Propiedad y explotación, SS. XVIII-XX*, Madrid, Ministerio de Agricultura, 1978.

tonio Miguel Bernal mostraba en 1974 y en 1979[201] que la lucha de los campesinos por la tierra no era tan primitiva como venía siendo descrita y había que buscarla en el inicio mismo de la crisis del Antiguo Régimen, a mediados del siglo XVIII, cuando los municipios se enfrentaron por medios legales a la pretensión de los señores de reducir a propiedad particular las tierras baldías. En ese contexto de *lucha por la tierra*, que Margarita Ortega estudiará más tarde en el conjunto de la Corona de Castilla,[202] es precisamente donde hemos de situar la política del reformismo ilustrado (en realidad sólo de cierto tipo de medidas) que Bernal valora como un rotundo fracaso.[203] Desde su punto de vista, la gran propiedad nobiliaria tenía sus orígenes en el Antiguo Régimen y las tierras municipales habían conformado un «segundo gran latifundismo andaluz» que se sumaba al primero e inicial de la nobleza. Ambos se sustentaron en la «alianza entre la nobleza señorial y la burguesía agraria» y, con sus peculiaridades (la explotación agraria latifundista es para Bernal un «condicionante del estancamiento regional»), «traspasaron el antiguo régimen asentándose en el nuevo orden económico como de pleno derecho». Ello produjo una toma de conciencia de clase, a partir de la larga tradición de lucha campesina por la tierra que se manifiesta en las revueltas de 1857 y 1861 y en el planteamiento de la revolución social a partir de 1868. Son, podemos añadir por nuestra parte, los antecedentes inmediatos del *problema social agrario* que preocupaba a Costa y a los reformistas de principios del siglo XX.

Sin embargo Bernal, al valorar el alcance de la transformación agraria que tuvo lugar en Andalucía en los siglos XVIII y XIX, insiste todavía en la continuidad de los patrimonios nobiliarios y en la permanencia de unas relaciones agrarias latifundistas no modificadas apenas en el tránsito del antiguo al nuevo régimen, que él considera en gran medida responsables del atraso económico de la región. Comparte la idea, para el conjunto de España, de la inoperancia del reformismo ilustrado (por culpa, entre otras causas, de la crisis de la Hacienda), que asocia al fracaso

201. Antonio Miguel Bernal, *La propiedad de la tierra y las luchas agrarias andaluzas*, Barcelona, Ariel, 1974; *La lucha por la tierra en la crisis del Antiguo Régimen*, Madrid, Taurus, 1979.

202. Margarita Ortega, *La lucha por la tierra en la Corona de Castilla*, Madrid, Ministerio de Agricultura, Pesca y Alimentación, 1986; y que tenía a su vez unos antecedentes muy claros en el siglo XVI, como a mediados de los ochenta pondría de relieve David E. Vassberg en *La venta de tierras baldías. El comunitarismo agrario y la corona de Castilla durante el siglo XVI*, Madrid, Ministerio de Agricultura, Pesca y Alimentación, 1983; y *Tierra y sociedad en Castilla. Señores, «poderosos» y campesinos en la España del siglo XVI*, Barcelona, Crítica, 1986.

203. Antonio Miguel Bernal, «Antiguo Régimen y transformación social», en VV.AA., *Antiguo Régimen y liberalismo…*, *op. cit.*, pp. 69-86.

de un reformismo «moderno» donde primaba el interés público sobre el privado y al que siguió una revolución que acabó moderándose y liquidando el Antiguo Régimen por medio de una «solución pactada» favorable a la nobleza y a la burguesía, y contraria a los intereses del campesinado.[204] Bernal, por último, se muestra escéptico respecto al dinamismo modernizador de la agricultura española, insiste en el dualismo que caracteriza a la sociedad rural contemporánea española (de una parte, la persistencia de un campesinado al límite de la subsistencia y de otra, la presencia de un proletariado agrícola, allí donde los señores se transformaron en propietarios) y sigue considerando la reforma agraria como «el eterno problema a resolver en España».[205] Una visión, como vemos, en cierto modo todavía en la línea del enfoque «regeneracionista».

No obstante en 1988, en la introducción de su libro *Economía e historia de los latifundios*,[206] después de mencionar los primeros análisis solventes de los años sesenta, que sintetiza la obra de Xavier Flores publicada en 1967,[207] deudores de «los paradigmas que sobre reformismo agrario y latifundios habían cuajado durante el primer tercio del siglo actual», Bernal resalta la postura de Martínez Alier y sitúa su propio trabajo sobre la propiedad de la tierra, junto con los de Drain, López Ontiveros y el equipo pluridisciplinar de la Casa de Velázquez en torno a François Chevalier, en la misma dirección de cuestionar los viejos tópicos de la izquierda y proporcionar un mayor conocimiento de un fenómeno todavía presente en la estructura económico y social del mediodía de España. «Quien abrió el debate y mejor fijó las posiciones de partida fue J. M. Naredo al abordar en el Coloquio sobre Economía Agraria en la Historia Española, dirigido por M. Artola en la Fundación March (1977),[208] la visión tradicional y sus limitaciones.» El estudio sistemático emprendi-

204. *Ibid.*, como también Antonio Miguel Bernal, «La disolución del régimen señorial, la propiedad de la tierra y la conformación del actual sistema agrario andaluz», en Manuel Tuñón de Lara *et. al.*, *Crisis del Antiguo Régimen e industrialización en la España del siglo XIX* (*VII Coloquio de Pau*), Madrid, Cuadernos para el Diálogo, 1977, pp. 83-92.

205. Antonio Miguel Bernal, «La llamada crisis finisecular, 1872-1919», en José Luis García Delgado, ed., *La España de la Restauración. Política, economía, legislación y cultura*, Madrid, Siglo XXI, 1985, p. 229, y «Manuel Tuñón de Lara: Reforma Agraria y Andalucía», en Granja, Reig y Tapia, *Manuel Tuñón de Lara…*, *op. cit.*, p. 274, como pone de relieve Ramón Villares en «La historia agraria en la España contemporánea», en Granja, Reig y Miralles, *Tuñón de Lara y la historiografía…*, *op.cit.*, pp. 220-224.

206. Antonio Miguel Bernal, *Economía e historia de los latifundios*, Madrid, Instituto de España y Espasa-Calpe, 1988, pp. 11-17.

207. Xavier Flores, *Estructura socioeconómica de la agricultura española* (prólogo de Pierre Vilar), Barcelona, Península, 1967.

208. He hecho referencia anteriormente al libro que publicó las intervenciones en dicho coloquio: *La economía agraria en la historia de España…*, *op. cit.*

do por Naredo, en colaboración con Ruiz Maya y J. M. Sumpsi, de lo que la modernización habría supuesto en las grandes explotaciones agrarias de Andalucía, invalidaba según Bernal la crítica desde una «ideología productivista», aunque dejaba voluntariamente al margen las que desde una perspectiva ética incidían en el reparto desigual de la tierra. La controversia acerca del mayor o menor progreso económico operado en las zonas de latifundio seguía abierta, pero la principal novedad de las investigaciones que a un ritmo creciente no dejaron de multiplicarse entre 1975 y 1985 era, para Bernal, «que con todas las reservas que se quiera, se declaran periclitados muchos de los lugares comunes y tradicionales argumentos que envolvían el latifundio».

A la hora de caracterizar el fenómeno del latifundismo desde esta nueva perspectiva, en la que el propio Bernal a veces se sitúa, y que de hecho introduce una ruptura (de mayor o menor intensidad según los casos) con los viejos tópicos y el enfoque tradicional de la cuestión agraria, no faltaron las discrepancias en la década de 1970. Hace tiempo me referí a las que salieron a relucir en diciembre de 1979 en el seminario organizado por el Centro de Estudios de Economía Agraria del Instituto Gulbenkian de Ciencia, celebrado en la ciudad portuguesa de Oeiras.[209] Sería muy largo entrar en ello, pero no puedo dejar de mencionar al menos tres trabajos de principios de los ochenta, por su carácter innovador en el análisis histórico de la gran propiedad y de la economía campesina en las zonas latifundistas. El primero, de François Heran,[210] estudiaba el ascenso de una familia burguesa entre la época final del Antiguo Régimen y la desamortización de Madoz, sus estrategias sucesorias y su lucha por la tierra contra la nobleza y la Iglesia, a costa de la eliminación del pequeño campesinado, todo ello unido a los comienzos de una agricultura capitalista y de una transformación agraria que Heran no duda en considerar «revolucionaria».[211] Ricardo Robledo, por su parte, mos-

209. El seminario dio origen al libro, coordinado por Alfonso de Barros, *A Agricultura Latifundiária na Península Ibérica*, Oeiras, Fundación Calouste Gulbenkian. Instituto Gulbenkian de Ciencia, Centro de Estudios de Economía Agraria, 1980, 500 pp. Di cuenta del mismo en Pedro Ruiz Torres, «Sobre el latifundio: algunas consideraciones recientes», *Estudis d'Història Contemporània del País Valencià*, 3 (1982), pp. 343-366.

210. François Heran, *Tierra y parentesco en el campo sevillano: la revolución agrícola del siglo XIX*, Madrid, Ministerio de Agricultura, Pesca y Alimentación, 1980.

211. Pierre Ponsot, en un trabajo de 1975 recogido en su libro *Études sur les dixneuvième siècle espagnol*, Córdoba, Instituto de Historia de Andalucía, 1981, pp. 85-102, titulado «Esquisse de l'evolution du grand domaine en Andalousie Occidentale», ofrece por el contrario una imagen de continuidad que se proyecta hacia atrás en el tiempo nada menos que hasta mediados del siglo XIV. «*Aucune révolution, technique ou économique, ni sociale (dans la structure de la propieté). Quel contraste avec l'Anglaterre, qui offrai un modèle assez proche d'agriculture*» (p. 95).

traba cómo el sistema de arrendamientos de la gran propiedad en Castilla la Vieja y León incentivaba al gran arrendatario para que introdujera mejoras y así poder «maximizar la renta».[212] Por último, es preciso mencionar la transformación de la noción de economía campesina a partir de las ideas expuestas por Pérez Touriño, Pérez Yruela y Sevilla Guzmán en 1983,[213] un tipo de economía que deja de ser sinónimo de economía precapitalista para convertirse en objeto de investigación de una corriente de análisis sociológico-histórico muy fértil en torno a la problemática agraria andaluza. Dicha tendencia insistirá en el papel del campesinado en el desarrollo capitalista del sur de España y no sólo en la gran explotación con mano de obra asalariada.[214]

A modo de conclusión con un breve epílogo

A finales de los setenta y principios de los ochenta el *problema agrario* tomó otros significados en la historiografía española. Al principio la nueva historia económica y social también atribuyó la cuestión agraria a la revolución del siglo XIX, pero no por haber tenido un sentido «individualista», ajeno a la tradición popular española. La nueva historiografía rechazó la concepción étnico-organicista de la historia de España y situó el siglo XIX en una perspectiva muy distinta de la de la «decadencia» de la nación española, en el marco ahora de una modernidad occidental con vías diferentes de desarrollo. Si la revolución del siglo XIX era responsable de la cuestión agraria, lo resultaba justo por lo contrario de aquello que pensaba Costa y la corriente «regeneracionista». La revolución en

212. Ricardo Robledo, *La renta de la tierra en Castilla la Vieja y León, 1836-1913*, Madrid, Banco de España, 1984.

213. Emilio Pérez Touriño, *Agricultura y capitalismo. Análisis de la pequeña producción campesina*, Madrid, Ministerio de Agricultura, 1983; así como su trabajo «La agricultura familiar en el pensamiento económico. La cuestión agraria», y el de M. Pérez Yruela y E. Sevilla Guzmán, «Agricultura familiar y campesinado. Discusión sobre su conceptualización en las sociedades más desarrolladas», en M. Rodríguez y R. Soria, eds., *Lecturas sobre agricultura familiar*, Madrid, Ministerio de Agricultura, 1985, pp. 39-73 y 75-104, respectivamente.

214. Otro tipo de estudio sobre la propiedad, la explotación y el mercado de la tierra en Andalucía en María Parias Sainz de Rozas, *El mercado de la tierra sevillana en el siglo XIX*, Sevilla, Diputación Provincial y Universidad de Sevilla, 1989, y Mercedes Gamero, *El mercado de la tierra en Sevilla. Siglo XVIII*, Diputación Provincial y Universidad de Sevilla, 1993. La formación de la oligarquía agraria en Extremadura en Fernando Sánchez Marroyo: *El proceso de formación de una clase dirigente. La oligarquía agraria en Extremadura a mediados del siglo XIX*, Cáceres, Universidad de Extremadura, 1991; y *Dehesas y terratenientes en Extremadura. La propiedad de la tierra en la provincia de Cáceres en los siglos XIX y XX*, Mérida, Asamblea de Extremadura, 1993.

España había terminado de manera poco o nada radical con la herencia del pasado a diferencia de otras partes de Europa. Con ese nuevo enfoque los viejos tópicos regeneracionistas podían mantenerse, una vez separados del contexto ideológico-político que los había alumbrado, con un planteamiento ahora «dualista» (desarrollo/subdesarrollo, modernización/atraso) de la sociedad, la economía y la propia cuestión agraria. Sin embargo, mientras Costa reivindicaba un gradualismo reformista y pretendía enlazar con el pasado «nacional» anterior a la «decadencia», el nuevo enfoque era claramente rupturista desde el punto de vista económico, con su insistencia en el «despegue» o la «revolución» industrial, cuando no también en el plano político, en los años en que todavía la «ruptura democrática» resultaba un objetivo alcanzable. El atraso económico, el fracaso de la industrialización o la ausencia de un régimen democrático remitían a la «persistencia» de la antigua economía agraria y de la sociedad tradicional. Así la cuestión agraria adquiría *otro sentido histórico*, pues la idea de un *país atrasado* en relación con cierto *nivel de desarrollo respecto al modelo occidental* resultaba muy distinta de la imagen de una *nación decadente* por culpa de haber importado modelos políticos extranjeros y cuya *regeneración* dependía del mantenimiento de su idiosincrasia colectiva, adaptada a los nuevos tiempos mediante la correspondiente reforma.

A finales del siglo XIX el *problema social del campo* en el sur peninsular, *la cuestión agraria* de Costa, eran un síntoma de la enfermedad que padecía la nación española en plena decadencia. En la urdimbre ideológica tejida por la idea de una regeneración y modernización europea, que debía hacerse de acuerdo con la «tradición eterna» tan querida por Unamuno,[215] los orígenes del problema agrario se buscaron en la revolución individualista del siglo XIX, una revolución política supuestamente extraña a las tradiciones populares españolas. El modo propuesto por Costa de resolver el problema era, como vimos, desandar lo andado, enlazar con las viejas tradiciones municipalistas y de «economía popular», corregir los errores de una *revolución política* que favoreció la desigualdad extrema en el reparto de la tierra, mantuvo en la pobreza a una gran parte de la población y conformó un dominio de «oligarcas y caciques» incapaces de traer el progreso tantas veces prometido. Al Estado ahora, en plena «crisis nacional», le correspondía corregir la situación e introducir la *reforma social* preconizada por la nueva élite intelectual y política que rechazaba la herencia de la revolución individualista del siglo XIX. El Estado debía promover una *reforma agraria* en favor del pequeño campesinado y de la clase media rural, sustento popular de la verdadera demo-

215. Miguel de Unamuno, «La tradición eterna» (1895), recogido en *En torno al casticismo* (1916), edición de Biblioteca Nueva, 1996, pp. 49-70.

cracia. Ése era el punto de vista agrario de Costa, sin duda el mejor conocido,[216] que he tratado de poner en relación con sus ideas acerca de la historia y en particular de la historia de España.

Después de la guerra civil las ideas de Costa fueron caracterizadas por los historiadores de dos maneras que se oponen. Hubo quien, como Salvador Millet a finales de los cuarenta, criticó el fondo ideológico antiliberal de su pensamiento y lo relacionó nada menos que con ideas revolucionarias de corte socialista o fascista en favor de la intervención del Estado en la economía y en la sociedad. Otros, por el contrario, como es el caso de Sevilla Guzmán, González de Molina y Heisel, hablaron de *regeneracionismo agrario* como exponente de una interpretación teórica y de un planteamiento político de carácter liberal-democrático.[217] Soy de una opinión diferente, como creo haber puesto de relieve. Pienso que en el primer tercio del siglo XX la idea de promover una reforma social, como manera de resolver al mismo tiempo la cuestión agraria y acabar con la oligarquía y el caciquismo heredados de la centuria anterior, fue un intento de abrir paso a una «tercera vía», distinta del liberalismo de corte individualista y del igualitarismo revolucionario, una vía que más tarde se la disputó un amplio espectro de ideologías políticas, desde el socialismo moderado hasta un sector del liberalismo conservador preocupado por la *cuestión social*. Las ideas de Costa en favor de la intervención del Estado, con vistas a regenerar una nación de mayoría campesina mediante el apoyo a los pequeños y medianos labradores, carecieron de

216. Gracias a los trabajos de Cheyne, Fernández Clemente, Maurice, Serrano etc., citados con anterioridad. Me limitaré a poner ahora de relieve el interés creciente que despierta el pensamiento de Costa desde los años setenta; las múltiples posibilidades que ofrece el original análisis de Anfonso Ortí en diversos trabajos publicados (de 1975 es su introducción a la edición en dos volúmenes de la memoria de Joaquín Costa y los informes sobre *Oligarquía y caciquismo como la forma actual de gobierno en España: urgencia y modo de cambiarla*) y recogidos recientemente en forma de libro; y el artículo de Eduardo Sevilla Guzmán, Manuel González de Molina y Karl Heisel, «El latifundi andalús en el pensament social agrari: de la revolució burgesa al regeneracionisme», publicado en *Estudis d'Història Agrària*, 8 (1990), pp. 145-174.

217. Eduardo Sevilla Guzmán, Manuel González de Molina y Karl Heise, *op. cit.*, pp. 164-167, donde se hace una lectura del «regeneracionismo agrario» identificándolo con la visión de la «revolución burguesa frustrada» (responsable de la supervivencia del feudalismo) que predomina en la historiografía de los años sesenta y setenta y en el pensamiento intelectual de la izquierda. Costa sería un claro exponente de la «crítica antilatifundista y antioligárquica del liberalismo social», en la línea de la interpretación de Alfonso Ortí de la conferencia de Costa sobre *Viriato y la cuestión social en España en el siglo II antes de Jesucristo* (19 de febrero de 1895, publicada en el volumen XI de las *Obras completas*). Véase Alfonso Ortí, «Oligarquía y pueblo en la interpretación populista de la historia: la crítica mitológica del latifundismo en el liberalismo social», en *Estudios sobre historia de España* (Homenaje a Tuñón de Lara), Madrid, 1981, vol. 1, pp. 315-348.

una plataforma política propia y dieron paso a muy distintas interpretaciones, con apenas resultados prácticos, justo cuando la sociedad española experimentaba un cambio notable. Por otra parte, el camino que Martínez Alier caracteriza como la manera «demócrata-cristiana» de instar a una reforma agraria «espontánea» resultó muy decepcionante durante el reinado de Alfonso XIII. Por ello cuando se proclamó en 1931 la República casi todo estaba por hacer, pero mientras tanto el problema agrario había adquirido una enorme complejidad[218] en consonancia con los nuevos tiempos.

Abandonada completamente por la derecha la idea de reforma agraria después de la guerra (que la sustituyó por su «política de colonización»),[219] temerosa ésta de una reforma que desde 1932 asociaba con una revolución contra el sagrado derecho de propiedad, la nueva historiografía de los años cincuenta recuperó en España el interés por el estudio de la cuestión agraria, que vio como un problema a estudiar con los enfoques y métodos de la nueva historia económica y social. Surgió al mismo tiempo una reivindicación del carácter liberal de la revolución del siglo XIX y una crítica al poco alcance en España del proceso de cambio en el ámbito de la transformación del Estado y de la economía, en comparación con otros países más desarrollados. Mientras muchos historiadores ponían el acento en los obstáculos político-institucionales, otros preferían ver el atraso desde una perspectiva meramente económica.

A medida que la nueva historiografía situó el *problema agrario* en una visión distinta (económica y social) de la historia contemporánea de España, empezó a desmontarse uno de los componentes básicos del viejo enfoque, *la pieza institucional*. No sólo había habido una revolución política liberal sino también una *reforma agraria liberal* durante el siglo XIX, parecida en sus principios y en sus realizaciones institucionales a la que en Europa impulsó el desarrollo del capitalismo. Así se consumaba un *cambio radical en el sentido* de la historia de España durante el siglo XIX (ascendente y no descendente, como en los años de la conciencia del «desastre» del 98) y una modificación sustancial en la problemática de la cuestión agraria. La España del Ochocientos había tenido *su reforma agraria*, una reforma agraria *de corte liberal*, burgués, capitalista, percibi-

218. Ricardo Robledo, «Política y reforma agraria: de la Restauración a la Segunda República (1868/74-1939)», en Ángel García Sanz y Jesús Sanz Fernández, coord., *Reformas y políticas agrarias en la historia de España*, Madrid, Ministerio de Agricultura, Pesca y Alimentación, 1996, pp. 247-349. Jacques Maurice publicó hace tiempo una útil aproximación al estudio del período en *La reforma agraria en España en el siglo XX (1900-1936)*, Madrid, Siglo XXI, 1975.

219. Carlos Barciela, «La contrarreforma agraria y la política de colonización del primer franquismo (1936-1959)», en García Sanz y J. Sanz Fernández, *op. cit.*, pp. 351-398.

da de un modo «occidental» (a medida que la «vía prusiana» dejaba de mencionarse), con sus peculiaridades, pero reforma agraria al fin. Esa *reforma agraria liberal,* con efectos sociales (en el régimen de propiedad, en la estructura agraria, en la jerarquización social) de mayor o menor intensidad según las interpretaciones, traía ahora todo aquello que el pensamiento regeneracionista y buena parte de los historiadores liberales o marxistas de los años cincuenta y sesenta habían echado de menos en el Ochocientos español: un cambio de tipo moderno.

En la década de 1980 la *reforma agraria* liberal del siglo XIX en España se convirtió en un hecho generalmente aceptado por la mayoría de los historiadores. A la síntesis realizada por Ángel García Sanz en la introducción al primer volumen de la *Historia agraria de la España contemporánea* publicado en 1985,[220] le siguieron otras que, con mayor énfasis en el cambio social, enfatizaron la entidad del mismo y sus efectos favorables al desarrollo de la economía capitalista y del nuevo orden «burgués».[221] La investigación sobre la *reforma agraria liberal* trató con profusión y profundidad asuntos tan diversos como el de los señoríos y la evolución de los patrimonios de la antigua nobleza,[222] la abolición del

220. Ángel García Sanz, «Introducción: crisis de la agricultura tradicional y revolución liberal», en *Historia agraria…*, vol. 1, *op.cit.*, pp. 7-99.

221. Mi punto de vista, y de qué modo ha ido modificándose, en Pedro Ruiz Torres, «Algunos aspectos de la revolución burguesa en España» en *Reacció i revolució…*, *op. cit.*, Barcelona, 1990, pp. 9-39; «Del Antiguo al Nuevo Régimen: carácter de la transformación», en *Antiguo Régimen y liberalismo…*, *op. cit.*, Madrid, 1994, pp. 159-192; «Reforma agraria y revolución en España», en Ángel García Sanz y Jesús Sanz Fernández, coords, *Reformas y políticas agrarias en la historia de España…*, *op. cit.*, Madrid, 1996, pp. 201-245. Comparto en buena medida la interpretación de Irene Castells en «La rivoluzione liberale spagnola nel recente dibattito storiografico», *Studi Storici*, 1 (1995), pp. 127-161; y la de Jesús Millán en «Liberale Revolution und sozialer Wandel im Spanien des 19. Jahrhunderts. Ein Literaturüberblick», *Neue Politische Literatur*, vol. 40 (1995), pp. 381-401, y en «Liberalismo y reforma agraria en los orígenes de la España contemporánea», en *Brocar*, 24 (2000), pp. 181-211. Un planteamiento completamente diferente en Pedro Tedde de Lorca, «Revolución liberal y crecimiento económico en la España del siglo XIX», en *Antiguo Régimen y liberalismo…*, *op. cit.*, Madrid, 1994, pp. 51-66; y en José Álvarez Junco, «A vueltas con la revolución burguesa», *Zona Abierta*, 36-37 (1985), pp. 81-106; «Estado y sociedad en España durante la década de 1890», Juan Pablo Fusi y Antonio Niño eds., *Vísperas del 98…*, *op. cit*, Madrid, 1997, pp. 49-64. En los volúmenes XXX y XXXII de la «Historia de España Menéndez Pidal» hay diversas síntesis parciales de la historia económica y social del período 1759-1834 y 1834-1900, respectivamente, a cargo de historiadores con enfoques distintos: Antonio Morales, Mariano Esteban de Vega, María Teresa Pérez Picazo, Germán Rueda, Pedro Tedde de Lorca, Antonio Fernández, Ramón Villares, José Luis García Delgado, Juan Carlos Jiménez, Antonio Gómez Mendoza, Francisco Comín, Ángel Bahamonde, etc. De este último y Jesús A. Martínez véase su *Historia de España. Siglo XIX*, Madrid, Cátedra, 1994.

222. Hice en 1984 una revisión de la entonces muy amplia serie de trabajos publicados sobre los señoríos en el País Valenciano en «Los señoríos valencianos en la crisis del Antiguo Régimen…» *op. cit.,* pp. 23-92. Más recientemente, Antonio Morales, en «El

diezmo,[223] la privatización de las tierras concejiles,[224] la desaparición de los

Reino de Valencia y su nobleza en el siglo XVIII», en Carmen Iglesias, dir., *Nobleza y sociedad III. Las noblezas españolas, reinos y señoríos en la Edad Moderna*, Madrid, Nobel, 2001, pp. 213-247, ha dado cuenta de las publicaciones sobre la nobleza valenciana referidas al siglo XVIII. Por lo que se refiere a otras partes de España son también muchos los libros y artículos publicados acerca de los señoríos y a propósito de la antigua nobleza a finales del Antiguo Régimen, el endeudamiento y la reconversión o la ruina de las administraciones nobiliarias, así como los efectos de la legislación revolucionaria, la lucha por la tierra o la adaptación de la antigua nobleza a la nueva economía. Desde las primeras investigaciones de Antonio Domínguez Ortiz, Gonzalo Anes, Ignacio Atienza, Ricardo Robledo, Jesús Contreras, Ángel Bahamonde, Yun Casalilla, Jesús Estepa, Núria Sales, Isabell Moll, Jaume Suau o Giuseppe Caridi, a la edición a cargo de E. Sarasa y E. Serrano Martín del congreso celebrado en Zaragoza sobre *Señorío y feudalismo en la Península Ibérica*, Zaragoza, Institución Fernando el Católico, 1993, 4 vols.; los tres volúmenes coordinados por Carmen Iglesias, *Nobleza y Sociedad*, Oviedo, Nobel, 1996-2001; y las monografías a cargo de Enric Vicedo, *Les terres de Lleida i el desenvolupament català del set-cents,* Barcelona, Crítica, 1991; Antonio Peiró Arroyo, *El señorío de Zaragoza (1199-1837)*, Zaragoza, Institución Fernando el Católico, 1993; María J. Baz, *Señorío y propiedad foral de la alta nobleza de Galicia (siglos XVI-XX)*, Madrid, Ministerio de Agricultura, Pesca y Alimentación, 1996; José María Alcalde, *Señorío y poderes locales en Soria entre el Antiguo Régimen y el liberalismo*, Valladolid, Junta de Castilla y León, 1997; Jesús María Usunáriz, *Nobleza y señoríos en la Navarra Moderna*, Pamplona, EUNSA, 1997; Enrique Soria Mesa, *Señores y oligarcas. Los señoríos del Reino de Granada en la Edad Moderna*, Granada, Universidad de Granada, 1997; David García Hernán, *Aristocracia y Señorío en la España de Felipe II. La Casa de Arcos*, Granada, Universidad de Granada, Ayuntamiento de San Fernando y Ayuntamiento de Marchena, 1999; Santiago Aragón, *El señor ausente. El señorío nobiliario en la España del Setecientos*, Lleida, Milenio, 2000; Eugenia Torrijano Pérez, *Los Nuevos Propietarios de Ledesma 1752-1900. De la propiedad feudal a la propiedad capitalista*, Salamanca, Diputación Provincial, 2000; Rosa Congost, *Els darrers senyors de Cervià de Ter*, Girona, CCG edicions, 2000; etc. También hace tiempo hice un análisis comparativo de los diferentes tipos de «Patrimonios y rentas de la nobleza en la España de finales del Antiguo Régimen», a partir de la documentación de la casa de Almodóvar, publicado en *Hacienda Pública Española* (Homenaje a D. Ramón Carande), n.os 108-109, pp. 293-310. Sobre el rentismo nobiliario en la economía del siglo XIX, véase en especial Salvador Calatayud, Jesús Millán y Mari Cruz Romeo, «El rentismo nobiliario en la agricultura valenciana del siglo XIX», *Revista de Historia Económica*, año XVIII, 1 (2000), pp. 79-107. La evolución del ingreso señorial de la casa de Medinaceli en Cataluña puede verse en la contribución de M. Caminals, E. Canales, A. Solà y J. Torras al vol. 1 de la *Historia agraria de la España contemporánea, op. cit.*, pp. 433-462. Los debates parlamentarios y la legislación abolicionista sobre señoríos son el objeto del libro de Francisco J. Hernández Montalbán, *La abolición de los señoríos en España, 1811-1837*, Madrid, Biblioteca Nueva y Universidad de Valencia, 1999.

223. Esteban Canales, «Diezmos y Revolución burguesa en España», en A. García Sanz y R. Garrabou, *Historia agraria…, op. cit.*, vol. 1, pp. 245-274; «Los diezmos en su etapa final», en Gonzalo Anes (edición e introducción), *La economía española al final del Antiguo Régimen. 1. Agricultura*, Madrid, Alianza, 1982, pp. 103-187; María Dolores Muñoz Dueñas, *El diezmo en el obispado de Córdoba*, Córdoba, Publicaciones del Monte de Piedad y Caja de Ahorros de Córdoba, 1988.

224. José M. Mangas Navas, *El régimen comunal agrario de los concejos de Castilla*,

privilegios de la Mesta,[225] la transformación de las jerarquías sociales y de los poderes locales en la sociedad rural[226] o la conflictividad agraria.[227]

Madrid, Ministerio de Agricultura, 1981; Felipa Sánchez Salazar, *Extensión de cultivos en España en el siglo XVIII*, Madrid, Siglo XXI, 1988; Joseba de la Torre, *Los campesinos navarros ante la guerra napoleónica. Financiación bélica y desamortización civil*, Madrid, Ministerio de Agricultura, Pesca y Alimentación, 1991; Arantxa Otaegui Arizmendi, *Guerra y crisis de la hacienda local. Las ventas de bienes comunales y de propios en Guipúzcoa, 1764-1814*, Diputación Foral de Gipúzcoa, 1991; Anaclet Pons, *La propietat a subhasta. La desamortització i els seus beneficiaris: inversió i mercat (València, 1855-1867)*, Valencia, Universidad de Valencia, 1991. Para el estado actual de los problemas que plantea el estudio de la desamortización véanse los trabajos contenidos en el número 9 de la revista *Ayer* (Germán Rueda, editor), *La desamortización en la Península Ibérica*, Madrid, Marcial Pons, 1993.

225. Ángel García Sanz, «La agonía de la Mesta y el hundimiento de las exportaciones laneras: un capítulo en la crisis económica del Antiguo Régimen en España», en A. García Sanz y R. Garrabou, *Historia agraria...*, *op. cit.*, vol. 1, pp. 174-216; Pedro García Martín, *La Ganadería Mesteña en la España Borbónica (1700-1836)*, Madrid, Ministerio de Agricultura, Pesca y Alimentación, 1988.

226. Christian Windler, *Élites locales, señores, reformistas. Redes clientelares y Monarquía hacia finales del Antiguo Régimen*, Sevilla, Universidad de Córdoba y Universidad de Sevilla, 1997; «Clientèles royales et clientèles seigneuriales vers la fin de l'ancien régime. Un dossier espagnol», en *Annales*, 2 (marzo-abril de 1997), pp. 293-319; Manuel González de Molina, «La funcionalidad de los poderes locales en una economía orgánica» y Jesús Millán, «Poderes locales, conflictividad y cambio social en la España agraria. Del Antiguo Régimen a la sociedad burguesa», ambos en el debate de la SEHA «Las bases sociales de los poderes locales y las transformaciones de la sociedad agraria en la España del siglo XIX», *Noticiario de Historia Agraria*, año III, 6 (julio-diciembre de 1993), pp. 9-36; Grupo de Estudios Agrarios, «Transformaciones agrarias y cambios en la funcionalidad de los poderes locales en la Alta Andalucía, 1750-1950», en *Noticiario de Historia Agraria*, año V, 10 (julio-diciembre de 1995), pp. 35-66.

227. Desde los estudios publicados en la década de 1970 (Antonio Miguel Bernal, *La propiedad y las luchas agrarias andaluzas*, Barcelona, Ariel, 1974; Antonio María Calero, *Movimientos sociales en Andalucía*, Madrid, 1976; Jaume Torras, *Liberalismo y rebeldía campesina,* Barcelona, Ariel, 1976; Manuel Ardit, *Revolución liberal y revuelta campesina*, Barcelona, Ariel, 1977; Juan José Castillo, *Campesinos muy pobres. Sobre la subordinación política del pequeño campesinado*, Madrid, Ministerio de Agricultura, 1977, etc.) o los trabajos de Juan José Castillo y Jacques Maurice, en especial el libro de este último, *El anarquismo andaluz. Campesinos y sindicalistas 1868-1936*, Barcelona, Crítica, 1990, hasta las más recientes contribuciones al estudio del carlismo y los movimientos absolutistas: J. M. Fradera, J. Millán y R. Garrabou, eds., *Carlisme i moviments absolutistes*, Girona, Eumo, 1990; Pere Anguera, *Déu, Rei i Fam. El primer carlisme a Catalunya*, Barcelona, Publicaciones de l'Abadia de Montserrat, 1995; Pedro Rújula, *Contrarrevolución. Realismo y Carlismo en Aragón y el Maestrazgo, 1820-1840*, Zaragoza, Prensas Universitarias de Zaragoza, 1998; así como los trabajos publicados en el número 38 de la revista *Ayer* (Jesús Millán, coord.), *Carlismo y contrarrevolución en la España contemporánea*, Madrid, Marcial Pons, 2000. Véase también Fernando Sánchez Marroyo, *Movimientos populares y reforma agraria. Tensiones sociales en el campo extremeño durante el Sexenio Democrático (1868-1873)*, Badajoz, Diputación Provincial, 1992.

Por encima de la discrepancia entre quienes diferenciaban la reforma agraria liberal de la emprendida por los ilustrados a mediados del siglo XVIII y aquellos otros que ponían el acento en la continuidad y en el proceso de fondo que las unía (la privatización de la tierra y la economía agraria capitalista), bien predominara la idea de un proceso donde la revolución en las instituciones jugaba un papel importante o, por el contrario, la de un tránsito gradual, en todos los casos la transformación en sentido «liberal-burgués-capitalista» suscitaba pocas objeciones. En cuanto a las estructuras agrarias, resultaron mucho más complejas y diversas de lo que el enfoque dualista de los años cincuenta y sesenta había mostrado. En el origen del proceso, los problemas socioeconómicos del período de las reformas ilustradas en España eran ahora muy diferentes de como los veía Costa y gran parte de la historiografía hasta finales de la década de 1970. Así lo ponía de relieve en 1980 Emiliano Fernández de Pinedo, en su síntesis de la dinámica del «feudalismo desarrollado» en España,[228] y hace poco hemos podido comprobarlo en la de Alberto Marcos Martín a propósito de la evolución y las variantes peninsulares de las estructuras de la propiedad en la época moderna.[229] En cuanto a qué tipo de consecuencias tuvo sobre el mundo agrario la transformación político-institucional del siglo XIX, el carácter muy distinto que hoy tiene el debate queda perfectamente reflejado en el capítulo de Ramón Garrabou del libro colectivo *El pozo de todos los males*.[230]

En las dos últimas décadas las investigaciones en historia agraria se han hecho cada vez más abundantes, especializadas y diversificadas en lo que a temas y a ámbitos territoriales se refiere. Han puesto un énfasis creciente en los distintos tipos de transformaciones institucionales, políticas, económicas y sociales que tuvieron lugar en la propiedad,[231] en el

228. Emiliano Fernández de Pinedo, «Coyunturas y políticas económicas», en el volumen VII de la «Historia de España» dirigida por Manuel Tuñón de Lara, *Centralismo, Ilustración y agonía del Antiguo Régimen (1715-1833)*, Barcelona, Labor, 1980, pp. 11-173.

229. Alberto Marcos Martín, «Estructuras de la propiedad en la época moderna: evolución y variantes peninsulares», en Salustiano de Dios, Javier Infante, Ricardo Robledo y Eugenia Torijano, coords., *Historia de la propiedad en España. Siglos XV-XX*, Madrid, Centro de Estudios Registrales, 1999, pp. 113-162.

230. Ramón Garrabou, «Crecimiento agrario, atraso y marco institucional», en VV.AA., *El pozo de todos los males…*, *op. cit.*, pp. 215-243; así como el estudio de Josep Pujol sobre la historiografía del atraso, al que hemos hecho referencia al principio de este trabajo, contenido en el citado libro.

231. Me limitaré a algunos ejemplos, sin ánimo en absoluto de dar cuenta ni siquiera de lo más relevante que se ha publicado en las dos últimas décadas. Véase, acerca del tema de la propiedad, el sugerente y provocador artículo de Rosa Congost, «Sagrada propiedad imperfecta. Otra visión de la revolución liberal española», en *Historia Agraria*, 20 (abril 2000), pp. 61-93.

crédito rural,[232] en la organización del trabajo,[233] en las técnicas de producción en función de los distintos condicionamientos ambientales,[234] en los modos de gestión patrimonial,[235] en el papel de la gran propiedad y de las economías campesinas en el desarrollo del capitalismo,[236] en la importancia del agua,[237] en el nivel de vida,[238] en la evolución de la ganade-

232. Emiliano Fernández de Pinedo, «Del censo a la obligación: modificaciones del crédito rural antes de la primera guerra carlista en el País Vasco», en Ángel García Sanz y Ramón Garrabou, *Historia de la agricultura…*, *op. cit.*, pp. 297-305.

233. Ramón Garrabou, «La organización del trabajo en el mundo rural y sus evoluciones históricas. Época contemporánea», en *Historia Agraria*, 20 (abril 2000), pp. 25-38; Domingo Gallego, «Historia de un desarrollo pausado: integración mercantil y transformaciones productivas de la agricultura española (1800-1936), en VV.AA., *El pozo de todos los males…*, *op. cit.*, pp. 147-214.

234. Manuel González de Molina, «Condicionamientos ambientales del crecimiento agrario español (siglos XIX y XX)» y Lourenzo Fernández Prieto, «Caminos del cambio tecnológico en las agriculturas española contemporáneas», ambos en VV.AA., *El pozo de todos los males…*, *op. cit.*, pp. 43-94 y pp. 95-146, respectivamente.

235. Hace mucho tiempo lo puso de relieve Jesús Millán en su libro *Rentistas y campesinos. Desarrollo agrario y tradicionalismo político en el sur del País Valenciano, 1680-1840*, Alicante, Instituto Juan Gil Albert, 1984, y más tarde especialmente en *El poder de la tierra. La sociedad agraria del Bajo Segura, 1830-1890*, Alicante, Instituto de Cultura Juan Gil Albert, 1999. Entre la abundante bibliografía aparecida en los últimos años, mencionaré tres de diverso carácter: Rosa Congost, *Els propietaris i els altres*, Girona, Eumo, 1990; Antoni Segura, *Burgesia i propietat de la terra a Catalunya en el segle XIX*, Barcelona, Curial, 1993; y David Martínez López, *Tierra, herencia y matrimonio*, Jaén, Universidad de Jaén, 1996.

236. Ramón Garrabou, *Un fals dilema. Modernitat o endarreriment de l'agricultura valenciana*, Valencia, Institució Alfons el Magnànim, 1985; Christian Mignon, *Campos y campesinos de la Andalucía Mediterránea*, Madrid, Ministerio de Agricultura, Pesca y Alimentación, 1982; Rafael Mata Olmo, *Pequeña y gran propiedad agraria en la depresión del Guadalquivir*, Madrid, Ministerio de Agricultura, Pesca y Alimentación, 1987, 2 vols.; Salvador Calatayud, *Capitalismo agrario y propiedad campesina. La Ribera del Xúquer 1860-1930*, Valencia, Institució Alfons el Magnànim, 1989; Pegerto Saavedra y Ramón Villares, *Señores y campesinos en la Península Ibérica, siglos XVIII y XIX*, Barcelona, Crítica, 1991, 2 vols.; Ramón Garrabou, *Propiedad y explotación campesina en la España contemporánea*, Madrid, Ministerio de Agricultura, Pesca y Alimentación, 1992; Domingo Gallego Martínez, «De la sociedad rural en la España contemporánea y del concepto de sociedad capitalista: un ensayo», *Historia Agraria*, 16 (julio-diciembre 1998), pp. 13-53, y los comentarios críticos de Manuel González de Molina y Ramón Garrabou, además de la réplica del autor, contenidos también en ese mismo volumen.

237. Jordi Maluquer de Motes, «La despatrimonialización del agua: movilización de un recurso natural fundamental», en Ángel García Sanz y Ramón Garrabou, *Historia agraria…*, *op. cit.*, vol. 1, pp. 275-296; María Teresa Pérez Picazo y Guy Lemeunier, eds., *Agua y modo de producción,* Barcelona, Crítica, 1990; Ramón Garrabou y José Manuel Naredo, eds., *El agua en los sistemas agrarios. Una perspectiva histórica*, Madrid, Fundación Argentaria y Visor, 1999.

238. Jaume Torras, «Los condicionantes de los niveles de vida del campesinado en el Antiguo Régimen» y José Miguel Martínez Carrión, «Los niveles de vida del campesinado en la España contemporánea. Algunas reflexiones», en *Noticiario de Historia Agraria*, 14 (julio-diciembre de 1997), pp. 19-24 y 25-57, respectivamente.

ría y el proceso de privatización de los montes públicos,[239] etc. El debate en torno a *la cuestión agraria* ha dejado paso a la controversia sobre el tipo y el alcance de la *reforma agraria* liberal y *las diferentes agriculturas* que surgieron de un proceso que no puede identificarse sin más con dicha reforma. Durante la década de los noventa la «cuestión agraria» dejó paso a la «cuestión ambiental», como indicaba no hace mucho Manuel González de Molina.[240] Hoy el problema de los recursos naturales, junto con un tratamiento muy distinto del asunto de los derechos de propiedad, el estudio del cambio técnico y el análisis histórico de la política económica, si dejamos al margen la historia política y la demografía histórica, son los temas que más sobresalen en las publicaciones de historia agraria de España, según un balance reciente de Ricardo Robledo.[241] No voy a entrar en esa historia agraria tal y como se ha desarrollado en España durante las dos últimas décadas, de un modo espectacular en comparación con el período anterior. De ello es un claro exponente la revista *Historia agraria* y la abundante cantidad de estudios, debates, estados de la cuestión, balances bibliográficos y críticas y reseñas de libros que han ido apareciendo en dicha revista desde su primer número, a principios de 1991, al igual que en otras más antiguas como *Recerques*, *Estudis d'Història Agrària,* y antes también *Agricultura y Sociedad*. Además de no poder hacerlo por razones de espacio, existe un buen motivo para detenerse en los años ochenta. La investigación histórica en las dos últimas décadas, con sus diversos desarrollos y controversias,[242] resulta muy dis-

239. Grupo de Estudios de Historia Rural, «Contribución al análisis histórico de la ganadería española, 1865-1929», *Agricultura y Sociedad*, 8 y 9, pp. 129-182 y 105-169; «Más allá de la "propiedad perfecta". El proceso de privatización de los montes públicos españoles (1859-1926)», *Noticiario de Historia Agraria,* 8 (julio-diciembre de 1994), pp. 99-152.

240. Manuel González de Molina, «De la "cuestión agraria" a la "cuestión ambiental" en la historia agraria de los noventa», *Historia Agraria*, 22 (diciembre de 2000), pp. 19-36, así como el número 46 de la revista *Ayer* (2002), dedicado a «Naturaleza y cambio social».

241. Ricardo Robledo, «Nuevas y viejas cuestiones en la historia agraria española», *Ayer*, 47 (2002), pp. 261-275.

242. Véase Ramón Villares, «La historia agraria en la España contemporánea...», en VV.AA., *Tuñón de Lara y la historiografía española..., op. cit.*, pp. 219-243, donde da cuenta de la revisión que ha cuestionado la visión negativa o culpabilizadora de la agricultura como origen del atraso económico. Villares resalta, con razón, el apoyo empírico que ha proporcionado a esta revisión los sucesivos trabajos del Grupo de Estudios de Historia Rural, el papel especialmente relevante de los trabajos de Naredo y de la extensa obra de Ramón Garrabou, la importancia que tuvo *La historia agraria de la España contemporánea* publicada en tres volúmenes en 1985-1986 con introducciones a cargo de Ángel García Sanz, Ramón Garrabou y J. I. Jiménez Blanco, el estudio de Prados de la Escosura *De imperio a nación*, publicado en 1987 y, más recientemente (traducido al castellano en 1996), el interés del libro de J. Simpson, *La agricultura española, 1765-1965. La larga*

tinta de aquella otra movida en los años sesenta y setenta por la idea de una revolución social frustrada y de la que mucho antes, en plena «crisis finisecular, planteó el problema agrario con una idea de atraso y *regeneración* de la nación española que iba unida a un rechazo del siglo XIX y una relectura de la historia en términos nacionales y con una determinada ideología nacionalista.[243] Ni la idea *étnica de nación*, ni la de *progreso* a la manera optimista de la Ilustración o del positivismo, ni la de una súbita *revolución social* procedente de la izquierda radical y desvirtuada y pervertida por los regímenes comunistas o fascistas del siglo XX, influyen hoy como lo hacían antes en la manera de representar los hechos del pasado. Otras ideologías han tomado el relevo y se encuentran de un modo u otro presentes en el estudio de la historia agraria de España.

---

siesta. También en el balance historiográfico de Ramón Villares se hace referencia a otro aspecto de la revisión en el campo de la historia agraria que merece destacarse: la mutación de perspectivas en lo relativo a la conflictividad social, desde el estudio pionero de Díaz del Moral a los trabajos de J. A. Durán, J. J. Castillo, S. Garrido, L. Fernández Prieto, etc. Añado ahora, por mi parte, el aspecto sociopolítico de la cuestión, al que ni siquiera he podido hacer una mínima referencia, a pesar de que ha experimentado una renovación historiográfica de gran envergadura. Me refiero, desde luego, al estudio del caciquismo y de las relaciones y redes clientelares en la España de los siglos XIX y XX, desde los primeros trabajos de Pino Artacho, Kern, Romero Maura, Varela Ortega, Tusell y Durán en los años setenta, hasta las más recientes aportaciones, entre ellas: Antonio Robles Egea, ed., *Política en penumbra. Patronazgo y clientelismo políticos en la España contemporánea*, Madrid, Siglo XXI, 1996; Javier Moreno Luzón, *Romanones. Caciquismo y política liberal*, Madrid, Alianza, 1998; José Varela Ortega, dir., *El poder de la influencia. Geografía del caciquismo en España (1875-1923)*, Madrid, Marcial Pons, 2001, etc.

243. Juan Pan-Montojo, coord., *Más se perdió en Cuba. España, 1898 y la crisis de fin de siglo*, Madrid, Alianza, 1998, «introducción» (pp. 9-30) y capítulo 4, «El atraso económico y la regeneración», pp. 261-334. Véase también, en dicho libro, Manuel Pérez Ledesma, «La sociedad española, la guerra y la derrota» (pp. 91-149), Juan Pro Ruiz, «La política en tiempos del *Desastre*» (pp. 151-260), Carlos Serrano, «Conciencia de la crisis, conciencias en crisis» (pp. 335-403), y José Álvarez Junco, «La nación en duda» (pp. 405-475).

EL SECANO ESPAÑOL REVISITADO*

Julián Casanova

A comienzos del verano de 1990 entregué a la editorial Crítica el manuscrito «La historia social y los historiadores. ¿Cenicienta o princesa?», publicado casi un año después. El objeto fundamental de aquel libro era seleccionar, ordenar y discutir algunos de los ejes centrales de la evolución de la historia social, desde su nacimiento como reacción al historicismo y a la historia política tradicional hasta su plural y fragmentado crecimiento en la década de los setenta del siglo xx. *La historia social y los historiadores* recogía algunas de mis preocupaciones teóricas y metodológicas surgidas tras diez años de investigación, búsqueda y formación intelectual. Era también una incursión en el análisis historiográfico, un territorio apenas explorado hasta entonces por los historiadores españoles. Debía mucho ese libro a mi estancia en el Queen Mary College de Londres, a largas y fructíferas conversaciones con Paul Preston y Raphael Samuel, y a las enseñanzas y amistad de José Álvarez Junco y Juan José Carreras.

Tras examinar una buena parte de la literatura disponible en inglés sobre la historia de la historia social, constaté que en la mayoría de los países occidentales se habían producido a partir de la segunda guerra mundial profundas transformaciones que modificaron las formas tradicionales de abordar el contenido y métodos de la historia y contribuyeron a una rápida consolidación de los análisis de los procesos económicos y sociales. Excepto en Francia, siempre puesta como modelo pionero y extraordinario de ruptura con la historia «historizante», el avance de la historia social fue lento y desigual. Poco a poco, sin embargo, los nuevos enfoques hicieron oír su voz y sobre todo propagaron sus ideas a través de revistas especializadas e interdisciplinarias. Así se consolidaron y alcanzaron fama internacional la escuela de «Annales» en Francia, los historiadores marxistas en Gran Bretaña y, con algo más de retraso, las variadas versiones de historia social en Estados Unidos y en Alemania.[1]

* Este texto fue ya publicado como introducción a la edición de bolsillo de *La historia social y los historiadores* (Barcelona, Crítica, 2003).

1. Los elementos primordiales para explicar el desarrollo tardío de la historia social

Para llegar a ser reconocidas, esas corrientes historiográficas tuvieron que abordar el conocimiento del pasado desde diversos frentes vinculados al debate conceptual y metodológico, a la investigación empírica, a la batalla por el acceso a nuevas fuentes y a la creación de marcos adecuados de discusión e intercambios intelectuales. La mayoría de los historiadores que hoy conocemos como sus mejores representantes, desde Marc Bloch a E. P. Thompson, pasando por Jürgen Kocka o Eugene D. Genovese, afrontaron los grandes problemas de la formación de sus estados y sociedades, establecieron un diálogo fructífero con las otras ciencias sociales y convirtieron, en suma, a la historia en una fuente de inspiración y debate abierta a múltiples puntos de vista.

Además de recorrer los diferentes caminos de la historia social y dedicarle un espacio relevante a la sociología histórica, el libro planteaba también algunas cuestiones que afectaban básicamente a la definición y ubicación de la historia social en el marco general de la historiografía; a la relación entre la teoría y la investigación empírica; a la construcción de teorías generales y específicas sobre la causalidad; a la conexión entre las estructuras sociales y el comportamiento humano; y a la subordinación o autonomía de la historia frente a las restantes ciencias sociales. En el capítulo final concebía la historia como una zona de «interacción» entre hechos, teorías y las diferentes disciplinas que los estudiaban y elaboraban. En mi opinión, algunos de los mejores trabajos de historia aparecidos a partir de los años cincuenta del siglo XX habían sido engendrados en esa zona amistosa, en ese cruce de caminos entre la sociología histórica y la historia social crítica.

---

en Alemania han sido examinados, desde ópticas muy similares, por Georg Iggers (introducción a *The Social Histroy of Politics. Critical Perspectives in West Germany Historical Writings Since 1945*, Leamington Spa, Berg, 1985, pp. 1-48), Jürgen Kocka («Theoretical Approaches to Social and Economic History of Modern Germany: Some Recent Trends, Concepts, and Problems in Western and Eastern Germany», *The Journal of Modern History*, 47, 1975, pp. 101-119) y Hans-Ulrich Wehler («Historiography in German Today», en Jürgen Habermas, ed., *Observations on «The Spiritual Situation of the Age». Contemporary German Perspectives*, Cambridge, Massachusetts, The MIT Press, 1984, pp. 221-259). Pude contar también con el trabajo entonces inédito de Juan José Carreras, «La historiografía alemana en el siglo XX: la crisis del historicismo y las nuevas tendencias», recogido en la selección que Carlos Forcadell ha hecho de los trabajos de Carreras con el título de *Razón de Historia. Estudios de Historiografía*, Madrid, Marcial Pons-Prensas Universitarias de Zaragoza, 2000, pp. 58-72. El peso del trabajo histórico tradicional y la lenta expansión de la historia social en Estados Unidos ha sido subrayado por Peter Novick en *That Noble Dream. The «Objectivity Question» and the American Historical Profession*, Cambridge, Cambridge University Press, 1988, p. 583. La expansión gradual de la historia social fue, por lo tanto, bastante general y no es en ese punto, como veremos, donde reside exactamente la peculiaridad del caso español.

Las razones de aquel secano

Podía haber acabado el libro ahí. Opté, sin embargo, por añadir un breve apéndice titulado «El secano español». No se trataba de hacer un balance de lo mucho o poco que se había trabajado sobre diferentes temas o períodos históricos, algo que los historiadores españoles solemos hacer a menudo, sino de llamar la atención sobre la ausencia de señas de identidad de nuestra historiografía, que tampoco había podido exhibir, hasta después de la muerte de Franco en 1975, la consolidación de planteamientos alternativos de historia social.

Era muy común entonces, a finales de los años ochenta, dejar las cuestiones de historiografía y de teoría de la historia a «otros», filósofos y teóricos que no visitaban archivos o a los pocos especialistas que quisieran penetrar en ese territorio tan poco atractivo para la mayoría de los historiadores. Parecía, por lo tanto, un atrevimiento que un historiador joven, apenas diez años después de acabar la carrera, se metiera en una síntesis sobre la evolución de la historia social y, todavía más, sacara a la luz algunas de las supuestas carencias que habían jalonado la evolución de la historiografía española durante la dictadura de Franco y los primeros años de la transición a la democracia. Lo que buscaba era un debate sobre las razones del atraso historiográfico español y las peculiaridades que entre nosotros había tenido el auge y crecimiento de la historia social sobre los siglos XIX y XX. Casi nada existía en ese terreno. No había entrado en él ninguno de esos escasos historiadores españoles a los que ya se conocía por sus reflexiones sobre la historia de la historia, ni habían aparecido todavía los trabajos de Gonzalo Pasamar, el autor que estaba más dedicado ya en esos momentos a analizar con rigor la historiografía española sobre la segunda mitad del siglo XX.[2]

Varias cosas traté de ilustrar en esas páginas sobre el «secano espa-

2. Cuando apareció *La historia social y los historiadores* se conocía, y mucho, el libro de Josep Fontana, *Historia. Análisis del pasado y proyecto social*, Barcelona, Crítica, 1982, y llevaba poco más de un año en el mercado el de Santos Juliá, *Historia social/sociología histórica*, Madrid, Siglo XXI, 1989. Nada se decía en ellos sobre la producción historiográfica española, aunque Santos Juliá sí que daba una razón para no hacerlo: «en España no ha surgido ninguna corriente historiográfica original en lo que va de siglo», afirmación con la que yo estaba, y estoy, de acuerdo. Tampoco Juan José Carreras, el más notable impulsor en nuestras universidades de los estudios historiográficos, había dejado huella en ese campo. Un resumen de la tesis doctoral de Gonzalo Pasamar, defendida en 1986, apareció como libro cinco años después: *Historiografía e ideología en la postguerra española: la ruptura de la tradición liberal*, Zaragoza, Prensas Universitarias de Zaragoza, 1991. Ese mismo año vio también la luz su trabajo «Corrientes, influencias y problemáticas en la historiografía contemporánea española», *Studium*, Colegio Universitario de Teruel, que, gracias a Pasamar, yo ya conocía cuando redacté «El secano español» y que constituía entonces la única aproximación actualizada que había disponible. Estaba también el

ñol». En primer lugar, que la victoria franquista en abril de 1939 y las posteriores décadas de dictadura se manifestaron, por lo que a la historiografía se refiere, en la imposición de una perspectiva reaccionaria y antiliberal que ignoró en todo momento la esfera socioeconómica y que levantó un poderoso dique de contención frente a las nuevas corrientes en las ciencias sociales occidentales y a los análisis de fuerzas anónimas y colectivas. Cuando en los últimos años de la dictadura pudo salirse poco a poco de esa miseria, no había, sobre la edad contemporánea, tradición historiográfica que reivindicar y se tuvo que aportar en unos pocos años todo un nuevo repertorio de hipótesis, problemas y estudios empíricos. Reconocía allí las tres vías de renovación de la historiografía española con las que más deudas teníamos: la que contemplaba la historia económica como un ámbito especializado de la historia general distinta a la tendencia dominante de la historia política; la que amplió los campos de estudio de la historia política tradicional por medio de la utilización de conceptos prestados de la sociología y de la ciencia política; y la que mostró una creciente preocupación por desentrañar las claves de los conflictos sociales en la historia contemporánea más allá de la mera descripción de las luchas obreras.

Comparado con el de otros países, concluía, el proceso de edificación de un sólido y riguroso conocimiento histórico había estado marcado en España por múltiples carencias: unas, resultado del legado nefasto del franquismo; otras, expresión de una profesión histórica poco dada al debate intelectual y a la planificación ordenada de programas de investigación. No nos encontrábamos, pensaba yo, ante una crisis de crecimiento o cansados ya del modelo sociológico y estructural, que es lo que aparentemente había conducido en otros lugares a revisar la historia social y a pedir a algunos, encabezados por Lawrence Stone, un repliegue de la historia desde los terrenos sociológicos hacia sus viejos cauces narrativos. A un campo con problemas de sequía, por lo tanto, no se le podían ofrecer las mismas soluciones utilizadas donde el exceso de abono o de producción habían causado ya su abandono.

---

estudio de Ignacio Olabarri, «La recepción en España de la *revolución historiográfica* del siglo xx», en V. Vázquez de Prada, I. Olábarri y A. Floristán Imizcoz, eds., *La historiografía en Occidente desde 1945. Actitudes, tendencias y problemas metodológicos*, Pamplona, EUNSA, 1985, pp. 87-109 y, sobre todo, las observaciones que sobre la evolución de la historiografía española desde la guerra civil a los últimos años del franquismo había hecho José María Jover Zamora en «Corrientes historiográficas en la España contemporánea», trabajo incluido en el libro colectivo *Once ensayos sobre la historia*, Madrid, Fundación Juan March, 1976, pp. 217-247. No era un análisis de la producción historiográfica española, y por eso no era utilizado para ese propósito, la obra pionera de Manuel Tuñón de Lara, *Metodología de la historia social de España*, Madrid, Siglo XXI, 1973 (tercera edición corregida y aumentada en 1977).

Esas breves páginas que le dediqué al tema como «apéndice» de un estudio general sobre los orígenes y desarrollo de la historia social —en vez de elegir, para su difusión, una revista científica— significaban un toque de atención sobre las carencias de nuestra práctica historiográfica, examinadas sólo desde el marco de la comparación y de los debates conceptuales y metodológicos, y en absoluto pretendían despreciar los resultados de las investigaciones de la mayoría de los colegas. Los autores que allí se nombraban servían para ilustrar mis argumentos, aunque podría haber añadido muchos más nombres, y todos, sin excepción, aparecían como protagonistas activos de la renovación historiográfica española hasta finales de los años setenta. Si algo identificaba a Jaume Vicens Vives, Jordi Nadal, Josep Fontana, Miguel Artola, José María Jover o Manuel Tuñón de Lara, por ejemplo, era que resumían perfectamente el cambio de rumbo de la historiografía española a partir de finales de los años sesenta y comienzos de los setenta.

Había terreno —y mucho— pero faltaba riego y una buena distribución del producto, dominada como estaba nuestra producción historiográfica por la historia local, por la ausencia de síntesis y por la escasa o nula dedicación a la historia de otros países. Mientras que cada vez eran más los historiadores españoles que conocían la historia local y regional elaborada en otras latitudes, los historiadores extranjeros, con la excepción de los hispanistas, poseían vaguísimos o nulos conocimientos de la historia regional aquí producida, porque no se traducía a otros idiomas y tampoco estábamos presentes en los debates internacionales y en las revistas científicas más conocidas. Parafraseando a Carlo Ginzburg y Carlo Poni, importábamos mucho y no exportábamos casi nada. Eso es lo que identificaba también al «secano español».[3]

La historia social se estaba consolidando en España en los años

3. Saqué ya estos temas, donde ampliaba las observaciones sobre el «secano español», en trabajos presentados en varios foros en 1993, publicados primero en catalán y más recientemente en castellano: «El futur de la història: balanç i perespectives», en Angel San Martín, ed., *Fi de Segle*, Ajuntament de Gandía-Universitat de Valencia, 1994, pp. 129-139 (versión en castellano en Javier Guerrero, comp., *Colombia y América Latina después del fin de la historia*, Tunja, Colombia, Universidad Pedagógica y Tecnológica de Colombia, 1997, pp. 37-45); y «Història local, història social i microhistòria», *Taller d'Història*, Valencia, 6 (2º semestre 1995), pp. 3-8 (versión en castellano en Pedro Rújula e Ignacio Peiró, coords., *La historia local en la España contemporánea. Estudios y reflexiones desde Aragón*, Barcelona, L'Avenç, 1999, pp. 17-28). Ginzburg y Poni habían constatado en 1979 que, en su intercambio historiográfico con Francia, «Italia ha recibido mucho más de lo que ha dado» y pedían que se dejara de importar historias estructurales y seriales porque, por su historia y por las características de sus archivos, Italia constituía un excelente laboratorio para los ensayos microhistóricos: «Il nome e il come: scambio inequale e mercato storiografico», *Quaderni Storici*, 40 (1979), pp. 181-190 (traducción al castellano en *Historia Social*, 10, 1991, pp. 63-70).

ochenta. Había un grupo numeroso de historiadores que la ponían en práctica, descubriendo nuevas fuentes, haciendo nuevas preguntas al material investigado y en bastantes ocasiones contestándolas. Pero, hasta comienzos de los años noventa, carecíamos de una estructura institucional de asociaciones, congresos y revistas, vehículos esenciales para estimular buenos trabajos. *Historia Social*, reconocida hoy como una de las revistas más importantes de la historiografía profesional española, apareció a mediados de 1988. La Asociación de Historia Social, creada en 1989, celebró su primer congreso en Zaragoza en 1990. La Asociación de Historia Contemporánea nació en 1990 y su publicación *Ayer* en 1991. En otros países, las revistas especializadas e interdisciplinarias llevaban ya años y años propagando las ideas de esa nueva historia social. Los ejemplos son numerosos, pero no hay que dejar de mencionar a las francesas *Annales* (1929) y *Le Mouvement Social* (1969); las británicas *Past and Present* (1958), *Social History* y *History Workshop*, que vieron la luz en 1976; las norteamericanas *Comparative Studies in Society and History* (1958), *Journal of Social History* (1967) y *Journal of Interdisciplinary History* (1970); la italiana *Quaderni Storici* (1966); o la alemana *Geschichte und Gesellschaft* (1975). España era también en ese sector de la producción un terreno poco abonado.[4]

Las reacciones que provocó ese apéndice sobre el «secano español» cumplieron con creces mi intención de provocar una discusión sobre el asunto. Alguno prefirió el insulto y la descalificación, algo de lo que también se aprende,[5] otros lo consideraron breve y poco profundo, lo cual

4. No olvido, por supuesto, la importante tarea de difusión de los nuevos métodos de investigación que tuvo *Estudios de Historia Social* desde 1977 (y antes *Revista de Trabajo*), con Antonio Elorza a la cabeza, *Recerques* desde comienzos de los setenta o *Debats* (1982), ni el papel destacadísimo, cien veces señalado, de Manuel Tuñón de Lara y los Coloquios de Pau en esa década de los setenta. Pero lo que estoy planteando aquí es la precariedad académica e intelectual que esa historiografía sobre la edad contemporánea tenía todavía en los años ochenta del siglo XX en comparación con las bases sólidas ya establecidas en otros países. Como veremos, una buena parte de los balances historiográficos de los noventa, que no han sido pocos, salieron de los congresos o de las publicaciones de esas asociaciones. Tampoco pongo en duda que existiera entre nosotros una «estructura de erudición profesional», algo que, según han demostrado Ignacio Peiró y Gonzalo Pasamar, había acompañado a la profesionalización de la historia desde finales del siglo XIX: «La "vía española" hacia la profesionalización historiográfica», *Studium*, 3 (1991), pp. 135-162.

5. Según Julio Aróstegui, yo era un ignorante y un papanatas «deslumbrado por la ciencia recién descubierta». Y todo, a no ser que hubiera otras razones no explícitas, porque en *La historia social y los historiadores* había dejado de lado la contribución de Manuel Tuñón de Lara. Tengo que admitir, visto el asunto años después, que debería haberle dedicado un espacio y reconocimiento más amplios a la obra de Tuñón, fundamental en la renovación de la historiografía española en los años setenta y ochenta, pero nunca pretendí en ese momento hacer un balance de la producción historiográfica, lo que hubiera

era bien cierto, e incluso «ocioso», pero lo que me parece que hoy puede afirmarse, vistos los resultados, es que muchos colegas sondearon, a partir de ese momento, las tradiciones historiográficas españolas anteriores al franquismo, antes de esa ruptura con la tradición liberal a la que se refería Gonzalo Pasamar, y que los años noventa presenciaron un crecimiento espectacular de los estudios historiográficos.[6] No eran reacciones al «secano español», sino reflejo más bien de que muchas cosas se estaban moviendo en la historiografía española. Parece lógico que toda década traiga avances respecto a la anterior, pero los años noventa del siglo XX constituyen, en mi opinión, un punto de inflexión importantísimo en la historiografía española sobre la edad contemporánea. Expondré a continuación las razones por las que pienso así.

---

requerido tocar muchos más temas y reconocer en profundidad a más autores. Asumida mi culpa, debo aclarar que tampoco fue mi intención mostrar «desinhibición» al titular ese apéndice «El secano español» ni, mucho menos, emplear alegremente la denominación «marxismo británico», entre otras razones porque hay afamados libros y artículos en revistas científicas que también lo hacen. Mi ignorancia y «papanatería» (papanatismo sería, en todo caso, la expresión) en Julio Aróstegui, «Manuel Tuñón de Lara y la construcción de una ciencia historiográfica», en *Manuel Tuñón de Lara y el compromiso con la historia. Su vida y su obra*, José Luis de la Granja y Alberto Reig Tapia, eds., Bilbao, Universidad del País Vasco, 1993, p. 171.

6. «Algo injusto y demasiado breve» le parecía a Mariano Esteban, «La historiografía española contemporánea en 1991», en Antonio Morales, ed., «La historia en el 91», *Ayer*, 6 (1992), p. 41. Esas tradiciones cortadas por el franquismo ya las nombraba Carlos Forcadell en una reseña de mi libro que apareció en ese mismo número de *Ayer*, p. 151, e insistió en «Sobre desiertos y secano: los movimientos sociales en la historiografía española», *Historia Contemporánea*, 7 (1992), pp. 105 y ss. La recuperación de la historiografía contemporánea desde sus orígenes es algo sobre lo que se ha podido insistir recientemente gracias a los estudios de Ignacio Peiró y Gonzalo Pasamar (véase, por ejemplo, *Historiografía y práctica social en España*, Prensas Universitarias de Zaragoza, 1987). El epílogo sobre el «secano español» era «ocioso» (Santos Juliá, *El País*, 7 de agosto de 1991) porque, según aclaraba el mismo Juliá, yo me «limitaba a lamentar lo mal que andaba todo» («La Historia Social y la historiografía española», en Antonio Morales y Mariano Esteban, eds., *La historia contemporánea en España*, Universidad de Salamanca, 1996, p. 184). En realidad, mis lamentos ocupaban sólo nueve líneas de ocho páginas, y sobre el «predominio de las conmemoraciones» y la «profusión de jornadas y ciclos de conferencias» (con ingresos «sustanciosos») se extendían mucho más que yo el propio Santos Juliá y José Álvarez Junco en «Tendencias actuales y perspectivas de investigación en Historia Contemporánea», en *Tendencias en historia*, Madrid, CSIC, 1990, pp. 53-63. El balance que hacía Borja de Riquer sobre el «mundo universitario catalán» era todavía mucho más duro e insistía, con más argumentos, en algunas de las cosas que yo apuntaba: «Auge y estancamiento de la historiografía contemporánea catalana», *Historia Contemporánea*, 7 (1992), pp. 129-131.

EL RIEGO DE LOS NOVENTA

Cualquier disciplina intelectual necesita, para manifestarse con rigor y vitalidad, una estructura institucional y asociativa y un mínimo acuerdo sobre las cuestiones que sus miembros consideran importantes para ser investigadas y respondidas. Desde finales de los años ochenta, la historia social consiguió en España plataformas sólidas de discusión e intercambio intelectual ausentes hasta ese momento, con las que la historia económica, por ejemplo, contaba desde una década antes. El volumen de producción histórica que salió en la década de los noventa de los cuatro congresos organizados por la Asociación de Historia Social y de los cinco celebrados por la Asociación de Historia Contemporánea, simbolizó ese gran cambio. Los historiadores españoles, como pasaba en otros países, comenzamos a escribir sobre los temas más variopintos de la actividad humana. Los balances que número tras número aparecieron en las revistas *Historia Contemporánea*, *Historia Social*, *Ayer* o *Studia Historica* han mostrado el irresistible crecimiento de las publicaciones.

Además, hemos ampliado el horizonte en el campo metodológico en términos inconcebibles unos años antes. La teoría de la historia y la historiografía, una rama de especialización completamente separada y transitada por unos pocos en los años ochenta, impenetrable para muchos historiadores por sus niveles de abstracción, ha dado un salto cualitativo sin precedentes. El libro de Josep Fontana *Historia. Análisis del pasado y proyecto social* marcó casi en solitario el lento avance de ese tipo de reflexiones en los años ochenta. Tras los libros de Santos Juliá y el mío sobre la historia social, aparecieron en los años noventa varios estudios de referencia sobre el oficio del historiador, la teoría y el método en la investigación histórica debidos, entre otros, a Enrique Moradiellos, Julio Aróstegui, Elena Hernández Sandoica y Gonzalo Pasamar.[7]

7. Enrique Moradiellos, *El oficio del historiador*, Madrid, Siglo XXI, y *Las caras de Clío. Introducción a la Historia y a la Historiografía*, Universidad de Oviedo, 1992 (versión ampliada en Siglo XXI, Madrid, 2001); Julio Aróstegui, *La investigación histórica: teoría y método*, Barcelona, Crítica, 1995; Elena Hernández Sandoica, *Los caminos de la Historia. Cuestiones de historiografía y método*, Madrid, Síntesis, 1995; y Gonzalo Pasamar, *La historia contemporánea. Aspectos teóricos e historiográficos*, Madrid, Síntesis, 2000. Novedosos trabajos aparecieron en Pedro Ruiz Torres, ed., «La historiografía», *Ayer*, 12 (1993); en los años ochenta habían salido ya otros libros como el de Pelai Pagés (*Introducción a la Historia. Epistemología, teoría y problemas de método en los estudios teóricos*, Barcelona, Barcanova, 1983) o el más breve de Julio Valdeón (*En defensa de la historia*, Valladolid, Ámbito, 1988), y difundía textos de pura historiografía Juan José Carreras, recogidos en la ya citada *Razón de Historia* (2000). Tampoco hay que olvidar las aproximaciones de Juan Carlos Bermejo a la teoría de la historia (*Entre la Historia y la*

Ese cambio sustancial en la historiografía española fue reforzado por el efecto acumulativo de relevantes investigaciones que alteraron el conocimiento histórico de algunas cuestiones básicas de la España contemporánea. La búsqueda de peculiaridades en las diversas historias nacionales había generado importantes debates en la historiografía occidental desde los años sesenta hasta comienzos de los años ochenta del siglo XX, especialmente en Gran Bretaña, con el cruce dialéctico abierto entre Perry Anderson y Edward P. Thompson, en Alemania, sobre el mito o realidad de la revolución ausente, y en Estados Unidos, con la actualización y revisión del ya clásico ensayo de Werner Sombart (1906) sobre la ausencia del socialismo y el excepcionalismo norteamericano.

Aunque con algo de retraso y menos controversias, un número considerable de historiadores españoles, procedentes en su mayor parte de la historia económica y agraria, han cuestionado desde finales de los años ochenta lo que Santos Juliá denomina «el paradigma dominante de nuestra historia social: la historia de la sociedad como historia de una frustración/carencia». Los ingredientes básicos de esa interpretación sobre la frustración, y también sobre la gran crisis que culminó en la «tragedia» española, derivarían del fracaso de la revolución industrial y del papel negativo de una agricultura «semifeudal» (Pierre Vilar), manifestados asimismo en la debilidad de la burguesía y de la sociedad civil, la preeminencia social y política de la Iglesia y del ejército y la ineficacia y ausencia de modernización del Estado. Desde Jaume Vicens Vives a Jordi Nadal, pasando por Pierre Vilar, Tuñón de Lara o Nicolás Sánchez Albor-

---

Filosofía, Madrid, Akal, 1994), el examen de largo alcance de Antonio Morales Moya, «Historia de la historiografía española», en *Enciclopedia de Historia de España*, dirigida por Miguel Artola, Madrid, Alianza, 1993, vol. VII, pp. 583-684, y la importante obra de Ignacio Peiró sobre la historiografía de antes de la guerra civil, *Los guardianes de la historia. La historiografía académica de la Restauración*, Zaragoza, Institución Fernando el Católico, 1995. Balances recientes, una actividad que no cesa, en Jorge Uría, «La historia social y el contemporaneísmo español. Las deudas del pasado», en Esteban Sarasa y Eliseo Serrano, coords., *La historia en el horizonte del año 2000*, Zaragoza, Institución Fernando el Católico, 1997, pp. 95-141; Elena Hernánez Sandoica, «La historia contemporánea en España: tendencias recientes», y Gonzalo Pasamar, «Los historiadores españoles y la reflexión historiográfica», ambos en *Hispania*, LVIII/1, 198 (1998), pp. 65-95 y 12-48; Francisco Sevillano Calero, «La Historia Contemporánea en España: viejas polémicas y nuevos enfoques historiográficos», en Conxita Mir, ed., «La represión bajo el franquismo», *Ayer*, 43 (2001), pp. 225-244. Casi todas las ponencias publicadas en Santiago Castillo y Roberto Fernández, coords., *Historia social y ciencias sociales. Actas del IV Congreso de Historia Social de España*, Lleida, Milenio, 2001, contienen revisiones temáticas y por períodos muy útiles. En ese terreno de los balances destaca, sin duda, el libro colectivo *Tuñón de Lara y la historiografía española*, edición al cuidado de José Luis de la Granja, Alberto Reig Tapia y Ricardo Miralles, Madrid, Siglo XXI, 1999, especialmente los artículos de Santos Juliá, Ramón Villares y Juan Sisinio Pérez Garzón.

noz, esa tesis supuso la primera gran vía de renovación que conoció la historiografía española durante la dictadura de Franco y fue, continúa siendo, muy influyente entre los hispanistas y, a través de ellos, en la interpretación que sobre la historia de España contemporánea se recoge en obras generales sobre la historia de Europa.

La base empírica aportada en los últimos quince años desde las investigaciones sectoriales y regionales ha permitido matizar, revisar, e incluso desmontar, algunos de esos postulados del «paradigma dominante»: las décadas centrales del siglo XIX presenciaron un profundo proceso de transformación agraria que, a partir de la crisis agraria finisecular y durante el primer tercio del siglo XX, dieron paso a un notable cambio y expansión en la agricultura española. El franquismo no fue la culminación de ese atraso sino que, por el contrario, bloqueó un proceso de crecimiento industrial y agrario abierto desde el primer tercio del siglo XX.[8]

Esa historia económica, muy difícil de separar hasta los años ochenta de la historia social y muy conectada después con los nuevos estudios de historia agraria, ha sido para muchos autores la rama de la historiografía española más sólida y renovadora en las tres últimas décadas, «el más notable de los ámbitos interdisciplinarios». Influidos desde los años sesenta por *Annales,* el materialismo histórico y fortalecidos por su conversión una década después en disciplina autónoma, esos historiadores fueron también los primeros en disponer de una plataforma asociativa para discutir e intercambiar investigaciones y debates sobre la crisis agraria, la abolición del régimen señorial, las desamortizaciones o la formación de la sociedad capitalista. En palabras de Leandro Prados de la Escosura, activo protagonista de esa renovación, la disciplina alcanzó ya «su mayoría de edad» en los años setenta, reduciendo «el desnivel» que separaba a España de los países occidentales «en el terreno científico». La historia económica, concluye Gonzalo Pasamar confirmando esa idea, «había

8. Todos esos viejos y nuevos argumentos están bien compendiados en Santos Juliá, «La Historia Social y la historiografía española», pp. 188-193 y, con mayor extensión, en Ramón Villares, «La historia agraria de la España contemporánea. Interpretaciones y tendencias», en *Tuñón de Lara y la historiografía española*, pp. 219-243. Una defensa, apoyada en algunas de esas revisiones, de que España ha sido en la época contemporánea un «país normal» se encuentra en Juan Pablo Fusi y Jordi Palafox, *España: 1808-1996. El desafío de la modernidad*, Madrid, Espasa-Calpe, 1997. Observaciones útiles sobre las peculiaridades de España en relación con Europa se encuentran en la introducción de Adrian Shubert a su *Historia social de España (1800-1990)*, Madrid, Nerea, 1991, pp. 11-19. No es éste el lugar para recordar la extensa bibliografía sobre las peculiaridades de las diversas historias nacionales, pero hay un artículo ejemplar para observar cómo se ha discutido ese tema en la historiografía alemana: Richard J. Evans, «El mito de la revolución ausente en Alemania», *Zona Abierta*, 53 (octubre-diciembre de 1989), pp. 77-118.

abandonado su condición de "secano" ya a comienzos de los setenta».[9]

Es muy probable, como afirmaba Santos Juliá hace tan sólo unos años, que ese «corpus de investigaciones de historia económica que ha revisado la arraigada tesis de la frustración/carencia» no tenga equivalente en historia social.[10] Pero no hay ninguna duda de que la historia social ha profundizado , como ninguna otra rama del saber histórico, en las vías de renovación y reconstrucción descubiertas desde los últimos años del franquismo. Ha incorporado sujetos nuevos, secciones de la población que habían buscado establecer su identidad al margen de las élites de la historia política y de los trabajadores masculinos de la historia clásica del movimiento obrero. La inserción de lo «periférico», de lo «inarticulado», de la cultura entendida como el estudio de las condiciones de vida y de las experiencias cotidianas, ha seguido el camino de la ya famosa propuesta de Roger Chartier: «De la historia social de la cultura a la historia cultural de lo social».[11]

El paso a esa historia multifacética, de fragmentación del objeto de estudio, donde «lo pequeño es hermoso», requería, y en ello se está todavía, nuevos fundamentos y métodos de indagación, de la misma forma que la historia «desde abajo» marxista de hace cuarenta años había encontrado también dificultades metodológicas y problemas técnicos para ir más allá de la mera interpretación de las fuentes históricas.

Existen notables e ilustrativos signos de esa transformación de la historia social y de la creciente atención a la historia sociocultural de las clases populares. La revista *Historia Social* dedicó el *dossier* de su primer número (1988) a la historiografía sobre el anarquismo español. El *dossier* del número 41 (último del año 2001) lo ocupa «la mercantilización del ocio», coordinado por Jorge Uría, uno de los principales impulsores de un tema monopolio casi exclusivo hasta hace poco de los hispanistas franceses.

9. *La historia contemporánea*, p. 234, de quien procede también el entrecomillado sobre su carácter interdisciplinario. Las palabras de Prados de la Escosura en «La historia cuantitativa en España», *Revista de Historia Económica*, II, 1 (1984), p. 69. Un amplio «estado de la cuestión historiográfico», como él mismo lo define, en Eloy Fernández Clemente, «La historia económica de España en los últimos veinte años (1975-1995). Crónica de una escisión anunciada», en Esteban Sarasa y Eliseo Serrano, coords., *La historia en el horizonte del año 2000*, pp. 59-94. El alcance de las investigaciones de esos historiadores económicos vinculados desde 1981 al Grupo de Estudios de Historia Rural y el importante papel del *Noticiario de Historia Agraria* (fundado en 1991) en la difusión de esas nuevas investigaciones puede verse en Ramón Villares, «La historia agraria de la España contemporánea». Más elogios a esa historia económica por su producción y organización en Elena Hernández Sandoica, «La historia contemporánea en España: tendencias recientes», pp. 78-81.

10. «La Historia Social y la historiografía española», p. 193.

11. Recogida en el trabajo del mismo título publicado en castellano en *Historia Social*, 17 (otoño de 1993), pp. 97-103.

Mucho ha llovido también, y han pasado poco más de diez años, desde aquellas «propuestas para una historia de la sociabilidad en la España contemporánea» que escribía Jacques Maurice en 1989. Tres años después, Jordi Canal, uno de nuestros mejores investigadores del tema, constataba todavía que «salvo en el caso de los estudios antropológicos, con un par de grupos bien definidos en Andalucía y el País Valenciano, y en el de los historiadores hispanistas franceses, no existen más núcleos consolidados de estudio de la sociabilidad en la España contemporánea». El balance más reciente que ha hecho Jorge Uría, en el umbral del siglo XXI, poco tiene que ver con aquella «débil, si no nula, propensión de los historiadores españoles contemporaneístas a utilizar la noción de sociabilidad».[12]

Obreros y campesinos, clases trabajadoras en general, y sobre todo las organizaciones políticas y sindicales, se constituyeron en los principales sujetos históricos de una buena parte de las aproximaciones sociales al pasado. Aquella historia del movimiento obrero que se presentaba como historia «social», historia de las masas frente a las clásicas crónicas de los gobernantes, acabó siendo, como ya advirtieron José Álvarez Junco y Manuel Pérez Ledesma en aquel artículo de 1982 tantas veces citado, una historia del poder de las instituciones del obrerismo organizado. Aquella rectificación que se pedía, convertir la historia apriorística y teleológica del movimiento obrero en una historia de los movimientos sociales, es, veinte años después, una realidad. Fenómenos hasta entonces marginados o ensombrecidos por los relatos militantes han sido rescatados por la pluma de muchos historiadores: motines antifiscales y antiquintas, la violencia anticlerical, los levantamientos de signo contrarrevolucionario, las luchas feministas..., y todo tipo de protesta contra el poder, especialmente político, pero también el familiar o cultural. Con todas las virtudes y defectos, la «segunda ruptura» se ha producido: las visiones culturales thompsonianas, aunque nadie ha podido imitar la lucidez de imaginación mostrada por E. P. Thompson, y la acción colectiva de la sociología norteamericana han ayudado a pensar a los historiadores españoles sobre las causas, motivos y manifestaciones del conflicto social.[13]

12. Jacques Maurice, «Propuestas para una historia de la sociabilidad en la España contemporánea», *Estudios de Historia Social*, III-IV (1989), p. 134; Jordi Canal, «La sociabilidad en los estudios sobre la España contemporánea», *Historia Contemporánea*, 7 (1992), p. 189; y Jorge Uría, «Los lugares de la sociabilidad. Espacios, costumbres y conflicto social», en Santiago Castillo y Roberto Fernández, coords., *Historia social y ciencias sociales*, pp. 201-224. Esa atención a los «nuevos sujetos de la historia» ha sido destacada también recientemente por Francisco Sevillano Calero, «La Historia Contemporánea en España: viejas polémicas y nuevos enfoques historiográficos», pp. 235-242.

13. Como ya escribía en «El secano español», lo que creo hicieron Álvarez Junco y Pérez Ledesma en «Historia del movimiento obrero ¿una segunda ruptura?» *Revista de Occidente*, 12 (1982), pp. 19-41, fue recoger los ecos de la reexaminación crítica que antes

La historia de la resistencia y protesta campesinas ha experimentado también un vuelco sustancial en los últimos quince años. Es verdad que, por un lado, no se ha abandonado la búsqueda del conflicto abierto, dominante en la historiografía de los años setenta y comienzos de los ochenta, y que depende casi siempre de la cronología dictada por coyunturas políticas o económicas generales. Pero también es cierto que ha surgido una historiografía novedosa que, al calor de los notables avances obtenidos por la historia agraria, ha podido asimilar diferentes frentes teóricos e investigadores procedentes de la sociología, la antropología cultural o la ecología.

Se han podido conocer así las características de la crisis social agraria que acompañó al declive del régimen señorial; los enfrentamientos entre el liberalismo y el carlismo y los apoyos populares a sus respectivos movimientos políticos; las consecuencias de la revolución liberal, de las desamortizaciones y de la privatización del monte, manifestaciones de la expansión de la economía capitalista que destruyeron parte de los recursos campesinos y alimentaron nuevas formas de resistencia. Junto a insurrecciones y huelgas, ya presentes en anteriores aproximaciones, ha inundado el panorama de los estudios sobre la Restauración todo el repertorio de acciones colectivas que se suponía propio de la multitud prein-

---

habían realizado los marxistas británicos y varios autores franceses en la revista *Le Mouvement Social*. Álvarez Junco insistía en esas cuestiones en «Maneras de hacer historia: los antecedentes de la Semana Trágica», *Zona Abierta*, 31 (1984), pp. 43-92, pero para esa renovación que él proponía hay que ver su magnífico libro *El emperador del Paralelo. Lerroux y la demagogia populista*, Madrid, Alianza, 1990. Los efectos de la «segunda ruptura» se manifiestan también en Rafael Cruz y Manuel Pérez Ledesma, eds., *Cultura y movilización en la España contemporánea*, Madrid, Alianza, 1997, o en Carlos Gil, *Echarse a la calle. Amotinados, huelguistas y revolucionarios (La Rioja, 1890-1936)*, Zaragoza, Prensas Universitarias de Zaragoza, 2000, un libro que merece una lectura exhaustiva más allá del interés que uno tenga sobre La Rioja y que ofrece un excelente ejemplo de cómo pueden conectarse las teorías con la investigación empírica. Eso es también lo que yo intenté en la síntesis *De la calle al frente. El anarcosindicalismo en España, 1931-1939*, Barcelona, Crítica, 1997. Conviene contrastar asimismo, para seguir esos cambios, los artículos de Ángeles Barrio, separados por casi una década, «A propósito de la historia social, el movimiento obrero y los sindicatos», en Germán Rueda, ed., *Doce estudios de historiografía contemporánea*, Santander, Servicio de Publicaciones, Universidad de Cantabria, 1991, pp. 41-68, e «Historia obrera en los noventa: tradición y modernidad», *Historia Social*, 37 (2000), pp. 143-160. Un buen seguidor de esos cambios es Pere Gabriel, «A vueltas y revueltas con la historia social obrera en España. Historia obrera, historia popular e historia contemporánea», *Historia Social*, 22 (1995), pp. 43-53, y «Mundo de trabajo y cultura política obrera en España (siglo xx)», en S. Castillo y R. Fernández, coords., *Historia social y ciencias sociales*, pp. 357-372. Un balance del enriquecimiento de la historia social a través de la historia de las mujeres puede encontrarse en el trabajo de Susanna Tavera, «Historia de las mujeres y de las relaciones de género: ¿Una historia social alternativa?», pp. 185-200.

dustrial, como las protestas contra la carestía y la presión fiscal, especialmente contra el impuesto de consumos, o los motines contra las quintas. Empieza a haber estudios detallados de esa base social campesina de pequeños y medianos propietarios que tanto contribuyó a obstaculizar el proyecto reformista republicano y a consolidar el franquismo. Se han revisado, por último, algunas de las imágenes convencionales más extendidas sobre las colectivizaciones de 1936-1937, consideradas las únicas expresiones genuinas de una revolución social campesina en España.

Parece claro que hemos asistido en la última década a lo que podría denominarse «el efecto Scott sobre los historiadores españoles», aunque, como he tratado de demostrar, James C. Scott tomó prestados e incorporó conceptos ya desarrollados por otros autores como Chayanov, Thompson, Shanin o Wolf. Se ha dejado de lado, bajo esa influencia, la casi exclusiva dedicación que existía hacia esos momentos en que los campesinos se enfrentaban abiertamente a las élites agrarias y a la autoridad, para adentrarse en la búsqueda de esas formas de resistencia menos espectaculares pero más constantes y normales entre los campesinos: recursos a la acción judicial, aprovechamientos «fraudulentos» de los montes, incendios, talas de árboles, robos de frutos o de cosechas. Lejos de derrocar el orden y cambiar revolucionariamente la sociedad, el objetivo fundamental de esa resistencia era la subsistencia, suprimiendo los rasgos más opresivos del sistema. La mayoría de esos estudios, además, aparcan también cualquier teoría estructural de las relaciones entre las clases, para elaborar investigaciones históricas detalladas de la creciente inseguridad que causó al campesinado la expansión de la economía del mercado, las desamortizaciones, la privatización de los montes y comunales y el aumento de impuestos por parte de las clases propietarias y del Estado. Los campesinos, por lo tanto, resisten a causa de las amenazas a su subsistencia y no porque estén enredados en unas formas particulares de relaciones de clase.

En segundo lugar, resulta asimismo evidente, si se atiende a esas nuevas investigaciones, que muchas de esas formas de resistencia ya no van sólo dirigidas contra las denominadas clases dominantes, representadas por enemigos concretos como el terrateniente, el clero o el patrón, sino también contra el estado y los responsables de las decisiones políticas. Y eso significa que los motines de subsistencia, las revueltas antifiscales, las roturaciones ilegales, la oposición a la pérdida de los derechos comunales o los motines antiquintas son fenómenos que influyen en la formación y ampliación del estado nacional, mecanismos a través de los cuales políticos, élites sociales y económicas, y las clases populares «disputan —y al disputar, alteran— qué es el estado, qué será y quiénes tienen acceso a esos recursos». El Estado ocupa, de esa forma, una parte central en el análisis. Podría decirse que, dadas las características del «aparato» y organización del orden público en la España contemporánea, muchas de las protestas y resistencias están causadas directamente por la militarización del orden público y por la persistente utilización de recursos violentos para mantenerlo. La trayectoria de nuestra historia desde la Primera a la Segunda República, pasando por la Restauración y la dictadura de Primo de Rivera, proporciona múltiples ejemplos de esa violencia y de la que desde abajo se le oponía.

Es obvio, por último, que todas esas investigaciones ponen énfasis en la continuidad, y no sólo en el conflicto, en las llamadas «estrategias de riesgo», en la elección «racional» de resistencias individuales antes que acciones colectivas peligrosas; pero no es menos cierto que la historia contemporánea de España presenta también un buen número de conflictos —violentos o pacíficos; de acción directa o negociados— en los que las clases dominantes y subordinadas, la autoridad y los gobernados, se enfrentan a propósito de rentas, de las condiciones de trabajo, del respeto o incumplimiento de la legislación social. Sabemos además que ni las ideologías ni la indignación por la miseria y la explotación a la que ésas apelaban son las que causan esos conflictos. Se ha demostrado asimismo que las expresiones más radicales de la rebeldía campesina —las insurrecciones durante la Segunda República y las colectivizaciones de la guerra civil— estuvieron instigadas y organizadas por sindicalistas y revolucionarios urbanos, aunque sean tensiones propias del mundo rural las que las provoquen. Y hay pruebas evidentes de que, a no ser que una crisis en los mecanismos de coerción socave la capacidad del estado para contener esa rebeldía, las protestas, por muy radicales que sean, siempre permanecen dispersas y sin posibilidad alguna de alcanzar el éxito.[14]

No es poco, por lo tanto, lo que se ha hecho y bastantes las imágenes convencionales que se han roto, especialmente sobre Andalucía. Hay, sin embargo, en esas historias, ausencias, lagunas y puntos que permanecen todavía en penumbra. Ausentes, por ejemplo, están las mujeres, a las que en los últimos años se les ha empezado a reservar un espacio en las protestas populares urbanas, en las manifestaciones contra la carestía de alimentos, añadido ya al que habían comenzado a ocupar en el ámbito público de la política, del sufragio y de las organizaciones obreras, aunque poco se

14. El alcance del enfoque de James C. Scott y un balance de todos esos estudios de la historia social y agraria (que escribí y cerré en el verano de 1997, aunque fue publicado tres años después) lo he proporcionado en «Resistencias individuales, acciones colectivas: nuevas miradas a la protesta social agraria en la historia contemporánea», en Manuel González de Molina, ed., *La historia de Andalucía a debate I. Campesinos y jornaleros. Una revisión historiográfica*, Granada, Anthropos-Diputación Provincial de Granada, 2000, pp. 289-301. De las nuevas miradas al campesinado andaluz hay muy buenos ejemplos en esa obra, resumidos por Manuel González de Molina en la introducción (pp. 7-39).

sabe de su lugar en la protesta campesina, individual u organizada. Faltan explicaciones convincentes, asimismo, de por qué todas esas «estrategias de bajo riesgo» pasan a un segundo plano en los años republicanos ante el empuje de la movilización política del campesinado sin tierra por parte de anarquistas y ugetistas, quienes, sobre todo estos últimos, transitaron desde un activismo reivindicativo, con el que negociaban mejoras en las condiciones de vida, a una militancia orientada a transformar y conquistar el poder político. Y hay una dependencia excesiva de la cronología política que es la que marca el ritmo de los conflictos en los numerosos análisis de marcos reducidos disponibles y obstaculiza de esa forma una mejor percepción de los sujetos sociales. Sabemos mucho más, en suma, sobre los movimientos y las protestas que sobre sus protagonistas.

Nada fácil resulta, finalmente, elaborar una interpretación general de la protesta social agraria en la historia contemporánea de España, dada la disparidad regional y local subrayada por la mayoría de los estudios. Pero habría que hacer mayores esfuerzos por incorporar esas investigaciones de ámbitos reducidos a un marco general desde el que, a la luz de las hipótesis y conclusiones obtenidas por la historia agraria, pudiera elaborarse una tipología de las diferentes expresiones de las protestas campesinas. Pese a todos los logros aquí señalados, lo que domina es, por un lado, la historia agraria y económica sin política ni conflictos y, por otro, una concepción tradicional de los enfrentamientos de clase adaptada al mundo rural. Los mejores frutos han llegado cuando esa nueva mirada a las formas de resistencia campesina ha sabido explotar las vetas que le han ofrecido las recientes investigaciones sobre la historia agraria.[15]

15. Esa conexión sólo se ha dado de forma clara en los estudios sobre la privatización del monte y las resistencias que durante décadas generó. Basta con repasar los doce primeros números del *Noticiario de Historia Agraria* para comprobar que la protesta no es un objeto de estudio relevante en las investigaciones de historia agraria. Las comunicaciones más novedosas presentadas al *VII Congreso de Historia Agraria* (junio de 1995), cuya primera parte se dedicó a «La conflictividad rural vinculada a las transformaciones políticas, sociales y económicas (siglos XI-XX)», tenían que ver precisamente con esos conflictos relacionados con el monte público, asunto en el que la influencia de James C. Scott es patente. Sólo una de ellas, la de Enrique Montañés, elige como marco Andalucía –aunque hay que reconocer que ésa es la zona donde más avances se han producido– y, salvo la de Enrique Hervés y otros autores sobre Galicia, no hay ninguna que arriesgue una interpretación general para toda la historia contemporánea. Los estudios sobre conflictos campesinos poseen en la actualidad un pequeñísimo espacio reservado en *Agricultura y Sociedad*, la revista que tanto contribuyó a difundir el asunto en su primera época, y la protesta urbana tiene en general mucha más presencia en la historiografía sobre la España contemporánea que las formas específicas de resistencia campesina. Esa mayor presencia parece muy clara, por ejemplo, en las comunicaciones enviadas al *III Congreso de Historia Social* (julio de 1997) recogidas después en Santiago Castillo y José M.ª Ortiz de Orruño, coords., *Estado, protesta y movimientos sociales*, Servicio Editorial de la Universidad del País Vasco, 1998.

Existen pruebas tangibles, en suma, de los cambios tan positivos que se han producido en algunas áreas del conocimiento histórico, como en la historia agraria, la historia económica, la historiografía o, tal y como ha sido examinado en estas páginas, en la historia social. Diversos congresos, nuevas revistas y múltiples balances y «estados de la cuestión» se han encargado, durante los años noventa, de difundir la recuperación de fuentes, revisión de temas y nuevas investigaciones, por períodos y a partir de marcos reducidos, sobre la historia de los siglos XIX y XX.

El peso de la historia local

Reconocidos esos logros, parece también justo recordar los límites que la primacía de esa historia local y regional de tiempos cortos carga sobre las espaldas de la historiografía española. Tal primacía tiene, sin dudas, razones muy lógicas. Desde 1965, año de creación de los departamentos de Historia Contemporánea separados de la Historia Moderna, el número de historiadores profesionales ha aumentado a cientos, especialmente desde los años ochenta y comienzos de los noventa. Ese proceso de crecimiento, aunque con algún retraso, resulta muy similar al ocurrido en todos los demás países de Europa occidental y en Norteamérica. Una diferencia importante radica, no obstante, en que en España la necesidad de rellenar los huecos y enormes vacíos que había dejado la ausencia de una sólida historiografía positivista sobre el período contemporáneo condujo a la proliferación de estudios descriptivos de muy corta duración y espacios muy reducidos.

La mayoría de esos estudios estaban además avalados por universidades provinciales de reciente creación, financiaciones de instituciones locales y editoriales públicas, dependientes normalmente de esas instituciones, que no exigían los mínimos controles de calidad, incluido el cuidado formal, para ser publicados. El resultado de todo ello ha sido una historiografía desigual, fragmentada y muy poco dada a afrontar los grandes problemas de la formación del Estado y de la sociedad, desde marcos más amplios, algo que constituyó en otros lugares el pilar fundamental de la reconstrucción historiográfica tras la segunda guerra mundial.[16]

16. El poco desarrollo de los estudios históricos sobre la España del siglo XIX y comienzos del XX ya había sido constatado por Rafael Altamira en *Direcciones fundamentales de la Historia de España en el siglo XIX*, Madrid, 1923, p. 178, y fue citado por José María Jover en «Corrientes historiográficas en la España contemporánea», p. 226. El texto de Altamira, salido de una conferencia en la Universidad de Valencia el 3 de noviembre de 1922, se reproduce en Pedro Ruiz Torres, ed., *Discursos sobre la Historia. Lecciones de apertura de curso en la Universidad de Valencia (1870-1937)*, Universidad de

La peculiaridad de nuestra historiografía no reside sólo en la fragmentación o en la multiplicación de estudios poco relevantes, característica —y lamento— muy común a otras historiografías, sino también en la incapacidad para superar esa historia local y de tiempo corto, en la ausencia de buena síntesis, territorio hasta hace poco casi exclusivo de hispanistas, en el escaso o casi nulo cultivo de las historias de otros países y en la ausencia de la comparación, una estrategia de investigación ajena a nuestra formación académica. En realidad, todos esos rasgos están inextricablemente unidos y nos mantienen, en el plano internacional, en el mismo punto en el que estábamos hace tiempo: escasa presencia en los grandes debates de historia de Europa y de Latinoamérica y en las revistas científicas. Nuestra historia contemporánea, a la que le hemos dado una vuelta bastante completa en los últimos años, es básicamente conocida en los restantes países a través de los hispanistas, de los muchos y diversos historiadores que en esos países se dedican a la historia de España. Lo que quieren las editoriales de otros países sobre historia de España es síntesis y eso ya se lo proporcionan en el idioma correspondiente los hispanistas, sin necesidad de traducir historias locales y regionales.[17]

«Cabe preguntarse», escribía no hace mucho José Luis de la Granja, «si este reducido peso de la historiografía española no está en consonancia con las posición secundaria que ocupa España a escala internacional

---

Valencia, 2000, pp. 247-281. La introducción de Pedro Ruiz (pp. 9-70) constituye un buen esbozo de algunos de los cambios que se estaban produciendo en la historiografía universitaria antes de la guerra civil. Las dificultades para consolidar los estudios sobre historia contemporánea a causa del legado dejado por la larga posguerra han sido bien resumidos recientemente por Gonzalo Pasamar, *La historia contemporánea. Aspectos teóricos e historiográficos*, pp. 222-232. Las virtudes y defectos de esa renovación de la historiografía española contemporaneísta a través de los estudios locales ya los señalé en «Història local, història social i microhistòria», pp. 6-8. El «rechazo de la síntesis y el temor a la generalización» es lo que cree Carlos Forcadell que se deriva de esa «ingente historiografía de carácter local y regional ... la característica más específica de la investigación contemporaneísta» española: «La fragmentación espacial en la historiografía contemporánea: la historia regional/local y el temor a la síntesis», *Studia Historica. Historia Contemporánea*, 13-14 (1995-1996), p. 15. Las dificultades de esa historia local para comprender los procesos de formación de la burguesía, de las clases medias o de la clase obrera como «clase nacional» han sido subrayadas por Santos Juliá en «La Historia Social y la historiografía española», pp. 193-196.

17. Sobre lo que los hispanistas representan para nuestra historiografía pueden verse los diversos artículos que aparecen en *Historia Contemporánea*, 20 (2000) y el número especial de *Ayer*, 31 (1998) coordinado por Ismael Saz. También Julián Casanova, «Narración, síntesis y primado de la política: el legado de la historiografía angloamericana sobre la España contemporánea», y Juan José Carreras, «España en la historiografía alemana», ambos en Esteban Sarasa y Eliseo Serrano, coords., *La historia en el horizonte del año 2000*, pp. 237-251 y 253-267.

y si no sucede algo similar con las restantes ciencias sociales en nuestro país». En mi opinión, sin restarle valor a esa observación, se debe más a la forma en que se ha llevado a cabo la reconstrucción de la historiografía española, a la forma de contratar en nuestras universidades (donde no se estimula ni se requiere la presencia de especialistas en otros países) y al peso de la financiación local y regional para emprender investigaciones y tesis doctorales (locales y regionales). En Estados Unidos, por ejemplo, a mediados de los años cincuenta del siglo XX había poco más de una docena de historiadores profesionales especialistas en África; a finales de los setenta eran ya seiscientos. Y en 1958 sólo el 20 por 100 de las tesis doctorales en historia trataban sobre temas sociales y culturales, una tendencia que se modificó por completo en las dos décadas siguientes. Como sabemos los historiadores, las cosas también pueden cambiar.[18]

Se podría debatir asimismo si toda esa producción de historia local coincide «por sus orígenes, por sus temas, por sus pretensiones teóricas y metodológicas», con la microhistoria italiana, como ha apuntado Carlos Forcadell, lo cual significaría que no carecemos de esas señas de identidad a las que me he referido en alguna ocasión. Pero debería insistir aquí de nuevo en que esa historia local apenas se exporta o se conoce fuera de España y tampoco tiene preocupaciones tan singulares ni narrativas como la microhistoria, al menos si se entiende por microhistoria, como aclaran Justo Serna y Anaclet Pons, los mejores conocedores entre nosotros de esa forma de aproximarse al pasado, «formular preguntas a objetos reducidos y formularlas de tal modo que esos objetos menudos, lejanos y extraños, cobren una dimensión universal».[19]

Tampoco la reflexión teórica sobre nuestro propio trabajo ha alcanzado las cotas de desarrollo y calidad logradas por otras historiografías, pese a ese ya considerable volumen de producción sobre la historia de los siglos XIX y XX. Sigue pesando en este punto la separación muy clara que existe en España entre la historia y las restantes ciencias sociales, confirmada todavía más en los nuevos planes de estudios, así como la escasa presencia de la sociología histórica entre los sociólogos españoles y la inclinación hostil de una buena parte de los historiadores españoles, por tradición y formación, a las cuestiones metodológicas y filosóficas.

18. El entrecomillado de José Luis de la Granja en «La historiografía española reciente: un balance», en Carlos Barros, ed., *Historia a Debate. Tomo I. Pasado y Futuro*, Historia a Debate, Santiago de Compostela, 1995, p. 306. Los datos sobre Estados Unidos están sacados de Peter Novick, *That Noble Dream*, p. 583.

19. «En su lugar. Una reflexión sobre la historia local y el microanálisis», en Carmen Frías y Miguel Ángel Ruiz Carnicer, coords., *Nuevas tendencias historiográficas e historia local en España*, Huesca, Instituto de Estudios Altoaragoneses, 2001, p. 90. La opinión de Carlos Forcadell, en «La fragmentación espacial en la historiografía española», p. 24.

La historiografía ha sido hasta hace poco una rama del saber histórico separada de lo que hacía el resto de los historiadores quienes, a su vez, veían en general como gente rara a aquellos que se dedicaban a la teoría y la historia de la historia. En reflexión teórica, más que en ningún campo del saber histórico, importamos sólo lo que nos interesa o interesa, más bien, a los miembros de los consejos de redacción de las revistas o a los asesores editoriales, que son, en definitiva, quienes deciden traducir esos trabajos. Es significativo, por ejemplo, la escasa repercusión que ha tenido para nuestra profesión el posmodernismo, un asunto que en otras historiografías ha estimulado al historiador a pensar los textos y la narración de otra forma, a interrogarse sobre sus métodos, y ha replanteado, en suma, el debate sobre la objetividad, la verdad y la narración, proponiendo formas más literarias de escribir la historia.[20]

Es pronto para saber si el posmodernismo va a cambiar la forma de pensar y escribir la historia, como la cambiaron, por ejemplo, el historicismo en el siglo XIX y la historia social en el siglo XX. Por supuesto, hay quienes ya han visto en el posmodernismo una amenaza muy grande para la profesión, para la historia científica anticipada tanto por el historicismo como por la historia social, y se han apresurado a contestar a ese desafío con escritos en defensa de la posibilidad de un conocimiento científico del pasado.

20. La literatura existente en inglés sobre el posmodernismo desde finales de los años ochenta es cuantiosa. En relación con la historia, puede comenzarse con las observaciones de Jane Caplan, «Postmodernism, Poststructuralism, and Deconstruction: Notes for Historians», *Central European History*, 22 (1989), pp. 262-268, y con el intercambio de opiniones que sobre el tema publicó *Past and Present* entre Lawrence Stone, quien avisaba en el primer artículo sobre los peligros del posmodernismo, Patrick Joyce, Gabrielle Spiegel y Catrina Kelly (números 132, 133 y 135, de 1991 y 1992). Ese debate y varios más están bien recogidos en la obra de Richard Evans, *In Defence of History*, Londres, Granta Books, 1997 (segunda edición con epílogo en 2000), especialmente los capítulos 3, 4 y 8. Puede verse también, como defensa de la historia, Neville Kirk, «History, Language, Idea, and Post-Modernism: A Materialist View», *Social History*, 19, 2 (1992), pp. 221-240, y Georg G. Iggers, *Historiography in the Twentieth Century. From Scientific Objectivity to the Postmodern Challenge*, Hanover, New Hampshire, Wesleyan University Press, 1997. Miguel Ángel Cabrera es de los pocos que se ha ocupado entre nosotros de esa reconstrucción historiográfica a la que ha obligado de alguna forma todo ese debate en la última década del siglo XX: *Historia, lenguaje y teoría de la sociedad*, Madrid, Cátedra, 2001. Santos Juliá señalaba ya hace unos años que la carencia de teoría entre nosotros «obedece a que en las facultades de Historia y en los encuentros de historiadores no suelen suscitarse discusiones con sociólogos, antropólogos, urbanistas, demógrafos» («La historia social y la historiografía española», en Juan Pablo Fusi, ed., «La historia en el 92», *Ayer*, 10, 1993, p. 41). Sobre las posibles causas de esa ausencia y la escasa presencia en nuestros ambientes universitarios de la sociología histórica y la historia comparada traté en «La sociología histórica en España» (aunque el título que yo envié era «La sociología histórica vista desde España»), *Historia, Antropología y Fuentes Orales*, 16 (1996), pp. 61-73.

El posmodernismo está ahí pero parece dudoso que, como declaró triunfalmente Frank Ankersmit, uno de sus principales teóricos, el «otoño» haya llegado a la historiografía occidental.[21] Durante las décadas centrales del siglo XX, la relación entre historia y ciencias sociales, reclamada por bastantes historiadores, economistas, sociólogos y antropólogos, también estuvo repleta de tópicos, malentendidos, acuerdos y desavenencias. En ese encuentro entre la historia y las ciencias sociales, hubo desde historiadores profundamente alérgicos a la sociología, hasta los sociólogos que huían del análisis histórico, pasando por los que veían esa conexión necesaria y fructífera, e incluso acérrimos partidarios de su fusión en una «ciencia social unificada». La historiografía, en términos generales, ha salido beneficiada, en varios momentos muy diferentes de la historia, del diálogo con disciplinas más o menos cercanas. Si ese diálogo resulta ser «de sordos» o se percibe como una invasión del territorio del historiador por gente ajena a la disciplina, depende mucho de los términos —empíricos, metodológicos y teóricos— en que se establezca la relación.

Si la relación con las poderosas ciencias sociales nunca puso en peligro el vasto territorio del historiador, y hubo miles de historiadores a quienes los vientos sociológicos les soplaron de refilón, tampoco hay por qué negarse a las influencias de la crítica literaria o de los análisis lingüísticos. Ni la historiografía es un campo homogéneo exento de conflictos o ideas contradictorias entre sus miembros, ni el posmodernismo resulta un movimiento organizado y coherente capaz de arrasar de golpe las pocas, aunque suficientes, certezas que nos han dejado los debates y las idas y vueltas de la historiografía desde Ranke a la actualidad.

En los últimos años hemos aprendido y experimentado que la presencia del modelo de escritura de las ciencias sociales, con sus lenguajes técnicos y frases rebuscadísimas e interminables, nada bueno aportaba a la difusión de la historia. Tampoco han ayudado a ese objetivo legítimo de saber transmitir las investigaciones históricas las enseñanzas impartidas en muchas universidades, basadas en los «apuntes», nunca en las lecturas, y en los exámenes en los que se pide repetir los conocimientos transmitidos por el profesor. La exigencia de hacer un currículo muy deprisa, única forma en la mayoría de los casos de conseguir un trabajo, nunca puede ser, además, buena compañera del sosiego y la reflexión, dos ingredientes básicos para controlar los temas sobre los que se escribe.

El «retorno» de la historia a formas más literarias estaba planteado bastante antes de que el posmodernismo entrara en ese debate y, por otra parte, durante los años dorados de la historia social hubo muchos

21. Frank R. Ankersmit, «Historiography and Postmodernism», *History and Theory*, vol. 28 (1989), p. 149.

historiadores que nunca dejaron de aunar la reflexión y el rigor empírico con la belleza literaria. *La haute vulgarisation*, como llamó Hobsbawm a esa forma de escribir que combina rigor académico con atractivo para un lector más amplio, es una destreza que todo historiador debería esforzarse por adquirir.

Pero no toda la historia se mueve en el plazo corto, los acontecimientos singulares o la biografía, y hay que reconocer que la buena narración encuentra más dificultades en aquellas historias, como la de los grandes cambios económicos o los análisis macroestructurales de la sociología histórica, donde no hay protagonistas bien identificados y donde muchos acontecimientos se dan por sentados.[22] Nada tienen que ver desde el punto de vista de la belleza literaria *La conquista pacífica*, de Sydney Pollard, *Los Estados y las revoluciones sociales*, de Theda Skocpol, y *El queso y los gusanos*, de Carlo Ginzburg. ¿Habría que dejar de analizar, en ese caso, la revolución industrial en Europa durante dos siglos o las causas y consecuencias de las revoluciones sociales en el mundo contemporáneo?

La relevancia de algunos acontecimientos y su relación con otros requiere, en ocasiones, análisis y es muy probable que, pese a todos los retornos a la narración, a las llamadas del mercado o a los consejos posmodernistas, haya historias que nunca dejen de ser analíticas. La historia, dice John Tosh, «es una disciplina *híbrida*, que combina los procedimientos analíticos y técnicos de una ciencia con las cualidades imaginativas y estilísticas de un arte».[23]

En las últimas décadas del siglo XX los historiadores ampliaron muy notablemente sus objetos de estudio, sus métodos y sus maneras de abordar el pasado. Casi todo se convirtió en objeto de estudio y fueron muchos los que percibieron, bajo diversas denominaciones, que la historia ya no constituía un cuerpo coherente de conocimiento. Ese pluralismo y fragmentación, «el colapso de la comunidad» lo llamó Peter Novick, fue aprovechado por unos para reafirmar a la historiografía como una ciencia neutral y objetiva, y por otros, por el contrario, para propagar y ampliar su falta de confianza en la posibilidad del conocimiento histórico. Unos y otros, nostálgicos de la vieja historia tradicional y posmodernistas, dieron por enterrada la historia social, la causante, por diferentes razones, de todos los males que afligían al estudio de la historia.

La historia social no está muerta, aunque no es, como pensaron algunos en los años sesenta del siglo XX, en su edad de oro, la única llave para

22. Hay una discusión de este tema, centrada en la historia británica, en John Tosh, *The Pursuit of History. Aims, Methods & New Directions in the Study of Modern History*, Londres, Longman, 1984, pp. 110-129.

23. *Ibid.*, p. 129.

comprender el pasado. La historia social rescató a todos aquellos individuos y grupos sin historia, que nada contaban para el historiador tradicional. Sacó a la luz las estructuras de desigualdad social y abrió todos los caminos que después transitaron la microhistoria, las historias de la vida cotidiana o las diferentes reivindicaciones culturales de la vuelta del sujeto.

La historia es una disciplina que debe parte de su fascinación y complejidad al hecho de nadar entre muchas aguas, las de las humanidades y las de las ciencias sociales. El hecho de que ya no haya rey en Israel, por utilizar la frase de Peter Novick para designar la quiebra de paradigmas y absolutismos, puede ser una buena oportunidad para establecer una «república de aprendizaje» y análisis de la historia.[24] Una república de múltiples puntos de vista en la que, sin embargo, no todo vale. Habrá que seguir buscando, como algunos lo venimos haciendo desde hace ya tiempo, un término medio entre el hiper-relativismo posmodernista y el tradicional historicismo empírico. Un camino que pasa por redefinir la relación entre el historiador y los hechos, reconocer los límites de la objetividad y no confundir a ésta con la neutralidad.

Estamos construyendo, en conclusión, una historia bastante plural desde el punto de vista de las influencias que orientan la investigación y de los temas objeto de estudio. Hemos recuperado una buena parte del desfase en que nos dejó ese período tan excepcional que fue el franquismo, por su dureza, duración y miseria intelectual. No falta la buena producción y el territorio está más extendido que nunca. Pero no hay que ser demasiado autocomplacientes con nuestra propia situación. Se publica mucho porque es muy fácil publicar en la red de editoriales dependientes de las instituciones públicas, pero sólo investigamos sobre el pequeño mundo o pueblo que nos rodea. Algo necesario, aunque insuficiente. Ésta es la conclusión de mi primera y última revisita a aquel «secano español».

24. La expresión «nueva república» la tomo de Joyce Appleby, Lynn Hunt y Margaret Jacob, *Telling the Truth about History*, Nueva York, W.W. Norton & Company, 1994, p. 271.

ENSEÑAR LA HISTORIA DE LA GENTE

Ramón López Facal

Las siguientes líneas se han escrito para su discusión en unas jornadas de debate histórico que coinciden con el 30 aniversario de la publicación de una obra clave en la historiografía contemporánea: *La quiebra de la monarquía absoluta* de Josep Fontana. La extensa obra de Fontana ha tenido especial relevancia no sólo en el ámbito de la investigación académica y en la renovación de la historiografía española sino también, de manera especial, para un sector del profesorado de enseñanza secundaria del que formo parte, al que su permanente preocupación por la enseñanza nos ha servido de aliento y lúcida orientación en nuestro trabajo diario. Quede aquí mi reconocimiento.

He tratado de resumir, en primer lugar, algunas de las reflexiones que he ido realizando en estos últimos años sobre los condicionamientos ideológicos presentes en la enseñanza de la historia desde sus orígenes liberales hasta la transición posfranquista.[1] En una segunda parte trato de aportar algunas ideas sobre la crisis de la enseñanza en general, y la de la historia en particular en los últimos decenios en España, y finalizo con unos apuntes o sugerencias para la renovación de los contenidos de la enseñanza de la historia. Dado que se trata de una aportación a un debate, he tratado de presentar puntos de vista más o menos polémicos y en ningún caso conclusiones definitivas que no creo que puedan establecerse.

Sobre los orígenes de la historia enseñada

En el Antiguo Régimen la enseñanza de la historia se había destinado a la educación de la aristocracia y los príncipes,[2] por su pretendida dimensión formativa (moral) para el ejercicio de responsabilidades públicas. A partir del siglo XIX se utilizó con similar intención para la edu-

1. La primera parte del trabajo que aquí se desarrolla lo he anticipado, parcialmente, en «Un sentimiento de crisis», Morales Moya, A., dir., *Estado y nación en la España contemporánea*, Madrid, VIMP-MEC, 2000.

2. El primer libro de historia de España, concebido como un manual escolar, fue el redactado para la familia real por el jesuita francés Duchesne, en 1741, confesor de Felipe V, traducido al castellano por el padre Isla en 1762.

cación de las nuevas *clases medias* que accedieron al poder y trataron de ejercerlo en beneficio propio,[3] lo que implicaba excluir a la mayoría de la población del ejercicio de derechos políticos y privarla por ello del acceso a una educación orientada a formar ciudadanos. Los despiadados argumentos del presidente de la Royal Society de Londres en 1807, para rechazar en el Parlamento británico la propuesta de crear escuelas populares, podrían generalizarse a cualquier otro país durante las primeras décadas del siglo XIX.[4] Las clases populares en el mejor de los casos recibieron una educación limitada a leer, escribir y contar, y amplias dosis de *doctrina cristiana* que predicaba la sumisión al orden establecido. Al tiempo, la burguesía se ocupó de que sus hijos aprendiesen las cosas *adecuadas* para su posición social, entre las que se encontraba una reinterpretación del pasado cuya *utilidad* era la de proporcionar argumentos para sustentar el nuevo proyecto de Estado.

La nacionalización del pasado mostró su eficacia desde los inicios de la revolución liberal. Todos los estados liberales trataron de legitimarse nacionalizando el pasado, ya que cualquier poder que pretenda perpetuarse necesita instrumentos de cohesión social que vayan más allá de los mecanismos meramente coercitivos. Durante el Antiguo Régimen la religión jugó ese papel esencial de difundir valores de sumisión al orden social interiorizado como natural y eterno por sus supuestos orígenes divinos, mientras que los nuevos dirigentes revolucionarios descubrieron muy pronto el papel movilizador del nacionalismo como sucedáneo laico de la religión con el que trataron de aunar voluntades por medio de la lealtad al nuevo imaginario: la nación forjada a lo largo del tiempo. En las Cortes de Cádiz se justificaron los cambios como recuperación de antiguas esencias, tratando de contrarrestar el integrismo religioso de los diputados *serviles*. Y así las Cortes, depositarias de la soberanía nacional, se presentaban como herederas y continuadoras

3. «En un siglo mercantil y literario como el presente, es necesario que las clases medias dominen porque en ellas radica la fuerza material, y no corta parte de la moral, y donde reside la fuerza está con ella el poder social, y allí debe estar también el poder político» (Alcalá Galiano, *Lecciones de Derecho político constitucional*, impartidas en el Ateneo de Madrid y publicadas en 1843).

4. «En teoría, el proyecto de dar una educación a las clases trabajadoras es ya bastante equívoco y, en la práctica, sería perjudicial para su moral y su felicidad. Enseñaría a las gentes del pueblo a despreciar su posición en la vida en vez de hacer de ellos buenos servidores en agricultura y en los otros empleos a los que les ha destinado su posición. En vez de enseñarles subordinación les haría facciosos y rebeldes, como se ha visto en algunos condados industrializados. Podrían entonces leer panfletos sediciosos, libros peligrosos y publicaciones contra la Cristiandad. Les haría insolentes ante sus superiores; en pocos años, el resultado sería que el gobierno tendría que utilizar la fuerza contra ellos» (C. Cipolla, *Educación y desarrollo en Occidente*, Barcelona, Ariel, 1970).

de antiguas instituciones medievales e incluso de los concilios de Toledo.[5]

Coincidiendo con este propósito, a mediados del siglo XIX se desarrolló en España la historiografía romántica. Modesto Lafuente, el más importante historiador de su época, publicó su *Historia General de España* a partir de 1850 utilizando, en buena medida, informaciones obtenidas de la obra de Juan de Mariana publicada por vez primera 250 años antes, pero adoptando cambios significativos: no sólo abandonó los aspectos míticos más fantasiosos sino que, fundamentalmente, modificó tanto el objeto como el sujeto de la historia. Si la historia, desde la antigüedad, se había justificado como discurso moral para los individuos (recuérdese la cita de Cicerón, reiterada hasta la saciedad, *historia magistra vitae*), irrumpió ahora la idea de que la ejemplaridad del pasado era especialmente útil para los pueblos, para las naciones, y que eran precisamente éstas las protagonistas de la historia.

La historia romántica pasó a ser algo más que la mera relación cronológica de reinados y dinastías, convirtiendo al *pueblo español* en el verdadero protagonista. Antes de las revoluciones liberales existieron ya sentimientos prenacionalistas (*protonacionalistas* en denominación de Hobsbawm), minoritarios, y que no implicaban la identificación de España como una entidad política supraindividual, sino más bien como un territorio —la *Hispania* de la versión latina que por supuesto incluía también a Portugal y no a las islas Canarias— en el que se sustentaba la gloria de una monarquía católica protegida por la providencia divina. Esta situación empezó a cambiar entre las élites ilustradas del siglo XVIII,[6] pero fue a partir de la historiografía romántica cuando se desarrolló plenamente la idea de nación común, compartida, concebida como un organismo con un alma eterna —o formada en un pasado muy remoto— que se manifiesta tanto en la continuidad de las instituciones jurídicas como en las acciones de individuos singulares que en determinados momentos expresaban el afán colectivo, el carácter nacional. La nación es el sujeto histórico hacia el que se promueve el sentimiento de lealtad, y la exaltación de la monarquía se hace en función de ese sujeto. Muchos historiadores, como Lafuente, siguieron siendo providencialistas, pero ahora concretaron la predilección divina sobre la nación y no sobre una determinada dinastía.

5. Cabe recordar el consejo de Jovellanos a Marina en 1808: «para sacar de ellos algún partido convendría argüirles no tanto con razonamientos como con los hechos de la Historia» (J. G. Beramendi, «A Función da Historia no Nacionalismo Español», en Xunta de Galicia, *Actas do Congreso internacional da Cultura Galega*, Santiago de Compostela, 1992).

6. Como han constatado, entre otros, J. A. Maravall y, más recientemente, J. Álvarez Junco, *Mater Dolorosa. La idea de España en el siglo XIX*, Madrid, Taurus.

La transición entre la historiografía del Antiguo Régimen y la liberal nacionalista fue relativamente sencilla. El edificio liberal se construyó con los materiales de la etapa anterior desechando muy pocos, aunque modificando la finalidad y el enfoque. Se insistió en aspectos antes de relevancia (las Cortes medievales, los comuneros...); el deseo de legitimación histórica del nuevo régimen facilitó la continuidad frente a la ruptura. La enseñanza de la historia no se institucionalizó hasta la consolidación de los Estados liberales pero las pautas que presidieron la historia escolar posterior comenzaron a establecerse durante el Antiguo Régimen: una síntesis global que se iniciaba en los orígenes bíblicos, seguidos de un amplio resumen de la historia grecorromana y de una sucesión de dinastías reales protegidas por la providencia.[7] Desde principios del siglo XIX, los aspectos jurídicos se han considerado como una expresión más del carácter nacional en la creencia de que los legisladores traducían en cada época el sentir de las naciones; por eso se destacaba la importancia de instituciones —como la monarquía— que ponían de manifiesto el *alma del pueblo* a lo largo de la historia nacional, facilitando así la continuidad historiográfica con el Antiguo Régimen.

El triunfo de un Estado constitucional, basado en la igualdad jurídica y en las libertades individuales, solamente era posible si se asentaba en un cuerpo de ciudadanos, es decir, de un conjunto de individuos conscientes que conocen y asumen los nuevos derechos políticos y participan en los asuntos públicos. Quintana fue el primero que formuló en España las líneas maestras de la argumentación liberal al respecto; la educación debía servir para formar ciudadanos jurídicamente iguales y, al mismo tiempo, legitimar las desigualdades *naturales* que se producían en la sociedad:

> [La Instrucción] enseñándonos cuáles son nuestros derechos, nos manifiesta las obligaciones que debemos cumplir; su objeto es que vivamos felices para nosotros, útiles para los demás; y señalando de este modo el puesto que debemos ocupar en la sociedad ... Es preciso dar a todos los ciudadanos aquellos conocimientos que se pueden extender a todos, y no negar a ninguno la adquisición de otros más altos, aunque no sea posible hacerlos todos universales. Aquellos son útiles a cuantos los reciben, y por eso es necesario establecer y generalizar su enseñanza, y es conveniente

7. Véase Valls Montés, «La exaltación patriótica como finalidad fundamental de la Historia en la educación obligatoria: una aproximación histórica», *Didáctica de las Ciencias Experimentales y Sociales*, 5, Universidad de Valencia, 1991. Sobre los orígenes de la historia escolar resultan imprescindibles las obras de R. Cuesta Fernández, *Sociogénesis de una disciplina escolar: la Historia*, Madrid, Akal, 1997; y A. Bruter, *L'histoire eseignée au grand siècle*, París, Belin, 1997.

> establecer la de los segundos, porque son útiles también a los que no los reciben.[8]

El informe de Quintana serviría posteriormente como base para la estructuración del sistema escolar inspirándose, por su parte, en las propuestas revolucionarias francesas. Proponía los tres niveles educativos que tuvieron continuidad hasta el presente. La enseñanza primaria debería ser pública, gratuita, uniforme e impartida exclusivamente en lengua castellana para que

> proporcionaran al hombre aquellos conocimientos que, siendo necesarios a todos, deben ser comunes a todos; y por consiguiente, hay una obligación en el Estado de no negarlos a ninguno, pues que los exige todos para admitirlos al ejercicio de los derechos del ciudadano.[9]

Rechazaba la generalización de la enseñanza de la historia, excluyéndola de una enseñanza primaria destinada a las «clases laboriosas» y que no debían distraerse con conocimientos reservados a las «clases medias».

> ...en algunas [escuelas] de las del reino, dirigidas por maestros hábiles y celosos se amplía la enseñanza hasta dar algunos principios elementales de gramática castellana, algunas nociones de geografía, y tal cual conocimiento de la Historia de España. Pero nos hemos hecho cargo también de cuán superficiales y cuán pobres son los conocimientos que en esta parte pueden adquirir los discípulos, cuán difíciles de grabarse en sus mentes infantiles, y por último, cuán fáciles de olvidarse, y por lo mismo, qué inútiles en los que han de aplicarse al instante a las ocupaciones laboriosas de la sociedad.[10]

El arraigo de las concepciones humanistas tradicionales se refleja en que todavía no se atribuye a la enseñanza de la historia un papel relevante para la formación ideológica de esas clases medias a las que se reservaba el ejercicio de la ciudadanía. Quintana proponía una división de los estudios secundarios en tres secciones, la primera centrada en los conocimientos matemáticos, la segunda de estudios literarios, y la tercera de estudios morales y políticos. De la propuesta parece deducirse que no se incluía la historia entre los «conocimientos útiles» (matemáticas, política), sino entre los «agradables», que eran un signo de distinción social de las clases ilustradas:

8. Quintana 1813, en Ministerio de Educación y Ciencia, *Historia de la educación en España, II: De las Cortes de Cádiz a la Revolución de 1868*, Madrid, 1985.
9. *Ibid.*
10. *Ibid.*

> Aunque la lógica, considerada como el estudio analítico del entendimiento humano; y la Historia, por sus aplicaciones morales y políticas, debieran tal vez colocarse en la tercera sección, la primera, sin embargo, como arte de raciocinar, que debe servir de base y preparación para el de escribir; y la segunda, como cuadro animado de la elocuencia y la imaginación en que se representan vivamente los caracteres y costumbres de las naciones y de los individuos, tienen su lugar conveniente entre los estudios de literatura, y se asocian oportunamente a ellos.[11]

Esta percepción de la historia cambió desde mediados del siglo XIX, es decir, a partir de la definitiva derrota de los partidarios del Antiguo Régimen, cuando se institucionalizó el sistema educativo; pero no significó una ruptura radical con la historiografía escolar anterior. De hecho continuaron utilizándose manuales escritos en el siglo XVIII (Isla, Iriarte) u otros inspirados directamente en ellos (Díaz de Rueda) incluso hasta la Restauración. Pero al mismo tiempo comenzaron a publicarse nuevos libros de texto en los que se plasmaron los tópicos nacionalistas románticos, contribuyendo a su difusión y consolidación hasta tiempos recientes.

Consolidación de estereotipos en la enseñanza de la historia de España

A partir de la segunda mitad del siglo XIX se elaboró una interpretación canónica de la historia de España, fundamentada en cuatro pilares:

- *La idea de soberanía territorial*: la nación —España— está formada por un territorio con cierta unidad, delimitado por unas fronteras que vienen determinadas en gran medida por una realidad geográfica «natural». La abstracta idea de nación se materializa visualmente a través de los mapas, tanto escolares como los que desde entonces presidieron numerosos organismos e instituciones públicas.
- *La unidad legislativa y política*: se identifica *la nación* con cierto grado de unidad política, con un gobierno central y un sistema legislativo común, en cualquier momento del pasado.
- *El carácter común* es la base de la identidad nacional. Los españoles mantienen, y han mantenido siempre, comportamientos y actitudes similares; este supuesto carácter común es fruto, sobre todo, de compartir un mismo marco territorial esencialmente homogéneo en su diversidad (el relieve accidentado ha propiciado el individualismo...).

11. *Ibid.*

- *La unidad religiosa católica*: el catolicismo, e incluso la Iglesia Católica como institución, ha contribuido a forjar la identidad común de los españoles. Esta valoración, común al liberalismo moderado y al tradicionalismo integrista, acaba imponiéndose también entre los ambientes liberal-progresistas.

Estos elementos proporcionan las claves de la imagen del pasado que se recoge en los libros de texto y que van a conformar los tópicos reproducidos por la historiografía escolar:

- En los «primitivos pobladores» iberos se manifestó por vez primera el «carácter español» (valor, austeridad, individualismo, generosidad, amor a la independencia, resistencia a lo que viene de fuera) como se «constata» en las luchas por la «independencia» frente a fenicios, cartagineses y, sobre todo, a los romanos.
- Los romanos, si bien inicialmente odiosos en tanto que conquistadores extranjeros, merecen una valoración positiva a partir de la época imperial (tras la conquista) en la medida en que aportaron unidad política a la península, unidad lingüística y, ante todo, por considerar providencial su papel para la difusión del cristianismo.
- Se exalta la monarquía visigoda como fundadora del *primer Estado nacional*, por haber unificado el territorio peninsular jurídica y políticamente y haberlo dotado de una única identidad religiosa tras la conversión de Recaredo.
- La Reconquista se plantea como una gran «prueba» en la que los «españoles» (obviamente esta categoría incluye exclusivamente a los cristianos) expían los pecados de su desunión y vicios pasados, y solamente con la unidad y tras ocho siglos de denodados esfuerzos, lograrán recomponer la *unidad perdida* y siempre añorada.
- Con los Reyes Católicos se alcanza el apogeo histórico cuando restauran la *unidad nacional* de España. Para los liberales, además, su valor simbólico se acrecentaba por haber sometido a la nobleza «insolidaria».
- Con la monarquía de los Austrias se inicia la *decadencia* española al dedicar la mayor parte de sus esfuerzos a las empresas exteriores y olvidar los verdaderos problemas de la nación (que eran los asumidos por los comuneros).

Durante la mayor parte del siglo XIX son escasas las informaciones sobre el siglo XVIII y aún menos frecuentes las valoraciones. Las pocas que se formularon fueron habitualmente positivas, salvo en los escritores antiliberales (integristas) que desde finales del siglo XIX censuraron abiertamente los esfuerzos modernizadores de los ilustrados, considerándolos contrarios a los *verdaderos sentimientos* de la nación. Algo similar ocurrió con la valoración de las transformaciones liberales del siglo XIX, coincidiendo únicamente en la apreciación de la guerra llamada «de la independencia» que, a partir de mediados de siglo, se magnificó y mitificó desde todas las posiciones ideológicas aunque con perspectivas significativamente diferentes.

Los sectores integristas católicos cuya referencia política fue el carlismo carecieron de cualquier tipo de propuesta alternativa. Desde la añoranza reaccionaria de un pasado idealizado aspiraban a la subordinación de toda la sociedad al mantenimiento y/o recuperación de los privilegios perdidos por la Iglesia. Hasta finales del siglo XIX no aceptaron la idea misma de nación y rechazaron otra escolarización que no fuese el adoctrinamiento católico a cargo del clero. Uno de los primeros ideólogos del pensamiento católico ultraconservador que aceptó la nueva realidad política fue Balmes, pero hay que esperar a la Restauración —fundamentalmente a la obra de Menéndez Pelayo— para que los integristas asumiesen el marco nacional. Asociaron la idea de patria a la esencia católica antimoderna y antiliberal, más conectada con el pensamiento contrarrevolucionario francés e italiano que con la tradición escolástica española de los siglos XVI y XVII.[12]

A partir de la Restauración proliferaron los manuales escolares de orientación integrista de autores carlistas, como López de Amarante, o vinculados al creciente mercado de la enseñanza privada impartida por órdenes religiosas (Bruño, FTD, Saturnino Calleja...). Además de por su arcaísmo metodológico y la pervivencia de viejos mitos cuestionados ya desde el siglo XVIII como atribuir orígenes bíblicos —Túbal— a los primeros españoles, se caracterizaron por realizar una valoración de las diferentes etapas históricas en función de la supremacía alcanzada por la Iglesia Católica frente al poder político: tanto más positiva cuanto mayor fuese su influencia (concilios de Toledo, contrarreforma tridentina...), y viceversa.

El hecho de que el pensamiento integrista difiera de la historiografía romántica liberal en su rechazo de la modernidad y el progreso, y haya simplificado la idea de nación hasta casi reducirla a su dimensión religiosa católica subordinando a ésta la monarquía, ha ocultado que comparte muchos otros tópicos. Es común la creencia en un supuesto carácter español con parecidos atributos: ascético, espiritual, individualista, intuitivo, guerrero,[13] o la identificación de la soberanía territorial como una realidad intemporal.

12. Véase, en este sentido, la obra de Javier Herrero, *Los orígenes del pensamiento reaccionario español*, Madrid, Alianza, 1988^2; o la más reciente de J. Álvarez Junto, *op. cit.*, 2001.

13. A. Ganivet, *Idearium español. El porvenir de España*, Madrid, Espasa-Calpe, 1999.

También a partir de la Restauración se renovó el pensamiento liberal-progresista, alentado por los krausistas. Tuvo como principal referencia educativa a la Institución Libre de Enseñanza (ILE). La frustración de las élites intelectuales de finales del siglo XIX al constatar la «decadencia» de España alcanzó un notable eco a partir de la derrota de 1898, fecha cuyo simbolismo y consecuencias en los ambientes intelectuales españoles puede equipararse a la derrota de 1870 en Sedán para la intelectualidad francesa de la Tercera República.

La búsqueda del ansiado progreso, que situase a España en una posición similar a las grandes potencias europeas, pasaba para los institucionistas, entre otras cosas, por despertar la conciencia nacional en la sociedad, formando una minoría dirigente que asumiese su papel en la modernización del país como un deber patriótico y que contribuyese a la identificación de las masas populares con un proyecto político compartido. Este proyecto se asociaba a la extensión y mejora de la educación y, de manera destacada, de la enseñanza de la historia. La labor que se estaba realizando en Francia y Alemania era una referencia explícita entre las personas vinculadas a la ILE, tanto en el ámbito universitario:

> Las naciones que hoy aparecen en Europa a la cabeza de la cultura y tienen la hegemonía material sobre las demás, lo deben a la formación del carácter nacional, al orgullo con que cantan sus glorias, a la confianza que sienten en sus propias fuerzas, al cariño que experimentan hacia su territorio y su independencia, y todo esto es fruto del conocimiento de su Historia ... los profesores de Historia en el extranjero han despertado estos sentimientos educando a las clases directoras y formando el carácter nacional; tendamos a ello y consagrémonos con todas nuestras fuerzas a tan nobilísima tarea.[14]

como en la enseñanza secundaria:

> La Historia es a las naciones, lo que la naturaleza a los individuos: el hombre nace, se desarrolla, florece y muere, reproducido en nuevos vástagos: eso propio acontece a las grandes colectividades humanas llamadas pueblos, insiguiendo la ley universal e inexcusable de las evoluciones ... La Historia propia, ha dicho un gran escritor, debe ser esencialmente nacional; en ella se debe aprender a conocer y amar a la patria, teniendo presen-

14. Fragmento redactado por el catedrático de Historia vinculado a la ILE Eduardo Ibarra, *Procesos de la ciencia en el presente siglo. Discurso leído en la solemne apertura del curso académico de 1897 a 1898 en la Universidad de Zaragoza*, Zaragoza, Impr. Ariño, 1897. Véase G. Pasamar, «Los historiadores y la ciencia histórica en la época contemporánea», *Studium*, 2 (1990).

> te que nadie ama lo que no conoce. Por esta causa en el extranjero han progresado tanto en el fondo y en la forma los libros elementales de Historia; y recientemente una gran nación, que aspira al dominio europeo por el doble medio de la ciencia y de las armas, Alemania, ha dictado varias disposiciones de carácter práctico para que el ejército no abandone el estudio de la Historia.[15]

Rafael Altamira fue el intelectual vinculado a la ILE que en mayor medida protagonizó la renovación historiográfica y pedagógica al servicio de la construcción nacional. A él se debe, en gran medida, la difusión del *método histórico* o positivismo y sobre todo la modernización de los contenidos escolares. Trató de que la historia escolar se refiriese a la «civilización española» para dar cabida a lo que entonces se llamaba «historia interna» (economía, cultura...) frente a la tradicional «historia externa» que se limitaba a una relación de acontecimientos políticos; incorporó estudios recientes de prehistoria, incluyendo las teorías de la evolución, e historia antigua teniendo en cuenta las aportaciones de la arqueología; valoró positivamente las aportaciones culturales del Islam en Al Andalus; la expansión colonial en América y el proceso de modernización del siglo XIX.

Pero, al mismo tiempo, coincidió también con otros tópicos del discurso histórico romántico, apenas modificados por un mayor rigor documental: la perspectiva evolucionista de la historia, concebida como un proceso de progreso continuado desde las antiguas divisiones hasta un estado nacional centralizado, es bastante parecida a las ideas expresadas por Modesto Lafuente medio siglo antes. También es similar la valoración de los visigodos (unidad religiosa, superación de la división cultural) aunque critique la práctica política de una aristocracia guerrera insolidaria. Su baremo para valorar el pasado, y especialmente la época medieval, es el mayor o menor grado de unidad política alcanzado en cada momento; el reinado de los Reyes Católicos es, por lo tanto, el momento de «cristalización del ideal nacional» porque pone fin a las divisiones medievales; una valoración similar a la que figuraba en la historiografía romántica. Incluso, a pesar de sus convicciones democráticas, justifica la expulsión de los judíos —aunque moralmente le parezca condenable— porque obedecía a la finalidad superior de la unidad nacional.

El integrismo y el liberalismo progresista anteriores a la guerra civil compartieron incluso ideas nacionalistas de tipo *historicista* (creencia en una identidad colectiva fraguada y expresada a través del tiempo) y *organicista*. Son comunes elementos organicistas como el valor que se atribuye a la *lengua* común —el castellano— como expresión del carácter

15. F. Picatoste, *Compendio de historia de España*, Madrid, Sucesores de Hernando, 1907[7].

del pueblo español; la idea de *raza* española como comunidad cultural o espiritual antes que biológica y que asumen explícitamente tanto Menéndez Pelayo o Maeztu como Ortega y Menéndez Pidal; la idea de *sagrada unidad territorial* que se proyecta hacia el pasado; la convicción de que existe un *alma* colectiva del pueblo español que trasciende a los individuos; la mitificación de tradiciones y *costumbres* que reflejarían ese alma común (la *austeridad* del campesino castellano...); e incluso, como hemos indicado, la *dimensión religiosa* —católica— del carácter español.

En el primer tercio del siglo XX quedaron definitivamente asentados los tópicos de la historia escolar que perduraron hasta los años setenta. Durante la Segunda República, junto a manuales escolares que se situaban en la estela del pensamiento progresista de Altamira, continuaron teniendo una amplia difusión los de las editoriales integristas católicas.

El franquismo erradicó brutalmente la tradición liberal y por medio de una implacable persecución impuso la versión integrista, que fue uno de los pilares del *nacional-catolicismo* convertido en el núcleo de su ideología. Un nacionalismo si cabe aún más excluyente, que tildaba no sólo de *no-españoles* sino de *antiespañoles* a todos los que no compartían sus puntos de vista: el valor positivo español se identifica con católico que acepta la supremacía de la Iglesia frente al poder civil; y cualquier otra actitud era considerada negativa, anticatólica y, por ende, antiespañola. Las escasas diferencias con el integrismo católico anterior a los años treinta se limitaron a ciertas fórmulas externas que adoptaron del fascismo italiano (exaltación del imperio, el *caudillo*) o evitar pronunciarse sobre la opción monárquica como forma deseable de gobierno.

Mientras que la mayoría de los países europeos, tras la segunda guerra mundial, iniciaron un proceso de extensión de la enseñanza secundaria respondiendo tanto a las nuevas demandas económicas como al bienintencionado objetivo de lograr la «igualdad de oportunidades» y la emancipación social y personal por medio de la educación, el primer franquismo, por su parte, liquidaba los avances logrados durante la Segunda República y daba satisfacción a demandas clericales premodernas. No sólo quedaron supeditados a la censura eclesiástica los contenidos educativos, sino que se le devolvió a la Iglesia la función de formar a la «minoría dirigente». Una orden ministerial de 1937 decretó el cierre de treinta y siete institutos de enseñanza media, «innecesarios a todas luces»,[16] quedando reducido su número a 113 en toda España en 1939; veinte años después de acabar la guerra sólo habían aumentado hasta 119. La enseñanza privada, por el contrario, experimentó en la misma época un aumento espectacular, multiplicándose por seis el número de

16. M. Puelles Benítez, *Educación e ideología en la España Contemporánea*, Barcelona, Labor, 1991.

centros entre 1939 y 1959, y con un crecimiento paralelo del número de matriculados: en 1931 ascendía al 28,9 por 100 de los y las estudiantes y en 1943 absorbían al 70,7 por 100 de la matrícula.

Del abandono de los tópicos franquistas al cuestionamiento del sistema escolar

El franquismo trató de imponer una versión exacerbada de nacionalismo casticista plagada de obsesiones católico-integristas. Pretendió liquidar cualquier vestigio de otros nacionalismos alternativos que habían logrado reconocimiento político (aprobación de estatutos de autonomía) durante la Segunda República: fundamentalmente el catalán que contaba con mayor respaldo social, el vasco y, en menor medida, el gallego. Pero su renuncia, durante los casi cuarenta años de régimen, a propiciar el menor gesto de reconciliación ni a tolerar el menor atisbo de pluralismo acabó por propiciar la crisis de esa identidad nacional que pretendía promover. Al vincular la idea de nación a valores premodernos, abiertamente enfrentados a la idea de progreso, contribuyó a que ésta entrase en crisis tan pronto como se inició, en los años sesenta, un proceso de modernización de la sociedad española y acabó por favorecer, paradójicamente, a esos otros nacionalismos que adquirieron mayor legitimidad social, al ser asociados a ideologías democráticas y modernizadoras en tanto que antifranquistas.

En el ámbito educativo el cambio comenzó a ser perceptible a partir de la aprobación de la Ley General de Educación (LGE) en 1970, pocos años antes de la muerte del dictador. Como se ha discutido en otro lugar,[17] con la LGE, los sectores *tecnocráticos* trataron entonces de adaptar el régimen franquista a los modelos dominantes en el mundo capitalista desarrollado, abriéndose paso valores asociados al liberalismo y a las democracias que habían sido negados y perseguidos durante más de treinta años. Sin entrar a valorar la importancia de la LGE en la extensión de la escolarización, en relación con la enseñanza de la historia el resultado se plasmó en una ruptura con las formas que se habían establecido en el siglo anterior y que habían mantenido caracteres comunes —un nacionalismo español histórico-organicista— por encima de las obvias diferencias ideológicas.

En la EGB, que vino a sustituir a la enseñanza primaria, los contenidos de historia de España se diluyeron en un área de conocimiento de *ciencias sociales*, en la que se incluyeron contenidos de historia universal,

17. R. López Facal, «La nación ocultada», en S. Pérez Garzón, coord., *La gestión de la memoria*, Barcelona, Crítica, 2000.

geografía física y humana y algunos temas de educación cívica y vial. En el bachillerato, además de una asignatura de *historia de las civilizaciones* en el primer curso, se implantó en tercero otra inicialmente denominada *Geografía e Historia de España y de los países hispánicos*, con esa ambigua alusión a lo *hispánico* que conectaba tanto con el concepto de *hispanidad* formulado por Ramiro de Maeztu —y que el régimen de Franco había convertido en uno de sus fundamentos ideológicos— como con la tradición americanista liberal de preguerra.

A partir de la LGE la enseñanza de la historia tendrá como principal referente historiográfico la influencia indirecta de *Annales* difundida en España a partir de Vicens Vives y sus discípulos, e incorporando también, en menor medida, algunos puntos de vista procedentes de la tradición marxista. La historia política disminuyó drásticamente su presencia en los contenidos escolares, incrementándose notablemente la dimensión económica y social. Se eliminaron las referencias más tópicas a la fundación de la nación española en épocas pretéritas (iberos, visigodos, Reyes Católicos) aunque con alguna excepción, no relacionando la construcción del estado nacional con ninguna época, ni siquiera con las transformaciones liberales del siglo XIX; sencillamente se eludió el problema. Pero la ausencia de la más mínima información y reflexión sobre el proceso de construcción nacional en España y el correspondiente nacionalismo español, motor de ese proceso, ha permitido que se perpetúen de manera implícita las concepciones tradicionales, histórico-organicistas, sobre la nación española, tanto a través de mapas (los mapas históricos suelen incorporar la frontera pirenaica, incluso los referidos a la época romana) como en el discurso o en las actividades propuestas.[18]

El final de la dictadura franquista fue seguido por un inmediato y generalizado rechazo popular a sus símbolos. Se cuestionaron los *valores* excluyentes que había tratado de inculcar por la fuerza. El deseo de superar cuanto antes el régimen que acababa de desaparecer facilitó el abandono de las ideas en las que se había sustentado el nacionalismo español desde sus orígenes, tanto los mitos fundacionales de la nación (Sagunto, Viriato, Don Pelayo) como la misma concepción centralista y uniformizadora de la nación. Al mismo tiempo, adquirieron legitimidad democrática ideas y prácticas alternativas al viejo nacionalismo centralista español; lo que puede explicar, en parte, la casi nula oposición popular a la profunda transformación política y administrativa del Estado que significó la nueva estructura autonómica.

Los nuevos ámbitos de poder nacidos con la transición democrática se apresuraron a crear los elementos simbólicos que legitimasen su existen-

18. Me he ocupado más ampliamente de estos aspectos en «La nación ocultada», *op. cit.*

cia, recurriendo de nuevo al *descubrimiento* de las esencias regionales o nacionales a través de elementos historicistas y organicistas. En pocos años todas las comunidades autónomas se han dotado de sus correspondientes historias y geografías que *demuestran* su unidad orgánica en el tiempo y el espacio; casi todas ellas financiadas con fondos públicos, bien de Cajas de Ahorro, bien de las propias instancias políticas.[19] Resulta significativo que se hayan reeditado, incluso, las historias románticas del siglo XIX, al menos en el caso de Galicia y Valencia, siendo completadas hasta el momento presente —como antaño— a cargo de historiadores actuales.

La nación es una idea, un sentimiento, no una realidad material; es una construcción político-ideológica que se ha desarrollado durante el siglo XIX tratando de garantizar la cohesión social de una colectividad a partir de la creencia en una identidad compartida. Todos los nacionalismos europeos son deudores en mayor o menor medida de la tradición esencialista romántica, y la enseñanza de la historia ha estado al servicio de esta idea. Ha sido así hasta que el contexto internacional (proceso de integración europea en al marco de la guerra fría) propició su superación, al menos en sus aspectos más xenófobos y belicistas. Pero esta transformación no ha ido acompañada de una reflexión crítica —es decir, histórica— sobre la naturaleza del concepto de nación, su génesis y evolución. Simplemente se ha ocultado ante una avalancha de nuevos contenidos y enfoques tendentes a *demostrar* la identidad común de los países democráticos de Europa occidental (desde el pasado grecorromano, hasta la pretendida uniformidad de las sociedades feudales, la Ilustración o la revolución industrial).

La pervivencia de concepciones esencialistas, vergonzantemente ocultadas por los viejos nacionalismos europeos, se manifiesta sin complejos en aquellos otros que les son alternativos y que, en el caso español, se revisten además de legitimidad democrática por su pasado antifranquista. El resultado es la afirmación de una España mucho más plurinacional de lo que había sido en el pasado. La construcción del llamado Estado de las Autonomías durante la transición democrática ha contribuido por una parte a deslegitimar la variante casticista, centralista y autoritaria del nacionalismo español que ha evolucionado hacia posiciones democráticas, europeístas y autonomistas y, a la vez, ha reforzado la identidad de los nacionalismos subestatales. El resultado, con la trágica excepción del País Vasco, ha sido la de permitir satisfacer bastantes aspiraciones nacionalistas limitando las posiciones independentistas. Pero, como señala Bera-

19. Aurora Rivière ha analizado el contenido de este tipo de obras (no las escolares): «Envejecimiento del presente y dramatización del pasado: una aproximación a las síntesis históricas de las Comunidades Autónomas españolas (1975-1995)», en S. Pérez Garzón, coord., *La gestión de la memoria*, Barcelona, Crítica, 2000.

mendi,[20] al tiempo que situaba el pleito nacional en una baja cota de conflictividad, lo ha estabilizado, convirtiendo las relaciones entre las entidades subestatales y el Estado en un contencioso permanente.

En estas circunstancias nace la sensación de crisis y malestar creciente entre los nacionalistas españoles que consideran haber hecho un esfuerzo notable, incluso excesivo, a favor de sus competidores. Se sienten huérfanos, además, de las únicas referencias nacionales que han conocido y en las que se han formado (la historia *común*, el territorio *común*, el carácter *común*... de los españoles) cuestionadas por quienes tienen un referente nacional alternativo que se basa en la permanente reivindicación de una comunidad *diferente*.

Los nacionalistas españoles viven con desazón la crisis de una idea de España que no es unánimemente aceptada —nunca lo ha sido—, pero que ahora además se cuestiona no sólo por los nacionalismos históricos sino incluso por los neoautonomismos surgidos a partir de la nueva estructura del Estado. A esto cabe añadir el desasosiego ante el creciente flujo inmigratorio visto como una amenaza para la supervivencia de una identidad cultural que consideran consustancial a su idea de nación. Como reacción tratan de imponer el regreso a las viejas esencias nacionales asociadas a la función nacionalizadora de la historia.[21] No comprenden que lo que está en crisis no es la historia de España, sino un cierto sentimiento de la nación española nacido en unas circunstancias muy diferentes.

Los intentos de sustentar el nuevo nacionalismo español en un discurso más pluralista e integrador tal como parece pretender la ponencia del último congreso del PP sobre Patriotismo Constitucional,[22] —que, salvo en el nombre, poco tiene que ver con el discurso de Sternberger o Habermas— no logra superar viejos estereotipos. Se sacraliza el texto constitucional hasta considerarlo prácticamente inmutable ya que lo califican como el único adecuado a los «rasgos esenciales» de la nación española («el modelo del Estado Autonómico en el proceso constituyente se debe a que es el que mejor se adapta a los rasgos esenciales de la España plural»); y se mantiene el viejo discurso historicista como fuente de

20. J. G. Beramendi, «A Función da Historia no Nacionalismo Español», en Xunta de Galicia, *Actas do Congreso Internacional da Cultura Galega*, Santiago de Compostela, 1992.

21. Esta crisis del sentimiento nacional no existe sólo en España. El diputado conservador británico, John Stokes, se expresaba así en una sesión parlamentaria, en 1990: «En la actualidad existe una gran preocupación sobre la enseñanza de la Historia en nuestras escuelas. En vez de enseñar generalidades y grandes temas, ¿por qué no se vuelve a los buenos tiempos de antaño en que se aprendían de memoria los nombres de reyes y reinas de Inglaterra, batallas, hechos y todos los gloriosos acontecimientos de nuestro pasado?». (Citado por Pilar Maestro, «Historiografía y enseñanza de la historia», tesis doctoral inédita, Universidad de Alicante, 1996).

22. Texto disponible en http://*www.pp.es*, al menos durante el mes de diciembre de 2001.

legitimidad («España es una nación política forjada a lo largo de una dilatada trayectoria histórica...»).

En la actualidad se ha generalizado un sentimiento de crisis de la enseñanza que no se circunscribe a los contenidos de historia. Sin entrar ahora en una explicación detallada de las nuevas políticas educativas que se están imponiendo en el mundo, es necesario, al menos, poner en relación la actual ofensiva mediática que está teniendo lugar en gran parte del mundo occidental contra la escuela pública y los planes de enseñanza vigentes, con el nuevo contexto socioeconómico.[23]

La presión de los poderes económicos contra la universalización de la educación no es ajena a las previsiones de la evolución del empleo. Frente a un crecimiento porcentualmente relevante pero moderado en volumen de los empleos vinculados a tecnologías de la información y la comunicación, el mayor incremento global se prevé en *short term on the job training*, para los que no se necesita más que una formación previa muy elemental (limpiadores, recepcionistas, etc.). Los poderes económicos, desde la OCDE[24] a grandes grupos financieros, tienden a considerar un despilfarro el destino de recursos públicos para una formación destinada a la mayoría de la población puesto que la consideran innecesaria. Al tiempo, los capitales privados están ansiosos por hacerse con una parte fundamental de la educación cuyo gasto mundial es más del doble del mercado mundial del automóvil. El proceso de privatización mercantil de la enseñanza «está maduro» (según los analistas de Merryl Lynch) para iniciar un proceso de privatización similar al emprendido con la sanidad a partir de los años setenta. En este contexto, quizá se entienda mejor la coincidencia de voces e intereses que claman contra la «degradación» de la enseñanza pública, al tiempo que se reduce el porcentaje de PIB destinado a su mantenimiento.

Las políticas educativas neoconservadoras claman por conseguir una formación supuestamente eficiente y competitiva, orientada al mercado. La obsesión por la introducción de ordenadores, por poner un ejemplo, se centra más en la familiarización de los futuros trabajadores con las máquinas que en los contenidos que propicien el desarrollo personal de sus capacidades cognitivas. Pero, al mismo tiempo, existe la preocupación por garantizar la cohesión social en torno a un sistema político. Y en una sociedad plural como la española, con varios referentes nacionales en

23. De especial interés el artículo de Nico Hirtt, «Les trois axes de la marchandisation escolaire», en *Etudes Marxistes*, 56 (2001), disponible también en http://:*users.skynet.be/aped*.

24. Véase, por ejemplo, Christian Morrison, «La Faisabilité politique de l'ajustement», *Cuaderno de política económica*, 13 (1996), Centro de desarrollo de la OCDE, (citado por Nico Hirtt).

competencia, se vuelven los ojos a la enseñanza de la historia y de la lengua en la creencia de que con ello sería posible, como en el pasado, garantizar la cohesión en una sociedad marcadamente desigual y, al tiempo, neutralizar a los «otros» nacionalismos contrincantes. Pero a pesar del notable incremento de los contenidos escolares en estas materias,[25] las opciones nacionales de la población no parecen modificarse. Esto refuerza la percepción de fracaso del sistema escolar, incapaz de cumplir la misión imposible que pretende encomendársele desde el poder.

La historia nacional en crisis

El sentimiento de crisis de la enseñanza de la historia surge desde la añoranza de aquellos que evocan la intencionalidad patriótica de los manuales escolares de su infancia, llenos de referencias míticas, actualmente ausentes en los programas y en los libros de texto, a la que nos hemos referido antes.

El viejo concepto de nación resulta poco compatible con las sociedades democráticas, cada vez más mestizas, y la enseñanza de la historia se ha orientado progresivamente, en las enseñanzas no universitarias, hacia la interpretación de una identidad supranacional. En las publicaciones de historiadores profesionales se detecta una mayor preocupación por demostrar la *normalidad* del proceso español (es decir, sus similitudes con otros países de Europa occidental). Como ha sido siempre habitual en la historiografía, la actual perspectiva de *normalidad histórica* de España no es más que una proyección de los valores y actitudes del presente; la similitud y la diferencia no son más que dos dimensiones complementarias en cualquier análisis histórico. Es indudable que España, como Estado europeo formado a partir del siglo XV y como Estado-nación nacido de las revoluciones liberales del XIX, comparte numerosas referencias culturales (en el más amplio sentido de la palabra) con otros estados vecinos; pero también diferencias notables. A partir del siglo XIX las élites culturales han elaborado un discurso nacionalista similar al construido en Francia, Italia o Alemania pero, a diferencia de esos países, no ha sido asumido por amplias capas de la población por las limitaciones en la escolarización y por el distinto papel que han jugado los ejércitos *nacionales* en cada caso, entre otras razones. Y el fracaso relativo del nacionalismo español ha facilitado un mayor desarrollo de nacionalismos con un

25. Las Ciencias Sociales, Geografía e Historia, junto a Lengua y Literatura, son las materias que, con la LOGSE, más han incrementado su peso en el currículum a costa no sólo de las lenguas clásicas, sino también de materias científicas como Biología, Química y Física.

referente alternativo (catalán, gallego, vasco...), aunque tampoco éstos hayan logrado la *derrota*, eliminación o superación del sentimiento nacional español en sus respectivos territorios. Nos encontramos en este momento con un «empate histórico» entre el nacionalismo español y los periféricos, «cuando no con la constatación de un doble y paradójico fracaso»[26] en que ambos se bloquean mutuamente ante la imposibilidad de implantarse uno de ellos de manera exclusiva o hegemónica.

Las sucesivas encuestas del CIS coinciden todas ellas en mostrar que la mayoría de la población de las comunidades en las que la presencia de nacionalismos alternativos al español es muy relevante asume como compatibles la doble identidad, española y autonómica.[27] Esta situación no es necesariamente estable o permanente, y puede cambiar por motivos variados (cualquier crisis institucional, económica, etc., puede tener efectos imprevisibles). La inestabilidad de esta situación se percibe, o al menos se intuye, en los ambientes más sensibilizados por una u otra identidad nacional y repercute en su valoración de la importancia de la formación histórica de la población.

La importancia que se atribuye a la historia en los imaginarios nacionalistas (español o alternativos) hace que los contenidos de esta asignatura y su orientación sean un permanente campo de confrontación ideológica, lo que no sucede con otras materias: resultaría insólito que un ministro discrepase de un consejero autonómico sobre la enseñanza de la física, las matemáticas o, incluso, sobre los contenidos de lengua y literatura en las que también existe una obvia componente ideológica. Pero parecen *normales* (por lo frecuentes) las polémicas sobre la enseñanza de las humanidades, que en la práctica se limitan a reclamar la presencia de un «legado histórico común» por parte de unos, frente a otros que reivindican el conocimiento de sus «raíces específicas». El error está en seguir concibiendo hoy la enseñanza en general, y la de la historia en particular, como el instrumento para la formación de una identidad nacional. Suele ignorarse que en las clases de historia y ciencias sociales no es en donde se transmiten hoy más mitos nacionalistas; tienen mucha más presencia en materias como lengua y literatura y, sobre todo, en los medios de comunicación y en los demás ámbitos que conforman las representaciones sociales (el pensamiento común) de la población.

26. X. M. Núñez Seixas, *Los nacionalismos en la España contemporánea (siglos XIX y XX)*, Barcelona, Hipòtesi, 1999.

27. «Fenómeno general, adquiere su dimensión más significativa en las nacionalidades históricas, donde se ha desarrollado una doble identificación que no entiende ambas dimensiones como excluyentes, sino como complementarias o —aún más visualmente— como concéntricas» (I. Sepúlveda, «La eclosión nacionalista: regionalismos, nacionalismos y autonomías», en J. U. Tusell y A. Soto, eds., *Historia de la transición*, Madrid, Alianza, 1996, p. 443).

CONTRARREFORMA ESCOLAR Y ENSEÑANZA DE LA HISTORIA

En una valoración, quizá algo optimista, Carlos Forcadell[28] afirma que, desde lo que él denomina «la comunidad profesional», *nadie parece contradecir de que no hay que formar alumnos educados (nacionalmente), sino ciudadanos educados para la crítica, el ejercicio de la libertad personal e intelectual, y las movedizas exigencias de la aldea global.* Tal vez su afirmación sea genéricamente cierta si se refiere exclusivamente a la investigación académica, pero no pocos de esos mismos investigadores, incluso prestigiosos, defienden la necesidad de *renacionalizar* y ampliar los contenidos de historia de España en las enseñanzas medias desde una perspectiva que como mínimo habría que calificar de arcaica. Cabría deducir de esta posición que sólo consideran necesario el rigor histórico para la formación universitaria, mientras que para la mayoría de la población la principal finalidad de la historia debe seguir siendo, en su opinión, la transmisión de los mitos nacionalistas. Estas perspectivas se han impuesto con las últimas reformas, o contrarreformas educativas que cuentan para ello además con el consenso social que le proporciona el acriticismo, basado en el *sentido común*, de una sociedad que apenas acaba de salir de alarmantes tasas de analfabetismo y que cuenta con un notable déficit de capital cultural. El neonacionalismo español trata de volver así a los «buenos tiempos de antaño» cuando el alumnado memorizaba disciplinadamente las gloriosas gestas patrias.

Al arcaísmo historiográfico de los reformados currículos de las enseñanzas secundarias, se suma el metodológico y pedagógico. Los procesos de enseñanza-aprendizaje se entienden como un simple acto de transmisión de contenidos (emisión-recepción), por lo que, consecuentemente, en los nuevos programas se incrementan notablemente la cantidad de «transmisiones» previstas, tanto en horas lectivas (una más a la semana en algún curso) como, sobre todo, muchos más contenidos. Si «más» equivale a «mejor», hay que multiplicar los temas para abarcar «toda» (*sic*) la historia de España. Un profesor de secundaria dispone de menos de dos sesiones de clase para ocuparse de cada uno de los sesenta y cinco enunciados de 2º curso de bachillerato (o de primero de ESO) presentes en los nuevos programas de Galicia[29] (muy similares, por lo demás, a los de otras comunidades). Si desea atenerse a los objetivos y criterios de evaluación que se le señalan, debe lograr en apenas noventa minutos que el

28. C. Forcadell Álvarez, «Historiografía española e Historia nacional: la caída de los mitos nacionalistas», *Ayer*, 30 (1998).

29. http://*www.xunta.es/conselle/ceoug/dxoefp/index.htm.*

alumnado se familiarice con fuentes, valore críticamente los procesos, establezca relaciones temporales y territoriales, y un largo etcétera, sobre temas de la complejidad de «Hispania Romana. Gallaecia: el proceso de romanización. Especial atención al caso gallego»; «El feudalismo. Economía y sociedad»; «El imperio de Carlos V y la Monarquía Hispánica de Felipe II»; «El sistema de Westfalia-Pirineos: ocaso de la hegemonía de los Habsburgo. Crisis interna»; «Las Cortes de Cádiz y la Constitución de 1812» o «La transición política. La Constitución de 1978 y el Estado de las Autonomías»; por sólo citar algunos ejemplos.

Otra cultura escolar para una sociedad diferente

Los profundos cambios experimentados en las sociedades actuales, entre otros los que afectaron a las comunicaciones y difusión de la información, hace que una enseñanza que se base en la transmisión de informaciones sea estéril y estará, además, condenada al fracaso. En la actualidad cualquier adolescente tiene a su disposición una enorme avalancha de *informaciones* sobre casi cualquier tema entre los que se incluyen, por supuesto, los históricos pero, al mismo tiempo, carece de los más elementales *criterios* para poder seleccionar, jerarquizar, estructurar y valorar todo aquello que recibe. Ninguna escuela puede competir, ni en medios ni en tiempo o intensidad con las fuentes de información extraescolares (cine, cómics, televisión). La función de la enseñanza no puede por ello seguir siendo la de *transmitir* más informaciones, como cuando no existía esa amplia difusión masiva, sino que debe contribuir a que los y las estudiantes sean capaces de analizar críticamente las informaciones que se les ofrecen y elaborar juicios de valor razonados sobre los aspectos de la convivencia humana que la sociedad, en cada momento, considera más problemáticos o relevantes. Esa capacidad de análisis crítico implica una dimensión temporal, histórica, ya que es necesario comprender la génesis y evolución de aquello que nos preocupa para poder alcanzar un conocimiento más riguroso del presente. Con estas premisas, la enseñanza de la historia no puede tratar de abarcar contenidos excesivamente amplios —y mucho menos en la adolescencia— sino, por el contrario, delimitar los contenidos sobre los que se trabaje en el aula. La amplitud de los contenidos escolares conduce en menor o mayor medida a caer en la superficialidad y la simplificación, es decir, lo contrario a desarrollar capacidades críticas.

Coincidimos con Ignacio Pozo[30] en que *el aprendizaje de la cultura*

30. J. I. Pozo, *Aprendices y maestros. La nueva cultura del aprendizaje*, Madrid, Alianza, 1996.

acaba por conducir a una cultura del aprendizaje.[31] Las viejas estrategias educativas, basadas en la transmisión de informaciones que debían ser recordadas por medio de la repetición hasta poder ser reproducidas lo más fielmente posible, podían ser útiles para la pervivencia de modelos sociales jerarquizados, en los que aceptar las *fuentes de autoridad* académicas servía también para reforzar la sumisión y acatamiento del orden social y político establecidos. La creencia generalizada en que existían verdades científicas, absolutas e incuestionables, en las que se asentaban estas concepciones educativas —esta cultura del aprendizaje— se resquebrajó a partir de la revolución científica que trastocó, en primer lugar, los fundamentos de la física a principios del siglo XX, y posteriormente de las demás ramas del conocimiento. Sin embargo, la vieja metodología educativa pervivió en escuelas, institutos y universidades, recurriendo a compendios en los que los saberes se presentan como algo cerrado y definitivo que llevaban aparejadas estrategias de memorización repetitiva.

La *cultura occidental* ha estado presidida desde el siglo XVIII por la idea de que la humanidad disfrutaba de un progreso continuado gracias al desarrollo científico y técnico; su misión era someter a las fuerzas irracionales de la naturaleza y erradicar la ignorancia y la barbarie. La historia servía para documentar el progreso hacia la civilización representada por los estados nacionales que garantizaban la estabilidad, el orden, el crecimiento económico y el desarrollo cultural, y alcanzaban su culminación en el expansionismo colonialista. Estos tópicos culturales, que responden a una mentalidad burguesa,[32] hace tiempo que han sido cuestionados, pero siguen integrando las representaciones sociales asumidas por un elevado número de personas. Si no existe una reflexión crítica, fundamentada en conocimientos, los estereotipos son muy difíciles de superar.

La extensión de la educación a toda la población hasta los dieciséis años es un hecho muy reciente en España; la mayoría de los y las escolares que finalizan la ESO representan la primera generación que alcanza ese nivel de escolarización en sus respectivas familias. No hace falta más que recordar que hace poco más de treinta años solamente alcanzaban el nivel de escolarización equivalente el 10 por 100 de los alumnos que ha-

31. Además del magnífico libro de Pozo, véase R. López Facal, «Aprendizaje de la cultura y cultura del aprendizaje», en *Didáctica de las Ciencias Experimentales y Sociales*, 13, (1999).

32. «Por "burgués" no entendemos aquí, en el sentido de Marx, una clase definida ante todo por su relación con los medios de producción, sino un mundo vital, un modo de pensar y de actuar que, si bien está relacionado con las circunstancias de poder político y económico, las excede con mucho e influye en ellas.» (G. Iggers, *La ciencia histórica en el siglo XX,* Barcelona, Idea Books, 1998, p. 18).

bían iniciado la enseñanza primaria, que no eran todos.[33] Sin embargo, paradójicamente, existe la percepción de que los escolares aprenden y saben cada vez menos. Las causas de esta distorsión son complejas. En la actualidad la mayoría de los jóvenes y adolescentes aprenden muchas más cosas que antes, pero la mayoría de ellas son diferentes de las que a esa edad se aprendían hace treinta o cuarenta años; en todo caso lo que aprenden es mucho menos de lo que pretenden sus profesores, sus padres o la administración. Pese a invertir una considerable cantidad de esfuerzo, tiempo y dinero, los resultados son decepcionantes.

El fácil recurso de culpabilizar a los agentes que intervienen directamente en el proceso (*los estudiantes no estudian, los profesores no enseñan*), además de injusto como toda generalización, oculta las causas reales del problema y no contribuye a mejorar la situación. Pocas personas son conscientes de que la sociedad actual se caracteriza, entre otras cosas, por tener unas exigencias de aprendizaje continuado; esas demandas no pueden compararse a las de ninguna otra época anterior, ni en calidad ni en cantidad.[34] Sin ánimo de ser exhaustivo, hoy se exige de la escuela que familiarice a los escolares con nuevas tecnologías de la imagen y la información; que logre que hablen fluidamente al menos un par de lenguas, además de la propia; que los forme en valores que incidan en su comportamiento cívico, rechazando la violencia y fomentando el diálogo y el respeto por las minorías; que proporcione una educación para la salud que mejore sus hábitos de vida evitando la comida basura, el alcohol, tabaco y otras drogas; que se comprometa activamente en la defensa del medio natural y del patrimonio; que enseñe a respetar las normas de circulación vial; que promueva la solidaridad y la cooperación; que desarrolle prácticas deportivas; que proporcione una sólida formación artística, musical, científica, técnica, humanística..., etc.; y además, que logre que los y las estudiantes triunfen en la vida, empezando por los exámenes de acceso a la universidad (próximamente una reválida) para poder matricularse en la carrera deseada. Aunque para eso deban olvidar la solidari-

33. En 1969 el Ministerio de Educación publicaba los siguientes datos: «...de cada 100 alumnos que iniciaron la enseñanza primaria en 1951, llegaron a ingresar 27 en la enseñanza media; aprobaron la reválida de bachillerato elemental 18 y 10 el bachillerato superior; aprobaron el preuniversitario 5 y culminaron estudios universitarios 3 alumnos en 1967». Recordemos que el ingreso en la enseñanza media tenía lugar a los diez años, la reválida elemental a los catorce y la reválida superior a los dieciséis y, sobre todo, que las tasas de escolarización eran las más bajas de Europa (Ministerio de Educación y Ciencia, *La educación en España. Bases para una política educativa*, Madrid, MEC, 1969, p. 24; citado por A. Luis Gómez, *La Geografía en el bachillerato español (1836-1970)*, Barcelona, Universitat de Barcelona, 1985).

34. J. I. Pozo, *Aprendices y maestros. La nueva cultura del aprendizaje*, Madrid, Alianza, 1996.

dad, la cooperación, y desarrollar la «agresividad» y la competitividad, puesto que lo único que se valora en realidad es el éxito individual sobre los demás. La desmotivación de buena parte del alumnado hay que relacionarla con la desvalorización social del saber en una sociedad hipócrita y mercantilizada que sólo aprecia y convierte en objeto de culto el éxito instantáneo logrado al margen de valores que proclama formalmente.

Las demandas crecientes de aprendizaje desbordan ampliamente las posibilidades de cualquier sistema escolar con lo que se produce el efecto paradójico de deterioro: parece que cada vez se aprende menos porque cada vez se exige conocer más cosas y más complejas. Es necesario asumir seriamente un cambio cultural en la enseñanza. No se puede seguir utilizando estrategias educativas de hace cien años para lograr responder a demandas nuevas.

Una nueva enseñanza de la historia

Pero el problema no se limita a las estrategias educativas sino también a los contenidos «canónicos» de la historia escolar, que ha heredado las viejas estructuras y orientaciones de la cultura burguesa decimonónica. La formación histórica puede contribuir a desarrollar capacidades críticas, pero no a partir de cualquier selección de contenidos. La historia enseñada sigue siendo fundamentalmente eurocéntrica, con una estructura cronológica justificada teleológicamente, nacionalista, androcéntrica… Existe un sentimiento de crisis de estos caducos patrones que provoca desasosiego entre quienes siguen asumiendo íntimamente la historia como una justificación del orden presente, y manifiestan su rechazo ante las escasas y tímidas propuestas reformistas de contemplar nuevos planteamientos, exigiendo la *buena y vieja historia de siempre*. No es habitual que desde ámbitos de poder, académico o político, se cuestionen abiertamente los nuevos valores sociales emergentes pero en la práctica se rechazan al excluirlos de la reflexión histórica o del currículo escolar.

Es necesario cuestionarse si los contenidos presentes en los *curricula* actuales son los adecuados para formar ciudadanos críticos capaces de construir una sociedad más democrática y solidaria. O si la educación histórica debiera ocuparse preferentemente de analizar la génesis y evolución de los grandes problemas presentes en nuestra época: los que afectan a la vida de las personas, los recursos y la subsistencia de los seres humanos; a sus formas de organización social, tanto de ámbito familiar como las relaciones de género y clase y, por supuesto, las que se refieren a la convivencia política; las relaciones de poder y dominación; las creencias, conocimientos, formas culturales y artísticas; las razones por las que amplios colectivos han estado excluidos de la historia oficial, etc., que reflejan y condicionan la percepción del mundo. Y al tiempo que nos planteamos el qué (los nuevos contenidos acordes con las finalidades y valores que deseamos desarrollar en nuestra sociedad, superando los mitos nacionalistas del pasado), es necesario revisar también el cómo (si las estrategias tradicionales son las adecuadas para que la mayoría de la población consiga pensar históricamente sobre lo que la rodea).

La barbarie genocida a la que se llegó en Europa en el segundo tercio del siglo xx llevó a algunos pensadores críticos[35] a defender la necesidad de una educación emancipatoria, orientada a evitar la repetición de esos horrores («la exigencia de que Auschwitz no se repita es la primera de todas las que hay que formular a la educación»).[36] Inspirándose en estas reflexiones, aunque no exclusivamente, se ha desarrollado la que se conoce como teoría crítica del currículo[37] cuya aportación más destacada ha sido la de poner en cuestión la pretendida neutralidad de las propuestas educativas, revelando sus condicionamientos ideológicos. La teoría crítica nos ha aportado esclarecedores análisis de los sistemas educativos pero ha tropezado con dificultades mayores a la hora de plasmar sus alternativas en la práctica escolar. Existen serias dificultades para desarrollar eficazmente una enseñanza crítica-reflexiva en el marco de la enseñanza reglada que sea algo más que la voluntad de superar las perspectivas didácticas tecnicistas. Por otra parte, desde corrientes disciplinaristas se ha imputado al profesorado crítico promover un indoctrinamiento al no cuestionarse sus propios postulados.

Conscientes de los problemas apuntados, desde la teoría crítica se han reformulado las propuestas educativas, buscando la comprensión de la realidad social, tratando de evitar cualquier dogmatismo ideológico y asumiendo que toda elaboración intelectual es siempre situada y no se genera en abstracto.[38] Con estos criterios se han hecho las propuestas de seleccionar los contenidos educativos en función de su potencialidad crítica para la comprensión de problemas socialmente relevantes. En Alemania, por ejemplo, la reflexión se ha centrado de manera muy destacada en aquellos aspectos vinculados a su historia reciente que permitan analizar la génesis de problemas como el racismo-etnocentrismo, la integración social de las minorías y la xenofobia.

35. J. Habermas, *Más allá del Estado nacional*, Madrid, Trotta, 1997.

36. T. W. Adorno, *Educación para la emancipación*, Madrid, Morata, 1998.

37. W. Carr y S. Kemmis, *Teoría crítica de la enseñanza*, Barcelona, Martínez Roca, 1988.

38. W. Rothe, «Teoría crítica y didáctica de la historia», *Revista de Educación*, 280 (1986).

ENSEÑAR LA HISTORIA DE LA GENTE

Señala Josep Fontana que «el mayor de los desafíos que se ha planteado la historia en la segunda mitad del siglo XX, y que sigue vigente a comienzos del siglo XXI, es el de superar el viejo esquema tradicional que explicaba una fábula de progreso universal en términos eurocéntricos...».[39] Y el mismo autor ha avanzado una renovadora propuesta en *Introducción al estudio de la historia*[40] que, en mi opinión, ofrece un buen punto de partida para debatir sobre el tipo de contenidos educativos adecuados para la sociedad actual. Nos aclara en la introducción que «el criterio temático que se ha adoptado para confeccionar este libro ha sido el de escoger algunos de los grandes problemas que afectan a los hombres y las mujeres que viven en sociedad, que son el sujeto de que se ocupa la historia ... Éste es un libro que quiere estimular la práctica de lo que Pierre Vilar llama "pensar históricamente". Su propósito es ayudar a combatir los tópicos y prejuicios históricos que obstaculizan la comprensión del mundo en que vivimos: estimular a pensar la historia y el mundo, personalmente, críticamente».

El planteamiento me parece sugerente y, aunque pueda discutirse la relevancia de algún problema seleccionado, o el tipo de información que se proporciona, y aunque esta obra parece destinada más bien a estudiantes universitarios o a un público informado, los criterios en que se basa son extrapolables para fundamentar un programa de educación histórica en la enseñanza secundaria, poniendo fin a viejos tópicos historiográficos y contribuyendo a la formación individual y social de la gente.

Los que entendemos la educación como una vía para la emancipación intelectual y personal que haga posible que cada persona conozca y entienda el mundo en el que le ha tocado vivir y pueda imaginar y desear otro mejor, consideramos que el papel de la historia en la educación obligatoria y en los bachilleratos debe superar rutinas y tradiciones seculares y planteamientos corporativistas. Su presencia en el currículo escolar sólo puede justificarse, desde este punto de vista, por su capacidad formativa al proporcionar explicaciones sobre la génesis de la sociedad actual: sus conflictos y desigualdades, sus logros y realidades; nunca por sí misma (con mentalidad de anticuario), «por tradición». La parcelación de conocimientos propios de la investigación académica y el establecimiento de áreas que responden con más frecuencia a intereses corporativos que funcionales no pueden trasladarse mecánicamente a la enseñanza obligatoria donde la división entre geografía, historia o economía

39. J. Fontana, *La historia de los hombres*, Barcelona, Crítica, 2001.
40. *Ibid.*, *Introducción al estudio de la historia*, Barcelona, Crítica, 1999.

pierde sentido cuando se trata de facilitar la comprensión de los mecanismos por los que nuestra sociedad ha llegado a ser lo que es hoy, y por qué es de esta y no de otra manera. Esa explicación no puede satisfacerse desde una sola área, sino que es tan compleja como la sociedad misma y ninguna ciencia social, en exclusiva, posee las claves explicativas del devenir histórico.

Pero de todas ellas la historia, antes como ajuste de cuentas que como exaltación del pasado, permite indagar en las raíces de los problemas que hoy más nos preocupan. Ésa es su principal dimensión educativa. Aprender de los errores ya cometidos. Afirman J. A. Marina y María de la Válgoma[41] que «el elogio del pasado es una astucia de aspirantes a privilegiados» que podemos reformular afirmando que la crítica rigurosa del pasado previene contra el engaño de quienes pretenden perpetuar sus privilegios. Para ello es necesario tratar de comprender en cada momento los conflictos que más nos afecten.

En la selección de contenidos es necesario tener en cuenta también criterios cronológicos y espaciales. El peso de la historia contemporánea es fundamental, pero los antecedentes remotos son muy relevantes en algunos casos. Respecto a los criterios espaciales, es imprescindible la relación entre lo local y lo global orientada a «pensar globalmente y actuar localmente».

¿Qué problemas son hoy acuciantes para la humanidad? Aunque la selección puede ser muy extensa y no podamos ocuparnos de todos, mi propuesta incluiría los siguientes:

Relaciones entre la humanidad y el medio natural

La sensibilidad escolar ante problemas ambientales no suele pasar de declarar buenos propósitos, con una muy limitada incidencia en el comportamiento diario. Ello se debe, en gran medida, a que suele pretenderse una formación de valores sociales promoviendo actitudes y no conocimientos. Para asumir conscientemente una actitud solidaria hacia los demás, incluidas las generaciones futuras, es necesario que la enseñanza se ocupe de los problemas ambientales como uno de los objetivos centrales del aprendizaje, convirtiéndolos en contenidos específicos que puedan generar nuevos saberes. Solamente comprendiendo los condicionamientos físicos de las actividades humanas, tanto históricas como actuales, se pueden explicar y fundamentar determinadas decisiones humanas y sus consecuencias.

41. J. A. Marina y M. Válgoma, *La lucha por la dignidad*, Barcelona, Anagrama, 2000.

Se debe familiarizar al alumnado en las aulas con los instrumentos habituales de este tipo de conocimientos como, por ejemplo, las representaciones cartográficas, gráficas y estadísticas. Pero los problemas ambientales no pueden limitarse a los aspectos descriptivos del análisis geográfico o natural, y mucho menos a los instrumentales por muy importantes que sean. El análisis histórico de ciertos procesos en los que algunos grupos humanos modificaron hasta la catástrofe determinados ecosistemas proporciona modelos explicativos de alto valor formativo.

Pensemos, por ejemplo, en la desertización del antiguo Creciente Fértil, cuna de la civilización, espacio que experimentó un retroceso cultural sorprendente que implicó la casi desaparición de la rueda y el carro durante alrededor de dos mil años precisamente allí donde se habían inventado, y el declive de la agricultura intensiva de regadío con todo lo que esto supuso, siendo sustituida por formas de nomadismo y explotación extensiva. Es necesario poner en relación estos acontecimientos con la sobreexplotación de acuíferos y la consiguiente salinización de los suelos, entre otros factores causales. La sobreexplotación de recursos y la deforestación realizada en el mundo antiguo en amplias zonas del Mediterráneo, desde la Grecia clásica donde ahora es difícil encontrar las fuentes en las que antaño se bañaban las ninfas, al «granero de Roma» que fue algún día el norte de África, nos proporcionan igualmente ejemplos de gran virtualidad formativa.[42] La lista de acontecimientos que pueden servirnos para educar a adolescentes y jóvenes en una perspectiva de compromiso activo con el medio se puede ampliar a casi cualquier época y espacio. A. Crosby[43] nos ofrece un buena muestra de ello. El conocimiento de catástrofes ambientales ocurridas en el pasado puede contribuir a desarrollar un compromiso ético frente a las presentes agresiones ambientales, como la destrucción de los bosques nativos tropicales y ecuatoriales. Relacionar la historia del presente con la del pasado nos facilitará ese objetivo.

Apropiación y transformación del espacio

La presión especulativa sobre el territorio constituye en nuestro país, y en otros, un grave problema social, especialmente acusado en las zonas turísticas y en los lugares en los que se produce una connivencia entre los poderes públicos y la codicia de ciertos promotores inmobiliarios. El resultado es la destrucción del patrimonio natural y construido, en perjuicio de la mayoría de la población.

42. J. D. Hughes, *Ecology in Ancient Civilizations*, Alburquerque, the University of New Mexico Press, 1975.

43. A. W. Crosby, *Imperialismo ecológico*, Barcelona, Crítica, 1988.

Este problema social es también susceptible de ser tratado en las aulas para incrementar los conocimientos necesarios y hacer posible que la sociedad asuma y desee otros modelos de organización del espacio. Para poder apreciar en toda su riqueza el patrimonio y la lógica que han presidido las formas tradicionales de construcción y ocupación del territorio, es necesario entender el espacio como un producto histórico, analizando la ordenación y usos que se le han dado en el pasado y los motivos que han llevado a cambios; los conflictos de intereses que se generan en torno a la apropiación del suelo y la necesidad de planificación. Recientemente el Colegio de Arquitectos de Galicia, con la participación de profesores de secundaria y arquitectos, ha elaborado materiales escolares que avanzan en esta dirección.[44]

En muchos lugares se puede identificar la pervivencia milenaria de pautas de distribución de la población y formas básicas de ocupación del suelo: hábitat disperso en pequeños núcleos, como Galicia, o concentrado; proximidad a determinados recursos para la subsistencia, etc. Probablemente en este caso más que en otros, es conveniente partir del análisis del medio próximo sobre el que se incide de manera más directa sin dejar por ello de establecer relaciones de semejanza y diferencia con otros espacios; no debe perderse de vista que la escala local es un aspecto de una dinámica cuya explicación es global.

Las desigualdades ante la vida y la muerte

No es infrecuente que se aborden en las aulas problemas demográficos desde una perspectiva tecnocrática y cientifista que oculta la verdadera dimensión social del drama de la existencia humana. Incluso lo que no son más que instrumentos auxiliares para el conocimiento (pirámides de población, gráficas, datos estadísticos) llegan a constituir el núcleo principal de enseñanza en vez de la explicación de los verdaderos problemas que afectan a la supervivencia humana y sus implicaciones sociales, económicas y ambientales. Analizar la evolución histórica de los movimientos de población en relación con el desarrollo humano ayuda a entender que el acceso a los recursos ha sido y es uno de los principales problemas de la humanidad, el que más directamente afecta a sus probabilidades de supervivencia, y que la pobreza constituye la primera causa del deterioro ambiental del planeta.[45]

44. El *Proxecto Terra*, todavía en proceso de desarrollo, está coordinado por Xosé Manuel Rosales, Antonio Díaz, José Luis Dalda y Pedro de Llano. Puede accederse a una versión previa de algunos materiales en http://*www.coag.es/terra*/.

45. N. Myers, coord., *Gaia. El atlas de la gestión del planeta*, Madrid, Tursen-Hermann Blume, 1987.

Lo que se propone es un análisis histórico de los factores demográficos, relacionando natalidad y mortalidad con la alimentación y la salud, relativizando el concepto de superpoblación en función de los recursos disponibles por cada sociedad; comparando la esperanza de vida y el envejecimiento de la población en sociedades históricas y actuales e incidiendo, especialmente, en el estudio de los fenómenos migratorios a través del tiempo. Paralelamente sería pertinente analizar las desigualdades en el acceso a los recursos y los desequilibrios sociales y ecológicos que se derivan de ello, relacionándolo con algunos de los problemas propuestos anteriormente.

Subsistencia, creación y distribución de las riquezas

Para comprender, y en su caso cuestionar, las decisiones que se toman desde las instancias de poder que inciden directamente en el bienestar material de la gente, resulta necesario cierto conocimiento de la manera en que se organiza la producción y la distribución de las riquezas, y la lógica en que se basan las políticas económicas. Las personas que logran *pensar históricamente* sobre esta dimensión de la realidad social serán capaces de entender que la organización de esas actividades son el resultado de un proceso con raíces en un pasado más o menos próximo.

Son necesarios conocimientos históricos para desarrollar una capacidad crítica que vaya más allá de la familiarización con términos económicos básicos (que por supuesto es también necesaria) y que alcance a identificar los intereses contradictorios que concurren en cada época o por qué han prevalecido unos sobre otros en cada caso. El análisis histórico puede ayudar a contrarrestar las interpretaciones teleológicas y mecanicistas sobre el desarrollo de la humanidad que son bastante habituales. Conocer las razones del fracaso de algunos esfuerzos colectivos y las razones del éxito de otros puede propiciar la comprensión de la contingencia de los modelos económicos.

Aunque el estudio de cualquier época pasada encierra un potencial virtualmente formativo, parece razonable prestar especial atención en la educación secundaria al proceso de formación y generalización del capitalismo, desde sus orígenes bajomedievales hasta el momento en que ha logrado imponerse de manera hegemónica en todo el mundo. El contraste entre los lentos progresos de las civilizaciones agrarias y el acelerado proceso de mercantilización a partir de las grandes expediciones marítimas atlánticas que sentaron las bases de un mercado mundial; el proceso de industrialización y la generalización de las fábricas frente a otras formas de organización del trabajo; las políticas imperialistas, vinculadas al precoz desarrollo industrial de algunos países y su incidencia en el desarrollo desigual; la influencia de instituciones supranacionales y la actual globalización económica son algunos de los núcleos de reflexión que, en mi opinión, deberían estar presentes en el discurso escolar.

Las luchas por la igualdad y contra las exclusiones

La educación no puede renunciar al objetivo de formar personas libres, capaces de tomar por sí mismas decisiones fundamentadas y razonadas, sintiéndose partícipes y corresponsables de un proyecto de sociedad emancipada y solidaria, en la que la justicia signifique igualdad y el pluralismo, tolerancia.

> En el centro de la historiografía no figuran ya las acciones de las personalidades relevantes ni las impersonales estructuras o procesos de la economía o de la sociedad, sino más bien las experiencias existenciales de personas concretas e individuales, de entre las cuales algunas, por carecer de poder, habían quedado excluidas de la Historia tradicional.[46]

Afortunadamente disponemos de cada vez más investigación sobre grupos sociales que habían estado excluidos del discurso histórico tradicional. En la actualidad es ya posible contar con información relevante para construir un discurso riguroso, no sólo sobre historia del trabajo y los trabajadores, sino también sobre las mujeres, los inmigrantes o las minorías culturales.

La exclusión social constituye un problema educativo relevante del que la historia nos ofrece un desgraciado muestrario de tragedias. De entre ellas la más conocida es la dictadura nazi, pero en España no podemos olvidar la brutal dictadura franquista sobre la que bastantes libros de texto siguen obviando sus aspectos más criminales. En palabras de Habermas «el pasado, la historia, sólo puede convertirse en *magistra vitae* en tanto que instancia crítica. Nos dice en el mejor de los casos qué es lo que no debemos hacer. De lo que aprendemos es de experiencias de tipo negativo».[47]

Conocer las luchas y dificultades que han existido para conquistar determinadas libertades personales y derechos sociales puede facilitar que se valoren más por una generación que los percibe como algo que «siempre estuvo ahí». Para implicarse en su defensa debe asumirse que son algo frágil, reciente y no necesariamente permanentes o resultado «natural» del «progreso». Desear una sociedad mejor, en la que se amplíen dere-

46. G. Iggers, *La ciencia histórica en el siglo XX*, Barcelona, Idea Books, 1998.
47. J. Habermas, *Más allá del Estado nacional*, Madrid, Trotta, 1997.

chos y libertades y se superen determinadas limitaciones y discriminaciones, es más fácil si se analizan los precedentes históricos que hicieron posible a otras personas en el pasado soñar derechos no imaginables en su época y hoy presentes, al menos en alguna medida, en nuestra sociedad.

Organización del poder

En el apartado anterior hemos aludido a formas de violencia ejercida desde determinadas instancias de poder contra las mujeres, las minorías étnicas, religiosas o de otro tipo. Parece adecuado completar esta perspectiva con el análisis de las diversas formas de organización del poder político de las que se ha dotado o le han sido impuestas a la humanidad.

Las relaciones de convivencia que se establecen en el seno de todas las comunidades humanas siempre han sido conflictivas. Las formas de organización política son la expresión de ese conflicto social resuelto pacíficamente o por medio de la violencia. Una propuesta educativa que apueste por erradicar el uso ilegítimo de la violencia de las relaciones sociales e interpersonales debe convertir en objeto de reflexión escolar aquellos ámbitos en los que con más frecuencia los conflictos se han solventado recurriendo al abuso, el terror o la fuerza.

A lo largo del siglo XX muchas personas han dado muerte a otras, o se han dejado matar, por promover determinados proyectos de Estado o por identificarse con ideologías nacionalistas antagónicas. Parece que el siglo XXI se inicia con perspectivas similares. Aunque las ideas nacionalistas no han sido la única causa, sí han estado presentes en casi todos los conflictos armados de los últimos ciento cincuenta años. Por eso resulta apremiante incluir en los *curricula* escolares el análisis racional de las diversas formas de organización política y sus consecuencias para las personas. Y de manera más inmediata el proceso de construcción del Estado en España y el desarrollo en ella de diferentes nacionalismos territoriales en competencia.

Los estados modernos que primero lograron consolidarse lo hicieron merced a mecanismos coercitivos y a la movilización de recursos para la guerra[48] y no en respuesta a ningún proyecto previo. Sin embago esto es lo que cabría deducir de las explicaciones teleológicas que habitualmente impregnan los manuales escolares de historia y el pensamiento cotidiano reflejado en los medios de comunicación. Es tarea urgente que la escuela se ocupe de proporcionar una información rigurosa que contribuya a contrarrestar estos mitos profundamente arraigados. Algo similar

48. C. Tilly, *Coerción, capital y los Estados europeos, 900-1990*, Madrid, Alianza, 1990.

ocurre con el esencialismo presente en la mayoría de las concepciones de lo que es una nación.

La enseñanza de la historia debe contribuir a relativizar históricamente la construcción de las identidades nacionales para propiciar la comprensión de los fenómenos nacionalistas en el momento presente y los nuevos marcos supranacionales. Debe también desarrollar la capacidad de identificar y valorar críticamente (históricamente) los mecanismos de integración, sumisión y participación política, con vertientes que abarcan el análisis de los mecanismos de control y participación, o las relaciones entre violencia y poder. La historia del poder y de los nacionalismos podría constituir un buen antídoto frente a los esencialismos estatales o nacionalistas y un revulsivo para cuestionarse la alienación autosatisfecha de vivir en el mejor de los mundos posibles.

Conquista del conocimiento y tradiciones religiosas

La humanidad ha logrado superar muchas limitaciones físicas gracias a su capacidad racional. La ciencia moderna, nacida de la reflexión, la duda, el razonamiento lógico y la experimentación ha facilitado una eclosión de conocimientos y notables avances tecnológicos. Sin embargo, aunque nunca antes tantas personas en el mundo habían accedido a la educación y a conocimientos científicos, los prejuicios irracionales, las supersticiones y las concepciones acientíficas en general siguen gozando de extraordinaria popularidad, y cada día millones de personas consultan horóscopos, creen que el destino está determinado por los astros o recurren a los servicios de videntes y otras supercherías. Estas prácticas y prejuicios constituyen un obstáculo para la emancipación tanto personal como colectiva, y una educación comprometida con la racionalidad y el pensamiento científico debe contribuir a superarlas. No es menor el peligro de la sumisión reverencial y acrítica a todo aquello que el pensamiento vulgar considera «científico», que impide cuestionar el discurso dominante, cuando la historia nos proporciona innumerables ejemplos de fraudes basados en argumentos de autoridad: la inferioridad «natural» de la mujer, por mencionar uno sólo.

Por otra parte, las religiones han tenido una extraordinaria importancia a lo largo de la historia. En las sociedades actuales en las que se ha producido un evidente avance del laicismo, ha habido paralelamente una eclosión de integrismos religiosos que predican la exclusión —cuando no la aniquilación— de personas que piensan de manera diferente, constituyendo una amenaza trágicamente real para mucha gente. Aproximarse al hecho religioso desde una perspectiva histórica (racional y crítica) facilita la comprensión de estos fenómenos y debería favorecer el respeto por formas de pensar diferentes y por distintas tradiciones culturales, base imprescindible para la convivencia en sociedades plurales y crecientemente mestizas.

La enseñanza de la historia que defendemos se fundamenta en una concepción ética de la humanidad que implica un compromiso con los derechos de las personas, que debe prevalecer sobre cualquier dogma no racional:

> Tanto las religiones como la ciencia se equivocan al negar la preeminencia de la ética y se equivocan por la misma razón. Ambas creen que la ética es algo que existe ya, con lo cual tienden a fundarla en algo pasado: Dios o la naturaleza ... [Pero] la ética no es algo que tengamos que buscar como se busca una mina de oro en la ladera. Es algo que tenemos que crear si queremos vivir inteligentemente.[49]

Frente a la ofensiva neoconservadora que impulsa el adoctrinamiento religioso en las escuelas, el profesorado comprometido con el pluralismo y la tolerancia puede encontrar en la enseñanza de la historia una alternativa racional con la que contrarrestar las supercherías acientíficas, el sectarismo excluyente y la incomprensión de otras tradiciones. Por eso sería pertinente que nos ocupásemos en nuestras aulas de los orígenes culturales y la evolución histórica de las grandes religiones con mayor presencia en la época actual y que se analizase también la formación y desarrollo del pensamiento racionalista y del pensamiento científico que han hecho posible el desarrollo de la ciencia contemporánea.

Reflexión final

La enseñanza de la historia es un campo de confrontación ideológica porque no es neutral, implica optar entre modelos sociales contrapuestos. Habitualmente ha estado y está al servicio del poder, pero puede servir para cuestionar el pensamiento dominante que pretende convertirse en único por medio de la exclusión o la negación de la posibilidad de alternativas o puntos de vista diferentes.

La enseñanza de la historia con vocación contrahegemónica debe enfrentarse a poderosos mecanismos ideológicos y a la pervivencia de rutinas docentes y tradiciones culturales centenarias sustentadas en los mitos nacionalistas. Mitos que se pretenden incuestionables y se defienden ardorosamente como si se tratase de verdades absolutas, o incluso con más empeño, porque son el fruto de sentimientos no racionales, mientras que

49. J. A. Marina, *Dictamen sobre Dios*, Barcelona, Anagrama, 2001.

la verdad es un punto de vista basado en la razón, y los puntos de vista pueden modificarse si se aportan nuevos datos o un análisis más concluyente.

Desde el poder no se renunciará voluntariamente a un tipo de enseñanza de la historia encaminado a generar lealtades o sumisiones acríticas. Las actuales políticas neoconservadoras son una verdadera involución en este sentido. A los historiadores y profesores de historia que asumen un compromiso a favor de la libertad y los derechos de la mayoría de la población les cabe la difícil tarea de construir un discurso y una práctica diferentes, y buscar los espacios posibles para desarrollarlos. Se trata de proporcionar las claves de los problemas que más directamente afectan o preocupan a la mayoría, construyendo para ello no una historia del poder sino la historia de la gente.

BIBLIOGRAFÍA

Adorno, T. W., *Educación para la emancipación*, Madrid, Morata, 1998.

Altamira, R., *Historia de la Civilización Española*, Barcelona, Crítica, 1988.

Álvarez Junco, J., *Mater Dolorosa. La idea de España en el siglo XIX*, Madrid, Taurus, 2001.

Beramendi, J. G., «A Función da Historia no Nacionalismo Español»; en *Actas do Congreso Internacional da Cultura Galega*, Santiago de Compostela, Xunta de Galicia, 1992.

—, «Identidad, etnicidad y estado en España. Siglos XIX y XX», en W. Safran y R. Maiz, coord., *Identidad y autogobierno en sociedades multiculturales*, Barcelona, Ariel, 2002.

Bruter, A., *L'histoire enseignée au grand siècle*, París, Belin, 1997.

Carr, W., y S. Kemmis, *Teoría crítica de la enseñanza*, Barcelona, Martínez Roca, 1988.

Cipolla, C., *Educación y desarrollo en occidente*, Barcelona, Ariel, 1970.

Crosby, A. W., *Imperialismo ecológico*, Barcelona, Crítica, 1988.

Cuesta Fernández, R., *Sociogénesis de una disciplina escolar: la Historia*, Madrid, Akal, 1997.

Fontana, J., *Introducción al estudio de la historia*, Barcelona, Crítica, 1999.

—, *La historia de los hombres*, Barcelona, Crítica, 2001.

Forcadell Álvarez, C., «Historiografía española e Historia nacional: la caída de los mitos nacionalistas», *Ayer*, 30 (1998).

Ganivet, A., *Idearium español. El porvenir de España*, Madrid, Espasa-Calpe, 1999.

Habermas, J., *Más allá del Estado nacional*, Madrid, Trotta, 1997.

Herrero, J., *Los orígenes del pensamiento reaccionario español*, Madrid, Alianza, 1988[2].

Hirtt, N., «Les trois axes de la marchandisation escolaire», en *Etudes Marxistes*, 56 (2001).

Hughes, J. D., *Ecology in Ancient Civilizations*, Alburquerque, The University of New Mexico Press, 1975.

Ibarra y Rodríguez, E., *Procesos de la ciencia en el presente siglo. Discurso leído en la solemne apertura del curso académico de 1897 a 1898 en la Universidad de Zaragoza*, Zaragoza, Impr. Ariño, 1897.

Iggers, G., *La ciencia histórica en el siglo* XX, Barcelona, Idea Books, 1998.

Isla, J. F., *Compendio de la Historia de España escrito en francés por el R. P. Duchesne*, Madrid, Impr. Joachin Ibarra, 1762.

Lafuente, M., *Historia General de España*, Barcelona, Montaner y Simón, 1889.

López Facal, R., «Aprendizaje de la cultura y cultura del aprendizaje», en *Didáctica de las Ciencias Experimentales y Sociales*, 13 (1999).

—, «La nación ocultada», en S. Pérez Garzón, coord., *La gestión de la memoria*, Barcelona, Crítica, 2000.

Luis Gómez, A., *La Geografía en el bachillerato español (1836-1970)*, Barcelona, Universitat de Barcelona, 1985.

Maestro, P., «Historiografía y enseñanza de la historia», tesis doctoral (inédita), Universidad de Alicante, 1996.

Marina, J. A., *Dictamen sobre Dios*, Barcelona, Anagrama, 2001.

Marina, J. A. y M. Válgoma, *La lucha por la dignidad*, Barcelona, Anagrama, 2000.

Ministerio de Educación y Ciencia, *La Educación en España. Bases para una política educativa*, Madrid, MEC, 1969.

—, *Historia de la educación en España. Tomo II, De las Cortes de Cádiz a la Revolución de 1868*, Madrid, MEC, 1985.

Morales Moya, A., dir., *Estado y nación en la España Contemporánea*, Madrid, UIMP-Ministerio de Educación, Cultura y Deportes, 2000.

Myers, N., coord., *Gaia. El atlas de la gestión del planeta*, Madrid, Tursen-Hermann Blume, 1987.

Núñez Seixas, X. M., *Los nacionalismos en la España contemporánea (siglos* XIX *y* XX*)*, Barcelona, Hipòtesi, 1999.

Pasamar, G., «Los historiadores y la ciencia histórica en la época contemporánea», *Studium*, 2 (1990).

Pérez Garzón, S., coord., *La gestión de la memoria*, Barcelona, Crítica, 2000.

Picatoste, F., *Compendio de Historia de España*, Madrid, Sucesores de Hernando, 1907[7].

Pozo, J. I., *Aprendices y maestros. La nueva cultura del aprendizaje*, Madrid, Alianza, 1996.

Puelles Benítez, M., *Educación e ideología en la España Contemporánea*, Barcelona, Labor, 1991.

Rivière Gómez, A. R., «Envejecimiento del presente y dramatización del pasado: una aproximación a las síntesis históricas de la Comunidades Autónomas españolas (1975-1995)», en S. Pérez Garzón, coord., *La gestión de la memoria*, Barcelona, Crítica, 2000.

Rothe, V., «Teoría crítica y didáctica de la historia», *Revista de Educación*, 280 (1986).

Sepúlveda, I., «La eclosión nacionalista: regionalismos, nacionalidades y autonomías», en J. U. Tusell y A. Soto, eds., *Historia de la transición*, Madrid, Alianza, 1996.

Tilly, C., *Coerción, capital y los Estados europeos, 900-1990*, Madrid, Alianza, 1990.

Valls Montés, R., «La exaltación patriótica como finalidad fundamental de la Historia en la educación obligatoria: una aproximación histórica», *Didáctica de las Ciencias Experimentales y Sociales*, 5 (1991).

Esta obra,
publicada por CRÍTICA,
se acabó de imprimir en
los talleres de A&M Gràfic
el 19 de marzo de 2004